广东省民间艺术

广东省民间艺术传承人志

广东省人民政府文史研究馆 编

·广州·

版权所有　翻印必究

图书在版编目（CIP）数据

广东省民间艺术传承人志/广东省人民政府文史研究馆编 . —广州：中山大学出版社，2016.12

ISBN 978 – 7 – 306 – 05780 – 8

Ⅰ. ①广… Ⅱ. ①广… Ⅲ. ①民间艺人—人物志—广东省 Ⅳ. ①K825.7

中国版本图书馆 CIP 数据核字（2016）第 184851 号

出 版 人：徐　劲
策划编辑：嵇春霞
责任编辑：嵇春霞
封面设计：曾　斌
责任校对：李艳清
责任技编：何雅涛
出版发行：中山大学出版社
电　　话：编辑部 020 – 84110283，84113349，84111997，84110779
　　　　　发行部 020 – 84111998，84111981，84111160
地　　址：广州市新港西路 135 号
邮　　编：510275　　　　　传　真：020 – 84036565
网　　址：http://www.zsup.com.cn　　E-mail：zdcbs@mail.sysu.edu.cn
印 刷 者：广州家联印刷有限公司
规　　格：787mm×1092mm　1/16　25.5 印张　574 千字
版次印次：2016 年 12 月第 1 版　2016 年 12 月第 1 次印刷
印　　数：1～2000 册　　　　定　价：270.00 元

如发现本书因印装质量影响阅读，请与出版社发行部联系调换

《广东省民间艺术传承人志》编委会

名誉主任：雷于蓝
主　　任：张小兰　周　義
副 主 任：陈小敏　麦淑萍
顾　　问：陈永正
主　　编：秦长江
副 主 编：陈劲佟
编　　委：（按姓氏笔画为序）
　　　　　万仁辉　王增丰　叶春生　朱　钢　伍　巍
　　　　　何　平　陈　希　陈劲佟　李咏祥　杨明敬
　　　　　张春雷　张铁文　张海鸥　罗学光　赵维江
　　　　　秦长江　谢伟国　谢顺彬　董上德　谭　劲
编撰人员：（按姓氏笔画为序）
　　　　　史　璇　刘　洁　吕燕婷　李如蕉　李粉华
　　　　　何天蔚　何裕华　邹秀彤　张雪花　张紫君
　　　　　陈思宇　罗猷敏　范　瑭　郑嘉璐　胡小宇
　　　　　胡文琦　徐嘉莉　郭旭家　黄　婧　黄钰萍
　　　　　窦晓彤

序

陈永正

曩余读张謇庵先生《雪宦绣谱序》，掩卷而叹曰：嗟乎，沈寿，一民间绣女耳，謇庵延至府中，叩问针法，亲为纪录，成书发行。一代文章巨子，固藉以寄古今无涯之悲，然寿之名得以播于四表，寿之艺得以传之久远，謇庵之弘扬国艺，厥功可谓伟矣。

吾华于工艺之道，素称擅美。《周礼》以百工为六职之一，玉陶梓匠，画绩会绣，各司其职，格物致知，以体圣人创制之意，其义可谓大矣。匠人专挚一艺，孜孜不辍，积学养气，孤往力行，以成国工，此《考工记》之精旨所在也。《管子》云："工之子，世者习也。"夫工艺也，智者作之，巧者述之，父子相继，师徒相授，守之世，始得谓之工，材美工巧，后可以为良。是以传承一事，实为当前之要务。

岭南民间艺术，自具地方特色，尚未有作系统之整理，广东省文史研究馆有鉴于此，委秦长江馆员为主编，组织人力，历时四年，编成《广东省民间艺术志》及《广东省民间艺术传承人志》二书。所谓民间艺术，书中有若干类。每类下罗列若干细目，工艺、乐舞，纲举目张，巨细无遗，手此一卷，民间艺术之概貌可以悉知，图文并茂，赏心悦目，余亦览而称美焉，然尚有所待者，若能仿謇庵撰谱之例，二书中所列之类目，每目一谱，每人一谱，以纪艺人深造自得之法，俾一人之绝艺，得以广为流传，不亦善乎。

时流每以东邻之"匠人精神"相号召，然诚如謇庵所言"日本之为是者，猎我旧制"而已。人每喜新而恶旧，贵远而贱近，时流云云，亦所谓厌家鸡而逐野鹜而已。吾人亦当细思而深省焉。今二书即将出版，广东省文史研究馆属余为序，谨述其缘由如此。

丙申秋日于康乐园沚斋

凡例

一、本志旨在搜集、整理广东省民间艺术传承人的从艺经历、技艺特点以及传艺授徒情况等资料，建立一个全面、完善的民间艺术传承人资料库。

二、本志根据《广东省民间艺术志》所列项目的实际，遴选605位有代表性的传承人作为重点记述对象，抢救性地采集与记录传承人的基本信息、学艺历程、实践经历、代表作品与获奖情况以及传艺授徒情况。

三、本志时间上限按各项目实际起源时间而定；下限为2016年1月，个别传承人因情况特殊适当下延。本志本着"详今略古"的原则，重点记述1949年10月1日中华人民共和国成立以后从事相关项目的传承人的史实。

四、全书除引用原文外，均以第三人称记述。

五、本志收录的传承人按所属项目归类，同一项目的传承人按姓氏笔画数排序。

六、本志设附录，收录广东省民间艺术传承人相关补充资料，包括本志入志标准、其他民间艺术传承人、广东省民间歌王名单以及广东省民间文化杰出传承人名单。

七、书中字体，除必要时使用繁体字外，一律依《简化字总表》（1986年版）执行。

八、本志各项数据一般采用广东省统计局2015年公布的数字，省统计局缺乏的采用主管部门或主办单位正式提供的数字。数字书写按国家技术监督局1996年6月1日起实施的《出版物上数字用法的规定》执行；计量单位按国务院1984年2月27日颁布的《中华人民共和国法定计量单位》执行，记述历史上的计量时仍按当时使用的计量单位记载。

九、本志记述人名、机构、职务职称均使用现行称谓，对有原称谓的加括注；外国人名第一次出现时括注其外文原名；地名除经国务院和地方政府正式命名或更名外，一律沿用历史或习惯称谓；科技术语、名词、名称一律采用中文通用名称；机构名一般以印鉴为准。

十、本志纪年，中华人民共和国成立前，一律以朝代及其年号为先，加注公元纪年；中华人民共和国成立后，用公元纪年。

十一、本志中的简称均在第一次使用全称时予以注明。志中行文凡简称"党"均指中国共产党，凡称省委、地委、市委、县委、区委均指中国共产党的地方组织。

十二、本志所使用的图照资料，均由传承人、广东省非物质文化遗产保护中心以及各地文化部门、相关机构提供。

目录 CONTENTS

第一章　广东省民间工艺美术传承人

第一节　工艺雕刻传承人 …………… 3

一、广东木雕传承人 …………… 3
- 何汉林 …………… 3
- 陈炎坤 …………… 3
- 陈俊荣 …………… 4
- 陈培臣 …………… 4
- 张维怀 …………… 5
- 李得浓 …………… 5
- 陈舜羌 …………… 6
- 陈瑞全 …………… 6
- 陈德丰 …………… 6
- 何耀辉 …………… 7
- 金子松 …………… 7
- 林汉旋 …………… 8
- 郑庆明 …………… 9
- 施韩洲 …………… 9
- 秦宪生 …………… 10
- 郭燕腾 …………… 10
- 黄丹池 …………… 11
- 辜柳希 …………… 11

二、广州象牙雕刻传承人 …………… 12
- 冯近 …………… 12
- 叶汉盛 …………… 12
- 陆牛仔 …………… 13
- 张民辉 …………… 14
- 李定宁 …………… 14
- 吴荣昌 …………… 15
- 郭康 …………… 16
- 翁耀祥 …………… 16
- 翁荣标 …………… 17
- 谢曼华 …………… 18
- 潘楚钜 …………… 18

三、广东贝雕传承人 …………… 19
- 刘永溪 …………… 19

四、玉雕传承人 …………… 20
- 尹志强 …………… 20
- 刘钜华 …………… 20
- 吕雪亮 …………… 21
- 吴公炎 …………… 21
- 陆克列 …………… 22
- 余其泽 …………… 23
- 张炳光 …………… 24
- 张森才 …………… 24
- 欧阳良矩 …………… 25
- 林德才 …………… 25
- 林潮明 …………… 26
- 洪荣辉 …………… 27
- 高兆华 …………… 27
- 夏浩真 …………… 28

夏御歆 …… 28	张春雷 …… 46
章永桐 …… 29	杨焯忠 …… 47
蓝君基 …… 29	杨智麟 …… 47
五、石雕传承人 …… 30	罗　海 …… 48
区秀明 …… 30	罗建泉 …… 48
叶美三 …… 30	赵桂炎 …… 49
朱镜文 …… 31	莫少锋 …… 50
吴其林 …… 31	莫汉东 …… 50
李森才 …… 31	郭成辉 …… 51
林志明 …… 32	莫伟坤 …… 51
梁建坤 …… 33	梁　健 …… 52
六、阳春根雕传承人 …… 33	黎　铿 …… 52
刘文枢 …… 33	梁庆昌 …… 53
张英祥 …… 34	梁佩阳 …… 53
廖正炎 …… 35	梁金凌 …… 54
七、张田饼印传承人 …… 36	黄炳强 …… 55
张许光 …… 36	梁焕明 …… 55
八、陆丰金属雕传承人 …… 36	黄超洪 …… 56
郑景镇 …… 36	梁鉴棠 …… 56
九、砖雕传承人 …… 37	梁满雄 …… 57
何世良 …… 37	程　文 …… 57
十、核雕传承人 …… 38	程均棠 …… 58
黄学文 …… 38	程振良 …… 58
梁毓宜 …… 38	十二、潮州金银錾刻传承人 …… 59
曾昭鸿 …… 39	吴泽长 …… 59
十一、端砚传承人 …… 39	**第二节　工艺陶瓷传承人** …… 60
马志东 …… 39	一、广彩传承人 …… 60
伦少国 …… 40	司徒宁 …… 60
关红惠 …… 40	许恩福 …… 60
刘金兰 …… 41	何丽芬 …… 61
伦桂洪 …… 41	余培锡 …… 62
刘演良 …… 42	陈文敏 …… 62
杨少波 …… 42	赵国垣 …… 63
张玉强 …… 43	谭广辉 …… 64
陈伟刚 …… 43	翟惠玲 …… 64
张庆明 …… 44	二、石湾陶传承人 …… 65
陈金明 …… 44	庄　稼 …… 65
陈洪新 …… 45	刘泽棉 …… 66

刘国祥 …… 66	章燕城 …… 87
刘 炳 …… 67	谢 华 …… 88
刘健芬 …… 67	四、枫溪瓷传承人 …… 88
刘兆津 …… 68	王龙才 …… 88
刘桂乐 …… 68	吴为明 …… 89
刘藕生 …… 69	吴维潮 …… 90
杨锐华 …… 69	吴映钊 …… 90
何惠娟 …… 70	陈钟鸣 …… 91
陈爱东 …… 71	林鸿禧 …… 92
陈茂辉 …… 71	五、贵政山茶叶陶罐传承人 …… 92
罗 传 …… 72	纪文民 …… 92
冼艳芬 …… 72	六、嵌瓷传承人 …… 93
冼有成 …… 73	卢芝高 …… 93
庞文忠 …… 73	许少鹏 …… 94
钟汝荣 …… 74	许少雄 …… 94
黄松坚 …… 75	苏镇湘 …… 95
黄志伟 …… 75	陈宏贤 …… 95
黄强华 …… 76	七、潮州彩瓷传承人 …… 96
梅文鼎 …… 76	丁培强 …… 96
曾信昌 …… 77	马继堡 …… 96
廖洪标 …… 78	王儒生 …… 97
廖 娟 …… 78	叶竹青 …… 97
潘柏林 …… 79	李小聪 …… 98
潘超安 …… 79	李颜珣 …… 99
潘振辉 …… 80	吴淑云 …… 100
潘汾淋 …… 81	吴伟雄 …… 101
霍培英 …… 81	余秀华 …… 101
霍秀银 …… 82	陈锡藩 …… 102
霍家荣 …… 82	陈 雄 …… 103
霍然均 …… 83	陈仰中 …… 103
三、枫溪手拉朱泥壶传承人 …… 84	郑金发 …… 104
吴义永 …… 84	郑 鹏 …… 104
吴锦全 …… 84	郭翌民 …… 105
吴瑞深 …… 85	谢洁莉 …… 106
张瑞端 …… 85	谢俏洁 …… 107
张瑞隆 …… 86	谢金英 …… 107
章海元 …… 86	谢志新 …… 108
章燕明 …… 87	蔡光秋 …… 108

| 蔡秋权 | 109 |
| 蔡禧平 | 110 |

第三节　工艺印染传承人 …… 111
- 黄田胜 …… 111
- 梁　珠 …… 111

第四节　工艺织绣传承人 …… 113

一、广绣传承人 …… 113
- 阮贤娥 …… 113
- 伍洁仪 …… 113
- 许炽光 …… 114
- 陈少芳 …… 115
- 陆柳卿 …… 116
- 林瑞贤 …… 116
- 梁桂开 …… 117
- 谭展鹏 …… 117

二、瑶族刺绣传承人 …… 118
- 邓菊花 …… 118
- 沈佩英 …… 119
- 张树妹 …… 119

三、潮汕抽纱传承人 …… 120
- 何可春 …… 120
- 祝书琴 …… 120
- 陈树泽 …… 121
- 蔡赛花 …… 121

四、潮绣传承人 …… 122
- 孙庆先 …… 122
- 李淑英 …… 123
- 杨坚平 …… 123
- 卓桂芬 …… 124
- 林智成 …… 124
- 洪　虹 …… 125
- 康惠芳 …… 126

第五节　工艺编结传承人 …… 127

一、小榄菊艺传承人 …… 127
- 麦标池 …… 127
- 麦炽英 …… 128

二、丰顺埔寨纸花传承人 …… 128
- 张立绳 …… 128

三、灯彩传承人 …… 129
- 邓　辉 …… 129
- 刘耀生 …… 130
- 吴　球 …… 130
- 杨玉榕 …… 131
- 张金培 …… 132
- 张树祺 …… 132
- 陈棣桢 …… 133
- 沈增华 …… 133
- 林汉彬 …… 134
- 黄友良 …… 134
- 梁达光 …… 135
- 赖明甫 …… 135

四、阳江风筝传承人 …… 136
- 冯　光 …… 136
- 阮嘉培 …… 137
- 梁玉泉 …… 137
- 梁汝兴 …… 138

五、金渡花席编织传承人 …… 138
- 何冠醒 …… 138
- 莫伟祥 …… 139

六、南海藤编传承人 …… 139
- 陈嘉棠 …… 139
- 梁礼华 …… 140
- 梁灿尧 …… 140

七、狮头制作传承人 …… 141
- 肖金兰 …… 141
- 郭润堂 …… 141
- 黎　伟 …… 142
- 黎婉珍 …… 143

八、葵艺传承人 …… 144
- 廖惠林 …… 144

九、雷州蒲织传承人 …… 144
- 陈妃荣 …… 144
- 符妃珠 …… 145

十、横经席编织传承人 …… 145
- 朱国新 …… 145

十一、潮汕竹丝编织画传承人 …… 146

夏荣居 ………… 146
十二、麒麟制作传承人 ………… 146
　　黄志成 ………… 146
　　黄素明 ………… 147

第六节　漆器工艺传承人 ………… 149
　　陈其积 ………… 149
　　范　俊 ………… 150
　　傅以周 ………… 150

第七节　工艺家具传承人 ………… 152
　　伍炳亮 ………… 152
　　李仲良 ………… 152
　　李泽添 ………… 153
　　杨　虾 ………… 153
　　招赞惠 ………… 154
　　巢炟宝 ………… 155

第八节　金属工艺传承人 ………… 157
一、西关打铜传承人 ………… 157
　　苏广伟 ………… 157
二、阳江刀传承人 ………… 158
　　李有维 ………… 158
　　李良辉 ………… 158
　　张锐宗 ………… 159
三、金箔锻造传承人 ………… 159
　　吴深龙 ………… 159
四、珐琅传承人 ………… 160
　　杨志峰 ………… 160
　　柯仁勇 ………… 161

第九节　其他工艺传承人 ………… 162
一、广东剪纸传承人 ………… 162
　　叶天津 ………… 162
　　许舜英 ………… 162
　　陈永才 ………… 163
　　张湘明 ………… 163
　　陈雁淑 ………… 164
　　何　燕 ………… 165
　　郑少燕 ………… 165
　　饶宝莲 ………… 166
　　梁志炎 ………… 167

魏惠君 ………… 167
二、广东鼓传承人 ………… 168
　　李木瑞 ………… 168
　　胡沃镒 ………… 169
三、广州箫笛传承人 ………… 169
　　郭大强 ………… 169
四、古法造纸传承人 ………… 170
　　张熄元 ………… 170
　　夏绍贵 ………… 170
五、龙舟制作传承人 ………… 171
　　冯怀女 ………… 171
　　霍灼兴 ………… 171
六、白沙茅龙笔传承人 ………… 172
　　张瑞亨 ………… 172
七、石湾龙窑营造传承人 ………… 173
　　蒙文德 ………… 173
八、汕头瓶内画传承人 ………… 173
　　吴松龄 ………… 173
　　吴泽鲲 ………… 174
　　赖乙宁 ………… 174
九、灰塑传承人 ………… 175
　　邵成村 ………… 175
十、佛山木版年画传承人 ………… 176
　　冯炳棠 ………… 176
　　冯锦强 ………… 177
十一、佛山秋色传承人 ………… 177
　　何　信 ………… 177
　　何洁桦 ………… 178
十二、吴川瓦窑陶鼓传承人 ………… 179
　　梁景尤 ………… 179
十三、麦秆剪贴画传承人 ………… 179
　　方志伟 ………… 179
　　李光荣 ………… 180
　　林利飞 ………… 181
　　林锡安 ………… 181
　　赵伯扶 ………… 182
十四、泥塑传承人 ………… 183
　　王增丰 ………… 183

吴光让 …………………… 183
　　吴闻鑫 …………………… 184
　　吴维清 …………………… 184
　　周仲富 …………………… 185
　　周贵舟 …………………… 186
　　林暖钦 …………………… 186
　　欧　武 …………………… 187
　　欧景钦 …………………… 187
　　简向东 …………………… 188
十五、红木宫灯传承人 ………… 189
　　李仰东 …………………… 189
　　罗昭亮 …………………… 189
十六、盆景传承人 ……………… 190
　　陆志伟 …………………… 190
　　吴锦鹏 …………………… 191
　　周炳鉴 …………………… 192
十七、浮洋锣鼓传承人 ………… 192
　　方绍鹏 …………………… 192
十八、莞香传承人 ……………… 193
　　黄　欧 …………………… 193
十九、陶瓷微书传承人 ………… 194
　　王芝文 …………………… 194
二十、高州木刻画传承人 ……… 194
　　吴思志 …………………… 194
二十一、瑶族长鼓制作传承人
　　　　　………………… 195
　　唐大打大不公 …………… 195
二十二、广东飘色传承人 ……… 196
　　刘成球 …………………… 196
　　何达权 …………………… 196
　　苏照恩 …………………… 197
　　陈文山 …………………… 197
　　陈文洲 …………………… 198
　　陈永隆 …………………… 198
　　陈康保 …………………… 198
　　赵汝潜 …………………… 199
　　梁广桓 …………………… 199
　　辜武雄 …………………… 200

　　谭浩彬 …………………… 200
　　黎汉明 …………………… 201
　　黎　明 …………………… 201

第二章　广东省民间戏曲传承人

一、广东汉剧传承人 …………… 205
　　张广武 …………………… 205
　　李仙花 …………………… 205
　　杨秀微 …………………… 206
　　钟礼俊 …………………… 206
　　黄吉英 …………………… 207
　　梁素珍 …………………… 207
二、木偶戏传承人 ……………… 208
　　丁清波 …………………… 208
　　叶寿春 …………………… 208
　　朱国新 …………………… 209
　　孙树忠 …………………… 209
　　何文富 …………………… 210
　　巫启胜 …………………… 210
　　李秋华 …………………… 211
　　陈培森 …………………… 211
　　李新贤 …………………… 212
　　林秀槐 …………………… 212
　　骆锦标 …………………… 213
　　高礼华 …………………… 213
　　黄土展 …………………… 213
　　梁东兴 …………………… 214
　　崔克勤 …………………… 215
　　曹章玲 …………………… 215
三、乐昌花鼓戏传承人 ………… 216
　　邓天财 …………………… 216
四、正字戏传承人 ……………… 216
　　黄壮营 …………………… 216
　　彭美英 …………………… 217
五、白字戏传承人 ……………… 218
　　吴佩锦 …………………… 218
　　何循禧 …………………… 218

卓孝智 …………………………… 219
　　钟静洁 …………………………… 219
六、西秦戏传承人 ………………… 220
　　吕维平 …………………………… 220
　　严木田 …………………………… 220
七、花朝戏传承人 ………………… 221
　　钟石金 …………………………… 221
八、陆丰皮影戏传承人 …………… 222
　　彭　忠 …………………………… 222
　　蔡锦镇 …………………………… 222
九、采茶戏传承人 ………………… 223
　　吴燕城 …………………………… 223
　　罗发斌 …………………………… 223
　　魏远芳 …………………………… 224
十、贵儿戏传承人 ………………… 224
　　徐兆忠 …………………………… 224
十一、粤剧传承人 ………………… 224
　　丁　凡 …………………………… 224
　　马师曾 …………………………… 225
　　文觉非 …………………………… 226
　　卢启光 …………………………… 226
　　白驹荣 …………………………… 227
　　卢秋萍 …………………………… 227
　　吕玉郎 …………………………… 228
　　孙业鸿 …………………………… 228
　　红线女 …………………………… 229
　　关国华 …………………………… 229
　　陆云飞 …………………………… 230
　　麦玉清 …………………………… 231
　　吴国华 …………………………… 231
　　李虹陶 …………………………… 232
　　陈笑风 …………………………… 232
　　李淑勤 …………………………… 232
　　林小群 …………………………… 233
　　郑永健 …………………………… 234
　　林国光 …………………………… 234
　　罗品超 …………………………… 235
　　林家宝 …………………………… 236

　　林锦屏 …………………………… 236
　　欧凯明 …………………………… 236
　　罗家宝 …………………………… 237
　　郑培英 …………………………… 238
　　郎筠玉 …………………………… 238
　　姚志强 …………………………… 239
　　倪惠英 …………………………… 239
　　曹秀琴 …………………………… 240
　　梁荫棠 …………………………… 241
　　梁淑卿 …………………………… 241
　　梁锦伦 …………………………… 241
　　蒋文端 …………………………… 242
　　曾　慧 …………………………… 243
　　曾小敏 …………………………… 243
　　靓少佳 …………………………… 244
　　彭庆华 …………………………… 244
　　楚岫云 …………………………… 245
　　廖侠怀 …………………………… 245
　　薛觉先 …………………………… 246
十二、廉江石角傩戏传承人 …… 246
　　高承忠 …………………………… 246
十三、雷剧传承人 ………………… 247
　　金由英 …………………………… 247
　　谢　岳 …………………………… 247
十四、潮剧传承人 ………………… 248
　　方展荣 …………………………… 248
　　陈　鹏 …………………………… 248
　　张长城 …………………………… 249
　　李廷波 …………………………… 250
　　张怡凰 …………………………… 251
　　陈联忠 …………………………… 251
　　林柔佳 …………………………… 252
　　郑舜英 …………………………… 252
　　姚璇秋 …………………………… 253
　　唐龙通 …………………………… 254
　　郭舜书 …………………………… 255

第三章　广东省民间曲艺传承人

一、木鱼歌传承人 …………… 259
　李仲球 …………………… 259
二、龙舟说唱传承人 ………… 259
　尤学尧 …………………… 259
　伍于筹 …………………… 260
　陈振球 …………………… 260
三、竹板歌传承人 …………… 261
　肖建兰 …………………… 261
　周天和 …………………… 262
　钟柳红 …………………… 262
四、粤曲传承人 ……………… 263
　白燕仔 …………………… 263
　关楚梅 …………………… 263
　何　萍 …………………… 264
　李月友 …………………… 264
　李丹红 …………………… 265
　何丽芳 …………………… 265
　陈玲玉 …………………… 265
　黄少梅 …………………… 266
　梁玉嵘 …………………… 267
　谭佩仪 …………………… 267
五、广东说书传承人 ………… 268
　陈千臣 …………………… 268
　侯佩玉 …………………… 268
　颜志图 …………………… 269
六、潮州歌册传承人 ………… 269
　林少红 …………………… 269
　柯秉智 …………………… 270

第四章　广东省民间音乐传承人

第一节　民间歌曲传承人 …… 273
一、开平民歌传承人 ………… 273
　张巨山 …………………… 273
二、龙船歌传承人 …………… 274
　周才明 …………………… 274
三、石塘月姐歌传承人 ……… 274
　谭彩霞 …………………… 274
四、阳江山歌传承人 ………… 275
　谭闰瑜 …………………… 275
五、鸡山牛歌传承人 ………… 275
　唐贻程 …………………… 275
六、沙田民歌传承人 ………… 276
　陈社金 …………………… 276
　吴金喜 …………………… 276
七、连滩山歌传承人 ………… 277
　莫池英 …………………… 277
八、乳源瑶歌传承人 ………… 277
　赵才付 …………………… 277
　赵拉婢 …………………… 278
　赵新容 …………………… 278
九、咸水歌传承人 …………… 279
　吴志辉 …………………… 279
　陈昌庆 …………………… 279
　黄锦玉 …………………… 280
　谢棣英 …………………… 280
十、客家山歌传承人 ………… 281
　卢月英 …………………… 281
　刘永荣 …………………… 281
　刘国权 …………………… 282
　池官华 …………………… 283
　汤明哲 …………………… 283
　余耀南 …………………… 284
　欧进兴 …………………… 285
　黄红英 …………………… 285
　罗家茂 …………………… 286
　童爱娜 …………………… 286
十一、恩平民歌传承人 ……… 287
　郑沃波 …………………… 287
十二、排瑶民歌传承人 ……… 287
　唐古民三婆 ……………… 287
十三、渔歌传承人 …………… 288
　李却妹 …………………… 288
　苏　段 …………………… 288
　苏少琴 …………………… 289

苏细花 …………… 289
　　苏德妹 …………… 290
　　徐圆目 …………… 290
第二节　民间器乐传承人 ………… 291
　一、八音锣鼓传承人 …………… 291
　　梁兆帝 …………… 291
　二、广东汉乐传承人 …………… 291
　　方少澄 …………… 291
　　罗邦龙 …………… 292
　　饶宝尤 …………… 293
　三、广东音乐传承人 …………… 293
　　汤凯旋 …………… 293
　　刘英翘 …………… 294
　　何克宁 …………… 295
　　陈哲深 …………… 296
　四、佛山十番锣鼓传承人 ……… 296
　　何汉沛 …………… 296
　　何汉然 …………… 297
　五、南塘吹打乐传承人 ………… 297
　　郑　宣 …………… 297
　六、雷州音乐传承人 …………… 298
　　林　胜 …………… 298
　七、潮州音乐传承人 …………… 298
　　丁广颂 …………… 298
　　余少莹 …………… 299
　　吴礼和 …………… 300
　　吴贤奇 …………… 300
　　陈桂洲 …………… 301
　　陈镇锡 …………… 302
　　陈遑文 …………… 302
　　林立言 …………… 303
　　林良丰 …………… 303
　　黄义孝 …………… 304
　　辜纯生 …………… 305
　　蔡衍生 …………… 305
　　蔡锐辉 …………… 306
第三节　宗教音乐传承人 ………… 307
　　林信专 …………… 307

第五章　广东省民间舞蹈传承人

　一、广东龙舞传承人 …………… 311
　　邓胜洪 …………… 311
　　陈水禄 …………… 311
　　张世钻 …………… 312
　　张自进 …………… 312
　　苏求应 …………… 313
　　李柏良 …………… 313
　　林建南 …………… 314
　　林普宣 …………… 314
　　林勤日 …………… 315
　　黄车炳 …………… 315
　　黄锐胜 …………… 316
　　黄焯根 …………… 316
　　傅敬贵 …………… 317
　　曾宪林 …………… 317
　　谭妃伍 …………… 317
　　蔡沾权 …………… 318
　二、广东狮舞传承人 …………… 319
　　邓国良 …………… 319
　　文琰森 …………… 319
　　邓锦平 …………… 320
　　冯昆杰 …………… 320
　　刘银波 …………… 321
　　孙淑强 …………… 321
　　关润雄 …………… 321
　　李国英 …………… 322
　　李荣仔 …………… 322
　　杨永武 …………… 323
　　周镇隆 …………… 323
　　施　勇 …………… 324
　　赵永富 …………… 324
　　赵继红 …………… 325
　　涂叠登 …………… 325
　　黄兴良 …………… 326
　　黄志英 …………… 326
　　黄钦添 …………… 327

释宝华 …………………… 327
　　谢景文 …………………… 328
　　释彰龙 …………………… 328
三、五马巡城舞传承人 ………… 329
　　陈立帮 …………………… 329
四、舞火狗传承人 ……………… 329
　　谭松娣 …………………… 329
五、凤舞传承人 ………………… 330
　　邓　钦 …………………… 330
六、平远船灯舞传承人 ………… 330
　　凌双匡 …………………… 330
　　谢奎岳 …………………… 330
七、龙鱼舞传承人 ……………… 331
　　石家中 …………………… 331
八、禾楼舞传承人 ……………… 332
　　傅志坤 …………………… 332
九、竹马舞传承人 ……………… 332
　　罗爱青 …………………… 332
十、沙头角鱼灯舞传承人 ……… 333
　　吴天其 …………………… 333
　　吴观球 …………………… 334
十一、杯花舞传承人 …………… 334
　　林惠文 …………………… 334
十二、英歌舞传承人 …………… 335
　　杨　卫 …………………… 335
　　陈　汉 …………………… 336
　　陈来发 …………………… 336
　　张伯琪 …………………… 336
　　陈宋琪 …………………… 337
　　林忠诚 …………………… 338
　　林炳光 …………………… 338
　　洪飞英 …………………… 339
　　洪少华 …………………… 339
十三、闹花灯舞传承人 ………… 340
　　黄振模 …………………… 340
十四、春牛舞传承人 …………… 340
　　马建邺 …………………… 340
　　张周孝 …………………… 341

十五、香花佛事舞传承人 ……… 341
　　释常宽 …………………… 341
十六、徐闻屯兵舞传承人 ……… 342
　　赖洪鄂 …………………… 342
十七、湛江傩舞传承人 ………… 343
　　彭英芳 …………………… 343
　　彭秋生 …………………… 344
　　彭爱文 …………………… 344
十八、蜈蚣舞传承人 …………… 345
　　邝有文 …………………… 345
　　陈　六 …………………… 345
　　陈喜顺 …………………… 346
十九、跳花棚传承人 …………… 346
　　张振谦 …………………… 346
　　姚茂泰 …………………… 347
　　翁　燕 …………………… 348
二十、锣花舞传承人 …………… 348
　　黄永红 …………………… 348
二十一、瑶族长鼓舞传承人 …… 349
　　房介沙三公 ……………… 349
　　赵新花 …………………… 349
　　赵朝雄 …………………… 350
　　唐桥辛二 ………………… 350
　　盘连州贵 ………………… 351
二十二、潮州饶平布马舞传承人
　　………………………………… 352
　　李　蔚 …………………… 352
　　黄耀好 …………………… 352
二十三、鲤鱼舞传承人 ………… 352
　　杨良胜 …………………… 352
　　施　策 …………………… 353
二十四、鹤舞传承人 …………… 353
　　苏应利 …………………… 353
　　陈福炎 …………………… 354
　　徐钜兴 …………………… 354
　　梁冠波 …………………… 354
二十五、舞鹰雄传承人 ………… 355
　　黄刚文 …………………… 355

梁宝琛 ………………… 355
二十六、舞貔貅传承人 ……… 356
　　张文亮 ………………… 356
　　张永木 ………………… 356
　　郑文贤 ………………… 357
二十七、鳌鱼舞传承人 ……… 357
　　余合深 ………………… 357
二十八、藤牌功班舞传承人 … 358
　　郑庆荣 ………………… 358
二十九、麒麟舞传承人 ……… 358
　　刘东良 ………………… 358
　　刘永富 ………………… 359
　　吴义芳 ………………… 359
　　陈训杰 ………………… 360
　　李永潮 ………………… 361
　　张纪森 ………………… 361
　　张志明 ………………… 362
　　张炽垣 ………………… 362
　　麦鉴新 ………………… 362
　　陈耀平 ………………… 363

　　黄汉光 ………………… 363
　　黄鹤林 ………………… 364
　　黄耀华 ………………… 364
　　谢玉球 ………………… 365
　　曾燕青 ………………… 365
　　蔡玉财 ………………… 366
　　谭锦堂 ………………… 366

附　录

附录一　《广东省民间艺术传承人志》
　　　　入志标准 ………… 371
附录二　其他民间艺术传承人 … 374
附录三　广东省民间歌王名单
　　　　 ………………… 382
附录四　广东省民间文化杰出传承人
　　　　名单 ……………… 383

后记 ……………………… 386

第一章
广东省民间工艺美术传承人

第一节
工艺雕刻传承人

一、广东木雕传承人

何汉林

何汉林，男，1959年生，广东省汕头市人。广东省工艺美术大师，非物质文化遗产（简称"非遗"）（木雕）项目广东省级代表性传承人。

何汉林出身于木雕世家，是何氏木雕家族的第五代传人。他自幼随父亲何长清（潮汕地区著名木雕工艺师）学习木雕艺术，深得父亲的艺术真传，全面掌握了木雕构图、布局、用刀、凿坯、细刻等技艺。何汉林1977年开始单独完成木雕凿坯、细刻两道工序；1980年起开始设计、构图，先后创制了不少木雕作品；1983年进入汕头市木雕厂工作，创作了一批古代人物和花鸟题材的木雕作品。1995年汕头市木雕厂倒闭后，他出于对传统木雕艺术的热爱与追求，克服了各种困难，创立了何汉林木雕艺术工作室，潜心钻研，提升艺术水平，形成了独特的艺术风格。

何汉林的作品在继承传统的基础上不断创新，表现内容丰富，技艺高超，形神兼备，其中花鸟题材的创作尤为突出。其作品成为社会各界人士的收藏品。他近年创制的《岁寒三友》《百鸟图》《半畔花篮》等一批精品，参加了各种展览会并获奖，其中的一些还被省级博物馆收藏及被市政府选为赠送外宾的礼品；2004年和2009年创制的《半畔花篮》《蟹篮》分别获首届广东省民间工艺精品展铜奖、第三届广东省民间工艺精品展银奖；历时三年创作的木雕《百鸟朝凤》于2011年获中国工艺美术"百花奖"金奖的殊荣。2012年，他获得了国际木文化学会颁发的"最佳传承奖"。

陈炎坤

陈炎坤，男，1953年生，广东省汕头市人。广东省工艺美术大师，非物质文化遗产（木雕）项目广东省级代表性传承人。

陈炎坤于1972年进入汕头市木雕厂当学徒，随著名木雕艺人周遇宝学习木雕技艺，8年后成为企业的技术骨干。陈炎坤拥有30多年从事木雕制作的丰富经验，全面掌握了木雕的各种技艺。1983年，他受木雕厂委派开始带徒传艺，培养新一批学徒。

1985年，陈炎坤到汕头工艺美术学校进修，结业后回到厂里的技术室，即参与广州东方宾馆大型木雕《大观园·庆元宵》《清明上河图》的创制，还研制出别具一格的窗格装饰木雕。其代表作曾分别获首届广东省民间工艺精品展、第二届广东省民间工艺精品展银奖和优秀奖。

1999年，他自办木雕经营部，为酒店、家居、祠堂、寺庙创制大量作品，近年一些作品在各届广东省民间工艺精品展上获奖。陈炎坤用木格装饰来衬托木雕作品，在表现形式上令人耳目一新，备受各界人士的赞赏。

陈俊荣

陈俊荣，男，1952年生，广东省潮州市人。一级美术师，广东省工艺美术大师，高级工艺美术师。

陈俊荣1976年毕业于广州美术学院，从事工艺美术设计创作40多年，擅长雕塑、木雕、艺术陶瓷、刺绣设计及中国画，具有高深的艺术造诣。近10年来，他着重于艺术陶瓷的研究和创作，其釉下彩绘独具风格，写意显工雅而不落俗。他的作品深受各阶层人士喜爱。1985—1993年，其担任木雕厂厂长和工艺研究所副所长，曾设计和领导制作木雕《虾蟹篓》，获中国工艺美术"百花奖"银杯奖；为台湾客商设计、制作的表现"一百罗汉朝如来"的三层金漆木雕《灵山胜会》，宽7.5米、高4.5米，是潮州木雕史上的巨构。

陈培臣

陈培臣，男，1950年生，广东省潮州市人。非物质文化遗产（潮州木雕）项目国家级代表性传承人，高级工艺美术师。

陈培臣12岁即随父陈舜羌（潮汕地区著名木雕工艺师）学习木雕。其木雕技艺出众，造诣颇深，创作的木雕作品均见功夫，特别在立体镂通的虾蟹篓创作上更具匠心，浮雕、沉雕、

圆雕、镂雕功夫扎实。陈培臣曾参与创作的《宣炉罩》获轻工部优质产品奖，1998年创作的大型《虾蟹篓》获广东省工艺美术名家名作展金奖，2000年为北京人民大会堂广东厅创作双面屏风《岭南佳果》。2007年，陈培臣被文化部确定为首批潮州木雕项目代表性传承人，同年获评中国工艺美术大师。陈培臣在潮州先后创办了木雕艺术馆和木雕艺术促进会，培养了一大批木雕艺术人才，其中不少已经成为工艺美术师乃至高级工艺美术师，为潮州木雕的传承做出了重要贡献。

张维怀

张维怀（1941—2009年），男，广东省潮州市人。广东省工艺美术家。

张维怀25岁开始学艺，在原汕头市木雕厂工作，1986年被省政府授予"广东省工艺美术家"称号。1981年，他创作的《双凤朝牡丹》，荣获中国工艺美术"百花奖"创作设计二等奖和轻工部优质产品奖。

1982年，汕头市木雕厂为广州市东方宾馆制作木雕巨型挂屏《大观园·庆元宵》，张维怀主持设计。该作品是潮州木雕通雕传统工艺和现代化建筑物装饰有机结合的成功典范，荣获1983年中国工艺美术"百花奖"创作设计一等奖并获得"希望杯"奖。

李得浓

李得浓（1949—2016年），男，广东省潮州市人。非物质文化遗产（潮州木雕）项目国家级代表性传承人，中国工艺美术学会木雕专业委员会副会长，广东省工艺美术大师，高级工艺美术师。

李得浓师承陈舜羌，有着30多年的潮州木雕经验。其作品基于传统艺术精髓又突破传统之繁褥和琐碎，注重雕刻的体积感和构图关系，融汇古今，点、线、面结合，注重内涵和创意，玲珑剔透而不失凝重，多层次镂通而不烦琐，形成独特的风格。其雕塑既注重吸收汉之风骨、唐之雍容，又追求个性化；特别是敢于采用硬木坯制作，在立体镂空中擅长虚实、动静、刚柔、疏密等多样手法，在传统立雕中达到写实与夸张结合、粗犷和精细并用，造诣深厚，技艺高超。20世纪80年代起，他先后为国家重点文物保护单位潮州开元镇国禅寺、广州白天鹅宾馆、广东四大名园之一的清晖园、法国巴黎中国城等建筑设计、制作了大量木雕。其作品被中国国家博物馆、中国工艺美术馆、广东美术馆、广东省档案馆、广东民间工艺博物馆、西汉南越王博物馆等收藏，30多次获国家及省、市金奖和银奖。

陈舜羌

陈舜羌（1918—1987年），男，广东省潮州市人。广东省工艺美术大师，高级工艺美术师。

陈舜羌自幼受到良好的艺术熏陶，9岁起师从潮州木雕名师陈春炎，潜心学艺，后再拜张鉴轩为师。20世纪30年代起从事木雕工艺，并任潮州工艺美术研究院研究员。他于1957年与张鉴轩合作的木雕通雕作品《蟹篓》荣获莫斯科第六届青年联欢节铜质奖章，与另外12位木雕艺人合作的挂屏《雉鸡五福梅》《龙虾蟹鱼》等4件作品悬挂于北京人民大会堂广东厅。陈舜羌一生酷爱木雕艺术，刻苦钻研，精益求精，技艺达到炉火纯青的地步。他1962年被广东省授予"工艺美术艺人"的称号，被评为一级木雕艺人；1986年被广东省人民政府授予"潮州金木雕大师"称号。陈舜羌撰有《人民大会堂装饰潮州木雕》等文章。

陈瑞全

陈瑞全，男，1947年生。广东省工艺美术大师，高级工艺美术师。

陈瑞全于1966年开始涉足潮州木雕。50多年来，他在潮州木雕厂及陈舜羌木雕艺术馆主持设计及创新工作，技艺水平和艺术修养也在多年的艺术实践中取得了长足的进步，在潮州木雕传统技艺的继承和发展中占有一席之地并形成了自己的风格。陈瑞全在对潮州木雕各种艺术形式如通雕、圆雕、浮雕，特别是在大型虾蟹篓的创作工作上独出心裁，推陈出新，有不俗的表现。他1999年设计并参与制作的大型虾蟹篓，被广州陈家祠收藏；2002年设计及指导的《潮汕风情》大型屏风，被广州艺术博物院马思聪馆收藏；2003年设计并制作的装饰通雕挂屏《纯情荡漾》，被广州陈家祠收藏。

陈德丰

陈德丰，男，1969年生，广东省揭阳市人。广东省工艺美术协会会员，非物质文化遗产（潮州木雕）项目广东省级代表性传承人。

陈德丰于1988年开始学习木雕，师从普宁木雕艺术名师陈登轩，至今从事木雕工艺20多年，形成了独特的艺术风格。当学徒期间，陈德丰根据教案，不断演习绘图、裱贴，熟悉图艺，在一刀一笔中，摸索刀路的操作，注重刀路顺直势、弯路、弧路的运用，并对立体式、卧式、挂屏式的木雕基本功法了然于胸。陈德丰对选材和用料要求严格，既不浪费材料，又讲究顺势而为，刀循纹路。

陈德丰在实践中创作了大量既有传统特色底蕴又有现代时尚风韵的木雕作品，多次获得国家级大奖，其中《昆仑山赠宝》《荣华富贵》《九鹤同春》《百鸟朝凤》等作品均多次获奖。2013年10月，他的作品《南海渔歌》《五谷丰登》在广东传统工艺美术精品大展中获得金奖，并被确认为珍品。

何耀辉

何耀辉，男，1948年生，广东省佛山市人。广东省工艺美术大师，非物质文化遗产（木雕）项目广东省级代表性传承人。

何耀辉于1965年师承佛山著名木雕家徐浩，并随留法画家杨炎学画，从事木雕研究创作50余年。何耀辉熟练掌握佛山传统木雕的浅浮雕、高浮雕、镂空雕、圆雕等各种技法，雕刻制作了包括宾馆、酒楼

的木雕大龙凤、花画、牌匾，饼家用的饼印，龙船的龙头龙尾，祠堂庙宇的花裇、神像等多个品种，其供陈设欣赏的艺术木雕精工独到、技艺高超。何耀辉不但熟练掌握佛山传统木雕技艺，构思独到，刀法利落，而且在继承传统木雕技艺的基础上大胆创新，创作了一大批题材广泛、风格独特、具有时代特色的木雕作品。其代表作品《豆蔻年华》《仙鹤神女》《喜相逢》《山鬼》《双龙瓶》等分别在全国、全省工艺美术评比中获奖。其中，紫檀木雕《仙鹤神女》、作品《山鬼》于2004年广东省工艺美术大师作品暨名人名作展中分别获金奖、铜奖，并获第五届中国工艺美术大师作品暨国际艺术精品博览会优秀作品奖；紫檀作品《喜上枝头》于1999年获得广东省工艺美术作品展一等奖；作品《喜相逢》获1994年广东省工艺美术协会、工艺美术学会会员作品展二等奖；木雕《双龙瓶》1991年获佛山市工艺美术学会会员作品展一等奖。

金子松

金子松，男，1956年生，广东省潮州市人。非物质文化遗产（潮州木雕）项目广东省级代表性传承人，高级工艺美术师。

金子松于1973年考进潮州二轻工艺美术培训班，后分配至潮州二轻金漆木雕厂

工作。其间，他师从陈舜羌、刘林德学习木雕工艺，并参与潮州开元寺、广州陈家祠等古建筑的木雕修复工程。1984年，他成立金子松传统木雕工作室，负责设计、雕刻、带徒，独立承接潮汕各地佛堂、古庙的修复工作。金子松擅长传统金漆木雕、挂屏圆雕、立体雕等工艺，尤精于人物挂屏立体雕刻。其代表作品包括花鸟、虾蟹篓、多层次人物通雕挂屏等，多次获国家级、省级金奖。多年来，金子松带徒多名，为潮州木雕工艺的传承与发展做出了重要贡献。

2008年，在广东传统工艺美术精品大展上，金子松作品素雕人物挂屏《红楼梦·大观园》获金奖；在中国传统工艺美术精品大展上，其素雕《梅兰菊竹》获铜奖。2009年，在第五届中国（深圳）国际文化产业博览交易会上，他的人物挂屏《天官赐福》获金奖；在潮州市工艺精品展上，其人物挂屏《群仙贺寿》获金奖；在广东传统工艺美术精品大展上，他的木雕《双层虾蟹篓》获金奖。2010年，参加第五届中国（莆田）海峡工艺品博览会优秀作品评比，其木雕《六角五果进盒架》《四君子》分别荣获金奖和铜奖；在2010年中国工艺美术"百花奖"优秀作品评选中，其木雕《群仙贺寿》获金奖；在第十六届亚洲运动会组织委员会赛时文化活动工艺美术展览中，其木雕《双层虾蟹篓》获金奖。

林汉旋

林汉旋，男，1963年生，广东省揭阳市人。非物质文化遗产（木雕）项目广东省级代表性传承人，高级工艺美术师。

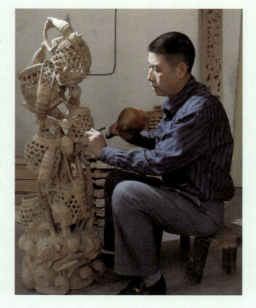

林汉旋出身于木雕世家，17岁时以职工子女的身份进入揭阳工艺厂，跟随父亲开始学习木雕工艺；后又得到当地和福建多位木雕名师的指点传授。其后，林汉旋开始独立设计、雕刻、经营木雕，承接建筑木雕构件的制作。林汉旋擅长古建筑木雕装饰和摆件木雕，主要从事木狮、馔盒及挂屏等的制作。30多年来，他先后为揭阳城隍庙、揭阳民间工艺展览馆（雷神庙）、榕城观音堂，以及各地多间祠堂等建筑进行木雕构件的制作；还曾为山东、安徽、香港、江苏等地的建筑创作了30余幅大型屏风或挂屏，为众多佛寺制作了大量神像与佛像。

林汉旋的木雕工艺"走刀大胆准确，作品风格古朴"。他精心制作的作品《三英战吕布》《三羊开泰》《姜子牙点将》分别被第五届、第六届、第七届中国（深圳）国际文化产业博览交易会评为金奖，2004年创作的《四大美人》被中国文联、中国民间文艺家协会评为优秀作品。多年来，林汉旋经常举办各种传习活动，推动潮州木雕的传承发展。

郑庆明

郑庆明，男，1957年生，广东省潮州市人。中国木雕艺术大师，高级工艺美术师。

郑庆明出身于潮州市木雕世家，自幼学习潮州木雕的雕刻技巧，并于1973年进入潮州金漆木雕厂工作。在其父以及多位师傅的指导下，其木雕技艺不断提高。青年时期，郑庆明已能独立完成复杂作品的制作，作品由工厂营销并出口到多个国家。1995年开始，郑庆明受聘到潮州的名师设立的工作室工作，负责产品创作并指导学徒作业。这一时期，郑庆明的作品，已被多方收藏。除了传统木雕件的设计和制作外，郑庆明还参与复古家居装饰和古建筑的木雕装饰。

2006年，郑庆明创办了自己的工作室。之后，其作品连续获得奖项。其中，《双凤朝牡丹》荣获第三届广东省民间工艺精品展银奖，《羊城春色》在第五届中国（深圳）国际文化产业博览交易会上获得中国工艺美术文化创意奖金奖，《梅开五福》在第六届中国（深圳）国际文化产业博览交易会上获得中国工艺美术文化创意奖金奖，《和谐》在广东传统工艺美术精品大展中获得金奖，《虾蟹篓》在广东传统工艺美术精品大展中获得金奖，《梅兰菊竹》在第八届中国（深圳）国际文化产业博览交易会上获得中国工艺美术文化创意奖金奖，《松竹梅》在广东传统工艺美术精品大展中获金奖，《子孙满堂》在中国瓷都·潮州国际陶瓷交易会工艺美术大师精品展上获得金奖，《梅兰菊竹》在第十五届中国（国家级）工艺美术大师精品博览会中获中国工艺美术金奖。

郑庆明从事木雕技艺研究和创作50多年，带出了多名徒弟。其子郑文雄及其他几位徒弟已被评为中级工艺美术师，成为潮州木雕的新一代传承人。

施韩洲

施韩洲，男，1951年生，广东省陆丰市人。非物质文化遗产（碣石木雕）项目广东省级代表性传承人。

施韩洲自 1978 年学艺至今，坚持不懈，对碣石木雕进行深入研究，其技艺不断提高，全面掌握从设计、绘图、雕刻到贴金的全部工作。多年来，施韩洲创作的都是具有影响力的作品，参与创作了《金漆九龙宫灯》《郑成功》《孔明点将》等一大批工艺精品。1983 年，施韩洲参与全国重点文物保护单位玄武山"元山寺"的古建筑、神器修复配套工程建设，设计创作了元山寺古戏台弥勒佛大型木雕屏以及乌泥天后宫建筑架上木雕构件，得到广大群众赞誉；1998 年，他参与泰国万佛道德岁天灵宫室内配套木雕神器制作，受到泰国僧王接见。

近年来，施韩洲在百忙之中搜集碣石历史传统木雕资料并整理自己创作设计的图纸资料以及创作经验、心得，编印成册，供年青一代学习，为碣石木雕传统工艺传承做出了贡献。

秦宪生

秦宪生，男，1954 年出生，广东省汕头市人。广东省工艺美术大师，非物质文化遗产（潮州木雕）项目广东省级代表性传承人。

秦宪生于 1972 年考进汕头市木雕厂，在著名工艺美术师何长清的培徒组学习木雕技艺，学艺 3 年后已能独立制作产品。1987 年，他毕业于汕头工艺美术学校，后又博采众长，形成自己的雕刻风格。长期以来，他刻苦钻研技术，擅长多层次镂通雕，尤其擅长雕刻佛像；在研究潮汕木雕传统技法的同时，更注重创新与发展，作品形神兼备，深受各界人士的喜爱。他历时 4 年雕刻完成的代表作——巨型《法界源流图》，全长 38 米，1999 年被确认为世界上最长的木雕艺术品，2011 年 11 月获中国工艺美术金奖，现珍藏于广东南华寺。目前，他授徒 3 人，各徒弟均已具有较高的技术水平，能够独立创作。

郭燕腾

郭燕腾（1908—1998 年），又名映腾，男，广东省揭阳市人。广东省工艺美术家。

郭燕腾 12 岁开始随师学艺，21 岁时创作镂通雕《狄青比武》引起人们关注，由此，年轻的郭燕腾在木雕界显露头角。他于 1950 年进原揭阳县建筑联工社，1959 年进原揭阳县工艺厂从事木雕创作。1961 年，郭燕腾被评为二类木雕艺人。1962 年经汕头专署手工业管理局的推荐，郭燕腾参加用于人民大会堂广东厅装饰的4件木雕巨构中的棱形大挂屏《雉鸡五福梅》的凿坯工艺制作。1979年，其与黄丹池合作的木雕挂屏《百鸟朝凤》《梅花五鹿》被外交部选定为驻日本大使馆的陈设品，同年他获工艺美术师职称。1983年，郭燕腾与林应足共同主持长2.74米、高1.93米、厚13厘米的大型木雕《贾元春省亲》的创制。1984年，他被汕头市工艺美术学会聘为顾问。1985年退休后，他参与揭阳学宫大成殿的修缮工作。

黄丹池

黄丹池，男，1933年生，广东省汕头市人。广东省工艺美术家，高级工艺美术师。

黄丹池致力于研究潮汕金漆木雕。其作品玲珑剔透，径路通顺，装饰性强，有浓郁的地方特色。黄丹池亦擅泥塑及书法。他所设计的作品金漆木雕《百鸟朝凤》《梅花五鹿》现被陈列在中国驻日本大使馆，樟木雕《三顾茅庐》被选送参加全国工艺美术展览并获广东省优秀作品奖，樟木雕《郭子仪拜寿》被选送参加1989年全国工艺美术展览会珍品馆展出。

辜柳希

辜柳希，男，1954年生，广东省潮州市人。国家工艺美术大师，非物质文化遗产（潮州木雕）项目国家级代表性传承人。

辜柳希于1971年开始学习木雕，1973年进入潮州金漆木雕厂学习，师从潮州木雕名师陈春炎学艺，全面掌握了潮州木雕传统工艺，浮雕、沉雕、圆雕、通雕技艺精湛。其贴金、髹漆技术卓越，佛像、神像雕塑手法独到，尤以龙虾蟹篓镂空最为著名，代表了其木雕艺术的最高成就。辜柳希于1989年创办潮州市艺葩木雕厂，2005年投资创建潮州木雕艺术馆，2007年筹资成立潮州市传统工艺研究会。

辜柳希在多年的创作中，为泰国普门报恩寺、慈悲山菩提禅寺、潮州市开元寺创作了巨型红木四面千手观音像。近年，他创作雕刻的高3.28米的红木三层龙虾蟹篓更是体现其高超工艺的代表作。其作品多次参加全国及省、市技艺大奖赛和优秀作品展。其中，第二届中国（深圳）国际文化产业博览交易会上，樟木屏雕《三英战吕布》获金奖；第三届中国（深圳）国际文化产业博览交易会上，金漆圆雕《双层龙虾蟹篓》获金奖；第三十九届全国工艺品、旅游食品暨家居用品交易会（以下简称"旅交会"）"金凤凰"原创旅游工艺品大奖赛中，红檀木《双层龙虾蟹篓》获金奖，小叶紫檀《宣炉罩》获银奖；第四十届全国旅交会"金凤凰"原创旅游工艺品大奖赛中，樟木清漆屏《雕丹凤朝阳》获金奖；第二届广东省民间工艺精品展中，檀香木《双层龙虾蟹篓》获金奖；第三届广东省工艺美术精品展中，金漆屏雕《穆桂英挂帅》、木雕《双层龙虾蟹篓》分别获金奖；等等。

辜柳希长期热心传承工作，所培训的300多人中，不少已成为潮州木雕的艺术骨干。

二、广州象牙雕刻传承人

冯 近

冯近（1931—1990年），男，广东省佛山市人。广东省工艺美术家。

冯近幼年在乡间孤儿院生活，1947年到广州师从牙雕师冯德学艺，1955年进入广州市第一象牙雕刻生产合作社，1958年担任厂设计室主任。冯近擅长龙凤、花鸟等动植物图形的雕刻，对仕女人物造像以及牙球、花篮的造型设计极有研究。

1961年，冯近与赵福养联合创作的透雕脱链花篮《百花争艳》受到众多行家的赞赏；1962年，他设计的《牙球花塔》获广东省工艺美术展览二等奖，与翁荣标、郭康合作创作的《金鱼戏水》29层牙球被送入北京人民大会堂广东厅收藏和陈列；他创作的《螳前雀后》《榴开百子》《高鸟向月》《祝寿》《象猴顶球》《神仙鱼群》《孔雀开屏》《鸳鸯嬉戏玉河池》等作品也备受好评。

1965年，冯近由广东省第二轻工业厅选派到马里国立艺术学院传授牙雕艺术，却因该国发生政变未能成行，但冯近为此而编写的大量教学资料成为日后广州牙雕行业培训学员的珍贵教材。

叶汉盛

叶汉盛，男，1948年生，广东省广州市人。非物质文化遗产（象牙雕刻）项目广东省级代表性传承人，高级工艺美术师。

1965年，叶汉盛就读于广州市第二轻工中等专业学校期间，师从潘楚钜学习象牙雕刻技艺。中专毕业后，叶汉盛进入广州市大新象牙工艺厂（原大新象牙工艺厂）

工作，继续学习象牙雕刻技术，并协助师傅设计多只大型创新牙船，从简单的紫洞艇雕刻技术到现在掌握的十几层的精工画舫船雕刻技术，技艺水平不断提高。

经过长期的工艺实践，叶汉盛在象牙球的镂空雕刻、人物雕刻、花卉雕刻、细刻、拼镶等方面掌握了一整套的精湛工艺。在实材勾样阶段，叶汉盛擅长采取"藏牙心""躲牙心"的方法，恰当地处理牙心和牙筒。叶汉盛尤为擅长人物头部和手部的雕刻：在对脸部进行加工时运刀灵活，在手部雕刻方面则总结出"以方定圆，先定起伏凹凸，再定长短，不急于分手指"的基本程序。

叶汉盛的象牙船技术深得潘楚钜真传。其作品《双龙出海》象牙船曾获首届中国工艺美术"百花奖"优秀产品奖；《双凤朝阳》象牙船获选为国家珍品，被中国工艺美术馆·珍宝馆收藏；《八层画舫》曾获2001年第二届中国工艺美术大师作品暨国际艺术精品博览会金奖。

陆牛仔

陆牛仔（原名陆鸿波），男，1942年生，广东省广州市人。广东省工艺美术大师，高级工艺美术师。

陆牛仔于1960年进入广州市大新象牙工艺厂从事象牙雕刻工作，曾任广州市工艺美术研究所雕刻设计员；1992年任职于超群工艺厂，从事雕刻设计；2008年成立个人雕刻设计工作室，其间创作许多具有开创性的大型牙雕作品。其代表作有《齐天大圣战哪吒》《百万军中藏阿斗》《群仙贺寿》等。

陆牛仔与国内杨青山、郭敏琪、陈乃昌等大师通力合作，耗时8年创制的大型牙雕作品《韩熙载夜宴图》于2009年广州市荔湾区人民政府主办的"巧夺天工牙雕精品展"上展出。该作品由十几根象牙拼在一起雕刻而成，布局精妙，被故宫博物院收藏为国家一级文物。

另外，陆牛仔创作的象牙立雕作品《精忠报国》于2010年山东（青岛工美）第四届象牙雕刻展上展出，大型牙雕作品《夜宴图》于2015年"广州三雕一彩一绣精品大展"上展出，均获得一致好评。

张民辉

张民辉，男，1953年生，广东省新会市人。中国工艺美术大师，非物质文化遗产（象牙雕刻）项目国家级代表性传承人，高级工艺美术师，工艺品雕刻高级技师。

张民辉1972年进入广州市大新象牙工艺厂，师从李定荣学习象牙雕刻技艺。后来，张民辉赴中央工艺美术学院进修，学习民间工艺与西方雕塑技艺。1991年，张民辉创办广州市花城博雅工艺厂，从事牙雕、骨雕作品的创作设计与制作。

张民辉全面掌握象牙雕刻的技艺，得心应手地综合运用圆雕、镂空雕、浮雕、细刻等表现形式，雕制的人物、动物形态逼真，具有艺术美感，所雕的景物能左右呼应、远近协调、美观耐看。在象牙雕刻过程中，张民辉充分发挥镶嵌技艺，在象牙原料稀缺的情况下，合理使用和节约用料，将大小不一、形状各异的牙料通过各种镶嵌技巧，以小拼大，而且经过镶嵌处理后的作品构图不受原料自然形状限制，造型随心所欲。

在传承传统象牙雕刻技艺的基础上，张民辉还带领徒弟攻克以牛骨等骨头代替象牙进行雕刻的技术难题，摆脱了象牙材料紧缺的限制，延续传统牙雕工艺，在牛骨、河马牙、猛犸象牙上运用象牙技艺语言进行作品创作。在镶嵌拼接的技术上，张民辉着眼景物之间的连接关系，巧妙运用错位衔接、自然穿插等方式，成功解决了接口问题，使作品浑然一体，不露痕迹。

张民辉的作品造型新颖、构图优美、玲珑剔透、意境深刻，在国家及省市评比中共获得金奖（一等奖）40多项，被国家级及省级有关部门或博物馆收藏的珍品共6件。

张民辉致力于传承与推广牙雕技艺。他在行内授徒50多人，并曾赴广东省立中山图书馆以及中山大学、广州美术学院等院校开设牙雕技艺及知识课程，被聘为中山大学传播与设计学院兼职教授、广州大学美术与设计学院硕士研究生校外导师、五邑大学客座教授、广州市轻工技师学院客座教授。他还在广州发起"牙雕传承与创新"研讨会，首开行业之先河。此外，他曾于2014年举办个人牙雕艺术展，于2016年举办师徒成果展。

李定宁

李定宁，男，1932年生，广东省广州市人。中国工艺美术大师，非物质文化遗产（象牙雕刻）项目广东省级代表性传承人，高级工艺美术师。

李定宁家族世代从事牙雕行业，他自幼对牙雕工艺产生浓厚兴趣，少年时期即跟随兄长学艺，20世纪50年代进入广州市大新象牙工艺厂工作直至退休，历任技工、设计室主任、技术副厂长等职。他1958年被派遣到北京象牙雕刻厂学习交流；2005年创立广州市宝象工艺品有限公司，任公司艺术总监，坚持从事象牙雕刻创作、设计。

李定宁技艺全面，有丰富的生产、创作经验，不仅传承了广州牙雕通透玲珑的艺术风格，还突破了传统和材料的局限，吸收北京牙雕的长处，形成鲜明的个人艺术特色。李定宁擅长雕刻人物，兼及花卉、动物等类，尤其以雕刻仕女最为著名，并首创以人物内容与牙灯、牙球相结合的作品。其作品多以人物为主体，配以山水、树木、亭台楼阁，造型新颖，寓意深远，人物形态优雅、生动传神，因材施艺，技艺精湛，轻飘剔透。其代表作品有大型牙雕《天女散花》《大圣闹蟠桃》《宝莲灯》《月宫明灯》《英雄颂》《月下追贤》《群仙祝寿》《龙的传人》等。2010年，他获得中国工艺美术学会颁发的"中国工艺美术终身成就奖"。

李定宁在牙雕人物塑造方面不停探索、不断尝试和调整各种雕刻手法，研制、改良传统作品，推动了广州市大新象牙工艺厂的人物造型工艺的提升。此外，他力主广州牙雕要从单一的父传子承的模式走出来，并身体力行，传徒授艺，为行业培养了一批牙雕精英。

吴荣昌

吴荣昌，男，1944年生，广东省广州市人。广东省工艺美术大师，高级工艺美术师。

吴荣昌自幼爱好美术，从事象牙雕刻工作超过50年，尤为擅长人物及景物的雕刻。1958年，吴荣昌到广州市大新象牙工艺厂当学徒；1966年，22岁的吴荣昌受广州市大新象牙工艺厂的委派，到广州艺光象牙工艺厂担任老师，传授象牙雕刻技术；1969年

又受工艺厂委派，到北京牙雕厂与国内先进同行交流学习，创作技艺得到进一步的提高，创作了《洛神》《荡秋千》《盗御马》等一批优秀作品，其中《盗御马》被选送参加第二届全国工艺美术展。

1979年，吴荣昌与翁荣标合作的45层象牙球《举杯邀明月》在全国工艺美术艺

人、创作设计人员代表大会上被评为优秀工艺品一等奖;1984年,他主创的牙雕作品《不辞长作岭南人》获广东省旅游产品、内销工艺品优秀产品奖,并被广东民间工艺博物馆永久收藏;1986年,他根据民间传说故事创作的牙雕作品《东方朔》,被选送欧洲四国展览;2003年,他创作的牙雕作品《十八罗汉群英会》获首届广州市工艺美术优秀作品展金奖;2005年,他创作的52层象牙球《五羊仙子贺八景》获首届广州市旅游工艺品创作大赛银奖。

吴荣昌用整支猛犸象牙为原料,创作设计了以《红楼梦》为题材的大型牙雕作品《元春省亲》,在第三届中国(深圳)国际文化产业博览交易会上获得中国工艺美术文化创意奖银奖、2008年广东传统工艺美术精品大展中获得金奖。

吴荣昌勤奋好学,善于探索研究,将美学融会到象牙雕刻工艺中,在牙雕艺术领域上创制了一大批高精工艺美术产品。

郭　康

郭康(1926—2005年),男,广东省佛山市人。广东省工艺美术家,高级工艺美术师。

郭康于1947年开始随父从事象牙雕刻,1955年后历任广州市大新象牙工艺厂设计、研究室副主任、工艺美术师。1956年,擅长牙雕人物的郭康参观潮州金木雕蟹篓后得到启发,成功首创象牙"通雕蟹笼"的绝艺,代表作品有《通雕蟹笼》。

郭康用传统牙雕工艺塑造了众多工农兵英雄形象。他的作品多是单独创制,尽显其作品布局恢宏大气、人物形象完美的个人雕刻风格。1961年,郭康用一根长1.5米、重35千克的象牙雕镂成大型牙雕《广州起义》,被选入北京人民大会堂广东厅陈列;1964年,郭康创作的大型牙雕座件《进军大西南》被广东民间工艺博物馆收藏;郭康与翁荣标、冯近合作设计创作的29层象牙球《金鱼戏水》被送进北京人民大会堂广东厅陈列和收藏;1972年,郭康主创的牙雕《张衡》参加在北京市民族文化宫举行的第二届全国工艺美术展,并被载入《全国工艺美术展览》大型画册。

翁耀祥

翁耀祥,男,1958年生,广东省广州市人。中国工艺美术大师,非物质文化遗产(象牙雕刻)项目广东省级代表性传承人。

翁耀祥出身于广州牙雕世家。其祖先翁五章镂雕了层层可以转动的11层象牙球,被誉为广州近代象牙球镂雕工艺的创始人。翁耀祥21岁开始师从其父亲翁荣标学习祖传象牙球制作工艺,熟练掌握了象牙球镂空雕刻技艺。1979—1988年,翁耀祥一直在广州市大新象牙工艺厂从事牙球的制作。后来由于国际对象牙原料的封禁,翁耀祥短暂离开广州市大新象牙工艺厂，在家从父学艺，直至2003年重返广州市大新象牙工艺厂工作至今。

技艺上，翁耀祥全面继承祖传技艺，象牙球制作技艺深得父亲真传。在此基础上，翁耀祥还不断钻研和改进技艺，对使用的刀具进行创新，从刀具的打造成型、刀刃切削角度、淬火钢韧度等方面进行改良；为达到以固定直径的球料保证内层每层自转自如、厚薄均匀的标准，对每层使用的刀具进行定制。在精密的刀具和自身高超技艺的配合下，翁耀祥创造了利用17厘米牙料镂脱出57层象牙球的世界纪录，至今无人能破，堪称一绝。这也使得人称"翁家蛋"的象牙球镂雕技艺一直保持着象牙雕刻行业的领先地位。

翁荣标

翁荣标（1924—2006年），男，广东省广州市人。中国工艺美术大师。

翁荣标出身于牙雕世家，他的曾祖父翁五章首创多层牙球，是广州近代象牙球镂雕工艺的创始人。到他的父亲翁昭这一代，已能镂雕28层牙球。翁荣标自1937年开始从事广州象牙球雕刻。

在祖业的基础上，翁荣标大胆进行牙球镂雕工艺革新，精心改革刀具，重新设计各球层的厚度和精确度，减薄牙球外壳的厚度。1962年，翁荣标成功使原制21层规格的牙料多出4层以上，创造了翁氏"薄皮牙球"这一新品种。1975年，翁荣标找到改进刀具的方法，设法减薄牙球内层，使原制24层规格的牙料多出13层。1976年，他又使原制26层规格的牙料多出14～16层。至此，翁荣标镂雕的象牙球成功突破30层，打破了他父亲翁昭镂雕象牙球的纪录，成功雕刻了40层和42层象牙球。

1978年，翁荣标等人制作的40层象牙球《满山花果香》获全国科学大会优秀科技成果奖；1979年，翁荣标用29层规格的牙料镂雕出45层牙球《举杯邀明月》，为新中国成立30周年献礼，创造了全国镂空牙球层次最多的纪录。

翁荣标不仅大胆创新牙球镂雕工艺，还对牙球镂刻工艺进行了科学的理论总结。他与广州市大新象牙工艺厂的工艺家一起撰写的《象牙球雕刻工艺过程》《广州薄皮象牙球学术研究资料》，为弘扬象牙球雕刻工艺打下了基础。

谢曼华

谢曼华，女，1946年生，广东省广州市人。广东省工艺美术大师，高级工艺美术师。

谢曼华于1962年进入广州市大新象牙工艺厂工作，得到牙雕大师李定宁的悉心指导，擅长人物、花鸟创作雕刻，创作了一系列技艺高精、有影响的牙雕作品。

谢曼华独立创作的《争春》，入选参加1987年全国工艺美术展览；《飞天唐女》被广东民间工艺博物馆征集收藏；代表作《黛玉葬花》被收入广东省民间文化遗产抢救工程系列丛书——广东十大民间工艺之《广州牙雕》中。

谢曼华参与创作了多件极负盛名的大型牙雕作品，其中《祝寿桃》获得1982年广东省工艺美术学会代表大会作品观摩评比奖，《群芳竞放》获1984年中国工艺美术"百花奖"银杯奖。2010年，由谢曼华设计的牙雕作品《观音赐福》在广州工艺美术礼品收藏品介绍会上展出；2013年，谢曼华和靳兆光、谢中定合作创制的牙雕作品《羊城新八景》在广州市首届旅游工艺品创作大赛中获观众最喜爱奖。

潘楚钜

潘楚钜，男，1936年生，广东省佛山市人。中国工艺美术大师。

潘楚钜1950年来到广州市的泗盛象牙店当学徒，从牙雕"光身"技艺开始学起，经过几年刻苦自学，掌握了雕刻普通象牙船的基本技术；1960年进入广州市大新象牙工艺厂工作至退休。

潘楚钜1962年创制的一件65厘米的6层象牙画舫，以新颖的造型和较高的工艺造诣在中国出口商品交易会上展示，引起了特别的关注，并获得了来自国内外人士的赞赏。该作品综合运用圆雕、镂雕、浮雕、镶嵌等技术手段，使整个作品自然流畅、多姿多彩；1964年创制的另一件6层象牙画舫，被选送在日本东京举行的中国经济贸易展览会上展出，人们争相观看，被称为"轰动了东京"的杰作。

20世纪70年代，潘楚钜大胆创作了以龙、虎、凤、麒麟、鳌鱼、孔雀等动物形态做首尾造型的牙船，突破了传统牙船的造型；80年代，他又推出双头、三头的连体舫，造型更加优雅多姿；1981年，他创制的14层大画舫《双龙出海》获中国轻工业部优质产品奖；1985年，他创制的15层大画舫《双凤朝阳》，画舫的船身以龙为造型，门窗玲珑剔透，能自由开合，船上人物达3000人，栩栩如生，千姿百态，1987年该作品被列为国宝，后被移交中国工艺美术馆·珍宝馆永久收藏和长期陈列；1991年，他创作的10层画舫《孔雀画舫》，被广东民间工艺博物馆购藏。

潘楚钜从事牙船雕刻多年，共创制牙船1000多件。他勤于收集传统画舫（船上有楼台亭阁）和古代建筑的图案装饰资料，并结合广州牙雕精巧玲珑的风格，把传统造型仅有一两层楼阁的简单象牙船改造成雕刻层次较多的象牙画舫，使象牙船的艺术价值和市场价值显著提高。

三、广东贝雕传承人

刘永溪

刘永溪，男，1940年生，广东省陆丰市人。非物质文化遗产（甲子贝雕）项目广东省级代表性传承人。

刘永溪受家族艺术渊源的熏陶，自幼喜爱绘画及工艺品制作。他1964年开始从事贝雕工艺创作设计、制作，1966年起担任全省首家贝雕工艺厂创作设计组组长。担任创作设计组组长期间，他两次参加省国画进修班及省雕塑研究班学习，得到国画名家黎雄才、杨之光、陈洞庭，雕塑大师潘鹤、李炳荣等前辈的点拨，提高了绘画、雕塑技巧及传统的设计理论，并掌握了现代绘画、雕塑美学原理，使其贝雕工艺创作独具创意、自成一家。

他十分注重雕艺造型中阴与阳、象与意、气与韵、心源与造化等辩证关系。他的每一件立体贝雕摆件精妙之处就在于堆、叠、粘等多种技艺的运用，创作的立体贝雕作品题材内容广泛、形神毕肖。他大胆借鉴中国画的章法，构图简练，主题突出，制作精巧，既继承传统的设计理念，又深受现代绘画、现代雕塑美学原理的影响；同时，他善于借鉴玉雕、木雕、象牙雕的雕刻技巧，以浮雕为表现形式，从而具有鲜明的地方特色，充分体现了他"因材施艺"的创作理念。

刘永溪从艺50多年来，创作贝雕作品数百件。1979年，他受到当时党和国家领导人华国锋、邓小平、叶剑英的接见，被授予首批工艺美术师称号。他曾任广东省工艺美术学会理事、汕头地区工艺学会常务理事、陆丰县工艺美术学会理事长等职。其独创的立体贝雕代表作《三打白骨精》《螺女》《渔家乐》《睡莲》《菊蟹》《敦煌飞天》《百鸟迎春》《长征》等多次入选全国工艺美术展，并荣获各大奖项。其中《睡莲》曾获中国工艺美术"百花奖"的创新作品第一名；《三打白骨精》被评为1974年中国工艺美术十大优秀作品，选送中国国家博物馆收藏。

四、玉雕传承人

尹志强

尹志强，男，1956年生，广东省广州市人。一级技师，高级工艺美术师。

尹志强1976年进入广州市南方玉雕工艺厂工作，在南方玉雕工艺厂师承罗美如和邓祥荣，分别学习玉器抛光技术和玉器雕刻技术。他精通玉雕的各种造型技术，早年学习人物设计雕刻，后涉足动物、器皿、花鸟、山水和花件等。他能充分发挥翡翠原料形色多样的特点，以"适形""巧色"的设计手法创作雕刻了不少以各种小动物为题材的玉雕作品，如《九窍玲珑蜻蜓莲花笔洗》《涅槃》《赤螭青虬瓶》等。其玉雕作品先后70多次在国家、省、市级的各类工艺美术展上获奖，被誉为"具时代气息、雕刻精致、立意高雅脱俗、有新面貌、新手法的现代艺术玉雕"。

刘钜华

刘钜华，男，1955年生，广东省广州市人。非物质文化遗产（广州玉雕）项目广东省级代表性传承人，高级工艺美术师。

1972年，刘钜华进入广州艺光象牙檀香工艺厂，师从霍建峰学习人物雕刻技艺，后师从何国年学习竹木、花鸟雕刻技艺。1974—1978年，刘钜华先后两次被保送到七二一工人大学学习花鸟、山水、人物画及雕刻雕塑。1990年，刘钜华开始从事玉雕工作。1998年，刘钜华创办了自己的工作室进行玉雕设计与创作，创造了广州玉雕当中的貔貅、甲虫、苦瓜、玉米等造型，深受业内人士的赞誉。

技艺上，刘钜华善于观察玉料材质、纹路肌理、色泽及形状等特点，去粗存精，制作了最能表现原料特点的作品。即使是存在瑕疵的玉料，在其巧夺天工的设计和雕刻下，都能展现出独特的神韵。刘钜华的雕刻技法融汇了竹木雕、牙雕和玉雕的技艺特点，博采众长，成就颇丰。他利用部分玉料多裂的特点，因材施艺，首创的广州玉雕中的苦瓜和玉米造型，栩栩如生，几可乱真。

刘钜华的作品兼容并蓄，既有木雕严谨细致的结构和如真似实的质感，也有牙雕一丝不苟的精雕细刻，更不乏玉雕圆润俏色珠光宝气的韵味。其作品《春色满堂》曾获第二届"中国·金艺奖"国际工艺美术创新设计大奖金奖，《望子成龙》曾获广州市第三届工艺美术精品展金奖，《好彩头》曾获第三届广东省民间工艺精品展优秀奖。

刘钜华1981年开始带徒授艺，着重提高学徒的造型能力，明确开坯时大刀阔斧、收光时精雕细刻的原则，先后带出多位徒弟，为广州玉雕的传承做出了贡献。

吕雪亮

吕雪亮，男，1955年生，广东省信宜市人。非物质文化遗产（信宜玉雕）项目广东省级代表性传承人，高级工艺美术师。

吕雪亮自小受家庭氛围熏陶，爱好绘画，高中毕业时适逢广东南方玉雕工艺总公司信宜市工艺厂创办，被选入厂内担任工人。三年学徒期间，吕雪亮师从张钦梅，并且多次被选派到广州市南方玉雕工艺厂和江苏扬州市玉器厂学习。后来，吕雪亮被推荐到广东省工艺美术学校雕塑专业，系统地学习了工艺美术、绘画、色彩、雕塑的理论，接受了实践教育。在长期的学习和实践经历当中，吕雪亮全面地掌握了玉雕的各种技艺手法，雕琢技艺精湛，设计思路开阔，作品风格独树一帜。

从艺以来，吕雪亮参与创作设计的信宜玉雕花色品种达6000多种，这些花色品种当中既有观赏性与实用性兼备的薄胎茶具、酒具、餐具，又有民族传统与时代特色融合的玉雕盆景、玉塔等，形式各异，各具特色。

吕雪亮擅长大型玉雕作品的设计与制作。其玉雕作品《仙桃盆景》获第六届中国工艺美术"百花奖"优秀创作设计一等奖，并被选送中国工艺美术馆长期展出；作品《慈云塔》被广州白天鹅宾馆收藏陈列；由他参与设计制作的大型玉雕《一帆风顺》和《九州同心》被广东省政府选为庆贺回归的礼品，分别赠予香港和澳门。

在继承传统信宜玉雕的基础上，吕雪亮创新设计的《玉石盆景》《玉石景泰蓝》《金（木）镶玉》等新型玉雕作品，为信宜玉雕注入了新的生命力。

吴公炎

吴公炎，原名吴炎，1919年生，广东省清远市人。广东省工艺美术大师。

吴公炎，号称"公仔炎"，精工人物，擅长玉石雕刻设计。他创作的通雕座件莲花、帆船薄得可以在水上漂浮。其作品《仙女下凡》《武松打虎》于1961年获广东省、广州市工艺美术展览会评比一等奖。

吴公炎曾为广州市工艺美术研究所特聘研究员，是广州市南方玉雕工艺厂工艺美术师。广州市南方玉雕工艺厂由吴公炎牵头，成立了玉球专业生产组，研制了一套专用机械和雕琢工艺，陆续研发出玉雕吊链球、子母球、异型球等新花式品种。1965年研制成功并创作了第一座12层玉石雕刻玉球，1966年广州市南方玉雕工艺厂被批准为玉球全国定点生产厂。1971年，吴公炎设计的玉雕作品《大地回春·翡翠子母玉球》获"全国工艺展览"一等奖。到1974年，他已经可以雕出16层的各种花色不同的玉球。

1978年，吴公炎创作的玉雕作品《十六层大玉球》获全国科学大会三等奖；1984年，由吴公炎与蓝君基等人创作的14层玉球《佛塔精雕玉球》由中国工艺美术馆·珍宝馆珍藏；1985年吴公炎设计创作的大型《敦煌飞天·玉球塔》被轻工部选为国家收藏珍品。

陆克列

陆克列，男，1953年生，广东省信宜市人。广东省工艺美术大师，非物质文化遗产（信宜玉雕）项目广东省级代表性传承人，高级工艺美术师。

1972年，陆克列考入广东南玉工艺总公司信宜市工艺厂（原信宜县玉雕厂）任设计员，开始设计和制作南玉工艺品。1973—1975年，他多次被玉雕厂选送到广州市南方玉雕工艺厂、江苏扬州市玉器厂、北京玉器厂、锦州玉器厂等单位实习。1976—1980年，他先后参加广州美术学院雕塑学习班和湛江地区工艺美术雕塑创作班学习，师从迟轲、关伟显、尹积昌、曹国昌等享誉广东美术界的雕塑美术大师，为后来的艺术创作打下了坚实的基础。1980年，他参加由轻工部工艺美术司举办的第二次全国青年玉雕工人操作技术表演赛，获第九名，是广东省唯一的获奖者。1986年，陆克列创建信宜市长城玉器厂（原信宜市长城玉器工艺厂），并任技术厂长兼艺术总监。陆克列2008年被中国收藏家协会授予"中国收藏家喜爱的玉雕艺术大师"荣誉称号，2012年被授予"广东省岗位技术能手标兵"称号。

陆克列利用南玉本身的色泽、质地、纹理、形态进行构思，不断尝试和改变工艺技法，摸索出符合展现南玉雕刻的薄胎、薄意形浮雕刻技法。从2004年开始，他运用此技法，创作了多件玉雕作品并获得奖项。其中，《九龙盘》获2004年"百花杯"

中国工艺美术精品奖金奖，《八仙过海》获2005年"百花杯"中国工艺美术精品奖金奖、第七届中国（国家级）工艺美术大师精品博览会金奖，《一帆风顺》获2005年全国旅交会"金凤凰"原创旅游工艺品设计大奖赛金奖，《五福和合盘》获第三届广东省工艺美术精品展金奖，《年年有余》获第三届广东省工艺美术精品展金奖，《南玉龙滕》获2010年第十二届中国（国家级）工艺美术大师精品博览会中国工艺美术金奖，《梅兰菊竹》屏风获第七届中国（深圳）国际文化产业博览交易会中国工艺美术文化创意奖金奖。其中，大型玉雕《九龙宝玉座》被广东省工艺美术珍品馆收藏（后被一泰国客商购藏），大型玉雕《33龙船》被广州白云国际会展中心购藏，玉雕《松竹梅》《33龙套碗》被广东省博物馆购藏。

从艺40多年的陆克列共获国家级和省、地市级工艺美术专业奖项44项，其中国家级金奖18项，有15件作品获国家外观设计专利，10件作品被广东省博物馆征集收藏。

余其泽

余其泽，男，1961年生，广东省河源市人。广东省工艺美术大师。

余其泽1982年毕业于工艺雕塑专业，后被分配到广州织金彩瓷工艺厂（原广彩加工厂）从事白瓷生产；1986—2008年在广州市南方玉雕工艺厂工作，师从蓝君基学习设计制作玉雕，曾任厂里的新产品开发组组长；2008年调到广州金银首饰有限公司从事贵金属礼品的设计工作。

余其泽擅雕山水、花鸟、人物等，作品构思巧妙、玲珑剔透，1995年被评为广州市首届"有突出贡献的能工巧匠"。1997年和1999年，他分别参加制作了广东省政府赠给香港特区政府和澳门特区政府的大型庆贺回归礼品《一帆风顺》《九州同心》，均获得省政府的通报表扬和嘉奖，其中《九州同心》于2004年获得广东省科学技术三等奖。2006年，余其泽为广州市政府设计并参加制作赠给瑞典国王和哥德堡博物馆的玉雕礼品《琶洲塔》；余其泽与蓝君基、林德才等玉雕大师合作创制的大型玉雕子母球《新世纪的春天》被称为"广州玉雕工艺之最"，获中国工艺美术"百花奖"金奖。余其泽被中国轻工总会评定为"全国优秀工艺美术专业技术人员"。

余其泽的玉雕作品《高山流水图》《笑看人生》《开山引水》《荷叶童子》《猪年系列》等分别获得国家级、省级和市级的奖项。

张炳光

张炳光，男，1962年生，广东省揭阳市人。广东省工艺美术大师，高级工艺美术师。

张炳光高中毕业后师从中国工艺美术终身成就奖获得者陈成光、陈惠标两位大师系统学习传统的工艺美术，后又追随广东省工艺美术大师林潮明和中国玉雕大师黄鸿学习高端翡翠设计及雕刻。

张炳光在创作翡翠作品时，始终坚持传统的手工雕刻方式。他将绘画技法融入作品，使其充满明丽的意趣，极具岭南画派的韵致风范，真正达到了"玉上作画，形器两忘"的自在状态。

近年来，张炳光创作的翡翠玉雕作品先后获得多项奖项。其中，翡翠作品《花好月圆》《飞黄腾达》《和靖爱鹤》《武陵清溪闻桃香》分别在2008年、2012年、2014年和2015年的中国玉（石）器"百花奖"中获金奖，翡翠玉雕《廉洁清风》《藏龙卧虎》《天上人间》分别在第十二、第十四、第十五届中国（国家级）工艺美术大师精品博览会中荣获中国工艺美术金奖，翡翠作品《五福龙壁》在2009年广东传统工艺美术精品大展中获金奖，翡翠作品《君子牌》《湖光秀色》入选中国当代工艺美术双年展，翡翠作品《三友六合春》在2015年第八届中国玉石雕神工奖中获金奖，《松下仙踪闻奇龄》被钓鱼台国宾馆收藏。

张炳光还根据其丰富的玉雕经验和扎实的理论基础，于2014年在《中国工艺美术》杂志上发表专业论文《高档翡翠设计与雕刻艺术》，2015年先后出版了《岭南翡翠雕刻艺术研究》和《风生水自起——翡翠创作风格与工艺解读》两部个人学术专著，为继承发扬玉雕文化做出了贡献。

张森才

张森才，男，1968年生，广东省肇庆市人。广东省工艺美术大师，非物质文化遗产（四会玉雕）项目广东省级代表性传承人，高级工艺美术师。

张森才1992年开始从事玉雕工作，曾先后师从黎铿、潘秉衡之子潘德珠等著名雕刻名家学艺。2003—2004年，他应邀赴新西兰进行交流学习，并将西方抽象派绘画技术融入玉雕制作当中。

张森才的玉雕技艺全面，作品题材广泛，特别在构思设计上独树一帜，形成了强烈的个人风格。由于早期修读哲学以及国外交流的经历，张森才的玉雕作品崇尚简约，以最简洁的线条和平面结合，突出表现玉的自然美、朴素美，特别注重作品灵魂的升华，以意念为先，以外形为辅，具有典型的抽象派风格，为传统玉雕的发展注入了新的力量。

目前，张森才拥有一系列抽象风格玉雕作品的外观设计专利，在中国玉雕与石雕作品天工奖评选活动、中国玉（石）器"百花奖"、中国（国家级）工艺美术大师精品博览会等活动上多次获最佳创意奖和金奖。其作品受到了社会的关注，成为中国嘉德拍卖会上新的艺术风向，备受买家追捧。

欧阳良矩

欧阳良矩，男，1945年生，广东省肇庆市人。广东省工艺美术大师，非物质文化遗产（广宁玉雕）项目广东省级代表性传承人，高级工艺美术师。

欧阳良矩12岁开始学艺，先后师从著名画家傅云若、郝鹤君学习中国画。"文革"期间跟随父亲和叔父做泥水工及木匠，学习木雕技艺。1980年，欧阳良矩被推荐到广宁县人民政府筹办的"广绿石"玉雕工艺厂工作并担任技术副厂长。1981年，创办广宁玉雕工艺厂，开启了广绿玉产业化的新时代。

得益于多领域的艺术实践经历，欧阳良矩吸收不同艺术形式的长处，融入玉雕的设计和创作当中，形成了独特的个人风格。他雕刻和画工功底深厚，想象力丰富，构图意境丰富、大气、沉稳，对不同题材风物的雕刻要领了然于胸，尤擅雕刻鹰。他刀下的鹰，形神兼备，造型准确到位，张弛有度，目光敏锐且有灵性，双爪刚劲有力，气势非凡。

欧阳良矩的作品获奖无数，深受社会各界的认可。其中，作品《一青二白》获广东传统工艺美术精品金奖；《高翔》获中国工艺美术文化创意奖金奖，并被广东省博物馆收藏；《巨龙拥明珠》和《奔向新世纪》作为肇庆市人民政府迎接香港和澳门回归祖国的礼品，分别被赠予香港特区政府和澳门特区政府。

欧阳良矩致力于培养玉雕技艺人才，亲自授徒350多人，其中大部分现已成为广宁玉雕的中坚骨干，为广宁玉雕的传承和发展做出了重大贡献。

林德才

林德才，男，1948年生，广东省佛山市人。广东省工艺美术大师。

林德才自幼喜好艺术，从事玉雕工艺设计制作多年，在玉雕设计制作中善于开拓创新。他的多件作品被编入《全国工艺美术展览资料选编》中；1987年，林德才创作的玉雕作品《麻姑献寿》被选送参加全国工艺美术展览；1988年，他创作的玉雕作品《无量子母球》获中国工艺美术"百花奖"二等奖；1990年，林德才随中国传统技艺代表团赴日本表演；林德才与蓝君基、余其泽等玉雕大师合作设计与制作的大型玉雕子母球《新世纪的春天》被称为"广州玉雕工艺之最"，并在2006年获中国工艺美术"百花奖"金奖。

林德才曾在广东省政协会议上提出议案，建议对广州传统工艺"三雕一彩一绣"进行有效保护。在从事玉雕工艺的多年中，他设计创作了大批优秀作品，并出版了《民间造型图谱》一书，为广州玉雕人物造型雕刻提供素材。

林潮明

林潮明，男，1948年生，广东省揭阳市人。非物质文化遗产（阳美翡翠玉雕）项目国家级代表性传承人，广东省工艺美术大师，高级工艺美术师。

林潮明从小喜欢画画，并练习书法，颇具天赋。1969年高中毕业后，他师承曾获中国工艺美术终身成就奖的金漆画艺术家陈成光、陈惠标大师，之后一直从事工艺美术工作。1985年，林潮明专心转入玉器创作、设计、雕刻和研究的工作。他天资聪颖、勤奋好学，将漆画、壁画、泥塑等多种艺术融合到玉雕艺术中，同时摄取潮州木雕、石雕、刺绣等民间工艺的精华，融会贯通，形成自己"奇、巧、精、特"的风格。

传统的玉雕机床以横式为主，不仅加工效率不高，而且雕刻质量不尽如人意。1989年，林潮明与夏俊伟共同研究发明了玉器浮雕托地机，打破了我国几千年来传统机床的设计模式，开创了国内使用竖式玉雕机床的先河，玉器浮雕托地机使玉器加工的精密程度得到提高。该项发明获得了广东省实用新型专利证书（专利号：200520061750）。

历经40多年的辛苦耕耘，林潮明练就了一双化瑕疵为绝美、化腐朽为神奇的巧手，刀法功底扎实，作品个性显著。即使玉料中有些许裂痕，只要经过林潮明的反复诊断与思考，就能将裂痕巧妙隐藏于玉器花纹中，天衣无缝，林潮明因此被誉为"玉医圣手"，代表作品有《九龙吉祥杯》《如意算盘》。

他的作品常被选送参加国家级、省级工艺美术展览。2003年以来，其作品获得国家级金奖 6 个、银奖 4 个，以及省级、市级奖项多个。其代表作品有《花香鸟语》《皮带头》《盘龙柱》等。

洪荣辉

洪荣辉，男，1955 年生，广东省揭阳市人。中国玉雕艺术大师，非物质文化遗产（阳美翡翠玉雕）项目广东省级代表性传承人。

1989 年，洪荣辉在厦门成立了自己的中山珠宝行，吸引了大批海内外珠宝商；1996 年，他从外地回到阳美正式创办珠宝首饰厂；1999 年，他又成立了揭阳市老洪祥珠宝玉器有限公司。洪荣辉带领老洪祥翡翠玉雕团队经过长时间的策划和精雕细刻，于 2006 年创作了红军长征大型系列翡翠玉雕作品并在上海展出，其中作品《长征》获 2006 年中国玉（石）器"百花奖"特别奖，《过雪山》被上海市历史博物馆收藏；2008 年，洪荣辉率领老洪祥翡翠玉雕团队创作了奥运系列《和平圆梦曲》《和谐家园》《平安中国》《圆满奥运》《梦想成真》《曲颂中华》等一组翡翠玉雕作品，其中作品《和平圆梦曲》获 2008 年中国玉（石）器"百花奖"特别奖；2014 年，洪荣辉创作的玉雕作品《华夏魂》在中国（深圳）国际文化产业博览交易会上获中国工艺美术文化创意奖金奖，并获得中国玉（石）器"百花奖"金奖。

洪荣辉投资创立了揭阳玉都职业技术学校。他还定期到揭阳玉都职业技术学校上课，手把手向学生传授雕刻的技艺，为揭阳玉文化产业培养和输送后备军。

高兆华

高兆华，男，1949 年生，广东省广州市人。非物质文化遗产（广州玉雕）项目国家级代表性传承人，广东省工艺美术大师，高级工艺美术师。

高兆华 16 岁进入广州市南方玉雕工艺厂学艺，全面熟练地掌握了立体雕、浮雕、镂空雕等各种雕刻技法，擅长因材施艺与巧色设计，形成了造型优美、生动奇巧、手法独特、工艺精湛的个人艺术特色。他所制作的玉雕题材广泛，包括花卉、动物、山水、器皿、兵器、玉球、花瓶、船、塔等，同时又以人物题材作品为业界所熟知。

从业 50 年，高兆华始终锐意创新，勇于攻坚，先后对花瓶、器皿、玉球支架、龙船、舫车等多项玉雕品种进行创新，成功解决了大型嵌件接口技术，并成功带领团队完成机械车制改革任务，为广州玉雕注入了新的元素，提高了广州玉雕技艺的效率和品质。

高兆华的玉雕作品受到业界和社会的一致认可。其作品《仿古鸳鸯三链瓶》曾获中国民间文艺"山花奖"金奖，《七彩海洋》获广东省宝玉石协会主办的首届摆件专业玉雕大赛"越王杯"优秀奖，《日月同辉》获第四届广东省民间工艺精品展金奖。另外，由高兆华领导并监制的作品《敦煌飞天佛球塔》被国家列为珍品，收藏于中国工艺美术馆。

高兆华积极参与广州玉雕的传承与推广工作。1986年至今，高兆华累计授徒过百人，并曾多次举办或参与各式讲座论坛，为广大群众讲授玉雕知识。

夏浩真

夏浩真，男，1963年生，广东省揭阳市人。广东省工艺美术大师。

夏浩真是阳美村的"玉四代"，是阳美翡翠玉雕的第四代传承人之一。他15岁就开始随父学艺，从初中到高中，坚持一边认真读书，一边刻苦学艺，成为阳美有名的能工巧匠之一。后来他自办玉器加工场，从事玉器设计、评估和贸易生意。

他与玉雕师傅林超明合作的作品《观音送子》获得首届中国玉（石）器"百花奖"银奖；与郑少山合作的翡翠微雕作品《菩提树下·楞严咒》在第七届中国（深圳）国际文化产业博览交易会上获中国工艺美术文化创意奖金奖，其翡翠微雕《佛说阿弥陀经》摆件、翡翠玉雕《福在眼前》挂件也以独特的文化创意、精湛的玉雕技艺同时获得银奖。

夏浩真不仅传承了阳美翡翠玉雕的传统技艺，还积极探索阳美翡翠玉雕新技艺，将玉雕技艺与微雕技艺相结合，创新地把南北派精湛玉雕技艺和潮汕传统木雕、石雕、陶瓷、潮绣等工艺融为一体，不断推陈出新，形成了独特的风格。

夏御歆

夏御歆，男，1948年生，广东省揭阳市人。广东省工艺美术大师。

夏御歆出生在有着百余年玉器加工历史的阳美村，从小浸润在玉石的氛围中。1967年，夏御歆高中毕业后跟父亲及兄长学习玉雕设计、雕刻。夏御歆在家乡率先办起了玉器加工厂，1982年创办夏御歆玉雕工作室，任总设计、艺术指导。夏御歆对俏色巧雕的设计造诣极高，技艺水平得

到业内行家的认可。他创作的《九龙吉祥杯》《龙壁》《玉香笼》等优秀作品被揭阳

市"阳美国际玉器节"制作成大型宣传片,玉雕作品《西天取经》在第八届中国（深圳）国际文化产业博览交易会上展出。他的玉雕作品经常参加大型展览,并多次获国家级、省级奖项。其代表作品有《十二生肖》《拔河》《合家欢》。

章永桐

章永桐,男,1939年生,广东省广州市人。中国工艺美术大师。

章永桐毕业于广州美术学院雕塑系,曾任职于广州市南方玉雕工艺厂及广州市工艺美术研究所,长期从事、主持、指导工艺美术产品的创作设计和开发管理工作,如利用南方玉组合镶嵌以及首创车、船、塔大型玉雕产品系列等,不少高精作品在全国、省、市展评中获奖,或被地方和中国国家博物馆收藏。

章永桐以绝妙的构思、富丽多姿的造型艺术,加上通雕、镶嵌技巧的充分应用,开辟了玉雕发展的新路。其大型玉雕《鉴真佛塔》《六榕花塔》造型雄伟、镶嵌精密,受到行内好评。

近年来,章永桐建立"渡口坭舍"雕塑工作室,继续进行艺术研究、探索和创新。

蓝君基

蓝君基,男,1942年生,广东省梅州市人。广东省工艺美术大师。

蓝君基师从广东省工艺美术大师、玉雕艺人吴公炎,长期任职于广州市南方玉雕工艺厂,从事玉雕产品创作设计、新产品开发,负责生产技术指导、质量管理和专业技术培训。

20世纪60年代,蓝君基开创的多层镂空玉球,为中国玉雕史增添了光彩。其16层玉球作品,在1997年获全国科技大会奖,2004年获广东省科学技术三等奖。1997年,蓝君基被委任主持参与广东省庆祝香港回归玉雕礼品《一帆风顺》,以及赠送澳门特区政府的大型水晶玉雕礼品《九州同心》的设计和制作,与余其泽、谢慕贞、朱天台、贾家鲲等玉雕艺人通力合作,充分发挥镂空玉球产品的技艺特长,获得省政府的通报表扬和嘉奖,其中《九州同心》获2004年广东省科学技术三等奖。之后,蓝君基担任总设计,与林德才、余其泽等玉雕艺人合作创制的大型玉雕子母球《新世纪的春天》在2006年获中国工艺美术"百花奖"金奖;蓝君基创作的玉雕作品《敦煌佛球塔》被列为国家珍品,收藏于中国工艺美术馆。

五、石雕传承人

区秀明

区秀明,男,1938年生,广东省云浮市人。非物质文化遗产(云浮石艺)项目广东省级代表性传承人。

区秀明自小爱好美术和石材雕刻工艺。20世纪80年代初期,区秀明调岗至云浮市霍山县工艺厂,开始与石艺结缘,从事石艺人物、动物和花卉的创作工作。1994年,区秀明下海创业,创办山城石狮厂,后来山城石狮厂随着区秀明的人像石雕技艺的成熟开始转型为山城石雕厂,专门从事人像、石狮等订单生产至今。山城石雕厂的成功,也让区秀明成为云浮最早开办石材艺术加工业务的人。

在技法上,区秀明集众家之长,以写实为主,尤为擅长设计和雕刻较为大型的石材工艺品,如用于建筑装饰的滚龙石柱、石狮以及石佛、石观音、古今吉祥物和西方人像。

区秀明的石艺作品远销海内外,多次在省、市级民间工艺美术展中收获大奖。20世纪90年代,区秀明曾参与埃及开罗国际会议中心大型石壁画《天长地久》的制作。该作品展出后,云浮石艺蜚声国际,声名远扬。区秀明还创作了中山大学的鲁迅雕像等大批优秀云浮石艺作品。

目前,以山城石雕厂为依托,区秀明正积极传承云浮石艺,将毕生积累的技艺传授给厂里的工人及徒弟。

叶美三

叶美三,男,1955年生,广东省雷州市人。非物质文化遗产(雷州石狗)项目广东省级代表性传承人。

叶美三15岁开始跟随祖父叶腾修、父亲叶秀义学习石雕与木工。1972年,他拜石匠莫光素为师,跟随其学习5年,从雕刻简单的石门框、石础逐步深入到石牛、石狗、石马、石龙柱等。1977年,叶美三又师从著名石匠吴其林,跟随其学习8年。1985年,叶美三自己创业,从事石雕艺术至今。叶美三的石雕作品遍布雷州城乡的祠堂、宫庙,创作的石狗样式多样、寓意深远,富有宗教和艺术感染力。

叶美三还致力于授徒传艺工作。经他培养的石狗雕刻从业人员达80多人，遍及雷州各地，为雷州石狗雕刻输送了大批人才。

朱镜文

朱镜文，男，1962年生，广东省梅州市人。非物质文化遗产（五华石雕）项目广东省级代表性传承人。

朱镜文出身于石匠世家，自小跟随父亲、兄长等长辈学习五华石雕工艺，深得父辈真传，熟练掌握铁锤、铁凿、标尺等传统工具的使用方法，不仅能打造门、窗、柱、础、碓等建筑石雕，还能够在花岗石上雕刻人物、飞禽走兽、山水花鸟等造型。朱镜文尤为擅长打造石狮。其打造的石狮口中含珠，将五华石雕当中的轻重、快慢、细磨等技法发挥得淋漓尽致。

多年以来，朱镜文参与广州西汉南越王博物馆、广州圣心大教堂（石室）等多个传统建筑的石雕制作、修复工作，积极将五华石雕工艺向外传播，还将其技艺无偿传承给下一代，为弘扬五华石雕技艺做出了重要贡献。

吴其林

吴其林，男，1954年生，广东省雷州市人。非物质文化遗产（雷州石狗）项目广东省级代表性传承人。

吴其林高中毕业后跟随父亲吴丁尚学习石雕技艺。父辈的言传身教、自身的刻苦学习与深入研究，加之虚心请教同行艺人，不断提高技艺水平，他完整地掌握了雷州石狗雕刻技艺。

吴其林的作品在继承传统雷州石狗写实、写意、拟人、点染、夸张等艺术手法的基础上，吸收借鉴了北方石狮纹饰造型特点，创作了造型夸张而又不失写实风格的狮形石狗，形成了个人的技艺风格，独树一帜。

吴其林热心于雷州石狗雕刻技艺的传承与传播工作。其足迹遍及雷州城乡，倾心授徒传艺，为雷州石狗雕刻技艺的传承与发展做出了卓越的贡献。

李森才

李森才，男，1958年生，广东省云浮市人。非物质文化遗产（云浮石艺）项目广东省级代表性传承人。

李森才曾师从广东玉雕大师朱金泉学习雕刻，后转向石雕工艺，有近30年从事云浮石艺的丰富经验。1988年，时任云浮县工艺总厂车间主任的李森才，担任埃及国际会议中心大厅的大理石壁画《天长地久》的制作总监，带领一批云浮石匠成功解决了其中的关键技术难题，获得埃及文化部的好评。此外，李森才曾任云浮市云石工艺美术家协会会长。

技艺方面，李森才借鉴广东玉雕工艺，于20世纪80年代创作雕刻《云石吊链花瓶》，曾获广东省旅游工艺品优秀奖；同时，在继承传统云浮石艺的基础上，李森才还开发了石雕家具、石雕罗马圆柱、大理石马赛克拼画等新工艺，为云浮石艺的发展开创了新的道路。

李森才积极为云浮石艺的传承做出贡献，培养了叶仲桥、梁建坤等一批优秀的云浮石艺人才，为云浮石艺的发展奠定了坚实的基础。

林志明

林志明，男，1966年生，广东省江门市人。非物质文化遗产（茶坑石雕制作技艺）项目广东省级代表性传承人。

林志明出身于石雕世家。茶坑石雕大师郑缵浓是林志明的舅舅，在其影响下，林志明自小对石雕产生浓厚的兴趣。1990年，林志明从广州回到恩平，正式拜师郑缵浓，学习茶坑石雕刻技艺

及产品设计。在努力继承传统手艺的同时，林志明还自学工艺美术专业理论知识，钻研工艺美术相关标准、规范、法规，了解行业内最新技术发展情况，摸索出一套独特的雕刻技法。林志明尤为擅长运用茶坑石的材体特质表现传统文化的历史和辉煌。他技艺娴熟，喜欢使用同一把肩铲雕琢整件作品，被工艺同行誉为"一铲明"。

林志明的作品设计意念新颖，主题鲜明，形成了质朴厚实、融汇古今、简繁得体的设计风格。他的作品参加中国工艺美术"百花奖"、中国（深圳）国际文化产业博览交易会、广东省民间工艺精品展、广东传统工艺美术精品大展等国家、省、市级展览或评奖，获奖近百项，金奖达10多项。其作品《君子》被中国工艺美术馆收藏。

近年来，林志明不断创新，将茶坑石雕工艺与现代生活进行结合，奠定了茶坑石工艺品在家居装饰、工艺鉴赏、艺术收藏上的艺术地位和商业地位。他还致力于筹建相关传承基地，为茶坑石雕制作技艺的发扬光大做出了重要贡献。

梁建坤

梁建坤，男，1971年生，广东省云浮市人。非物质文化遗产（云浮石艺）项目广东省级代表性传承人，首届石材工艺美术大师。

梁建坤曾师从国内著名雕塑大师潘鹤、曾肇权、孔繁伟、潘绍棠学习雕塑技艺，后师从云浮著名石雕大师区秀明学习云浮石艺，从事石艺创作30余年，全面掌握了云浮石艺中众多石料材质的艺术设计和加工技术，专注于各种题材作品的雕刻，创造了一套独特的雕刻技法。他的巧色石雕工艺，在云浮石艺界首屈一指。他雕刻出来的作品题材丰富新颖，构思巧妙独特，无论是大型雕塑、巨幅拼图还是实用工艺品，都能因材施艺，令人称奇。

梁建坤及其作品曾被评价为："少年老成，风骨雅致，风格鲜明，堪当为器。"其作品石茶盘《出入平安》曾获第三届广东省民间工艺精品展金奖，并被云浮市博物馆收藏，同时还获得中华人民共和国知识产权外观设计专利；《步步高》曾获第二届广东省（云浮）石艺创意大赛金奖、第四届广东省民间工艺精品展银奖，被云浮市博物馆收藏，同时获广东省版权局作品著作权登记。

六、阳春根雕传承人

刘文枢

刘文枢，男，1950年生，广东省阳江市人。非物质文化遗产（阳春根雕）项目广东省级代表性传承人。

刘文枢受其祖父影响，自幼喜欢把玩动物树根造型，从艺五十载，在刻苦钻研的同时也善于借鉴前人的经验，不断充实创作内容，形成了自己独特的艺术风格。他在充分利用树根自然形态的同时，巧妙运用疤瘤孔洞、自然根纹，依形度势，概括而突出物象的情感，尤其以"马"而远近闻名。其作品巧用根的自然肌理，做出不同形态的马，《中国花卉盆景》曾撰专题《刘文枢和他的根艺马》。此外，刘文枢擅于将历史掌故、成语寓言故事融入其中，发人深省。如2009年创作的根书《天下为公》，源自孙中山推崇的"大道之行也，天下为公"，特为纪念辛亥革命100周年而创作；作品取材于荔枝树根，以遒劲雄健、飘逸自然、古朴神韵的立体书法，反映了作者较高的艺术追求，让人心生肃穆。

刘文枢是阳春市根艺雅石协会创始人之一。其作品先后获多个奖项，如1994年树根书法《还我河山》获王羲之奖全国书法作品展一等奖，1996年根艺《八骏图》赴京参加在故宫举办的第三届中国根雕艺术优秀作品展获佳作奖，1999年树根书法《妙石》在粤港澳台石根珍品大展中获优秀奖（最高奖）。2000年，阳江电视台《漠阳春秋》节目播出了介绍刘文枢及其根艺的专题片《根艺情缘》。2011年，他的《天下为公》根书作品饮誉羊城，获《广州日报》《羊城晚报》、凤凰网、中国日报网同时刊载，此后4年分别在顺德、三水、中山、东莞、江门、阳江、肇庆、番禺、湛江及雷州等博物馆巡回展览。2012年，其根书作品《容天容地》获"粤文杯"广东省首届民间工艺博览会铜奖。

1991年5月，刘文枢与廖正炎、张英祥、邹基友等组成阳春参展团赴广州参加首届广东省雅石根艺珍品展览会。此后，阳春根艺引起了业界的关注和重视，刘文枢的儿子受其熏陶也对根雕产生了兴趣。目前，在其门下的弟子有6人，刘文枢因材施教，分别为他们指导解释制作要点，旨在将根雕艺术发扬光大。

张英祥

张英祥，男，1945年生，广东省阳江市人。非物质文化遗产（阳春根雕）项目广东省级代表性传承人。

张英祥出身于根雕世家，是阳春根雕第四代传承人，自幼喜欢画画，并得到父亲的言传身教。其根雕作品承袭着浓郁而抽象的"木影"（即根雕的古称）风格。通过多年的实践学习，在名师柯朝翻、张鹿轩、梁建韶、陈水等人的指导下，张英祥逐渐掌握了根雕技术。

张英祥历年来在根艺创作中的要诀是"取形复审视，先笔后行锯，切忌太粉饰，多留自然美"。他的作品皆是因材施艺、抽象而少修饰，利用根材天然的形状特点与颜质，将自然和艺术相结合，以清新明快、活泼飘逸的表现手法，赋予作品新的艺术生命，留住了根雕自然古朴的美感。

张英祥根雕技艺精湛，多次参加省内外各项展览并获奖。例如，1991年参加"迎春八人根艺展览"的数件作品获一、二等奖，1993年作品《母子情》在四川达州市举办的全国根艺作品大赛中获精品奖，1999年作品《国宝》在中山举办的粤港澳台石根珍品大展中获一等奖，2000年作品《春江水暖》在湛江举办的第三届粤港澳台盆景艺术博览会获金奖，1994—2008年在阳江地区历届根石展览中获得奖项20余个。此外，张英祥还参与了中日友好文化艺术交流展，根书《忍》被中日文化交流中心收藏，他同时被授予"中日文化艺术交流大使"的称号，推动了阳春根雕的国际化发展。

在推广根雕文化方面，张英祥也做出了积极的探索和努力。张英祥10多年来积极发表文章、接受采访、设立展藏馆。他在多家刊物上先后发表了《孔雀石神韵绝妙》（1995年）、《石我融情 感悟人生》（2003年）、《阳江藏石》（2005年）、《文化阳春》（2009年）、《中国根雕雅石之乡——阳春市春城镇》（2010年）等多篇根石专文。为了更好更稳定地宣传根石文化，他还建立个人家庭式的根石展藏馆——春石苑，在全面展示传承阳春根雕的同时也让大众了解到了根石文化的美。

为更好地保护阳春根雕，张英祥、廖正炎、邹基友、刘文枢4人于1994年发起创建了阳春市根艺雅石协会，定期开班授徒。

廖正炎

廖正炎，男，1935年生，广东省阳江市人。非物质文化遗产（阳春根雕）项目广东省级代表性传承人。

廖正炎师从梁建韶学习书法和根艺基础，后又师从曾嘉等几位根艺老前辈学习选料、观察、因形立意、因根施艺等技艺，制作了拐杖、旱烟杆、动物、人物等象形根艺作品。与此同时，他还另辟蹊径，将书法运用于根雕创作中，研发创造了树根书法，并总结出根书的特点——"根出天然，书根并茂，一笔呵成，不拼不凑，书沿张素（即张旭、怀素），态若张'颠'，风比素'狂'，神韵统一"，使根雕的艺术造诣和艺术境界进一步得到了深化和提升。

在40多年的根雕生涯中，廖正炎获国内外省级以上奖项157项，其中个人德艺综合奖57项，根书、根艺奖64项，根艺论文奖36项。1997年，其根书作品《回归》获得国家科技进步奖，并在第三届中国根雕艺术优秀作品展中获得"评委特别奖"，先后入编《世界经典——中国文艺选集》《世界文化艺术经典（华文版）》。2004年，其《地貌奇观当护本·天然璞玉琢精新》及《江山如画》等艺术精品，被联合国第一届世界地质公园大会珍藏，并于2005年荣获国家自然科学奖。2007年，其作品《华南虎》入编大型画册《中国当代艺术家档案》；2012年，其作品《寿》荣获广东省首届民间工艺博览会金奖。另外，国内外多家新闻媒体采访报道其与根雕的事迹，向全世界推广了根艺科研的学术成果。

廖正炎与张英祥、邹基友、刘文枢等四人共同创办了阳春市根艺雅石协会，积极带徒授艺,其中有儿子廖丹、廖专及本地徒弟,亦有广州的李志华、河南的叶林、山西的陈相明等。他们如今均具有一定的根雕艺术造诣,创作了大批根艺作品。

七、张田饼印传承人

张许光

张许光,男,1969年生,广东省韶关市人。非物质文化遗产(张田饼印)项目广东省级代表性传承人。

1981年开始,张许光先后师从其父亲及4位哥哥学习饼印雕刻技艺。1996年,张许光在原有散户家庭作坊式生产的基础上成立张田传统工艺厂,开创了集中接单、统一标准、分头制作的做法,使饼印制作初具规模,产品远销海内外。

张许光有着丰富的饼印制作经验,其技艺娴熟,刀法多变,花式多样,题材丰富,构图新颖,印纹清晰,图案美观。在继承传统饼印雕刻技术的基础上,他还自创了"梅、兰、竹、菊""大三元"及"十八罗汉"等一系列新款图案饼印。

张许光致力于宣传和传承张田饼印雕刻技艺,曾接受新加坡媒体、中央电视台、广东卫视等媒体的采访和报道。他先后授徒10余人,有的已出师成才。

八、陆丰金属雕传承人

郑景镇

郑景镇,男,1936年生,广东省汕尾市人。非物质文化遗产(陆丰金属雕)项目广东省级代表性传承人。

陆丰金属雕是广东陆丰郑氏祖传技艺,郑景镇的先祖均以金银首饰加工为生。1955年,郑景镇开始继承家业,学习金银首饰加工技艺,并于1957年建立东海银业社。1963年,凭借自身对绘画的爱好以及所掌握的金银首饰加工技艺,郑景镇成功创作了中国金属雕挂屏系列,并于1964年首次参加"中国出口商品交易会",由此打开了约10年的陆丰金属雕黄金时期,产品远销海内外。然而,

随着时代的冲击，金属雕日渐式微，郑景镇被迫暂停金属雕的创作，以金银首饰加工谋生。直至2006年，郑景镇再度创作金属雕作品，苦苦支撑陆丰金属雕的传承工作。

郑景镇所创作的金属雕作品造型新颖，纯手工打造，技艺精湛，华贵稳重。其作品《渔港新天》获法国工艺品展览会优秀奖，《金龙腾飞》获第二届广东省民间工艺精品展铜奖，其他产品深受中外客商的欢迎。

目前，郑景镇的徒弟主要有其长子郑涛及陈秋明。

九、砖雕传承人

何世良

何世良，男，1970年生，广东省广州市人。广东省工艺美术大师，非物质文化遗产（砖雕）项目广东省级代表性传承人。

何世良自小深受沙湾古建筑艺术的熏陶，1986年初中毕业后进入木雕厂当学徒，师从木雕大师胡枝学习广式家具的雕刻技艺和设计方法，同时初步掌握了传统广府砖雕的基本技术。1995年起，他承接砖雕工程，广泛考察和搜集珠江三角洲（简称"珠三角"）以及全国各地的砖雕作品，进行研究、临摹，融各家之长为一体，技艺日臻成熟。何世良还创立了沙湾世良工艺美术工作室，传授砖雕技艺，授徒数十人。

何世良既继承了传统广府砖雕的原有技艺，延续了黄南山、杨鉴廷、陈昌等广府砖雕大师的技艺特色，又融入木雕技法及国画构图手法，同时创新雕刻工具，大大降低了传统广府"挂线砖雕"的技艺难度。他主持修复了沙湾等珠三角各地乡村的众多古建筑砖雕，陆续完成了宝墨园《吐艳和鸣壁》以及东莞粤晖园《百福晖春壁》《前程锦绣》等砖雕作品创作。其中，宝墨园的大型砖雕影壁《吐艳和鸣壁》，由何世良设计并历时近2年雕琢而成，壁宽22.38米、高5.83米、厚1.08米，面积130多平方米，全面展示了圆雕、透雕、深浅浮雕以及挂线雕等技法，使600多只鸟和100多种花草树木相间其上，栩栩如生，保留了岭南砖雕精细繁复、华而不俗的工艺特点。该作品被列入上海《大世界基尼斯纪录大全》，并获第四届广州文艺奖三等奖。

十、核雕传承人

黄学文

黄学文（1930—2012年），男，广东省广州市人。非物质文化遗产（广州榄雕）项目国家级代表性传承人。

出身于榄雕世家的黄学文，祖父和父亲均是榄雕艺术家。9岁开始，黄学文跟随父亲学习雕刻艺术，工于书画，有较好的艺术创作和雕刻功底。后来，黄学文通过观摩、研究前人留下的榄雕作品，执着地钻研各派的榄雕、木雕、篆刻技术，最终自学成才。1973年，新塘艺雕厂成立，黄学文正式开始从事榄雕事业。1973—1981年，黄学文组织厂里40多位技术工人开展榄雕生产，最高曾实现7万多件的年产量，为榄雕工艺的发展做出了突出贡献。

技艺上，黄学文主要擅长船类、人物及佛像雕刻，其榄雕技术糅合了木雕中的浮雕和通雕、牙雕中的镂通及篆刻刻字等技术，秉承了岭南文化的风格特征。其作品造型秀丽、雅致，线条流畅，动静结合，细腻精微，富有立体感和鲜明的地方特色。

梁毓宜

梁毓宜，男，1942年生，广东省茂名市人。非物质文化遗产（缅茄雕刻）项目广东省级代表性传承人。

梁毓宜自幼喜好绘画。1965年，梁毓宜进入高州角雕厂工作，期间师从陈世文、张文梓学习缅茄雕刻技艺，全面继承了传统湿雕缅茄技法。自此，梁毓宜一直从事缅茄雕刻，不断提高自身技艺，精益求精，成为业内具有较高影响力的缅茄雕刻艺人。

梁毓宜在传承湿雕缅茄雕刻的基础上，改良出干雕技法，避免了传统湿雕法容易变黑变形、不易保存的缺陷。在题材方面，梁毓宜专长雕刻人物和动物，其雕刻刀法细腻、线条流畅，并擅长用镂空法雕刻"双龙戏珠"，层层镂空。他刀下的罗汉、观音、骏马、龙头均活灵活现、栩栩如生。此外，梁毓宜的凿、铲、锥、刻、磨等技法成熟，还创造了"米点法"龙麟雕刻法，使刀下的每块鳞片都细致可辨，堪称一绝。

至今，梁毓宜共有徒弟3人。在其悉心指导下，他们均熟练掌握缅茄雕刻的技巧，并能独立制作缅茄雕刻工艺品。

曾昭鸿

曾昭鸿，男，1955年生，广东省广州市人。广东省工艺美术大师，非物质文化遗产（广州榄雕）项目广东省级代表性传承人。

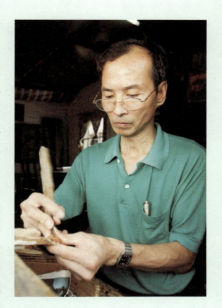

1972年，曾昭鸿进入广州市大新象牙工艺厂工作，师从区宇仁学习榄核雕刻技艺。1989—2012年，曾昭鸿创办并任职于昭鸿榄雕艺术工作室，从事榄雕设计与制作。2009年，曾昭鸿先后参加由广州工艺美术行业协会与广州市轻工技师学院（原广州市轻工高级技工学校）联合举办的广州工艺美术行业进修班，以及由行业协会与广州美术学院联合举办的工艺美术行业"产学研"高级研修班，进一步提高了工艺创作与制作的理论水平。

曾昭鸿熟练掌握和运用广州榄雕常用的30多种雕刻工具，通晓浮雕、圆雕、镂空雕等广州榄雕常用技法，擅长人物雕刻和船舫镶嵌。他所镶嵌的2～6层榄雕船舫，镶嵌手法多样，嵌接精密，不留痕迹，加上精雕细刻的龙头、凤尾、亭台、人物、图案、锚链等，整个作品做工精细、活灵活现，具有较高的艺术欣赏价值。此外，曾昭鸿还独立开发了榄雕镂空工艺。他所创作的镂空蟹笼、鸟笼玲珑通透，备受好评，开创了广州榄雕新的发展道路。

曾昭鸿的作品《中华世纪龙》由200多颗榄核镶嵌而成，创下了榄雕之最，并荣获中国工艺美术文化创意奖银奖；《凤仪盛世》获中国工艺美术"百花奖"金奖；《通雕蟹笼》及《花舫船》被广东民间工艺博物馆收藏。

目前，曾昭鸿致力于广州榄雕技艺的传承，儿子曾宪鹏在其指导下，榄雕技艺已日趋成熟。同时他也积极参与各类展演活动，向群众宣传和推广广州榄雕的基本技法与原理。

十一、端砚传承人

马志东

马志东，男，1969年生，广东省肇庆市人。广东省工艺美术大师，高级工艺美术师。

马志东从小就对端砚有所认识并产生兴趣，1988年毕业后即加入端砚制作行业，

对各种雕刻花纹都颇有心得。2000年，马志东受一位画家"专一"的言论的影响，着力于云龙的设计雕刻。马志东作品喜选用多石眼的上等石材，以细腻而高难度的浮雕手法，将端石中的珍贵石眼以"烘云托星"的形式层层铺陈出来，其刻刀下的龙神态栩栩如生、呼之欲出，用刀精细入微，令人叹为观止。

马志东作品《平步云》《游龙观百宝》砚于2002年首届肇庆市金奖端砚评选中分别获金奖和铜奖。作品《霸王试剑石》《流水并作弦外音》砚于2004年肇庆市金奖端砚评选中分别获金奖和银奖，其本人同时被授予"肇庆市十大制砚名师"称号。

伦少国

伦少国，男，1973年生，广东省肇庆市人。广东省工艺美术大师，高级工艺美术师。

伦少国自幼热爱书画和砚雕艺术，完成学业后，即全情投入端砚雕刻的学习和创作。实践中，伦少国注重从传统中汲取营养，边学边悟，不断创新；作品题材广泛，山水、人物、花鸟诸般无所不及，并擅长巧用端石的石形及石品花纹进行构思创作，技法娴熟，雕工细腻。伦少国的作品强调创意。其多件作品获端砚评选金奖，代表作有《渔翁》《渔翁撒网》《黄山云海》《卧薪尝胆》砚等。其对端砚艺术的执着追求，在提高作品的新意和文化含量上的努力，使其在同行中脱颖而出，成为端砚行业年青一代之佼佼者。

关红惠

关红惠，字兰芝，女，1955年生，广东省肇庆市人。广东省工艺美术大师，高级工艺美术师。

1972年，关红惠被分配到肇庆市端溪名砚厂（原肇庆市工艺厂）工作，师从岭南文化名人、中国工艺美术大师黎铿先生，至今已从事端砚设计雕刻工作40余年。关红惠设计与雕刻的砚品布局奇特，构思巧妙，线条流畅，擅于从传统文化中汲取灵感，所刻的动物造型生动。其作品《鱼乐升平》砚中的金鱼栩栩如生，获第三届广东省工艺美术精品展金奖；《贵妃出浴》砚中的杨贵妃含情脉脉，获得第三届中国（深圳）国际文化产业博览交易会精品奖银奖;《蓬莱仙馆》砚中的十八罗汉神态各异。

关红惠每年生产8~10方精品端砚。其经营的惠砚轩于2014年成为"关红惠端砚省级技师工作站",培养了大批端砚人才,为传承与传播端砚事业积极地做出贡献。

刘金兰

刘金兰,女,1953年生,广东省肇庆市人。广东省工艺美术大师。

刘金兰是20世纪70年代成长起来的传统端砚雕刻名家代表之一,从事端砚雕刻30余年,是肇庆制砚艺人中最早获广东省工艺美术大师称号的女性。她还是原肇庆市端溪名砚厂的砚雕骨干,曾被授予"全国技术能手""肇庆市劳模""肇庆市巾帼先进"等称号。

刘金兰作品题材广泛,尤擅"荷叶螺趣""荷叶金鱼"和各种传统意象,风格精润剔透、清新大气。其作品《长城》套砚曾获中国工艺美术"百花奖"二等奖;《九龙戏珠》砚曾获肇庆市"四新产品"二等奖;《高风亮节》砚曾获肇庆市妇女改革创新三等奖;《九龙戏宝》砚曾参加中日第二届端砚名砚展,并被《中国文房四宝》收录。香港回归前夕,其代表作大型《七星迎珠》砚被肇庆市政府选为赠予香港特区政府的礼物。

伦桂洪

伦桂洪,男,1967年生,广东省肇庆市人。广东省工艺美术大师,高级工艺美术师。

伦桂洪出生于端砚故乡。他1985年高中毕业后,即在黄岗镇拜师学艺;1987—1992年,创办洪林砚坊。多年来,伦桂洪坚持继承与发展,既传承中华传统端砚文化,又追求砚艺的创新,创作独具个性和风格的端砚艺术作品。这些作品紧跟时代主题,反映社会风貌,歌颂时代精神,得到行家以及广大端砚爱好者的认可和赏识。其中,麻子坑《山水》砚获第一届中国(肇庆)端砚文化节端砚评选金奖,坑仔岩《秋山胜景》砚获中南艺术大展银奖,宋坑《江南风情》砚获广东省艺术大展银奖并被收藏家珍藏,《荷塘虾趣》《深山采药》砚获广东传统工艺美术精品大展银奖,《蕉林硕果》《富贵招财》《夏日荷香》砚分别获穗、禅、肇同城工艺美术大展金、银、铜奖,《猴子捞月》砚被认定为广东省工艺美术精品,《只在芦花浅水边》砚在第八届中国(深圳)国际文化产业博览交易会上获得中国工艺美术文化创意奖银奖,《渔夫》砚被外国友人收藏。其论文《我对端砚文化的感受》《端砚文化艺术略论》发表于《广东工艺美术》。

刘演良

刘演良,男,1934年生,广东省肇庆市人。高级工艺美术师。

刘演良创作的山水砚融会了深厚的中国传统文化,在继承传统的基础上不断提炼升华,追求天人合一的艺术境界,尤其是在当代山水题材砚的创作上开创新风气,形成有"刘家山水"之誉的艺术风格。

1963年7月—1998年6月,刘演良先后在肇庆市端溪名砚厂从事端砚创作设计与理论研究。曾出版《端溪砚》(北京文物出版社1988年版)等专著。他自20世纪50年代中期开始研究端砚,先后在北京《故宫博物院刊》《光明日报》,香港《文汇报》《大公报》,台湾《书友》,新加坡《联合早报》,以及日本、加拿大、美国有关的华文报刊等国内外多家报纸杂志发表关于端砚的文章;1983年,在《中国大百科全书》中编写轻工条目"砚"、在地方志《肇庆文物志》中编写古端砚及砚坑等条目,丰富了端砚制作技艺的理论研究。

刘演良在弘扬端砚文化上,不遗余力。除了发表与端砚相关的研究论文、出版专著外,他还曾多次应邀到日本、新加坡、马来西亚、加拿大等国家及我国台湾、香港地区进行文化交流、讲学及举办个人端砚作品展,为促进各地文化交流做出了积极贡献。2004年,他获得"肇庆市端砚事业贡献奖"。

杨少波

杨少波,男,1972年生,广东省肇庆市人。广东省工艺美术大师,高级工艺美术师。

杨少波从事端砚设计雕刻20多年,擅长山水、花卉等题材的创作,以雕刻牡丹为特色。其多个作品在各类端砚评比及工艺美术展会上获奖。其中,《月韵》砚于2008年被认定为广东工艺美术精品;在2008年中国收藏家喜爱的优秀工艺美术作品评选中,《花开富贵》《硕果累累》砚被评为金奖,杨少波也被评为中国收藏家喜爱的砚雕艺术大师。2009年,其作品《轻舟已过万重山》砚在第五届中国（深圳）国际文化产业博览交易会上获得中国工艺美术文化创意奖金奖。

张玉强

张玉强，又名钰强，字铁生（亦作"铁山"），号莲中子，男，1969年生，广东省肇庆市人。广东省工艺美术大师，高级工艺美术师。

张玉强1984年师从黄岗白石村梁元辉先生学习端砚雕刻技艺；1986年创立高要市天龙端砚工艺厂，斋号紫云轩；后师从砚界泰斗黎铿先生。张玉强致力于端砚艺术专业领域的创作雕刻和研究工作20多年，具有良好的艺术修养和精湛的创作雕刻技艺。其作品题材广泛，技法精湛，崇尚自然、古朴之韵，以景抒情，借物喻义，善用端石的石品花纹、天然形体、皮色创作，博众家之长，通过运用立体圆雕、高浮雕、浅浮雕、透雕、镂空、薄意、线刻等各种雕刻技法并巧加穿插，将绘画、书法、历史、文学、金石、篆刻等融为一体，形成了自己独特的艺术风格。无论山水楼阁、龙凤走兽、花鸟鱼虫、人物典故，还是吉祥图案、仿古造型、巧色摆件，样样俱精。张玉强尤擅长创作雕刻山水楼阁、鱼龙人物，特别是在山水楼阁题材端砚的创作上开了先河。其作品被誉为独具个性的"张家山水楼阁"，深受国内外藏家的喜爱。

张玉强的作品既有艺术性，又有观赏性和实用性，内涵丰富，寓意深刻，处处包含禅机妙理，追求天人合一的艺术境界，耐人寻味，受到国家、省、市领导，业界和收藏家的高度评价，大受青睐。近年来，张玉强积极参与各类社会文化活动，不少作品获得国家、省、市级大奖。其中，代表作品为《松荫清赏》《江楼夜月》《荔枝红了》《如日中天广州新世纪》《九龙戏珠》《鱼跃龙腾》砚等。其作品先后被编入《四宝精粹》《中国端砚》《中国文房四宝》《砚林集胜》《广东工艺》《认识端砚》《肇庆端砚》等专业书刊。

陈伟刚

陈伟刚，男，1963年生，广东省肇庆市人。高级工艺美术师。

陈伟刚在参与端砚制作之前，曾经在20世纪八九十年代从事山水画创作，对其山水图式和技法体系有着深刻的认识。后来，由于对砚石的喜爱，陈伟刚开始研究砚石。经过长期的观察和训练，他对砚石的品质判断形成了一套技巧，能够准确判断砚石当中的上品。

在技法上，凭借对砚石品质的准确判断，陈伟刚能因材施艺，巧妙地将砚石原石上的瑕疵融入端砚作品的设计当中，使作品浑然一体。陈伟刚的作品，常以青铜纹饰、山川日月、花鸟林苔为主题，雕刻简繁得当。简者形态天然，略加凿磨，圆活肥润，成器古雅可爱。繁者刻画入微，准确表现对象的神韵，手感逼真。

陈伟刚的作品受到了端砚界的认可。2001—2004 年，其作品多次在中国嘉德拍卖会上成交，被收藏家广为收藏。

张庆明

张庆明，男，1958 年生，广东省肇庆市人。广东省工艺美术大师，高级工艺美术师。

张庆明 1980 年在肇庆市端溪名砚厂从事端砚雕刻创作设计工作，师从黎铿大师、陈洪新大师，在继承传统的基础上不断创新，突出了文人砚的艺术内涵和文化品位。他自幼喜爱书法，在邻居杨家齐先生的指点下练得一手好书法，又在学习书法过程中得

到了刘演良先生的悉心指点，楷、行、草、篆、隶诸书体样样皆通。张庆明在创作中，擅长将书法、绘画、金石镌刻、历史传记、山水花鸟和人物等融入端砚作品，体现出历史、文学、美术、书法、篆刻、雕刻等文化艺术的意蕴，结合精湛的雕刻技艺，形成了个人独特的艺术风格。其成名作品——《三希堂法帖》砚、《端砚集萃图》套砚（七件）、《端石砚赋》砚（获国家级金奖）由肇庆市博物馆收藏，《日月》砚由中山大学收藏，《石窟》砚由广东省工艺美术珍品馆收藏。他创作的其他作品曾多次在全国、省级各类工艺美术作品展上获金奖。例如，2002 年，《花好月圆》砚参加第三届中国工艺美术大师作品暨国际艺术精品博览会，一举夺得金奖；2003 年，《文房四宝》《洞天福地》砚在第三届中国文房四宝名师名砚精品大赛上均获得金奖；2004 年，《中国古典四大名著》套砚在深圳获得广东省工艺美术大师作品展金奖；2005 年，《年年好运》砚和《南国明珠》套砚在第三届广东省工艺美术精品展上均获得金奖；2006 年，《端砚春秋》砚在第四届中国文房四宝名师名砚精品大赛上获得金奖。张庆明在端砚艺坛上频频获奖，引起了同行和社会人士的注意，他先后应邀前往新加坡参加端砚艺术展，到香港地区做现场雕刻表演。

陈金明

陈金明，男，1963 年生，广东省肇庆市人。广东省工艺美术大师，高级工艺美术师。

陈金明 1980 年跟随伯父陈润棠学习制作端砚，在伯父的严教下，打下了坚实的

基础。陈金明利用所学的技法，在不偏离传统的方向上，力求把刀法练好；在题材的选择上亦以传统题材为主，务求传统基础扎实再创新。他于1991年创办民间精砚轩，与一起学艺的同行并肩创作，努力工作，创作设计的作品受到同行与客户的一致好评，并在全国、省、市级大赛中获金、银、铜等多个奖项。

陈金明2001年制作的《九龙宝鼎》，由肇庆市博物馆收藏；2002年制作的《锦绣河山》砚在首届端砚文化节暨中国文房四宝展金奖端砚评选中获得金奖，《年年有鱼》《国色天香》《雄鸡报晓》砚同时获优秀奖；2003年8月，《夜月辉映》荣获第三届中国文房四宝名师名砚精品大赛金奖；2003年10月，《日月同寿》砚荣获第十四届全国文房四宝艺术博览会金奖；2006年，《腾龙》砚于2006年第四届中国文房四宝名师名砚精品大赛中获得金奖；2006年制作的《大好河山》砚，在第二届中国（深圳）国际文化产业博览交易会获得铜奖；2007年制作的《半壁江山》砚，在第三届中国（深圳）国际文化产业博览交易会获得金奖；2008年制作的《欣欣向荣》砚，在第四届中国（深圳）国际文化产业博览交易会获得银奖；2010年制作的《深山访友》砚，在第二届中国（侨乡）工艺美术珍品展暨中国华南工艺美术大师精品博览会中获中国工艺美术"百花奖"银奖；2010年制作的《胜券在握》砚，在第六届中国（深圳）国际文化产业博览交易会上获得中国工艺美术文化创意奖金奖；2011年创作的《星湖春晓》砚，在第七届中国（深圳）国际文化产业博览交易会冬季工艺美术精品展"文博杯"冬季工艺美术精品奖中获得银奖；2012年创作的《罗汉戏宝》砚，在第二十九届中国文房四宝艺术博览会上荣获金奖、《灵猴献寿》对砚获中国砚都首届对砚展金奖。

陈洪新

陈洪新，号砚夫，别号砚巢居士，男，1956年生，广东省肇庆市人。广东省工艺美术大师。

1972年高中毕业后，他进入肇庆市端溪名砚厂从事端砚设计雕刻工作。他从事端砚设计制作30余年，创作了不少端砚精品，获得了较高的荣誉。其作品曾作为国家领导人出访外国的高级礼品，获得国家、省、市级有关部门的奖励；有的作品被国家、省、市级的新闻媒体作为专题介绍和刊登，

有的作品被国内外收藏家收藏。

陈洪新的端砚作品，既能反映深厚的文化底蕴，又别出心裁，颇具有个性，体现了较高的艺术水准。特别是近年来，其作品力求舍弃繁杂的构图，追求一种简练、朴实、率真的艺术风格；充分利用砚石的天然纹理，随形赋艺，用简练的刀法表达主题，并糅合书法篆刻艺术，使作品更富诗情画意，从而达到更高层次的艺术境界，形成自己独有的艺术风格，得到社会各界人士的肯定和赞赏。其作品《双清图》砚获第一届中国工艺美术大师提名奖铜奖，2011年的作品《天长地久》砚获第七届中国（深圳）国际文化产业博览交易会中国工艺美术文化创意奖金奖，2012年的作品《老子说道》砚获第十五届中国（国家级）工艺美术大师精品展金奖，2013年的作品《星湖春色》对砚获第十五届中国（国家级）工艺美术大师精品博览会特别金奖。

张春雷

张春雷，男，1951年生，河南省人。广东省工艺美术大师，高级工艺美术师，广东省人民政府文史研究馆馆员，广东省人民政府文史研究馆工艺美术研究院院长。

张春雷主要从事端砚和艺术印章雕刻。其作品《十二生肖题咏》《三江聚墨海》《翠山碧水如画屏》《十二生肖题咏印章》砚等分别入选文化部中国艺术研究院在中国国家博物馆主办的中国当代工艺美术第一至第三届双年展。其作品中有40多件（套）被中国工艺美术馆、华西村博物馆等收购收藏，有20多件作品获国展和省展金银奖。他曾任中国艺术研究院客座研究员、中山大学兼职教授、广东省工艺美术协会会长、广东省工艺美术总公司总经理、中国工艺美术协会副理事长等。

张春雷善于将诗、书、画、印等元素综合运用于作品之中。他有很多作品都结合构图和创意，题诗铭文，以丰富和提升作品的思想内涵。他的作品构图饱满，主题突出，穷工极致，精工不失凝重，镂空不显烦琐，浑然天成。张春雷长期研究生肖文化，并颇有心得。他以自己对儒、释、道的领悟为十二生肖题名题咏，并将其融入作品的创作之中。他撰写的十二生肖题咏诗，借物抒情，以典造句，饱含哲理禅意，给十二生肖增添了新的内涵。张春雷主张工艺品的实用性和生活化，创作的很多作品做到了艺术与实用的完美结合。张春雷注意加强艺术品创作的理论研究。他撰写了《十二生肖艺术印章创作心路历程》《浅说端砚之古今文化内涵》《诗书画印融方寸，铁画银钩铸古今》《砚从我获得生命，我从砚获得愉悦》等10多篇文章，并多次接受个人专访，文章和专访分别在《南方日报》《羊城晚报》《广州日报》《中国文化报》《岭南文史》《文化月刊》等刊物上发表。

杨焯忠

杨焯忠，又名杨卓，男，1964年生，广东省肇庆市人。非物质文化遗产（端砚制作技艺）项目广东省级代表性传承人，高级工艺美术师。

杨焯忠是杨氏制砚第十二代传人，他的作品以借鉴历史故事创作见长。他在创作前花大量精力认真观摩石材，创作中善于因材施艺，并巧妙地利用石材纹路设计图案，因石构图、因型造势，达到"手工"与"天工"完美结合，形成以独特斜口刀雕砚的杨氏刀法，作品意境雄浑，人物刻画生动传神。其代表作《海天旭日》砚即是通过认真揣摩和思索，利用一副茶盘上看似汹涌海浪的纹路，进行再创作的精品砚台。

杨焯忠的创作，常从书法、美术、文学等题材中寻找灵感。取材于《赤壁赋》的《赤壁夜游》砚描绘了苏轼夜游赤壁所见的幽远而又充满诗情画意的景象；取材于《三国演义》火烧赤壁的《借东风》砚，刻画了孙刘联军火攻曹营的宏大场面。他创作的作品富有人文内涵，《千禧百龙》（与程文合作创作、主刀雕刻）、《生命树》《一苇渡江》等砚获第二届中国（国家级）工艺美术大师精品博览会暨第二届中国工艺美术优秀作品评选银奖、铜奖，《幸福广东》砚被人民大会堂收藏，《归》砚等被肇庆市博物馆所藏展，《随形》砚被肇庆市端砚博物馆永久收藏。他还曾参与2008年北京奥运会特许商品《中华瑰宝》端砚的设计制作。

杨焯忠为普及端砚知识，身体力行授课教学，在培养新人的同时还积极参加工艺美术活动，努力推动端砚的传承发展。

杨智麟

杨智麟，男，1966年生，广东省肇庆市人。广东省工艺美术大师，高级工艺美术师。

杨智麟于1983年从事端砚雕刻。多年来，他得到中国工艺美术大师黎铿等名家以及众多老前辈的悉心指导。其端砚作品以巧色俏雕、浅雕等技法见长，结合石品花纹进行创作，清新脱俗并着力提升文化品位，深受收藏爱好者的好评。

杨智麟的作品在国家工艺大展中

获得过多个奖项：《一百罗汉》砚荣获2007年第三届中国（深圳）国际文化产业博览交易会中国工艺美术文化创意奖金奖，与妻子郭瑞芬合作的《极目江山》砚荣获第八届中国工艺美术大师作品暨国际艺术精品博览会2007年"百花杯"中国工艺美术精品奖金奖，《羲之赏鹅》砚获得第二届中国（深圳）国际文化产业博览交易会中国工艺美术精品奖银奖，《福禄同春》砚获得第五届中国工艺美术大师作品暨名人名作展银奖，《鼓》砚获得2004肇庆·中国端砚文化节金奖端砚评选铜奖，《旭日东升》《鳌鱼》砚分别获得第三届广东省工艺美术精品展金奖、铜奖，《松荫高士》套砚获得第七届中国工艺美术大师作品暨国际艺术精品博览会2006年"百花杯"中国工艺美术精品奖优秀奖。《归去来辞》《松荫高士》《松龄鹤寿》《鼎形九龙方》砚等作品入选2008年广东传统工艺美术精品大展精品。

罗　海

罗海，男，1951年生，广东省肇庆市人。广东省工艺美术大师，高级工艺美术师。

罗海从艺30多年，师从父亲——我国砚雕一代宗师罗鉴培。罗海文化底蕴深厚，艺术造诣高超。其主流砚作为《山水、人物、云龙》。他善于从生活中提炼素材，通过艺术概括浓缩，以端砚的独特艺术语言表达山河的博大雄浑；坚持形式为主题服务，而又不固守传统形制。其砚作多为全开放形制和全景式构图，大布局、大画面、大气势渲染画境气氛，以强烈的视觉效果烘托冲击力，达到崭新的艺术审美效果。

罗海坚持古为今用、推陈出新的创作原则，在题材、内容、表现手法等方面都进行积极的探索，达到意象、意境和意趣的有机结合。进入新时代，其端砚作品更向意象、意境、意趣和自然美、形态美、视觉美的境界攀升。罗海的作品连续三届获中国文房四宝名师名砚精品大赛金奖殊荣，《星月争辉》《春江帆影》砚在全国文房四宝艺术博览会上被评为金奖；《八仙过海》砚在首届肇庆端砚文化节金奖端砚评选中获金奖；2003年9月，《江山多娇》砚被北京人民大会堂永久收藏（堂藏物字第49号）；在2005年7月第三届广东省工艺美术精品展中，坑仔岩《端溪羚峡斯珍》砚获金奖；2006年《江清月影》系列之《晓日春色》砚在第二届中国（深圳）国际文化产业博览交易会上荣获中国工艺美术文化创意奖。

罗建泉

罗建泉，男，1976年生，广东省肇庆市人。广东省工艺美术大师，高级工艺美术师，高级技师。

罗建泉出身于端砚世家，为中国砚雕"四大名家"罗氏家族嫡传后人。罗建泉师从亚太地区手工艺大师、中国工艺美术大师黎铿和中国工艺美术大师、父亲罗海。罗建泉为第十六届亚洲运动会《和谐亚运》砚的设计制作者，代表作《独钓寒江》砚于2008年被中国工艺美术馆收藏。罗建泉曾参加中国工艺美术界有"黄埔一期"美誉的"2009中国工艺美术保护国家级培训项目"的系统学习，以传承砚艺文化。

罗建泉的作品极显砚雕工艺文化底蕴，以娴熟的砚雕艺术功力，反映其对大自然和民间生活的深入观察以及对事物的深刻把握。《锦绣中华》《赤壁怀古》砚等先后获得中国（深圳）国际文化产业博览交易会中国工艺美术文化创意奖金奖等多个奖项。围绕四川地震题材创作的《守望相助渡时艰》《刻骨铭心》砚参加广东省文化名人慈善义捐活动，高价拍得的善款悉数捐赠给灾区人民。罗建泉注重工艺美术理论的系统研究和创新，发表了多篇学术论文，编写出版了《四宝精粹》等著作。

赵桂炎

赵桂炎，男，1953年生，广东省肇庆市人。广东省工艺美术大师，高级工艺美术师。

赵桂炎1977年8月毕业于广东省工艺美术学校雕塑专业，1986年8月结业于中央工艺美术学院装饰雕塑专业，1977年8月分配到肇庆市工艺美术研究所（原肇庆市地区轻工工艺美术研究所）工作至今。

赵桂炎从事工艺美术事业工作近30年，擅长雕刻、装饰设计和端砚的创作研制。毕业于工艺美术学校的赵桂炎，不断学习师傅黎铿勇于探索、创新的理念和技艺，吸取了各种民间艺术的精华，在继承传统的同时推陈出新，在端砚创作中融入了现代雕塑语言和各种表现手法，体现了独特的时代气息和审美情趣。

赵桂炎对端砚有较多的追求和探索实践，将雕塑造型语言融入端砚作品中。赵桂炎的作品简洁明快，构思别具一格，富有创意，形成了个人独特的雕刻技艺和具有生命力、现代感的艺术风格。其作品参加全国、省、市级作品展获得了金、银、铜等奖项。其中，端砚《工艺美术之光》获第六届中国工艺美术大师作品暨国际艺术精品博览会2005年"百花杯"中国工艺美术精品奖铜奖，并获第七届中国（国家级）工艺美术大师精品博览会银奖；《畅游》砚获第三届广东省工艺美术精品展金奖。

莫少锋

莫少锋，男，1970年生，广东省肇庆市人。高级工艺美术师。

莫少锋从小跟随父亲学习雕花、书法、刻字，后师从制砚名师黎铿，技艺渐进。他从徽雕、苏雕、玉雕、竹木牙雕中吸取养分，根据端砚石质特点，既继承传统，又另辟蹊径，形成了刚柔相济的独特风格。

从业20余年，他创作了一批优秀的作品，如《岁月留金》《海天旭日》《蘑菇》《佛手飘香》《寿星》《孔雀》《荷塘清赏》《千寿》《爷孙乐》砚等。其中，《海天旭日》《爷孙乐》砚还被广东省肇庆市博物馆收藏，《北斗旭日》砚于2008年中国收藏家喜爱的工艺美术大师和精英评选活动中被评为金奖，《岁月留金》砚在上海首届中国工艺美术暨古典、红木家具、收藏品博览会"中艺杯"优秀作品评比大赛中荣获金奖。另外，《国宝荟粹》砚在第十届中国（深圳）国际文化产业博览交易会上获得中国工艺美术文化创意奖金奖。

莫汉东

莫汉东，男，1969年生，广东省肇庆市人。广东省工艺美术大师，高级工艺美术师。

莫汉东身居砚乡，从小耳濡目染，受到端砚文化的熏陶。1984年，他开始跟随叔父学习端砚制作技艺；3年后，初出茅庐的他便可独自制砚。后来，莫汉东又得到了在广东轻工职业技术学院任雕塑老师的舅舅的指导，从审美的角度学习了构图布局技巧，以及注重工美结合的创作思路等。特别是师从中国工艺美术大师黎铿后，得益于大师的指点，莫汉东的创作之路更是发生了飞跃性的变化，制砚技艺越来越娴熟，设计更为巧妙，砚的意蕴也更加深远。

莫汉东擅长花鸟题材创作，尤其讲究作品的构思和雕工，把传统的端砚艺术和现代感结合起来，在艺术表现上更符合现代人直接、富有动感的审美视角。1997年开始花3年多时间以一砚一花式雕刻完成的《百花》套砚，使其积累了丰富的实践经验，雕刻花卉技艺上了一个新的台阶，手法愈加娴熟，同时也渐渐形成了自己的艺术风格。其作品《欣欣向荣》砚荣获第三届广东省工艺美术精品展金奖，《春之声》砚获得第二届中国（深圳）国际文化产业博览交易会中国工艺美术精品展金奖，《百花叶艳》砚荣获第三届中国（深圳）国际文化产业博览交易会中国工艺美术文化创意奖金奖。2008 年，莫汉东创作的《端溪图》砚在中国收藏家喜爱的工艺美术大师和精英评选活动中荣获金奖，《花好月圆》砚也在广东传统工艺美术精品大展中荣获金奖。

郭成辉

郭成辉，男，1957 年生，广东省肇庆市人。非物质文化遗产（端砚制作技艺）项目广东省级代表性传承人，广东省工艺美术大师。

郭成辉出身于端砚制作世家，是郭氏"贡砚世家"第十七代传人。1970 年，他开始师从父亲郭坤林及著名端砚艺人程泗学习画工、制砚、打磨及"辨石"的技艺。1973 年，年仅 16 岁的郭成辉正式进入集体经营的白石村端砚厂，从事端砚设计和生产工作。

技艺方面，郭成辉承传家族砚谱，运用祖传的贡砚雕刻技艺，掌握了独有的郭氏"梅雀刀法"，形成了独特的雕刻风格。郭成辉强调线条美，巧用石品，因形而作，以浅雕刀法入砚，沿用传统方法巧妙地加以改进；写实处则运用工笔的白描手法，线条工整、雕刻精细，使作品形制古朴、典雅端庄而又灵性鲜明。

为了使郭氏祖传贡砚雕刻代代相传，自 20 世纪 80 年代开始，郭成辉就凭借祖传的珍贵资料，以及扎实的功底和丰富的经验，带徒授艺至今，培养了郭树坚、郭树恒、郭树聪、梁友星等一批优秀的端砚接班人。

莫伟坤

莫伟坤，男，1970 年生，广东省肇庆市人。广东省工艺美术大师，高级工艺美术师。

莫伟坤从事端砚行业 20 余年，坚持从生活中取材、于创意中塑神韵、在刀工上显风骨。其端砚作品构思巧妙、技艺精到，既承继传统端砚文化的精华，又不拘泥于以往端砚创作的模式。莫伟坤擅山水人物，以独特的文化视觉，在简约中营造意境、塑造物象神韵，凸显作品鲜明的个性。其标新立异的端砚作品充满了生活气息，逐渐形成了自己独特的艺术风格。他的端砚作品多次参加全国、省、市级工艺展览与评奖并获得各类奖项。

长期以来，莫伟坤坚持传承与创新相结合的砚雕设计和制作，力求创造自己鲜明的艺术风格。其代表作有《气壮山河》《赤壁怀古》《月下追韩信》《群仙会》《盛世中华》《衣钵传承》等砚，这些砚用多种手法表现了赏心悦目的自然景观、人文景观和厚重的历史内涵。

梁　健

梁健，男，1950年生，广东省肇庆市人。广东省工艺美术大师，高级工艺美术师。

梁健1977年毕业于广东省工艺美术学校国画专业。他擅长国画、端砚艺术设计创作，特别致力于端砚艺术的研究与实践，积累了丰富的实践创作经验，对端砚有较高的追求和较深的探索，将诗、书、画、印等艺术融入端砚作品创作中。其端砚作品极富创意，富有艺术感染力。

梁健的作品曾在北京、上海、天津、西安、广州、深圳等地展出，多次在全国、省、市各级展览中获奖。其作品《端溪九龙》砚获肇庆市第一届端砚文化节金奖端砚评选特别奖，该砚是目前世界上最大的端砚（4.6米×3.5米×0.46米，重达10多吨）。在第一届端砚文化节上，其作品《李白诗意》砚获铜奖、《龙》砚获优秀奖、《牧归》砚获铜奖及最具创意奖。在2004肇庆·中国端砚文化节金奖端砚评选中，《梅雀》砚获铜奖、《秋声》砚获银奖。

黎　铿

黎铿，男，1945年生，广东省台山市人。亚太地区手工艺大师，中国工艺美术大师，高级工艺美术师。

黎铿17岁进入肇庆市端溪名砚厂工作，师从罗星培，学习掌握制砚技艺。黎铿创作的砚品，线条清晰，玲珑浮凸，一目了然；深刀（高深雕）刚健豪放，穿插浅刀雕刻和细刻；浅刀（低浮雕）精致古朴、细腻含蓄，配以精细生动的细刻和流畅的线刻，雕刻技法相得益彰、浑然天成。

黎铿从事端砚雕刻40多年来，设计创作了不少佳品，多件作品在国内外工艺美术评比中获得殊荣。黎铿于1972年构思、设计、制作的《百鸟鸣春》砚在中国出口

商品交易会和全国美术展览会陈列，受到广泛好评，被列为国宝，珍藏于故宫博物院；1978年创作的《星湖春晓》砚，入选参加全国工艺美术展览，尔后又赴日本展出，赢得了行家和中外各界人士的高度赞赏；《97七星迎珠》砚作为肇庆市人民政府的礼品赠予了香港特区政府；1989年创作的《七星岩古今名刻》砚获第八届中国工艺美术"百花奖"一等奖；《中华九龙宝》砚作为肇庆市人民政府礼品被人民大会堂珍藏。2000年9月，国家邮政局发行《新时期100位艺术家》大型邮资明信片，黎铿是广东入选的三位艺术家之一。

黎铿致力于钻研端砚艺术的同时还积极培养年轻人，目前带出了张庆明、陈洪新、刘金兰、关红惠、麦锐添、梁庆昌等一大批弟子，努力推动制砚技艺的传承发展。

梁庆昌

梁庆昌，男，1954年生，广东省肇庆市人。广东省工艺美术大师，高级工艺美术师。

梁庆昌1971年进入肇庆市端溪名砚厂，师承亚太地区手工艺大师黎铿，为黎铿大师入门首徒。梁庆昌注重突出端砚的艺术内涵和文化品位，在继承传统的基础上不断创新。其作品艺术风格独特，参加过全国、省、市级以及日本、马来西亚等国家的端砚展览，并被邀请赴日本进行端砚展览讲学和雕琢表演。

1973年，梁庆昌会同冯肇谋工艺师、冼志豪技师首创用端砚刀具合金新技术，完成了端砚刀具改革使端砚的工艺技术得到改进、生产量得到提高。1978年邓小平访问日本，由北京外宾部翟师长亲自挑选七方端砚，其中梁庆昌的《宋坑如意吉祥》砚被作为礼品赠予日本天皇。

近年来，梁庆昌更是不断创新和改革端砚雕刻技艺，在传统的基础上提升对端砚的内涵理解和观赏境界，并创作了不少佳作。例如，惟妙惟肖、形神兼备的《举杯邀月》《达摩坐禅》《嫦娥奔月》《天猴合一》《布袋和尚》等砚，构思奇巧、意境特别的《日出黄山》《蒸蒸日上》《暗香浮动》等砚。这些佳作达到了更高的艺术层次，形成了自己的艺术风格，得到了国内外各界的肯定和赞赏。

梁佩阳

梁佩阳，男，1964年生，广东省肇庆市人。广东省工艺美术大师，高级工艺美术师。

梁佩阳为梁氏砚雕世家传人，从小就随师辈到砚坑采石，鉴别端砚。梁佩阳刻苦钻研，致力于端砚艺术创新。在传统端砚工艺雕龙刻凤的基础上，其致力于创新设计和雕刻技法，设计方面融入古诗词意境，雕刻方面着重山水文人砚，使端砚不仅是书写实用品，更成为艺术品。近几年，梁佩阳先后参加全国、省、市端砚作品评奖，均取得优异成绩，由他设计、参与雕刻的作品获奖甚多。其获奖作品有《平步青云》《霸王试剑石》《双龙》《近水楼台》《春江花月夜》《硕果累累》《志比天高》《和谐》《春色》《贵妃出浴》《三顾茅庐》砚等。

梁佩阳不但自己注重学习，不断提高，还亲自带徒，言传身教，使端砚事业后继有人。与此同时，他还注重向外宣传端砚知识，弘扬传统文化，在提高技艺发展经营和社会公益事业等方面发挥了一定的作用。

梁金凌

梁金凌，男，1958年生，广东省肇庆市人。广东省工艺美术大师，高级美术大师。

梁金凌出身于制砚世家，长辈的言传身教使其受到极大的启发，为后来发展打下了坚实的基础。1979年中学毕业后，梁金凌全身投入端砚制作中。梁金凌自1985年创办中艺名砚厂以来，传承了端砚文化传统，虚心学艺，刻苦钻研，曾拜程八等师傅学艺；积极参与保护砚石资源，善用有限资源；以名人、名坑、名石为主题，潜心研究，认真创作，雕刻精品，所创作的作品在行业内受到一致好评；坚持理论文化艺术学习，坚持言传身教，带出了一批批徒弟。

梁金凌所创作的作品荣获国家、省、市级的金、银、铜奖达10多个。2001年他与张庆明大师合作的《张之洞贡事碑》砚获第一届端砚文化节金奖。他于2000年创作的《日月星辉》砚获第十四届全国文房四宝艺术博览会金奖。2005年创作的《星光耀南粤》砚获第三届广东省工艺美术精品展金奖。2006年创作的《映月清风》《端州八景》砚分别获第四届中国文房四宝名师名砚精品大赛金奖，2007年老坑作品《明月照端州》砚获第三届中国（深圳）国际文化产业博览交易会中国工艺美术文化创意奖金奖。

黄炳强

黄炳强，男，1970年生，广东省肇庆市人。广东省工艺美术大师。

黄炳强从事端砚设计、制作20多年，擅长云龙、花鸟题材的端砚创作，多个作品曾在国家及省、市的端砚评比展览中获奖。其中《春山聚秀图》《黄河之水天上来》《铜雀台赋》砚在2002年肇庆市第一届端砚文化节金奖端砚评选中均获银奖；在2008年6月举行的中国收藏家喜爱的工艺美术大

师和精英评选活动中，《农家乐》砚获得金奖，并被中国收藏家协会评为喜爱的"砚雕艺术精英"。此外，《和谐社会》砚获得了2008年广东传统工艺美术精品大展金奖，《盛世中华》砚获得了第五届中国（深圳）国际文化产业博览交易会中国工艺美术文化创意奖银奖。

梁焕明

梁焕明，男，1953年生，广东省肇庆市人。非物质文化遗产（端砚制作技艺）项目广东省级代表性传承人，广东省工艺美术大师，高级工艺美术师。

梁焕明是梁氏砚雕世家传人，自小跟随父亲学艺。1968年，他开始在白石生产队端砚厂从事制砚工作，其间曾被选派到广东省外贸出口公司修复旧端砚，并师从文物鉴定专家曾土金学习端砚鉴定工作。1986年，他创办华兴端砚厂。梁焕明制砚，以传统为主，在传统基础上创新，擅以浅雕、浅浮雕的技法雕刻旋转水纹、云龙、祥云、瑞兽等。在丰富的实践经验基础上，梁焕明不断提高自己的理论、文化、艺术水平，刻砚坚持精雕细刻、一丝不苟的专业态度，恪守学艺先学做人，其人品、艺品在行业内、社会上甚受赞许。他还言传身教，带出了一批高水平的徒

弟。其代表作《百鸟归巢》《百福》砚被故宫博物院收藏，《平步青云》《云彩霞雾》等砚在第十八届全国文房四宝艺术博览会上获金奖，《金猴献寿》砚被广东民间工艺博物馆收藏，《天马银河》砚在第五届中国（深圳）国际文化产业博览交易会上获中国工艺美术文化创意奖金奖；其余作品有20多个（次）获国家级展览会的金、银、铜奖。他曾公开发表多篇有关端砚的论文。

黄超洪

黄超洪，男，1968年生，广东省肇庆市人。广东省工艺美术大师，高级美术大师。

黄超洪自幼喜欢书画，从事端砚雕刻创作，刀笔耕耘二十六载，师承亚太地区手工艺大师、中国工艺美术大师黎铿先生。其作品以小见大，讲求意境情趣，注重文化内涵。黄超洪创作手法推崇天然至上、雕刻与天然石品相结合的艺术理念，融合中国传统文化于其中。其作品刀笔相隔、简洁大气，在人物砚的创作上有独特的个人艺术风格。黄超洪作品曾在《广州日报》《西江日报》《广东科技报》《中国端砚》《四宝精粹》《名师高徒》《感悟端砚》《千年风流端溪砚》《中国文房四宝》等大型刊物发表。其创作的《将进酒》《海上生明月》《凤求凰》《三国风云》砚在历届中国（深圳）国际文化产业博览交易会上获中国工艺美术文化创意奖金、银、铜等大奖，《月满西楼》《灵猴悟经》砚获广东省工艺美术精品金奖。2008年创作的《箫声引凤》砚在广东传统工艺美术精品大展期间被选派参加改革开放三十年中国传统工艺美术精品大展，同时被中国工艺美术馆遴选珍藏，并得到肇庆市委宣传部授予的"文艺精品"奖及表彰奖励。

梁鉴棠

梁鉴棠，男，1965年生，广东省肇庆市人。广东省工艺美术大师。

梁鉴棠从事端砚工艺设计制作20余年，坚持继承传统、锐意创新的理念，独辟蹊径，探索砚雕艺术的文化创意，研发和巧用桃溪坑石独特的石品花纹，探索以奇石的韵味融入砚雕艺术，提升端砚的审美效果与艺术价值。获广东省工艺美术大师称号以来，梁鉴棠坚持文艺创作方向，从现实生活中提炼思想原创，在超越传统中创新技艺，以旺盛的创作热情和超乎寻常的毅力开启了"砚魂系列""人和自然系列""春临大地系列""古代神话系列""历史名人系列"和"名著人物系列"的创作，从材质、型制、石品形与色的巧用以及题材、内容、技法等方面进行了全面积极的探索，创作了一批具有时代气息、鲜明的思想性和独特个人风格的作品，在行业中独树一帜。

梁鉴棠作品在历年广东省工艺美术协会评奖中获3金2银，在中国收藏家协会评奖中获3金3银1铜，在中国轻工业联合会评奖中获6金1银，在中国（深圳）国际文化产业博览交易会评奖中获 4 金 3 银。2010 年，其作品《包公掷》砚获中国工艺美术"百花奖"金奖。基于丰硕的艺术成果，其工作室于 2012 年荣获了广东省政府颁发的端州砚业界首个"广东省工艺美术大师示范工作室"的称号。

梁满雄

梁满雄，男，1970 年生，广东省肇庆市人。广东省工艺美术大师，高级工艺美术师。

梁满雄 1987 年开始端砚制作，将绘画技法应用到端砚设计中。其创作的端砚以祥云龙腾著称，山水画砚独具风格。其代表作有《三子团圆》《富居深山》《达摩面壁》《星月共舞》《雨霁龙飞》《星月辉映》《双龙教子》砚，其中《三子团圆》《达摩面壁》砚在肇庆市首届端砚文化节金奖端砚评选中分别获铜奖、最佳创意奖和优秀奖，特别是《雨霁龙飞》《双龙教子》砚在中国文房四宝名师名砚精品大赛中获得金奖。

程 文

程文，男，1950 年生，广东省肇庆市人。非物质文化遗产（端砚制作技艺）项目国家级代表性传承人，高级工艺美术师。

程文出身于制砚世家，是程氏端砚技艺的第十三代传人，自幼跟随程泗学习端砚制作技艺。其从事端砚制作 45 年，先后任职于肇庆市端砚厂、端砚研究所，著有论文《浅谈端砚雕刻的入门知识》，为制砚初学者提供了很大帮助。

程文雕刻技法集高低浮雕和圆雕、镂空、细刻等技艺于一身，又吸收了牙雕的镂空雕技法，使作品更具立体感。其作品多以岭南水乡农田为题材，风格粗犷雄劲、飘逸灵动，是当地端砚制作代表人物之一。其代表作品有《树下释迦像》《端州古郡图》《海天旭日》《湖光山色》《鱼乐图》《三星拱照》《双龙戏珠》《山水》《松鹤延年》砚等。

1990 年至今，程文的作品在国内外各种工艺及美术大展中屡次获奖。其中，作品《树下释迦像》获第四届中国（国家级）工艺美术大师精品博览会暨中国工艺美术优秀作品评选金奖，《端州古郡图》获第三届中国（国家级）工艺美术大师精品博览会金奖，《掌上宝》《竹筒》获 2002 年广东省工艺美术大师作品暨新人新作展"粤艺杯"金奖、银奖，《海天旭日》获得了特别金奖。

程文 20 世纪 70 年代开始开班授艺，定期在肇庆市第二技工学校、肇庆学院等学校开设端砚雕刻培训班，培养制砚传人。

程均棠

程均棠，又名程八，男，1950年生，广东省肇庆市人。非物质文化遗产（端砚制作技艺）项目广东省级代表性传承人，广东省工艺美术大师。

程均棠出身于端砚世家，传承自程氏砚雕世家，祖父程耀鉴（廿五世）、父亲程次林（廿六世）。他吸取历代能工巧匠不懈努力和创新积淀后的精华，并在此基础上积极大胆创新，不故步自封，不因循守旧。他的端砚作品做工细腻，线条流畅，生动传神，在浅雕、线刻、薄意雕方面尤为突出，具有浓厚的明清宫庭赏砚韵味，逐步形成独特的个人风格，既实用又宜把玩收藏，深受社会各界人士的赞誉。

程均棠创作雕刻的《辟雍》砚在第十八届全国文房四宝艺术博览会中荣获2006年度同业评比金奖；2006年10月创作雕刻的《太平有象》砚被国家邮政局发行的《文房四宝》端砚个性化邮票收录和印制发行；2008年11月创作雕刻的《发财》砚作品在第十届中国（国家级）工艺美术大师精品博览会中，经评审委员会评审，获中国工艺美术金奖。其作品有《万字夔龙》《汉宫春晓》《太平有象》等砚。

程振良

程振良，艺名程良，男，1972年生，广东省肇庆市人。广东省工艺美术大师。

程振良出身于端砚世家，是程氏第十四代制砚传人。程振良从小受祖辈的影响，对端砚有特殊的爱好，13岁勤工俭学跟随父亲学习制砚，师承父亲的传统制砚技法。其作品的技艺特征是以传统技艺为主，不断融入新风格、新题材。程振良注重因材施艺，经过20多年的磨砺和拼搏，创立了"程良端砚工艺行"，培养了10多个本土的专业技术骨干，包括多名中高级工艺美术师，后又创办"振良砚艺工作室"。其作品深受行家、收藏家及国家有关部门的好评和认可。从2002年起参加全国、省、市等29次展评会，49个作品共获57个奖项。奥运套砚《圆之梦·水之韵》以及《浴鹅》《南粤藏馆》砚被广东省博物馆收藏，《一鹭朝阳》《天然兰亭》砚被肇庆博物馆永久收藏。

他还为七星岩风景区刻制砚石景点标志，参加《端砚大观》、广东省地方标准《端砚》和《四宝精粹》等书的编写及标准法规的起草工作。

十二、潮州金银錾刻传承人

吴泽长

吴泽长（1941—2012年），男，广东省潮州市人。广东省工艺美术大师。

吴泽长出身于一个潮州银饰加工世家，14岁开始跟随其祖父吴永寿学习银饰制作，自幼练就一手金银饰品加工手艺。1964年，吴泽长被调到潮州市金银饰品厂设计室从事金银饰品创作，师从著名潮州金银饰品大师许锡奎，并在其指点下，金银錾刻技艺日趋成熟。1976年，吴泽长被推荐参加广东省统一组织的首饰工艺专业培训，得到进一步深造，开阔了视野。

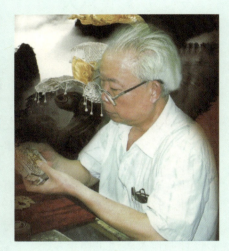

吴泽长在金银錾刻方面的造诣极高，完整并熟练地掌握了潮州金银錾刻的花丝工艺及平錾、浮雕、镶嵌等技术。吴泽长可以手工将银线拉成直径0.27毫米的银丝并将其扭制成各式精美的花朵造型，堪称一绝。在继承传统的基础上，吴泽长还将绘画、雕塑、机械、电镀、化学等方面的知识应用到金银饰品的设计创制中，刻苦攻关，解决模具、焊接、电镀等方面的难题，提高了生产效率和产品质量。他利用机械原理给大型金银摆件设置自动装置，使艺术造型因具有动感和光影效果而别具一格。他还创造性地将錾刻与其他工艺结合，开发了银器与玛瑙、翡翠、白玉相结合的鼻烟壶，以及用传统技艺制成能融入现代家居的银器挂画及旅游礼品。

他与师傅许锡奎合作完成的作品《K金九龙宝鼎》曾被广东省工艺美术艺人、创作设计人员代表大会评为一等奖，多次作为广东省首饰出口产品的代表作送到我国香港地区以及伦敦、巴黎等地展出。其作品《寿星翁》被新加坡收藏家以65万新加坡币的价格收藏。

吴泽长一生热爱金银錾刻，生前不仅积极推动潮州金银錾刻技艺申遗，还开设工作室，将其技艺传授给子女和徒弟。

第二节
工艺陶瓷传承人

一、广彩传承人

司徒宁

司徒宁,男,1931年生,广东省开平市人。广东省工艺美术大师,高级工艺美术师。

1949年,司徒宁在香港随叔父司徒聪学习广彩技艺,并在港澳从事广彩工作。1956年,他从香港回穗,参与组建广州织金彩瓷工艺厂,从事彩瓷设计、技术管理和带徒工作。1992年,他创办岭南彩瓷工作室,参与广彩设计制作及著述工作至今。

司徒宁1961年毕业于广州美术学院"广州青年美术班",后师从岭南画派名家周志毅学习国画;尤擅广彩花卉绘画,创作广彩花款上千种,行业内称其为"花王"。他创新"彩瓷画"工艺,以丰富的内涵与形色相结合、装饰与绘画写实相结合,同时根据原料、瓷胎特性施彩,删繁就简,边心相配,使作品达到工中有艺、艺中有意、工艺双全且符合市场需求。

司徒宁的作品有40多件被国内外博物馆收藏,作品《花篮牌广州彩瓷》获中国工艺美术"百花奖"银杯奖,《八仙醉酒》获2006年省工艺美术展金奖,《春曦》获第五届中国(深圳)国际文化产业博览交易会中国工艺美术文化创意奖金奖。其论文《广州彩瓷历史风格再探》曾于广东省工艺美术学会上宣读。

司徒宁曾在广州织金彩瓷工艺厂带徒,徒弟包括谭广辉、区兆祺、翟惠玲、周承杰等当代广彩大师。

许恩福

许恩福,男,1945年生,广东省台山市人。广东省工艺美术大师,非物质文化遗产(广彩瓷烧制技艺)项目广东省级代表性传承人,高级工艺美术师,高级技师。

许恩福1962年进入广州织金彩瓷工艺厂,师从区绍光、区立勤两位师傅系统地学习和掌握广彩传统技艺,并历任车间主任、设计室主任、技术科科长、副厂长;1986—1989年,修读于广州美术学院装潢美术专业;1994年调往广州市工艺美术研究所工作直至退休；退休后，于2010年建立许恩福工作室，继续从事广彩瓷的继承和创新工作。

许恩福全面掌握广彩瓷的各个工艺流程，并且善于将传统和现代进行结合，将其他瓷种的艺术精华融入广彩艺术作品。他擅长绘山水、动物、花鸟、人物。他尤其精通孔雀的绘法，通过工笔国画展现孔雀的形象结构，同时吸收西洋画技巧，利用冷暖色、环境色的配合，表现构图中的深远虚实。其孔雀题材作品受到了同行和收藏家的好评。

许恩福设计创作的精品艺术彩瓷超过500件，其中，《荔湾览胜》获广东省第二届陶瓷艺术与设计创新大赛特别金奖，《我爱小鸡》获2006年第五届中国工艺美术全国优秀工艺美术创作奖。此外，《孔雀》等5件作品被广东民间工艺博物馆收藏，《荔湾风光》被广州市荔湾区档案馆收藏。

许恩福积极参与广彩技艺的传承工作，直接授徒50余人。目前，他正着力培养女儿许珺茹学习广彩技艺。

何丽芬

何丽芬，女，1965年生，广东省广州市人。非物质文化遗产（广彩瓷烧制技艺）项目广东省级代表性传承人，高级工艺美术师，高级技师。

1986年8月，何丽芬以优异的成绩考入广州织金彩瓷工艺厂，师从第四代广彩传人司徒洪学习广彩技艺，并得到司徒宁、王兆章、李善发、张兆棠、袁智佳等广彩艺人的指点。她先后于2010年和2014年修读广州美术学院装饰艺术岭南工艺高级进修班及清华大学美术学院全国艺术理论与工艺美术创作高级研修班。

作为当代广彩行业内独立设计、创作、生产广彩和开设广彩专营店的先行者，何丽芬2001年创办广彩专营店，专营其创作的广彩精品，并采用现场创作广彩精瓷的方式，展示、传播相关技艺。2005年，何丽芬创办"何丽芬广彩精瓷馆"。

何丽芬善于创作现代题材的作品，积极创新广彩技艺。在技法上，她引入"小写意"国画技法，使画面产生虚实、远近之效果。而在用胎上，何丽芬多用薄胎，并借鉴景德镇的薄胎灯罩，首创了广彩薄胎灯罩系列作品。

何丽芬的作品《八十七神仙卷》获第九届中国（国家级）工艺美术大师精品博览会中国工艺美术金奖，《三雕一彩一绣耀羊城》22寸（1寸≈0.033米）瓷盘获广东省首届彩瓷精品展金奖。她的《绘富贵图薄胎梅瓶》被广东民间工艺博物馆收藏，《荷花图》和《富贵图》被广东岭南文博研究院收藏。

余培锡

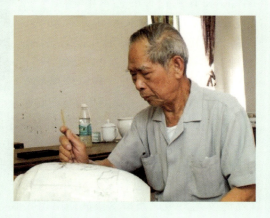

余培锡（1929—2012年），艺名余培，男，广东省台山市人。中国工艺美术大师，非物质文化遗产（广彩瓷烧制技艺）项目国家级代表性传承人。

余培锡于1945—1947年师从舅父、广彩名师司徒美学艺，先后在广州古老牛瓷厂、香港余培健广彩艺术工作室从事广彩创作、设计、制作；1956年从香港回穗，参与广州广彩加工厂及后来的广州织金彩瓷工艺厂的创立工作；1987年起，任广州市番禺莲花彩瓷实业有限公司总工艺师。

余培锡从业60多年，擅长广彩"兽口"（动物）、"瓣口"（花卉）、人物及工笔图案，其"色上色""长行人物"技艺堪称一绝。过人的天赋和丰富的工作经验，使余培锡可以无须草稿，仅凭联想和记忆即一挥而就，并曾凭借记忆为广彩老厂恢复了60%以上的因"破四旧"而遭损坏的版，为广彩传承保留了珍贵的资料。

60多年间，余培锡独立创作设计新花式600多件（套），有20多件精品为各大博物馆珍藏。其中，《广彩开窗人物·直筒瓶》《广彩龙凤纹·连座瓶》等5件作品被广东省博物馆珍藏，《绘九龙图碟》《绘凤花卉纹碗》等24件精品被广东民间工艺博物馆收藏，《穆桂英挂帅·广彩螭耳瓶》收入《中国现代美术全集》。

在带徒授徒的过程中，余培锡要求严格，注重"身教"，培养徒弟达500多人，其中包括陈文敏等新一代广彩名家。

陈文敏

陈文敏，男，1961年生，广东省广州市人。非物质文化遗产（广彩瓷烧制技艺）项目国家级代表性传承人，广东省工艺美术大师。

陈文敏自小得到中国著名古文字学家、书法家容庚和商承祚的辅导与启蒙，后师承书法家秦咢生、李曲斋、关晓峰等，并曾在广州美术学院学习美术，拥有深厚的国画与书法功底。1979年，他进入广州织金彩瓷工艺厂，师从中国工艺美术大师余培锡，全面继承了余培锡的"工笔图案""兽口"（动物）、"瓣口"（花卉）、"色上色"和"长行人物"的工艺技术，具有很强的独立设计与创作能力。

在继承传统广彩技艺的基础上，陈文敏还注重技艺的创新，尤其善于吸收其他艺术元素。经过长期深入钻研，他成功地将书法艺术的用笔和线条运用到广彩当中，把岭南画的坠粉、渲染、双勾、草虫等技法融入广彩技法，吸收西洋艺术的风格，尝试应用摄影和计算机等现代技术增强广彩的表现力。

截至2013年，陈文敏独立完成广彩精品132件（套），主持设计广彩作品1266件（套）。他与师傅余培锡合作的《蝶篮斗方·正德盘》，被广东省博物馆选送故宫博物院收藏。另外，他的《广彩锦地开光人物图灯笼瓶》等3件作品被广东省博物馆收藏。《清明上河图荷口瓶》参展"广州织金彩瓷三百年名瓷展览"。

自1987年起，陈文敏先后带徒180多人，部分弟子技艺水平较高，并且有作品被广东民间工艺博物馆收藏。

赵国垣

赵国垣（1925—1991年），男，广东省佛山市人。中国工艺美术大师。

赵国垣13岁起跟随父亲学艺，1942年到广州天源瓷庄当工人，1950年赴香港亚洲彩瓷厂当工人，1953年返回广州于永兴瓷厂工作，1956年8月组织广州方面的广彩工人与港澳回来的广彩工人一起创办广州织金彩瓷工艺厂。在广州织金彩瓷工艺厂工作期间，他曾主持广彩颜料改革、窑炉改革和试制白胎等工作。

赵国垣的广彩技艺全面，人物、花卉、鸟兽、山水绘画均极出色，尤其擅长绘画人物，喜将折色、长行两种技法齐用。他的作品以细腻的笔法、绚丽的色彩体现画面的富丽效果，大胆采用强烈的对比色彩，在繁而不乱的构图中表现故事细节，人、景、物穿插有序，自然而不失严谨、细腻而不落俗套。

赵国垣一生执着于广彩事业，创作设计作品540多件（套）。其中，作品《凸彩描金九狮》获广东省工艺美术奖，《汉宫秋月》和《麟吐玉书》获广东省工艺优秀奖。此外，赵国垣还是系统搜集、整理、研究广彩历史的第一人，他所著的《广彩史话》是对广彩历史进行系统论述的珍贵成果。他在工作中的生产总结、培训教案、专题论文，是对广彩发展历史的一次次回顾，也是其一生从事广彩艺术的经验总结，具有极高的史料价值。

谭广辉

谭广辉，1961年生，男，广东省广州市人。非物质文化遗产（广彩瓷烧制技艺）项目广东省级代表性传承人，广东省工艺美术大师，高级工艺美术师，高级技师。

1979年，谭广辉进入广州织金彩瓷工艺厂，师从欧兆祺学艺，更得到中国工艺美术大师赵国垣的指导。1986年，他由单位保送到广州美术学院进修，后创办华艺彩瓷工艺厂并担任技术厂长，2003年工艺厂关闭。此后，谭广辉转向高端化、个性化的产品路线，至今始终坚持创作和传承广彩技艺。

谭广辉在工艺上把广彩瓷传统技艺与中国画的技法和美学理念融为一体，擅长画人物、动物、花鸟，其手绘功底深厚，构图严谨，作品形神兼备、光彩夺目。他全面继承师父欧兆祺在画鸡方面的技艺，精通绘画群鸡的百态，生动活泼、古朴素雅、立体感强，整体布局紧密、繁而不乱。

谭广辉的代表作品有《满地锦绣人添寿》《百鸡图》《红楼梦——金陵十二钗》。其中，《满地锦绣人添寿》获第八届中国（深圳）国际文化产业博览交易会中国工艺美术文化创意奖金奖，《百鸡图》获第五届中国（深圳）国际文化产业博览交易会中国工艺美术文化创意奖金奖，《红楼梦——金陵十二钗》获第三届中国（深圳）国际文化产业博览交易会中国工艺美术文化创意奖银奖。此外，谭广辉的《百子百美图》等多件作品被广东民间工艺博物馆收藏。

从2014年开始，在相关部门的支持下，谭广辉受聘到广州一所中专学校开设广彩专业班，致力于鼓励更多年轻人参与到广彩技艺的传承与创作当中。

翟惠玲

翟惠玲，女，1954年生，广东省广州市人。非物质文化遗产（广彩瓷烧制技艺）项目广东省级代表性传承人，广东省工艺美术大师，高级工艺美术师，高级技师。

1972年高中毕业后，翟惠玲进入广州织金彩瓷工艺厂师从广彩大师谭炎学艺，并跟随许恩福等师傅制作全手工绘制精瓷，打下了坚实的技艺基础。从广州织金彩瓷工艺厂退休并返聘5年后，

她与徒弟离开广州织金彩瓷工艺厂,创立工作室,继续创作和传承广彩技艺。

翟惠玲的作品题材广泛,风格华丽而又清新,布局均匀严谨但不呆滞,线条流畅有力,用色鲜艳纯净。她的人物、花卉、鸟兽和山水绘画俱佳,随器型变化设计图案的能力出色。在广彩行业内,翟惠玲以其描绘的女性形象著称,尤其是仕女形象,线条流畅、姿态优雅,与背景相互映衬,惟妙惟肖。

翟惠玲专注于广彩精品制作,作品屡获殊荣。其中,《升平公主》《洛神图》《十二金钗》等作品被广东民间工艺博物馆收藏,《张羽煮海》获第三届广东省工艺美术精品展金奖,《月庆升平》获2009年广东传统工艺美术精品大展银奖。为传承广彩技艺,翟惠玲开设广彩课程并亲自指导广州美术学院研究生。目前,她的主要徒弟为周承杰。

二、石湾陶传承人

庄 稼

庄稼(1931—2006年),男,广东省普宁市人。中国工艺美术大师,中国陶瓷艺术大师。

庄稼1948年从普宁师范学校毕业后,于1949年参加文工团担任舞台美术工作,1953年开始从事石湾陶艺创作工作,其间师从刘传学习石湾陶塑技艺;1960—1963年兼任广州美术学院雕塑系客座教师。退休后,庄稼创办个人工作室,继续从事陶塑创作,为石湾陶塑技艺奉献一生。他曾任中国工艺美术学会民间工艺美术专业委员会委员、中国工艺美术学会雕塑研究会副会长、佛山市新石湾美术陶瓷厂有限公司艺术顾问。

作为刘传的嫡传入室弟子,庄稼认真钻研石湾传统陶塑,吸取古今中外的艺术精华,师古却不泥古,展现了自己泼辣粗犷、苍劲浑厚的艺术风格。庄稼的作品以人物为主,擅长仕女、文人的形象塑造,技艺娴熟,取材广泛。其作品典雅传神、衣纹流畅、结构严谨、寓意深长,有鲜明的艺术个性。

从艺50余年,庄稼的作品数不胜数。其中,作品《唐太宗》获全国第六届工艺美术展优秀作品奖,并被中国美术馆收藏;《诗圣杜甫》《弃官寻母》在全国工艺美术展览中被评为中国工艺美术珍品,被中国工艺美术馆·珍宝馆收藏;《汉武帝》《升平乐》被中国历史博物馆收藏。

创作之余,庄稼还参与到石湾陶塑的推广与传播当中。庄稼先后随国家美术家代表团出访波兰、匈牙利、澳大利亚、美国、加拿大、新加坡、日本等国,参加了我国港澳地区举办的相关学术活动和讲座,为石湾陶塑名扬海内外做出了积极贡献。

刘泽棉

刘泽棉，男，1937年生，广东省佛山市人。中国陶瓷艺术大师，非物质文化遗产（石湾陶塑技艺）项目国家级代表性传承人，中国工艺美术大师，高级工艺美术师。

刘泽棉出身于石湾陶塑世家，其叔父刘佐朝是清代光绪至民国年间的陶艺名家。1947年，刘泽棉随父学习石湾陶塑制作。1958年，刘泽棉进入佛山市新石湾美术陶瓷厂有限公司（原石湾美术陶瓷厂），师从刘传、廖坚等著名手艺人，并曾被选送到中央工艺美术学院进修，游学国内外进行观摩，博采众长，融汇中外，自成一家。

得益于丰富的学习与实践经历，刘泽棉全面掌握了石湾陶塑的技法，陶塑功力深厚，技艺高超，尤擅仙佛罗汉、历史人物、现代人物陶塑，特别注重人物筋骨、肌肉、衣纹的塑造，使得所塑的人物工艺兼得、形神兼备。他所塑造的伟人形象，备受业界推崇。

刘泽棉的作品具有传神、雄健、豪放、古朴、厚重的特点，展现了典型的石湾陶塑传统特色。其作品《力量的源泉》被中国美术馆收藏，《十八罗汉》曾获全国工艺美术评比单项最高奖"珍品奖"并被中国工艺美术馆收藏，《老子》被中国历史博物馆收藏，《钟馗饮酒》被广东省政府作为礼品赠送给英国女王。

坚持创作之余，刘泽棉也致力于传承石湾陶塑技艺，其弟弟刘炳及其4位子女——刘淑贞、刘兆津、刘健芬、刘志斌，已成为石湾陶塑界的新生力量。

刘国祥

刘国祥，男，1947年生，广东省佛山市人。广东省工艺美术大师，非物质文化遗产（石湾陶塑技艺）项目广东省级代表性传承人，高级工艺美术师。

刘国祥出身于佛山石湾陶塑世家，是石湾陶艺世家刘胜记第四代传人。刘国祥自幼跟随其父亲刘伟棠学习石湾陶塑，深得家传，打下了石湾陶艺及窑变釉的深厚基础，并在参加工作后一直从事陶瓷产品的设计工作。

技艺方面，刘国祥继承和发展了

父辈的石湾陶塑微塑技艺。他在继承家传微塑手法的基础上勇于创新，用细腻的手法着重表现人物面部表情，突出个性，一改传统头像的千篇一律，人物衣饰和动作表情的刻画都采用了大雕塑适度夸大的效果，同时又保留微塑的"捏""搓""贴"等传统技法，使微塑既写意又传神，在石湾的传统技法中融合现代艺术创作理念。刘国祥还不断探索石湾陶塑微塑与盆景相结合的创作手法，对陶泥、陶釉以及烧制工艺进行改良，在构图上借鉴中国山水画的技法，丰富了作品的艺术元素和艺术感染力，从而奠定了把陶艺盆景与微塑艺术融为一体的艺术风格。

刘国祥的作品《八仙》获上海工艺美术精品奖评选金奖，《华佗与关公刮骨疗毒》《竹林七贤》分获第七届中国（国家级）工艺美术大师精品博览会银奖、铜奖。

刘　炳

刘炳，男，1939年生，广东省佛山市人。中国工艺美术大师，中国陶瓷艺术大师，高级工艺美术师。

刘炳出身于石湾陶塑世家，是石湾刘胜记第四代传人。他1959年开始从事陶艺创作，1960年赴广州美术学院进修；1978年开始深入研究刘佐朝的艺术风格，同时吸收多种艺术营养，逐步形成了自身的独特艺术风格。

刘炳的作品取材广泛新颖，既以历史人物、寓言故事和神话传说等作为创作题材，又积极探索反映现代生活的新石湾陶艺形式，塑造了一大批个性鲜明、独具艺术特色的陶塑人物形象。其作品《礼佛罗汉》获全国陶瓷美术设计评比一等奖，《小禅师》《品茶翁陆羽》曾获中国工艺美术"百花奖"金奖，有的作品还被中国工艺美术馆等艺术机构收藏。

刘炳还积极宣传和推广石湾陶塑，不仅在广州、香港等地举办陶塑作品联展，还前往日本、美国等地参加大型艺术展览及讲座，为石湾陶塑技艺的传承与传播做出了贡献。

刘健芬

刘健芬，女，1963年生，广东省佛山市人。广东省工艺美术大师，高级工艺美术师。

刘健芬出身于石湾陶塑世家，是石湾刘胜记第五代传人。刘健芬师从其父亲刘泽棉学习石湾陶塑技艺。1980年，刘健芬进入佛山市新石湾美术陶瓷厂有限公司。1989年，刘健芬从南海师范学校美术系陶艺班毕业，一直从事陶艺设计与创作工作至今。

技艺上，刘健芬在父亲刘泽棉的启蒙和引导下，全面吸收传统石湾陶塑技艺精华，同时融入现代生活元素，以工艺精巧细腻见长。刘健芬充分发挥石湾陶塑生动传神的特点，精心塑造传统仕女的体态美，以传神的外形来表现人物的内涵。刘健芬还巧妙地运用瓦脊公仔的贴塑手法，突出仕女的恬静、贤淑，以工巧的细腻刻画、流畅舒展的线条，以形传神，塑造了《杨贵妃》《洛神》等女性题材作品。

刘健芬的作品既有历史题材，又有现代题材，创作思路宽广，紧跟时代脉搏。其作品具有神态高雅、层次分明、立体感强、玲珑剔透、釉彩丰富的艺术特点。其代表作主要有《洛神》《祝福》《贵妃醉酒》《醉春》等。

刘兆津

刘兆津，男，1960年生，广东省佛山市人。广东省工艺美术大师，高级工艺美术师。

刘兆津出身于石湾陶塑世家，是石湾刘胜记第五代传人。刘兆津师从其父亲刘泽棉学习石湾陶塑技艺。在全面继承父亲传授的传统石湾陶塑技艺的基础上，刘兆津运用现实主义创作手法进行形神兼备的刻画，通过匀称的骨骼肌肉，流畅自然的衣纹，工意结合，运用粗细、大小、动静、刚柔的结合对比，使人物生动传神、情意真切，展示出朴拙雄健的个人风格。

其作品题材以人物为主。他参与创作了《十八罗汉》《水浒108将》《九歌》等大型组合石湾陶塑，还创作了平均高度达80厘米的《五百罗汉》群像以及《李文茂》《四大金刚》等大型人物塑像。

刘兆津的作品曾多次获得国家和省级展览评比的金奖，多件作品被国内艺术机构收藏。其代表作品有《田家乐》《引福钟馗》《骑象罗汉》《弘一大师》等。

刘桂乐

刘桂乐（1957—2005年），男，广东省佛山市人。广东省工艺美术大师。

刘桂乐出身于石湾陶塑世家，自幼师从其父亲刘传学习石湾陶塑技艺，在父亲的严格要求下，打下了扎实的陶塑基础，全面继承其父的艺术特色，年轻时的作品就已被同行称赞"技法风格神韵直追乃父"。后来，刘桂乐进入石湾艺术陶瓷厂从事石湾陶塑的创作工作。其间，他认真研究其父和其他前辈的精湛技艺，吸收其他艺术形式的精华，技艺日趋成熟。在继承传统的基础上，刘桂乐依据现代审美趣味，对传统题材的技法进行改良，加强形式美感，形成了独树一帜的艺术风格。

刘桂乐的作品以人物为主，多次赴国内外参与展览和比赛，屡获殊荣。其作品《拐李憩息》《鸟巢禅师》分别获得第二届中国工艺美术大师作品暨国际艺术精品博览会评比金奖、铜奖，《精武志》被葡萄牙政府博物馆收藏。

刘藕生

刘藕生，男，1949年生，广东省佛山市人。广东省工艺美术大师。

刘藕生跟随著名雕塑艺术家潘鹤学习雕塑相关技艺，是潘鹤的得意门生。在技艺上，刘藕生选择最适合用于大写意的捏塑作为表现形式。他善于博采众长、集思广益、潜心探索。其捏塑艺术达到了炉火纯青的地步，其肌理运用和釉彩糅合神奇超妙，独具特色，手法苍劲浑厚，气势磅礴雄强，釉彩斑斓奔放。其人物陶塑创作细腻传神，刚柔并济，达至神完意足之境；动物陶塑，则形釉相辅，相与生发，把握神髓，讲求内蕴，能得空灵变化之妙。他的作品融理于怀，题材多样，以人物为主，兼擅动物和器型，既有石湾写意陶塑之神韵，又有西方艺术抽象变形的气息，给人以奇险、稚拙、浑厚的感觉。

刘藕生曾多次赴我国香港、澳门、台湾地区以及新加坡、法国、美国、澳大利亚等地举办艺术展览。其代表作有《大江东去》《水浒108将》《李小龙》《张大千》等。

杨锐华

杨锐华，男，1955年生，广东省佛山市人。中国工艺美术大师，高级工艺美术师。

杨锐华生于佛山石湾，从小酷爱书法、绘画和陶瓷艺术，师承钟汝荣、罗树添、杨永雄等人。杨锐华1985年被选派到中国陶瓷艺术学会组织的陶瓷器皿造型设计进修班学习，2010年参加清华大学美术学院培训中心举办的工艺美术大师高级研修班。

技艺方面，杨锐华不断探索以画入陶的手法，大胆突破与创新，追求雄伟意境，逐步形成了自己的创作风格。杨锐华善于运用中国画写意和油画写实手法塑造形象，写意者粗犷宏伟、线条简练，写实者细腻如真、质感鲜活，使陶塑形象展现出强大的生命力。

杨锐华的作品屡获殊荣。其作品《沧海一笑》《忠义神武》《群英会》获中国（深圳）国际文化产业博览交易会中国工艺美术文化创意奖金奖，《一声长啸》获第二届中国（深圳）国际文化产业博览交易会中国工艺美术精品奖金奖，《醉》曾获中国工艺美术"百花奖"金奖。杨锐华的多件作品被国内外艺术机构收藏，他亦被评为"中国收藏家喜爱的陶瓷艺术大师"。

何惠娟

何惠娟，艺名栩之，女，1963年生，广东省佛山市人。中国陶瓷艺术大师，广东省工艺美术大师，高级工艺美术师。

何惠娟1982年进入佛山市陶瓷研究所，师从有"鹰王"之称的著名石湾陶塑艺人曾良学习石湾陶塑技艺，并成为其入室弟子。1988年，何惠娟进入广州美术学院进修美术基础和文艺理论，进一步提高了自身的艺术修养和品位。1989年，她进入广东佛陶集团股份有限公司石湾湾江艺术陶瓷厂，从事石湾陶塑的设计与创作。2005年，何惠娟创办陶艺工作室，探索、研究动物陶塑的新方向。

在技艺方面，何惠娟深得曾良在动物陶塑方面的真传，尤为擅长石湾陶塑中的动物题材，处处可见其师之风范。何惠娟的作品别开生面，融入乡风野趣，意趣盎然，极富诗情画意，乡土气息浓郁，于朴雅大气中见细腻传神。她所塑的动物皆因有情有趣而各具灵性，清新脱俗，栩栩如生，以物喻人，别具一格。

何惠娟曾多次前往香港进行陶艺表演。她的作品也屡获国家、省级各项殊荣，深受海内外人士的喜爱。其作品《古木双栖》获中国工艺美术"百花奖"银奖,《育子成凤图》曾获首届中国工艺美术大师作品暨国际艺术精品博览会优秀创作奖,《双鸭图》曾获中国工艺美术文化创意奖银奖。

陈爱东

陈爱东,女,1968年生,广东省佛山市人。广东省工艺美术大师,高级工艺美术师。

陈爱东1989年于南海师范学校毕业后,一直从事石湾陶塑的设计与创作工作。从艺以来,她始终坚持钻研石湾传统陶塑技艺,对人物、动物、器皿等造型进行多方面的研究与探索。陈爱东在继承传统的前提下,努力创新,力求突破,作品题材广泛,尤为擅长瓜果蔬菜类的作品题材。其艺术

风格简洁明快、朴雅清新,显现出浓厚的趣味性和装饰性,构思独特新颖,深受大众喜爱。

陈爱东多次参加国内外陶艺展览。她的作品在国家级、省级展览和大赛上屡获殊荣。其代表作品有《欢乐天地》《春色》《岁月》等。

陈茂辉

陈茂辉,男,广东省揭阳市人。广东省工艺美术大师,高级工艺美术师。

陈茂辉出身于泥塑世家,祖辈从事民间雕塑,父亲陈宝国是石湾著名陶塑艺人刘传的入室弟子。陈茂辉在其父亲的悉心指导下,15岁已经能在作品创作上独当一面。陈茂辉还潜心临摹研究潘玉书、刘传等陶塑名家的作品,不时向父亲及前辈请教,交流技艺,从临摹作品到学习素描、色彩、雕塑造型,逐步掌握了陶塑艺术的精髓。

技艺上,陈茂辉的创作扎根于传统陶塑制作技艺,同时又融入了许多现代的雕塑理念,接纳和消化其他艺术流派的风格,注重陶塑艺术到现代雕塑艺术的突破,使其作品呈现出独具特色的艺术魅力,实现作品形式、内涵、手法的完美结合。

陈茂辉的作品题材广泛,风格迥异。其早期的作品《李铁拐》《钟馗》《孙思邈》等主要继承了传统陶塑艺术的创作手法,而后期的《潮韵》《阳光》《无限发展》等

作品则呈现了现代雕塑艺术简约、厚重、大气的元素。

罗　传

罗传，原名罗伟全，1968年出生，广东省惠州市人。广东省陶瓷艺术大师，高级工艺美术师。

1986年，罗传到佛山石湾跟随其外公梁华甫和舅舅梁力学习陶艺基础，并于1990年创办陶艺工作室。2000年后，罗传师从中国工艺美术大师钟汝荣，得到后者在石湾陶塑技艺方面的系统性指导。

在技艺方面，罗传经过了长期的努力，融会贯通，建立起个人的花鸟陶塑风格，受中国花鸟画的启发，创造出"陶艺工笔花鸟"风格。在陶塑技艺探索的路上，罗传不断研究陶土、釉色、窑火三者之间的规律，坚持选用石湾传统材料如桑枝灰、杂柴灰、花生壳等配制釉色。罗传所创作品题材源于自然，以生态、环保的现代理念，结合国学中的天地、阴阳、大小、动静、刚柔等哲学原理为创作元素，作品多用写实手法，透过主观情感表达其中意境，以传统的纯手工制作，确保每件作品的唯一性。此外，他还善于将中国文化融入作品，主张以物寓情，表达自己对社会人文、人生哲理、道德孝义的理解，蕴含阳光正气、积极向上、自然和谐共生之文化精神。

罗传的作品《春之恋》获第三届广东省工艺美术精品展金奖，《成果》《福寿延年》获广东传统工艺美术精品大展金奖，《宁静致远》《朝气蓬勃》获中国工艺美术文化创意奖金奖。罗传的作品还被中国工艺美术馆、广东省博物馆、广东石湾陶瓷博物馆及佛山市人民政府等机构收藏。

冼艳芬

冼艳芬，女，1956年生，广东省佛山市人。广东省工艺美术大师。

1978年，冼艳芬师从著名石湾微塑艺人苏苈学习石湾陶塑微塑技艺。1991年，冼艳芬创办个人陶瓷微塑工作室，致力于石湾山公盆景微塑艺术的创作和研究。

在技艺上，冼艳芬形成了个人独特的艺术风格。她把中国山水画技法与树栽盆景构图表现形式融入石湾微塑山公盆景中，采用矿物质色泥的材质与大自然色彩相结合，取得了色泥代替釉彩的新成就，开拓了石湾微塑盆景的新形式。冼艳芬运用石湾陶塑山公的传统技艺，吸收现代设计理念，使传统题材表现出现代装饰效果，探索出了把微塑盆景的造型工艺变换为挂墙的装饰的新路。此外，她还开创了石湾微塑山公文化与石窟文化相结合的新题材和新的艺术形式，使石湾陶塑山公盆景表现形式变得更具多样性。

冼艳芬的作品造型夸张，线条自然流畅，特征鲜明，工艺精细。其代表作主要有《千手观音》《小鸟天堂》《万佛朝宗》等。

创作之余，冼艳芬还积极参与石湾陶塑文化的传播与推广。她和丈夫钟汝荣共同出版了《钟汝荣冼艳芬陶艺作品集》。2001年，冼艳芬被石湾镇政府聘为"石湾少儿陶艺培训基地导师"。2003年，冼艳芬在南风古灶为香港城市大学中国文化中心学员和国际陶艺家艺术团开设石湾陶瓷山公微塑艺术示范讲座。

冼有成

冼有成，男，1966年生，广东省佛山市人。广东省工艺美术大师，广东省陶瓷艺术大师，高级工艺美术师。

冼有成1986年起师从著名石湾陶塑艺人钟汝荣学习石湾陶塑技艺。冼有成从事石湾陶塑20余年，积极挖掘陶质天然朴厚之美，形成了自己特有的陶艺风格。在继承石湾传统陶艺精神的基础上，他不断进行创造，熟练运用贴塑、捏塑、捺塑和刀塑等多种技法，熟练掌握陶瓷原料加工、泥坯塑制、赋釉及煅烧等制作工艺，胜任多种题材、形式的创作。

冼有成的作品呈现出一种厚积薄发、成竹在胸的率性，给人以大气之感，如同中国画中的大写意，看似随意却是精心所作。其作品《欢喜佛》《东方朔》《慈悲》获中国工艺美术金奖，《明心见性》《夜读春秋》《卧薪尝胆》等获中国工艺美术文化创意奖金奖。冼有成的作品还被英国珍宝博物馆、佛山市人民政府、广州美术学院美术馆以及华南理工大学收藏。

庞文忠

庞文忠，男，1951年生，广东省佛山市人。中国陶瓷艺术大师，广东省工艺美术大师，高级工艺美术师。

庞文忠1975年就读于广东省工艺美术学校雕塑专业，1977年分配到佛山市新石湾美术陶瓷厂有限公司创作室，从事石湾陶塑创作。技法上，庞文忠在继承石湾形神兼备的传统特色的基础上，以捏塑与刀塑并用、工意结合的艺术手法塑造人物，并且吸收西洋雕塑造型和现代雕塑手法，从造型、釉色等诸多方面另辟蹊径。庞文忠尤为擅长塑造帝王人物、武打人物，善于表现人物的雄奇伟岸和恢弘大度，手法雄浑稳健，注重整体造型的气势，强调作品的立体感和大块面效果，给人以强烈的视觉感受。此外，他还借助多彩多姿的设计布局，娴熟的浮雕、圆雕技艺，恢复和发展了陶塑人物瓦脊、陶瓷浮雕壁画，独创陶塑浮雕新工艺。

庞文忠的作品《秦始皇》获广东省工艺美术大师作品评比金奖，《黄飞鸿》获第二届中国礼品设计大赛金奖，《成吉思汗》获联合国教科文组织国际陶艺学会陶艺交流优秀奖。此外，庞文忠还为广东番禺宝墨园制作《群仙会》等大型人物瓦脊。

庞文忠曾多次赴我国香港、澳门、台湾地区以及日本、波兰、俄罗斯等国进行作品展览和学术交流，为石湾陶塑的推广做出了贡献。

钟汝荣

钟汝荣，男，1956年生，广东省佛山市人。中国工艺美术大师，中国陶瓷艺术大师，非物质文化遗产（石湾陶塑技艺）项目广东省级代表性传承人，高级工艺美术师。

钟汝荣自幼喜爱美术，随父钟德生学习手捏、拉坯造型、调釉、印制、修坯等制陶技艺。从事陶艺工作后，钟汝荣于1981年和1994年先后就读于广州美术学院雕塑系及中国画系硕士研究生进修班，全面吸收各类艺术形式的长处，继承和发扬石湾陶塑古雅朴拙、泼辣豪放的传统特点，并融入现代东西方审美理念。钟汝荣擅长塑造社会底层各种小人物，善于用胎色表现人物不同的筋骨、肌肤和捕捉人物意趣横生的瞬间情态。他所塑造的人物形象奇特刚正，结构严谨精巧，造型夸张传神。他还创新性地以画入陶、以戏曲入陶，把戏曲脸谱结合石湾人物陶塑造型刻画神韵，以釉绘服饰纹样和刻纹图案，突破石湾陶塑以釉施彩的传统方法，开创戏曲陶塑艺术的新门类。同时，他还将现代石湾陶艺融入城市景观的探索和创新中，运用石湾陶塑技艺创作室外陶塑作品。

钟汝荣的作品题材着重表现田园、市井风情。其作品《爷孙俩》获中国陶瓷艺术展大师作品特别荣誉奖，《鲁班先师》《蒲松龄》《十年磨一剑》获中国工艺美术"百花奖"金奖，《钟馗斗酒弥勒佛》《海神》《西游记》获中国工艺美术文化创意奖金奖。钟汝荣的作品也多次被中国美术馆、淄博陶瓷博物馆、广东省博物馆、广州美术学院、石湾陶瓷博物馆及个人爱好者收藏。

黄松坚

黄松坚，男，1940年生，广东省东莞市人。中国工艺美术大师，中国陶瓷艺术大师，非物质文化遗产（石湾陶塑技艺）项目国家级代表性传承人，高级工艺美术师。

黄松坚1959年考入石湾美术陶瓷学校，并于1961年毕业后进入佛山市新石湾美术陶瓷厂有限公司，曾在厂内跟随刘泽棉等人学习技艺；后被选派到佛山祖庙参与翻修工作，现场临摹祖庙的瓦脊公仔，掌握其独特的贴塑技艺，并将其融入石湾陶塑当中，开创了石湾陶塑新的流派。

黄松坚颇得石湾传统陶瓷雕塑之真传，同时致力于贴塑陶艺的探索和创新。他结合石湾陶塑的特点，对传统贴塑工艺进行改良，在石湾陶塑的贴塑部分改用圆雕技术，采用精细化的泥料、釉料，使石湾陶塑既保持普通陶塑的流畅性，又显示出贴塑的玲珑精致，赢得了"神工妙塑"的美名，被业界誉为"石湾贴塑陶艺的拓新者"。

他的作品坚持以现实主义与浪漫主义结合的手法，将人物的"情、韵、神"熔于一炉，升华臻妙，具有优雅简朴、生动传神的特点，在社会上备受推崇。其作品《吹笛仙女》曾参加亚洲艺术节展览，《春夏秋冬》曾获中国工艺美术"百花奖"金奖并被评为国家珍品、收藏于中国工艺美术馆，《妈祖》被中国历史博物馆收藏。

黄松坚积极推动石湾陶塑的传承与推广，曾提出"以实扬虚，虚实相彰，深化形神"等创作理念。他还在内地、港澳台地区以及新加坡、马来西亚、日本、德国、澳大利亚、美国等国家进行展览和讲学，弘扬石湾陶塑文化。

黄志伟

黄志伟，男，1966年生，广东省东莞市人。中国陶瓷艺术大师，广东省工艺美术大师，高级工艺美术师。

黄志伟1983年开始从事石湾陶塑的创作与研究工作，1991年毕业于广州美术学院雕塑系雕塑专业并到佛山市新石湾美术陶瓷厂有限公司创作室工作，2004年创立个人艺术工作室，从事陶艺创作。

黄志伟经过了20多年的艺术探索，勤耕博取，善于把石湾传统陶器艺术与中国传统美学、中外现代雕塑理论有机糅合，其作品造型豪放、神韵生动，表现出超凡脱俗、清隽高雅的情致。黄志伟还大胆进行探索创新，吸取中国画线描"十八法"与汉代、现代的块面结构神髓交融，开拓了陶塑新法——"线塑"，突破普通雕塑的固有程式，灵活自如地发挥陶泥线条特有的形态风韵，工意结合、新颖别致，使作品主题神韵突出，开创了现代石湾陶塑表现技法的新天地，被其导师、著名雕塑家潘鹤评价为"继传统，开前卫"。

其作品《悠闲老子》《黄飞鸿系列》《怡情达摩》获中国工艺美术优秀作品评选金奖，《超脱》获中国工艺美术"百花奖"金奖，《青春年华》《春风得意》获中国工艺美术文化创意奖金奖。

创作之余，黄志伟还多次应邀参加国际性陶艺学术交流、研讨和作品创作表演，在国家级的《雕塑》《陶瓷信息报》等报刊上发表多篇学术文章，为石湾陶塑技艺的宣传推广以及理论体系建设做出了贡献。

黄强华

黄强华，男，1956年生，广东省广州市人。广东省工艺美术大师，广东省陶瓷艺术大师，高级工艺美术师。

黄强华自幼对佛山石湾陶塑产生了浓厚兴趣，并就读于广东省工艺美术学校雕塑专业，毕业后又进入广州美术学院陶瓷艺术设计高级研修班进行深造。2007年，他从中国工艺美术高级研修班结业。丰富的学习经历，为他的石湾陶塑创作打下了坚实的理论基础。

在继承石湾陶塑技艺传统的基础上，黄强华不断尝试将现代风格与时代特色融入自己的作品之中。其作品《杨门女将》以壮观的100多个女将塑像为衬托，将石湾陶塑、粤剧以及佛山祖庙万福台瓦脊等岭南文化元素融为一体，崭新的艺术构思与强烈的视觉冲击，给人留下深刻的印象，并被广州美术学院美术馆及佛山市博物馆收藏。此外，黄强华的作品《伏虎罗汉》分别在广东省民间美术展览以及广东省工艺美术大师作品展暨名人名作展中获得优秀奖和金奖，《桃园结义》获广东省陶瓷艺术与设计创新大赛及广东省陶瓷艺术精品展金奖。

梅文鼎

梅文鼎，男，1940年生，广东省台山市人。中国工艺美术大师，非物质文化遗产（石湾陶塑技艺）项目广东省级代表性传承人，高级工艺美术师。

梅文鼎1962年毕业于广州美术学院雕塑系，同年到佛山市新石湾美术陶瓷厂有限公司师从刘传学艺并从事石湾陶艺工作。20世纪80年代初，作为石湾陶艺现代流派的创始人之一，梅文鼎率先以自己的艺术实践大力倡导石湾现代陶艺，把华夏的神韵和时代感的追求融汇在陶土之中，融合中外，贯穿古今，兼收并蓄，形成了独特的个人风格。

梅文鼎擅长进行动物创作和器型设计，以现代的肌理语言创造出"造型峭拔，流畅刚阳"的作品，作品风格以简胜繁、造型古朴、高雅清新。其作品《神风》获中国工艺美术"百花奖"优秀新产品二等奖；《常胜将军》获中国传统工艺美术精品大展银奖，并被中国工艺美术馆收藏；《刻陶文具》入选全国陶瓷艺术展览并为轻工部收藏，后选送日本，曾为叶剑英、杨尚昆所选用。

梅文鼎除了参与石湾陶塑创作，还积极进行石湾陶塑文化的传承与传播。梅文鼎曾于1996年参与《石湾陶塑艺术史》的编著，1998年参与佛山市全日制中小学《乡土美术教材》的编著。他还多次接受邀请，赴国内外多个国家与地区进行石湾陶塑主题演讲，传播石湾陶塑文化。

曾信昌

曾信昌，男，1967年生，广东省佛山市人。广东省陶瓷艺术大师，高级工艺美术师。

曾信昌毕业于中国书画函授大学，曾修业于中国工艺美术高级研修班。1985年，曾信昌开始从事陶瓷艺术工作。1995年，他成立个人陶艺工作室。2008年，他被广东省铿风艺术研究院聘为陶瓷艺术特聘研究员。

在继承石湾陶塑传统技艺的基础上，曾信昌善于融入新时代创作元素，注重表现人物气质、气势和神韵。其作品整体上大气雄浑，气脉贯通，生动传神，内蕴深刻；细节上精心设计服饰衣纹、道具饰品，紧扣人物个性，形成独特的艺术风格。曾信昌还尝试将作品注入抽象元素，在不打破传统形态的基础上，进行适度夸张，提出"写意陶艺"的概念。

曾信昌曾多次参加国家、省、市级文化产业博览交易会以及工艺美术展览，收获金奖4个、银奖8个、铜奖4个。其作品广为国内外藏家收藏。其代表作有《一夫当关》《苏武牧羊》等。

廖洪标

廖洪标,男,1936年生,广东省佛山市人。非物质文化遗产(石湾陶塑技艺)项目国家级代表性传承人,中国工艺美术大师,中国陶瓷艺术大师,高级工艺美术师。

廖洪标自幼跟随父亲学习石湾陶塑,深得家传。1957年,廖洪标进入佛山市新石湾美术陶瓷厂有限公司工作,并被选派到在中央工艺美术学院举办的全国民间雕塑研究班学习,后师从石湾陶塑名家刘传继续深造,积累了丰富的经验,有着深厚的造诣以及高超的技艺。

从艺50多年,廖洪标在继承石湾传统陶塑气韵生动特色的同时,吸收西洋雕塑块面结构的手法,强调作品的体积感,注重以肌肉、筋络强化人物性格,独创豪放写意、苍劲朴拙的艺术风格。此外,他还掌握了陶塑制作流程中有关泥、釉、火的整套技术,全面的技术使得他所塑造的人物几可乱真。

廖洪标的作品受到了社会的广泛认可,为群众以及收藏家所喜爱,有44件作品获各级奖项,10多件作品被国内外各级博物馆收藏。其中,作品《释迦牟尼》曾获中国工艺美术"百花奖"、全国陶瓷艺术展评一等奖,《渔翁得利》被中国工艺美术馆收藏,《药王孙思邈》被香港艺术馆收藏。

创作之余,廖洪标也曾多次赴香港、澳门地区以及意大利等国进行技艺交流和展览活动,致力于石湾陶塑的推广与传播。

廖 娟

廖娟,女,1945年生,广东省佛山市人。广东省工艺美术大师,广东省陶瓷艺术杰出成就奖获得者。

1954年,廖娟师从其堂伯父、著名石湾微塑艺人廖坚学习石湾陶塑微塑技艺。16岁时,廖娟进入佛山市新石湾美术陶瓷厂有限公司从事陶塑山公盆景的创作与设计,并在陶瓷艺术学校学习3年。

技艺上,廖娟尤为擅长微塑。她在继承传统微塑技法的同时,融合了现代的艺术观念,形成了构图布局优美、意境清幽隽永、刀法简练概括、形象生动传神的艺术风格。

廖娟的作品手法工意结合，意境深远，自然清新，展现出深厚的石湾传统陶塑技艺功底。其代表作有《南风古灶》《取经》等。

潘柏林

潘柏林，男，1953年生，广东省佛山市人。中国工艺美术大师，中国陶瓷艺术大师，非物质文化遗产（石湾陶塑技艺）项目广东省级代表性传承人。

潘柏林生于南国陶都石湾，曾先后就读于中央工艺美术学院、中央美术学院及广州美术学院。丰富的学习经历，使潘柏林的陶塑技艺有了广采博收、艺师百家的机会，使其敢于突破石湾一贯以"儒、释、道"为主的创作风格，走出一条以民间风情为题材、反映平民百姓市井生活的新路，自成一派，独具一格。潘柏林的大胆创新得到著名雕塑家潘鹤的盛誉，为陶艺界做出了"承前启后"的贡献。

潘柏林的作品富有生活情趣，内涵幽默，人物塑造注重面部表情，往往采用夸张的手法，达到生动传神的效果。其作品《回娘家》获1990年全国陶瓷艺术展评会三等奖，《达摩静坐像》和《黄飞鸿》分别获第二届中国工艺美术大师作品暨国际艺术精品博览会金奖和优秀作品奖，《天伦乐》获中国传统工艺美术精品大展金奖。潘柏林的作品还被中国工艺美术馆、广东省博物馆、广东民间工艺博物馆等艺术机构收藏。

潘柏林的作品曾被纳入《石湾陶艺艺术史》《广东石湾陶器》《石湾窑大师作品选》等专著及教材。个人亦曾出版《潘柏林师徒陶艺作品集》等多本图录，并在国内外多家艺术学院开设陶艺课程，先后10多次赴我国内地、香港地区以及英、美等国进行个人及师徒作品展览。潘柏林还成立了广东柏林陶塑艺术研究院，主要研究石湾陶塑艺术作品及陶釉，为石湾陶塑技艺的传承与传播做出了积极贡献。

潘超安

潘超安，男，1982年生，广东省佛山市人。高级工艺美术师。

潘超安自幼受父亲的艺术熏陶，喜好绘画。初中时，潘超安师从中国工艺美术大师钟汝荣，学习石湾陶塑技艺。后来，潘超安入读广州大学，主修工艺美术，毕业后从事石湾陶艺设计与创作。潘超安积极探究石湾陶塑源流、发展、各种流派和表现形式，形成了独特的个人艺术风格。

在技艺上，潘超安一方面继承了师父钟汝荣的传统石湾陶塑技艺，熟练掌握捏塑、捺塑、贴塑、刮塑等技法；另一方面又着意创新，博采众长，将中国画人物创作理念与西方人体雕塑结合，并融入现代卡通画的元素，使作品具有强烈的时代气息。此外，他还吸收著名中国画家黄宾虹的理论，探索"写塑"技法在石湾陶塑中的应用。

潘超安的作品《水浒系列》《趣味西游》获第四届广东省民间工艺精品展金奖，《黑旋风李逵斗浪里白条》获第十二届中国（国家级）工艺美术大师精品博览会银奖，《苏东坡——赤壁赋》被广东省博物馆收藏。

潘振辉

潘振辉，男，1963年生，广东省佛山市人。广东省工艺美术大师，高级工艺美术师。

潘振辉出身于石湾陶塑世家，是石湾陶艺宗师潘玉书的嫡孙。1986年，潘振辉进入佛山市新石湾美术陶瓷厂有限公司，师从著名石湾陶艺大师庄稼，并长期临摹其祖父潘玉书的作品，从形似到神似，不断探索和掌握其陶塑的思想内涵和风格，最终形成自身独特的艺术风格。1993年，潘振辉进入佛山市博物馆从事陶瓷文物修复和复制工作。后来，潘振辉调入佛山市祖庙文物管理所，从事陶艺制作及陶瓷文物的修复工作。

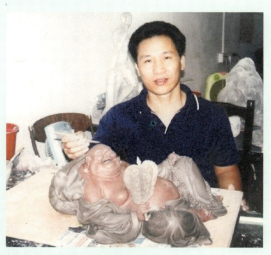

在技艺上，潘振辉尤其擅长人物、佛像的创作。他的作品生动传神、含蓄隽永、题材多样，注重表现人物表情、动作以及服饰衣纹的变化，既夸张又重写实，注重表现人物神韵和内在情感，衣纹则采用简洁明快而流畅的线条，作品耐人寻味。

潘振辉1993年以来，成功修复了佛山祖庙内的部分陶瓷文物，如双龙壁、陶塑神像、大型屈原像等。同时，他也多次参加省级以上美术展，屡获殊荣。其作品《醉》获第二届中国（深圳）国际文化产业博览交易会中国工艺美术精品类优秀奖、《自在佛》获第六届中国上海国际艺术节中国工艺美术"创新艺术"金奖。

潘汾淋

潘汾淋，男，1965年生，广东省佛山市人。中国陶瓷艺术大师，广东省工艺美术大师，高级工艺美术师。

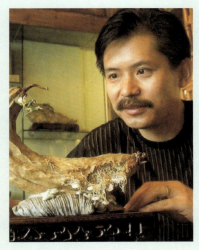

潘汾淋1986年毕业于北京齐白石艺术函授学院，1996年创办个人陶艺创作室，从事石湾陶塑的设计与创作。潘汾淋的陶塑善于采用新的技巧和方法，着重对生活的提炼，以大自然的小动物为题材进行创作，创新了一系列昆虫的陶塑技巧，总结出"潘氏陶艺十八法"。潘汾淋的昆虫陶塑技艺，既保留了石湾传统陶塑的优点，又独辟蹊径，在原材料上下功夫，研制了一系列既保留传统质感又色彩丰富的材质并融入作品当中，丰富了作品的表现力，同时也注意在创作中吸收中国花鸟画的精彩构图和表现手法。其精湛的昆虫陶塑技艺，赢得了业内盛誉。

潘汾淋的作品穷工极致，纤毫毕现，精妙绝伦。其作品《万众一心》获第四届中国工艺美术大师作品暨国际艺术精品博览会金奖，《共同目标》获第三届广东省工艺美术精品展金奖，《横空出世》获2001年石湾陶艺新作展金奖。

霍培英

霍培英，艺名芷彤，女，1960年生，广东省佛山市人。广东省工艺美术大师，高级工艺美术师。

霍培英自幼接受石湾陶塑文化熏陶，父母均从事石湾陶塑相关工作。霍培英于1978年进入佛山市新石湾美术陶瓷厂有限公司，师从已故工艺美术大师刘国成学习石湾陶塑微塑技艺。2010年，霍培英从佛山市新石湾美术陶瓷厂有限公司退休，并于2014年创办芷彤艺术馆，继续从事石湾陶塑创作。

霍培英深得刘国成的石湾陶塑技艺真传，刻苦钻研石湾山公陶瓷微塑的传统精华，善于运用"缩龙成寸"的艺术手法，将大自然的景物浓缩，并运用中国画的技法，把意境融入微塑盆景创作中，作品常带有情节性，被誉为"无声的诗、立体的画"，营造出人与自然和谐的别具一格的艺术意境。

霍培英的微塑作品题材以山水风景、农家风情和历史人物典故为主。她独立创作的1米多长大型微塑盆景《梁山泊》，完整地演绎了《水浒传》108位好汉，人物之多、画面之大是石湾陶塑微塑史上的首创。其作品《三顾茅庐》参加广东美术馆陶艺联展，被选入中国邮政明信片发行；《庭院晚趣》获全国陶瓷创新大赛二等奖；《连年得利》获中国工艺美术文化创意奖银奖，并被广东省博物馆收藏。

霍秀银

霍秀银，女，1954年生，广东省佛山市人。广东省工艺美术师，广东省陶瓷艺术大师，高级工艺美术师。

1978年，霍秀银师从微塑艺人苏茨学艺，秉承石湾传统微塑技艺，尤为擅长"山公盆景"和人物塑造。霍秀银将大自然的美景浓缩在方寸之间，盆中人物从1厘米到6.67厘米不等，神情逼真，形态各异，骨骼精奇，衣纹聚散有别。她利用泥土的可塑性，灵活运用搓、捏、贴、捺、塑等技巧进行塑像，"山公"虽小，但神态逼真，能把人物的喜、怒、哀、乐刻画得淋漓尽致，达到了形、神、意的高度统一。同时，霍秀银还精通人像塑造，尤以古典仕女见长。她有着石湾传统雕塑的深厚基础，又善于借鉴中国绘画，所塑人物比例适宜、衣纹流畅、神采毕现。她所塑造的人物或倚窗而坐，或持扇而立，或犹抱琵琶，姿势优雅、肌理细腻，体现了小家碧玉清新温婉的性格特点。

霍秀银的作品屡获殊荣。其作品《独占鳌头》获2011年首届"东方明珠杯"全国工艺美术传承与创新优秀作品评选活动优秀奖，《三个小和尚》获广东省旅游纪念品、工艺品展金奖，《满载而归》获2005年广东省首届陶瓷艺术大师作品评选展金奖并被湖南省醴陵市博物馆收藏，《渔歌晚唱》获邀参加中国国家博物馆举办的佛山陶艺展。

霍家荣

霍家荣，男，1959年生，广东省佛山市人。中国陶瓷艺术大师，广东省工艺美术大师，高级工艺美术师。

霍家荣1979年开始从事陶瓷彩绘及壁画的创作与设计，1985年考入景德镇陶瓷职工大学陶瓷美术设计专业深造，1988年毕业后进入广东佛陶集团股份有限公司石湾湾江艺术陶瓷厂从事陶塑创作工作，现任职于佛山市新石湾美术陶瓷厂有限公司。

霍家荣在继承石湾陶艺优秀传统的同时，借鉴中国传统绘画线条和西方雕塑的造型理论，融会贯通并形成了恢宏大气的个人风格。他的作品题材多样，造型雄浑，结构严谨，人物形态生动传神、内涵丰富，具有较强的艺术感染力。

其作品《柔情》获中国传统工艺美术精品大展银奖，《千里共婵娟》获中国工艺美术"百花奖"银奖，《笑傲江湖》获广东省工艺美术评比金奖及广东传统工艺美术精品大展金奖。霍家荣的作品还被中国工艺美术馆、广州艺术博物院等艺术机构收藏。

霍然均

霍然均，男，1964年生，广东省佛山市人。广东省工艺美术大师，广东省陶瓷艺术大师，高级工艺美术师。

霍然均19岁时考入陶塑班，跟随庄稼、刘泽棉、梅文鼎、黄松坚等大师学习陶塑技艺。毕业后，他被分配到佛山市新石湾美术陶瓷厂有限公司创作室动物组，专门从事动物创作。在此期间，得到霍培英师傅的悉心栽培。后来，霍然均考入广州美术学院，对陶塑进行了系统的学习，为日后动物陶塑创作奠定了深厚的理论基础。

霍然均的石湾陶塑技艺全面，擅长塑造动物形象，同时也兼塑人物及壁画浮雕。霍然均在继承传统动物陶塑技法的基础上，结合现代前沿的艺术思想与当代的烧制技法进行创作，手法上综合运用石湾陶艺传统的搓眼、点珠、搓毛、胎毛等技法，形成了动静相宜的独特艺术风格，使得所塑造的动物形象造型优美、镂羽雕毛、釉彩搭配极富个性和美感。霍然均尤为精通南狮和麒麟等瑞兽形象的塑造，所塑造的南狮和麒麟充满动感、栩栩如生，给观众带来有别于传统的新意。

霍然均的作品深受业界和社会的好评。其作品《乐融融》获第三届广东省工艺美术精品展金奖；《依恋》获中国工艺美术学会颁发的"传承与创新——工艺美术作品展"金奖；《丰收在望》和《丰硕成果》选送北京人民大会堂，悬挂在广东厅，并被选作国礼。霍然均参与创作的新加坡碧山寺大型陶瓷艺术墙《五百罗汉》，更是被誉为石湾陶塑史上的一大创举。

三、枫溪手拉朱泥壶传承人

吴义永

吴义永,男,1981年生,广东省潮州市人。广东省工艺美术大师。

2003年,吴义永毕业于广东省陶瓷学院,后师从中国工艺美术大师谢华,从事陶瓷工艺创作和设计,先后学习过陶瓷新彩、粉彩、青花、泥塑、朱泥手拉坯的制作工艺。从业10余年,在谢华大师的言传身教下,吴义永全面掌握了枫溪手拉朱泥壶制作技艺,对朱泥壶壶型、气韵的把握形成了独特的见解,练就了过硬的技艺。

吴义永的作品秉承谢华大师的理念风格,外观融合古今中外文化,仿古而不陈旧,现代而不浮夸。其作品多次获得国家级、省级奖项。他本人也凭借高超的制壶技艺,进入潮州市湘桥区陶瓷传统特色工艺研究中心工作,获评潮州市技术能手;在2014年首届手拉壶制作比赛中荣获第一名,得到业内人士的一致好评。

吴锦全

吴锦全,男,1974年生,广东省潮州市人。广东省工艺美术大师,非物质文化遗产(枫溪手拉朱泥壶制作技艺)项目广东省级代表性传承人,高级工艺美术师。

吴锦全出身于枫溪手拉壶老字号"祥记"世家,是"祥记"手拉壶第四代传人。吴锦全自幼受家庭文化熏陶,跟随父亲学习手拉壶技艺,全面继承了枫溪传统手拉壶的基本手法,练就了一套扎实的传统手拉壶制作技艺。后来,吴锦全进入清华大学现代陶瓷研修班,系统学习现代陶瓷理论,与多位知名教授进行交流,还与多位名师合作制作茗壶。他创造性地把泥料、釉料渗透融合,使茶壶表面比原来上釉更有手感,使潮州手拉壶有了一个新的突破。他是广东省工艺美术协会紫砂朱泥壶专业委员会副主任。

吴锦全的作品承继古法而自出机杼,泥质细腻、润泽,虽纯为徒手制作,但是壶胎薄而精巧,口盖准密,手法严谨、简练,运线规整,流畅飘逸,品格高古、浑朴典雅,充分显露出精、气、神及韵之美,实现了线与面、理与趣的和谐统一。其作品

《福寿双全》曾获第十五届中国（国家级）工艺美术大师精品博览会暨中国工艺美术优秀作品评选传统艺术金奖，《红袖伴读》《彩云追月》《丹凤朝阳》分别被中国美术馆、亚太博物馆、莫斯科中国文化中心收藏。

吴瑞深

吴瑞深，男，1934年生，广东省潮州市人。广东省工艺美术大师，非物质文化遗产（枫溪手拉朱泥壶制作技艺）项目广东省级代表性传承人。

吴瑞深出身于枫溪制壶世家，是清道光年间人称"吴孟臣"的枫溪制壶大师吴英武的第四代传人，自幼师从父亲吴锦永学习手拉壶技艺。在父亲的严格指导下，吴瑞深16岁已经能独立创作手拉朱泥壶。

技法上，吴瑞深师法古人又推陈出新，手法富于变化，追求精、奇、特。现在常见的潮州手拉梨皮壶，就是由吴瑞深首创。吴瑞深曾经创作108套壶，也是业界之最。另外，吴瑞深还擅长制作微缩朱泥壶。他曾制作世界上最小的瓷质茶壶，重量仅1.4克，整个茶壶不过手指头大小，技艺令人惊叹。

吴瑞深的作品造型优美，圆润灵巧，线条流畅，独具神韵，备受社会各界人士青睐。其作品《桃园三结义》组合壶、《袖珍富贵》在第六届中国（国家级）工艺美术大师精品博览会暨中国工艺美术优秀作品评选上分获金奖和银奖，《归元》《如意》《潮州八贤组合》等30多件套被潮州市博物馆、中国瓷都陈列馆、中国美术馆等单位收藏。

在推广手拉朱泥壶方面，吴瑞深曾作为特邀艺人在中国瓷都潮州陶瓷博览会上表演手拉壶技艺，受到了与会嘉宾的一致认可。

张瑞端

张瑞端，男，1968年生，广东省潮州市人。广东省工艺美术大师，高级工艺美术师。

张瑞端出身于陶瓷制作世家，是潮州手拉朱泥壶张氏"裕德堂"世系第四代传人，完整掌握枫溪手拉朱泥壶制作技艺。20世纪80年代中期，张瑞端为了提升手拉朱泥壶的品位与质量，曾用10年时间赴宜兴拜师学艺，以吸收宜兴紫砂壶之长。学艺归来后，张瑞端内得祖传之技，外参宜兴之长，开始了枫溪手拉朱泥壶技艺的创新之路。在材料上，他取潮州朱泥与宜兴紫砂各自之长，反复试验研制出独特的陶泥"黑珍珠泥"与"古铜泥";在制作工艺上,他取宜兴紫砂的雕塑制法与潮州手拉成型,独创手拉加雕塑技艺,把两地的制壶艺术完美地融合在一起,丰富了手拉紫砂壶的文化内涵。

张瑞端的作品气韵丰茂,形神兼备,充满人文气息。其作品《硕果》《福果》《潮之春》等分别在 2006 年第八届中国上海国际艺术节、第八届中国工艺美术大师博览会上获金奖,《晨曲》被中国工艺美术馆收藏,《西施》《朴玉》被中国瓷都陈列馆收藏,《潘》《东坡提梁》被广东省工艺美术珍品馆收藏。

张瑞隆

张瑞隆,男,1974 年生,广东省潮州市人。广东省陶瓷艺术大师,高级工艺美术师。

张瑞隆出身于潮州制壶世家,是潮州手拉朱泥壶张氏"裕德堂"世系第四代传人。1985 年,张瑞隆师从其叔父学习祖传手拉朱泥壶制作技艺。后来,他又多次赴江苏宜兴与当地紫砂壶大师交流和请教制壶技艺及陶艺。1990 年,张瑞隆开始在裕德堂从事手拉壶的研究与制作至今。

张瑞隆不断对传统手拉朱泥壶制作技艺进行创新:用料上用宜兴的紫砂泥和潮州的陶土相调剂,大大改善了朱泥壶的透气率;技艺上把宜兴镶接拍打制壶的技艺融入到手拉壶的制作中,改善了潮州手拉壶的手感;题材上主张以大自然为师,从大自然选材,汲取大自然的灵感用于创作。

张瑞隆的作品题材丰富、造型新颖、个性鲜明、风格独特、形态高雅。其作品《凤城》曾获第十三届中国(国家级)工艺美术大师精品博览会金奖,《古铜泥袖珍手拉壶》获第三届广东省工艺美术精品展金奖。此外,他的多件作品被广东省工艺美术珍品馆及中国瓷都陈列馆收藏。

章海元

章海元,男,1975 年生,广东省潮州市人。广东省陶瓷艺术大师,高级工艺美术师。

章海元是枫溪手拉朱泥壶章氏"老安顺"世系第五代传人,是中国陶瓷艺术大师章燕明之子。8 岁开始,他在祖父章永添及父亲章燕明的悉心指导下学习手拉朱泥壶技艺。他在继承传统手拉朱泥壶技艺的基础上大胆探索与创新,作品构思缜密、造型新颖、兼具实用性和艺术性。

章海元的代表作品有《金垛垛》《敦煌艺术》《月亮船》《梦里水乡》《一枝独秀》《回娘家》《清溪一叶舟》等。其中,《金垛垛》在 2014 年中国(深圳)国际文化产业博览交易会上荣获中国工艺美术文化创意奖特别金

奖，《月亮船》在第十五届中国（国家级）工艺美术大师精品博览会上获特别金奖。此外，他的作品被中国美术馆收藏，他与父亲共同创作的13件作品被中南海紫光阁收藏。

章燕明

章燕明，男，1950年生，广东省潮州市人。中国陶瓷艺术大师，广东省工艺美术大师。

章燕明是枫溪手拉朱泥壶章氏"老安顺"世系第四代传人。14岁时，章燕明师从其父亲章永添学习手拉壶技艺，深得其父真传。1987年，章燕明开始独立生产手拉朱泥壶。章燕明的作品精巧细薄，壶身色泽生光；造型灵活多变，并突破了实用的极限，给人以匀净轻快的美感享受。他的代表作品有《长虹贯岳》《圆》《奥运壶》等。其作品远销东南亚及我国港澳台等地，深受国内外人士的欢迎，部分作品还被中国美术馆及中南海紫光阁收藏。

章燕明将其掌握的技艺传承给儿子章海元，并于2013年退休，不再制作手拉朱泥壶。

章燕城

章燕城，男，1953年生，广东省潮州市人。广东省工艺美术大师，非物质文化遗产（枫溪手拉朱泥壶制作技艺）项目广东省级代表性传承人，高级工艺美术师。

章燕城出身于手拉壶世家，是"老安顺"第四代传人。他6岁开始师从其父亲章永添学习制作手拉朱泥壶；出师后，一直从事手拉朱泥壶的设计与制作，积累了丰富的实践经验并形成了自己独特的创作思路，特别是在选择泥料和造型设计上更是独具匠心、自成一派。

章燕城的作品兼具艺术和实用价值，线条明快，造型设计独特，被全国各地壶艺爱好者广泛收藏和作为陈设观赏之艺术品，并远销海内外。其作品《朱泥壶西施系列》获中国陶瓷产品设计大奖赛金奖，《汉韵》获首届广东省茶具创新设计大赛金奖。他的《提梁手拉朱泥壶》被中国美术馆收藏，《朱泥宽肚宰相壶》《柿型万事如意壶》被潮州博物馆列为珍藏品。

目前，章燕城的主要徒弟为其子章广鑫。

谢 华

谢华，男，1965年生，广东省潮州市人。中国工艺美术大师，非物质文化遗产（枫溪手拉朱泥壶制作技艺）项目广东省级代表性传承人，高级工艺美术师。

谢华自20世纪80年代初开始秉承家传，学习制作手拉朱泥壶，是潮州枫溪手拉壶世家"俊合号"第五代传人。在学习基础知识后，谢华到韩山师范学院广东省陶瓷职业技术学校（原广东省陶瓷学校）读书，接受系统的理论学习和技艺培训。1990年起，谢华开始借鉴、研究宜兴紫砂壶技艺，将其部分制作技法和工艺融入手拉壶制作当中，逐渐形成了个人的风格。

在继承发扬枫溪手拉朱泥壶传统的基础上，谢华着力于手拉朱泥壶泥料、制作工艺、艺术造型和艺术表现手法的创新，将现代推崇的简洁、典雅、流畅的时尚元素融入潮汕工夫茶圆润、谦儒、平和的文化神韵，推动潮州手拉壶提升为实用性、艺术性和本土文化特性完美结合的文化艺术精品；同时，他还提出手拉朱泥壶应分为"实用、精、气、神"四个制作境界的重要理论。

谢华的手拉朱泥壶屡获殊荣，其作品《弓门提梁》《太极百岁》《腾飞提梁》《飚》等先后夺得3项国家级特别金奖和20多项国家级金奖，并被中国工艺美术馆、钓鱼台国宾馆、广东民间工艺博物馆收藏。

谢华积极投身于枫溪手拉朱泥壶的传承工作，于1995年成立"谢华茶壶创作室"；2010年设立潮州市湘桥区陶瓷传统特色工艺研究中心，对茶壶原料工艺技术进行系统研究，并公开面向社会收徒授艺；2010年起，在潮州广济桥设立对外开放工作室，向国内外游客展示传统潮州手拉壶技艺、讲解手拉壶制作技术，免费指导游客现场制作手拉壶，大力推广传统潮州手拉壶技艺和手拉壶文化。

四、枫溪瓷传承人

王龙才

王龙才，男，1932年生，广东省潮州市人。非物质文化遗产（枫溪瓷烧制技艺）项目国家级代表性传承人，广东省工艺美术大师，高级工艺美术师。

王龙才14岁时师从著名陶瓷艺术大师吴阿猴学艺，并先后于1957年、1971年进入潮安国营美术瓷厂和广东省枫溪陶瓷研究所工作，有着丰富的陶瓷学习和创作制作经历。

王龙才全面掌握枫溪瓷烧制技艺，从设计、雕塑、制模到烧制，样样精通，尤以瓷花、通花瓷塑见长，他所创制的牡丹、梅花、桃花、菊花、玫瑰、海棠、杜鹃、水仙、玉兰等50多种瓷花，或浮寄于通花瓶上，或装饰于瓷盘中，或捏塑成盆景，或汇集为花篮，其花瓣薄如蝉翼、花蕊精致细腻、须蔓舒展自然、叶脉清晰生动，尤其是花瓣之薄，轻如鸿毛，可谓"掷地而不破，落水而不沉"，堪称一绝。

王龙才参与创作的《友谊通花瓶》作为国礼，由邓小平同志代表中共中央和国务院赠予朝鲜金日成元帅。其作品《春花瓷雕大花篮》陈列于北京人民大会堂广东厅，姐妹作《双福瓷花篮》也被广东省工艺美术珍品馆收藏。由于他在枫溪瓷发展历史上的突出贡献，王龙才还获得了"中国工艺美术终身成就奖"的殊荣。

创作之余，王龙才还致力于枫溪瓷烧制技艺的传承，开设有王龙才通瓷艺术苑工作室，还于2010年出版了专著《潮州枫溪通花瓷》。在陶瓷业界，他被誉为"南国花魁"。

吴为明

吴为明，男，1938年生，广东省潮州市人。中国陶瓷艺术大师，非物质文化遗产（枫溪瓷烧制技艺）项目国家级代表性传承人，高级工艺美术师。

1960年，吴为明进入广州美术学院进修，毕业后回到家乡枫溪从事陶瓷彩绘工作，后被调岗从事日用陶瓷设计。为了丰富设计素材，吴为明曾前往敦煌、黄山、故宫博物院等地游历写生。吴为明历任潮州市陶瓷工业公司设计室主任、潮州市南国瓷乡陈列馆馆长。

技艺方面，吴为明博采众长，在继承中国传统艺术特色的基础上，把西洋技法融汇到自己的艺术创作中，还特别注重从潮州抽纱、刺绣、木雕、剪纸等传统民间工艺美术中吸收营养，打破陈规，大胆创新。吴为明精于陶瓷器型的设计和彩绘，对潮州枫溪艺术瓷中西餐具、茶具的釉下彩以及釉下花纸的创作设计贡献尤大。他所创新的"釉下彩"技术，一举解决了日用瓷在出口检测上铅含量难以过关的难题。他还成功设计试制日用瓷釉下贴花纸制作工艺，提高了枫溪瓷生产效率，并带动了一批花纸厂的创办，为振兴枫溪瓷工业做出了重要的贡献。

吴为明擅长设计和制作日用陶瓷。其作品釉下彩64头《雀屏西餐具》和《忍冬餐具》多次获全国和广东省陶瓷美术评比一等奖，其中《雀屏西餐具》更是被广东省博物馆收藏。

吴维潮

吴维潮，男，1956年生，广东省潮州市人。广东省工艺美术大师，非物质文化遗产（枫溪瓷烧制技艺）项目广东省级代表性传承人，高级工艺美术师。

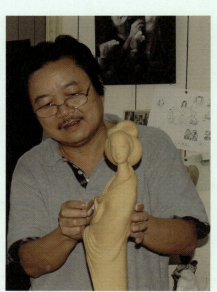

吴维潮1972年考入广东省枫溪陶瓷工业研究所，1973年进入该所彩绘、陶瓷培训班，师从中国工艺美术大师陈钟鸣学习瓷塑及彩绘技艺。1975年，吴维潮考入广州美术学院雕塑系学习瓷塑、泥塑及绘画。1981—1983年，吴维潮进入广州美术学院雕塑系瓷塑专修班，系统地进行雕塑、瓷塑、绘画的基础和理论训练，并以优秀的成绩毕业。吴维潮为广东省枫溪陶瓷工业研究所总设计师、副所长。

技艺方面，吴维潮在秉承潮州瓷塑传统技艺的基础上，融入民间泥塑的纯朴、简约、传神的元素，逐步形成了高雅、清新、秀丽的个人风格。吴维潮擅长仕女瓷塑。他所制作的仕女塑像婀娜多姿，形态生动，同时运用枫溪瓷区独有的色土装饰，整体效果清新明快、华而不俗。

吴维潮的作品曾多次参与国内外展览。其作品《江南好》曾获2004年全国传统陶艺（瓷艺）创新大赛一等奖、《八仙过海》曾获全国陶瓷美术设计评比三等奖。吴维潮有近60件作品被省级以上各大博物馆收藏，有6件作品被中国美术馆收藏。

目前，吴维潮积极授徒，其中有6人已成为省级工艺美术大师和陶艺大师。他还在汕头大学艺术学院、韩山师范学院、韩山师范学院广东省陶瓷职业技术学校担任客座教授，致力于传播枫溪瓷文化。

吴映钊

吴映钊，男，1959年生，广东省潮州市人。广东省工艺美术大师，非物质文化遗产（枫溪瓷烧制技艺）项目广东省级代表性传承人，高级工艺美术师。

吴映钊6岁开始师从其父亲吴德立学习陶瓷工艺美术，1978年进入潮州市美术瓷二厂工作。1980年，吴映钊参加高考并考入广东省工艺美术学校进修，接受系统的雕塑理论学习。1983年毕业后任职于广东省陶瓷研究所，历任厂长、设计室主任。1992年，吴映钊创办潮州市金艺陶瓷实业公司，从事枫溪瓷的创作与制作至今。

吴映钊出身于陶瓷世家，祖辈世代从事陶瓷工艺美术。在继承家族流传技艺的基础上，吴映钊锐意创新，形成了具有鲜明民族情怀和浓厚地域特色的个人艺术风格，擅长制作抽象变形的人物和动物，能准确把握对象特征，运用写意的手法追求造型块面简洁、线条简练流畅，将各种材质和装饰手法灵活综合运用，注重陶瓷艺术与瓷土、釉的结合及色彩的运用，恰当地表现作品意境和个性，在枫溪陶瓷界独树一帜。

其作品《天桥云霓》和《嫦娥奔月》均获中国（国家级）工艺美术大师精品博览会中国工艺美术金奖；《春》获广东传统工艺美术精品大展金奖，并被中国工艺美术馆收藏；《施露观音》和《洛神》被广东省工艺美术珍品馆作为珍品收藏。

吴映钊积极为枫溪瓷输送新鲜血液，先后担任广东省陶瓷研究所、韩山师范学院广东省陶瓷职业技术学校、潮州市瓷都中学工艺美术和陶瓷雕塑专业教师，系统传授枫溪陶瓷技艺，培养出叶岩峰、李映苹等一批新生代陶瓷人才。

陈钟鸣

陈钟鸣（1936—2008年），男，广东省潮州市人。中国工艺美术大师，非物质文化遗产（枫溪瓷烧制技艺）项目广东省级代表性传承人，高级工艺美术师。

陈钟鸣1946年开始学习瓷艺，先后在潮州、高陂、景德镇等地学习研究陶瓷制作技艺，并师从景德镇陶瓷名家蔡金台。在学艺的过程中，他积极吸收其他技艺之长。他曾学习借鉴浮洋泥塑、潮州木雕、牙雕、石雕、玉雕等技艺，丰富和提高了他自己的技艺种类和艺术水平。他曾任中国陶瓷美术学会理事与广东省枫溪陶瓷工业研究所副所长。

陈钟鸣有着50多年的枫溪瓷艺创作和研究经验，技艺全面，造诣甚高，尤擅长陶瓷仕女制作，作品以清、新、秀、雅著称。他针对枫溪当地高白泥、高白釉洁白、晶莹、滋润的特点，在作品中突出材质的美感；同时，在景德镇现代雕塑训练的影响下，结合枫溪瓷传统特点，在线条与块面处理上、夸张与变形关系上、材质特点与地方风格问题上、现代审美与传统程式配合上，开拓出一种新的风格。

他的作品《金陵十二钗》《绣》《妙韵》，分别获得1986年全国陶瓷创作设计评比会一等奖、1990年全国陶瓷艺术展评会设计一等奖及1990年中国工艺美术"百花奖"优秀新产品一等奖,《黛玉葬花》等作品被中国历史博物馆珍藏、《金陵十二钗》被中国工艺美术馆收藏、《母与子》被广东民间工艺博物馆收藏。

林鸿禧

林鸿禧(1928—2009年),男,广东省揭阳市人。广东省工艺美术家,高级工艺美术师。

林鸿禧是广东潮州第一代瓷塑艺术家。他自幼家境贫困,1947年经友人介绍到潮安枫溪鸿发号陶瓷作坊当学徒,从此走上陶瓷艺术之路。林鸿禧曾先后在潮安枫溪陶瓷研究所、潮安美术瓷厂等从事瓷塑创作设计,并多次被推荐到省里相关艺术机构及中央美术学院进修,开阔了视野,并在艺术实践的基础上接受了艺术理论的熏陶,进一步提高了创作水平和艺术修养。

林鸿禧的技艺全面而成熟,善于捕捉人物动作瞬间,表现人物心理活动和个性,突出作品主题。在创作中,林鸿禧富有想象力,将戏曲艺术和泥塑艺术巧妙地融入瓷塑当中,以塑为主,塑彩结合,通过夸张写意的手法,生动传神地展现人物造型。此外,林鸿禧也擅长塑造女性形象。他所塑造的女性瓷塑讲究形式美、线条美,形简而意态生动,素雅且优美清新,开创了枫溪瓷在仕女瓷塑方面的独特风格。

林鸿禧为瓷塑艺术奋斗终生,其艺术生涯曾被珠江电影制片厂、中央新闻制片厂摄制成专题纪录片,中央电视台、广东电视台曾为其制作专题节目。他的代表作《十五贯》曾获1959年全国工艺美术展览一等奖,并受到周恩来总理的好评。其作品《回眸一笑》对枫溪仕女瓷塑艺术风格的形成产生了深远的影响。

五、贵政山茶叶陶罐传承人

纪文民

纪文民,男,1960年生,广东省普宁市人。非物质文化遗产(贵政山茶叶陶罐制作技艺)项目广东省级代表性传承人。

纪文民出身于陶罐制作世家,14岁开始进入陶罐厂工作,深得家中长辈和当地民间艺人的真传,并多次前往江苏、江西、潮州等地观摩学习,博采各家所长,全面掌握了贵政山茶叶陶罐制作技艺以及各个环节的要领。

纪文民制作的茶叶陶罐形制古朴,做工精细,具有极佳的密封性;茶叶陶罐罐身色泽古朴，绘以福、禄、寿等吉祥图案，罐体内壁和外底均不上釉，可使罐内储藏的物品保持新鲜。

长期以来，纪文民一直潜心研究，在保留贵政山茶叶陶罐传统优势的基础上，积极推进其制作技艺的发展，总结出以高温（1200～1300摄氏度）烧制陶茶罐，完善彩釉套色、内陶外瓷（彩釉）的技术，不断推陈出新，为贵政山茶叶陶罐的传承和发展做出了巨大的贡献。

六、嵌瓷传承人

卢芝高

卢芝高，笔名山石，男，1946年生，广东省潮州市人。非物质文化遗产（潮州嵌瓷）项目国家级代表性传承人，广东省工艺美术大师，高级工艺美术师。

卢芝高出身于潮州嵌瓷艺术世家，从小耳濡目染。1964年高中毕业后就跟随父辈正式学习和从事古建筑嵌瓷壁画民间工艺制作。卢芝高注重因地施艺、不拘一格，平嵌、浮嵌、立体嵌皆得心应手，曾先后为南普陀佛寺、泰国七剑王公慈善堂、汕尾凤山祖庙等庙宇祠堂创作嵌瓷壁画。

卢芝高的作品题材主要有表现吉祥如意、福禄寿喜的内容以及花鸟虫鱼和人物故事。其作品造型生动古朴，构图有韵味，线条通顺流畅，传统气息浓烈，深得嵌瓷艺术的独特章法。因自幼跟随父亲学习壁画，卢芝高有扎实的绘画基础；后来又在北京国画函授大学苦学过国画，艺术素养较高，在塑造人物形象方面尤为出色。

在继承传统嵌瓷艺术的基础上，卢芝高借鉴泥塑、瓷塑及纱灯等其他工艺形式，将屋顶上的嵌瓷人物做成了可近距离欣赏的工艺品，使传统古建筑的装饰嵌瓷发展为摆件装饰品嵌瓷，丰富了嵌瓷的艺术形式。其代表性作品有《十五贯》《专诸荐鲈鱼》《戏秋香》《达摩造像》等。

20世纪80年代以来，卢芝高致力于嵌瓷艺术的传承，兴建了潮州嵌瓷博物馆及芝高嵌瓷艺术研究所，培养了大批优秀嵌瓷艺人，促进了嵌瓷艺术的传承和发展。

许少鹏

许少鹏，男，1976年生，广东省汕头市人。非物质文化遗产（嵌瓷）项目广东省级代表性传承人。

许少鹏出身于嵌瓷世家，曾祖父许石泉在1906年拜"嵌瓷祖师"吴丹为师后，嵌瓷工艺就在许氏家族薪火相传。许少鹏自小受到熏陶，14岁便跟随祖父许梅州学习嵌瓷绘画，18岁正式学习嵌瓷制作技艺，掌握了平贴、浮雕、立贴等多种技法，全面承袭了先辈的传统工艺。

许少鹏擅长民居、庙宇、祠堂等建筑的嵌瓷装饰，技术全面，技艺精湛。他曾应邀为新加坡双林寺、香港慈云阁制作《双龙戏珠》《八仙过海》等多件大型嵌瓷作品。此外，许少鹏还创制了多件嵌瓷摆件、挂屏，并在省、市工艺美术展览中获奖，其中《钟馗嫁妹》获中国工艺美术文化创意奖银奖。

许少鹏不仅继承父辈的家族传承，为使嵌瓷艺术得到更好的传承，还以大寮嵌瓷工艺社为平台，举办培训班，带徒授艺，壮大了嵌瓷工艺的队伍。

许少雄

许少雄，男，1971年生，广东省汕头市人。非物质文化遗产（嵌瓷）项目广东省级代表性传承人。

许少雄为许少鹏的哥哥，二人自小接受艺术熏陶。许少雄16岁便随祖父许梅州学习嵌瓷技艺，成为家中第四代嵌瓷传承人。许少雄学艺勤奋，很快掌握了嵌瓷的多种技法，擅长立体人物、半立体人物及屋脊花鸟的嵌制。许少雄对嵌瓷艺术执着追求，大胆创新，作品或嵌描并用或重嵌轻描，挂屏、插屏、摆件形式多样，在国家、省级的工艺美术、民间艺术展览和博览会的评比中屡获大奖。其代表作有《杨贵妃醉酒》《三雄图》《罗通扫北》等。

为传承嵌瓷艺术，许少雄与弟弟许少鹏开设了嵌瓷培训班，为大寮嵌瓷工艺的传承做出了很大贡献。

苏镇湘

苏镇湘，男，1965年生，广东省潮州市人。非物质文化遗产（潮州嵌瓷）项目广东省级代表性传承人。

苏镇湘出身于工艺世家，其曾祖父苏清平是清代著名的嵌瓷工匠，祖父苏宝楼曾为开元寺的大雄宝殿、观音阁、地藏阁的屋脊装饰了龙凤、花草等精美绝伦的嵌瓷，父亲苏宋裕也是有名的嵌瓷艺人。苏镇湘从小受家庭影响，对民间艺术有很强烈的兴趣。1978年起，他就跟随祖父苏宝楼学艺，走遍整个潮汕地区，修建庙宇、祠堂、文物古迹，继承传统工艺。苏镇湘天赋异禀，很快就能独当一面制作嵌瓷，且成就突出，被家乡父老誉为"神童"。

苏镇湘继承祖、父辈艺事，20多年来塑造了不少精彩的嵌瓷作品，先后为潮州浮洋佃氏宗祠、陆丰甲子神庙、惠来葵潭黄氏宗祠、潮州归湖王大宝祠堂、潮州开元寺大悲殿等创作过精美嵌瓷。

陈宏贤

陈宏贤，男，1957年生，广东省普宁市人。非物质文化遗产（嵌瓷）项目广东省级代表性传承人。

陈宏贤的父亲是嵌瓷大师何翔云的得意弟子。陈宏贤自幼深得父亲和兄长的真传，少年时就能制作嵌瓷挂屏等工艺品。20世纪80年代开始，乡村房屋装饰越来越多，陈宏贤从此带队专门从事房屋嵌瓷装饰，在普宁及周边地区渐渐小有名气。

陈宏贤设计作品时强调嵌瓷与房屋主体的设计、陈设以及周围环境相呼应，力求色彩同其他设置相和谐。在遵循构图对称的基本法则上，追求方位、阴阳等变化，如雌雄对视、花卉与动物的轻重疏密合理穿插，既效法传统又富于时代感。其作品色彩对比强烈，焦点透视、平行透视准确，人物、动物、景物前后空间深度合理，写实逼真。

传承嵌瓷艺术的同时，陈宏贤乐于嵌瓷艺术的推广。1996年，陈宏贤曾应邀前往泰国曼谷专门为三宝殿和郑王宫装饰嵌瓷，由于制作精细、工艺独特，深受好评。2005年，他应深圳市城市绿化管理处邀请，为大型园林景观园江芳园做嵌瓷装饰。

七、潮州彩瓷传承人

丁培强

丁培强，男，1953年生，广东省潮州市人。广东省工艺美术大师，广东省陶瓷艺术大师，高级工艺美术师。

丁培强曾两次到广州美术学院雕塑系进修，1989年毕业于广州美术学院陶瓷雕塑大专班；1973年起就职于潮州市美术瓷二厂，担任厂设计室负责人。从事陶瓷美术工作30多年来，他设计陶瓷工艺人物、动物、礼品、美术器皿等作品近千件（套）。其雕塑创造题材广泛，表现手法各异，装饰形式多样化，既能博众家之长，又具艺术个性。

其代表作品包括《对童》《女娲补天》《丝绸之路》《醉铁拐》《求索》《歌》《琴女》《和平》《母爱系列》和《动物系列》等。这些作品曾获全国和省级艺术陶瓷创作设计金、银奖，并被陶瓷馆收藏。

马继堡

马继堡，男，1964年生，广东省潮州市人。广东省工艺美术大师，高级工艺美术师。

马继堡自幼喜爱绘画，1979年进入潮州市彩瓷工贸总公司（原潮州市彩瓷厂）工作，在厂接受各类彩瓷工艺培训学习并参与技艺创作；在厂培训期间，先后得到了潮彩老一辈艺人名家谢金英、汤仲雄、洪旭升等工艺大师的悉心培养和指导，开始进入彩瓷彩绘、釉上花面设计工作。1984—1994年，他在彩瓷技艺研究所工作。1995年，他自筹创办潮州市承兴陶瓷制作厂，任该厂技术总监至今。

马继堡在长期艺术创作实践中,博采各家之长并融汇于瓷艺创作之中,形成自身的艺术风格与特色。运用中国画的技法和构图,从现实生活中广泛收集题材,以山水名胜、神话传说、四时花卉、人物故事、珍禽瑞兽作为瓷画彩绘装饰素材,并运用勾勒、接色、平涂、描金等制作手法。其作品形态充实饱满,题材新颖,构思清晰,层次分明。

其作品《繁花似锦》堆金工艺瓷在第二届中国国际礼品展(首届中国礼品设计大赛)中荣获银奖,18寸陶瓷花瓶《满园春》在第六届中国(国家级)工艺美术大师精品博览会上获银奖,《清明上河图》陶瓷浮雕花瓶在第五届中国(深圳)国际文化产业博览交易会上获金奖。

为了传承并弘扬潮彩文化,马继堡2009年和时任市工艺美术协会会长、省工艺美术大师谢金英一起,筹建了潮汕潮彩研究院。潮汕潮彩研究院为潮彩精品提供了一个展示的平台,创作了一批新潮彩精品,并致力于培养潮彩的年轻接班人,在不断创新中传承潮彩技艺。

王儒生

王儒生,男,1945年生,广东省潮州市人。广东省工艺美术家,高级工艺美术师。

王儒生自1964年起从事工艺美术的创作设计和研究,1991年组建潮州市彩瓷工贸集团艺术仿古瓷厂并任厂长,从事工艺美术创作、研究近30年,同时也为企业和社会培养了大批工艺美术人才。

在创作过程中,王儒生匠心独运,熔粉彩、新彩、堆金三种技法于一炉,因景施艺,取得了质感、动感俱佳的效果。王儒生善于采用釉上和釉下相结合的工艺,特别是采用釉下彩加描金工艺,既保持了釉下彩素雅清淡的情调,又发扬潮彩斗丽争艳的风格,仿古而胜于古。

王儒生共创作设计了近千件(套)陶瓷生产样品和彩瓷精品,并在国内外展评会上多次获奖,部分作品为海内外的收藏家、博物馆收藏。其作品中有《织金仿古工艺瓷三开光花鸟》《斗彩》系列。其中,《红楼梦大观园30英寸大花瓶》获中国工艺美术"百花奖"设计奖,《堆金敦煌图案14英寸蟾蜍瓶》和《堆金墨地牡丹32英寸柳叶瓶》获中国工艺美术"百花奖"金杯奖和首届全国轻工业博览会金奖,《九彩花鸟鸡瓶》在广东省工艺品展览中获金质奖。他至今已发表多篇论文,并多次应邀赴美国、日本、法国、新加坡讲学。

叶竹青

叶竹青,男,1935年生,广东省潮州市人。非物质文化遗产(潮州彩瓷)项目广东省级代表性传承人,广东省工艺美术大师。

叶竹青10多岁便钟爱陶瓷彩绘,1959年从景德镇陶瓷大学(原景德镇陶瓷学院）毕业后，来到广东省枫溪陶瓷工业研究所从事陶瓷器皿和装饰创作设计工作，对花鸟画深有研究。他1962年被评为广东汕头地区"六大优秀艺人"之一；1985—1992年期间，先后任韩山师范学院广东省陶瓷职业技术学校校长（高级讲师）、广东省枫溪陶瓷工业研究所所长；先后被授予"枫溪陶瓷发展突出贡献专家"称号及"广东省陶瓷艺术杰出成就奖"。

叶竹青是潮彩标志性技艺"釉上堆金"的发明者，创造了釉下堆花和釉上堆彩工艺。20世纪70年代，他先后研制并引入色泥（本地称装饰土、化妆土）和釉上堆金料及彩法，特别是将源于罗马尼亚的"堆金彩"技艺用于彩瓷，使"潮彩"又多了一种装饰彩绘形式经过推广应用，为陶瓷生产、彩绘陈设瓷创作拓宽了领域。

由叶竹青设计并参与制作的《友谊》通花大瓷瓶被国务院选作国礼瓷，赠送给金日成。此花瓶高1.3米，共3层，采用传统瓷塑的镂空雕法。其代表作品《水仙》通花瓶获全国美术设计二等奖、保加利亚国际博览会金奖；《堆鸽葵花茶具》由当时中南局书记陶铸作为礼品赠送给来华访问的日本共产党总书记宫本显治，并与《庆春咖啡具》在1966年同获轻工业部优质奖；《丹凤朝阳》瓷雕大花篮、《剑兰》《琵琶寄菊》等获得第六届保加利亚普罗夫迪夫国际博览会金质奖。

叶竹青曾发表陶瓷专业论文《釉上堆彩》，并将其技术应用在日用陶瓷装饰和陶瓷装饰工艺等领域，为枫溪陶瓷产区日用陶瓷产品开发、研制做出了重要贡献。从事陶瓷艺术教学工作以来，他将自身积淀的经验、技艺倾囊相授，培育了吴维潮、吴映钊等一批工艺美术大师。2012年，叶竹青还申报成立了叶竹青陶瓷文化研究院，免费给年轻人上潮彩课、陶瓷特艺课，栽培瓷艺新秀。该研究院作为科研和培训基地，对于潮彩的创作、研究与传承发挥着重要作用。

李小聪

李小聪，男，1958年生，广东省潮州市人。中国工艺美术大师，高级工艺美术师。

李小聪自幼随当教师的父亲学习绘画，深得中国传统的笔墨意蕴。1974年，年仅15岁的李小聪考入潮州市彩瓷工贸总公司艺术设计室工作；1987年，他被派到景德镇陶瓷大学学习深造，学成之后，创办了自己的第一个艺术工作室。20世纪90年代，李小聪再次离开潮州，定居景德镇，追逐陶瓷艺术绘画之梦想。至今，他已从事陶瓷绘画四十余载。

李小聪一直致力于研究瓷画的传承与发展，其粉彩山水瓷画在继承中国画笔墨意蕴与传统山水精神的基础上，通过多年对陶瓷艺术的不断实践与创新，形成自己独特的粉彩山水陶瓷语汇。其粉彩山水瓷画，深得中国画古法之精髓，聚各名家之长，意境深幽，工致细腻。

李小聪的山水彩绘技法精到，他的花瓶、笔海挂盘、瓷板皆作山水，颜料自行磨制调试，细腻润泽，画法浑厚古雅，营造一种幽深雅秀的画面，追求画中有诗的意境。其作品如《秋江话别图》（瓶）、《山水清音》（瓶）、《幽居清话图》（笔海）、《桂斋图》（瓷板）等，连续在北京和上海全国工艺美术大师暨工艺美术精品展中夺得金奖。

在艺术创作之余，李小聪亦不忘薪火相传的社会责任，以多年的艺术感悟和正确的价值观影响其子女及学生，引导及带领一批中青年艺术家走上陶瓷艺术创作之路。李颜珣、李易、李玲为李小聪的子女，邹华、万里明、蒋锦琪、蔡峙雄、邹小霞皆为李小聪的弟子。他们共同思考与探讨中国画笔墨与瓷画艺术的关系，开辟了一条以中国笔墨逸韵与陶瓷绘画相结合的全新道路。

李颜珣

李颜珣，男，1983年生，广东省潮州市人。广东省工艺美术大师。

李颜珣幼承家学，其父李小聪为中国工艺美术大师。受父亲启蒙，他学习绘画并先后获得多个全国及国际的国画奖项。李颜珣2003年进入景德镇陶瓷大学学习，一年后自立陶瓷工作室专研学术，主要研究"中国传统山水画与瓷绘之融合运用及教学方法"，对陶瓷的彩绘、成型工艺、釉料烧制及古陶瓷皆有所研究。

李颜珣擅长陶瓷低温彩绘材料的开发和运用。2005年，他研制出第一套新型粉彩颜料并沿用至今。此独创的材料研发与运用极大程度地解决了传统粉彩的若干缺陷，提高了粉彩的表现能力，填补了中国低温彩绘工艺的一项空白。

其作品以山水题材为主，追寻历代文人画风，古雅俊逸，在创作上有着独到的见解和表现，独树一帜。其作品《松阴观瀑图——粉彩镶器》在第九届中国工艺美术大师作品暨国际艺术精品博览会上获得银奖，作品《四季山居图——粉彩山水瓷板四条屏》和《松壑古调——粉彩笔海》在第六届中国美术大师精品博览会上分别获得金奖和银奖,《携琴访友图》在第九届中国工艺美术大师作品暨国际艺术精品博览会上获得2008年"百花杯"中国工艺美术精品奖。

李颜珣曾在《广东工艺》发表论文《中国画山水文人画与景德镇瓷绘艺术之结合与发展》。

吴淑云

吴淑云,女,1958年生,广东省潮州市人。广东省工艺美术大师,高级工艺美术师。

吴淑云成长于瓷都中心地枫溪,1980年毕业于韩山师范学院广东省陶瓷职业技术学校,后任职于广东省枫溪陶瓷工业研究所,从事陶瓷艺术设计和创作至今,是潮州第一位省级女陶瓷工艺美术大师。

吴淑云擅长工笔花鸟彩绘,对陶瓷彩绘工笔花鸟画有独到的见解。她的作品,集传统彩绘的粉彩、古彩、新彩于一体,并且在传承传统彩绘技艺的同时,结合当代陶瓷艺术的发展趋向,学习运用传统的中国工笔花鸟画的技法特点,集中表现陶瓷彩绘的艺术特色。其作品格调清新、笔法细腻、高雅大方,既有工笔画精工细绘的形式美,又兼具艺术陈设瓷的装饰美,同时也饱含女性的细腻情致与恬淡温馨,严谨又不失灵动。

其代表作品有《秋韵》《秋林晨曲》《幽香随风来》《晨清听鸟说话》《春晖》《春风又绿江南岸》《灵鸟唱清音》《花开得胜》《和谐的韵律》等。其中,瓷挂盘《晨清听鸟说话》《春晖》和《玉兰花器花插系列》均荣获2005年全国陶瓷产品设计大奖赛银奖,瓷挂盘作品《春风又绿江南岸》《灵鸟唱清音》在2005年首届广东省陶瓷艺术大师评审作品展上分别获金质奖和银质奖,瓷版画作品《花开得胜》获2006年第八届全国陶瓷艺术与设计创新评比铜质奖、2006年广东省陶瓷艺术创作设计创新大赛金奖,《牡丹赋》获第四届中国(深圳)国际文化产业博览交易会广东陶瓷艺术精品展金奖,双耳扁瓶系列作品《和谐的韵律》获2010年"全国陶瓷艺术与设计创新评比"金奖。

由于吴淑云作品具有较高的艺术水准,中央电视台《走遍全国》栏目曾介绍其作品,潮州电视台"陶瓷专家表演"曾做现场直播,江西省《陶瓷研究》杂志、广东省《陶瓷信息报》分别发表其作品及论文。30多年的创作实践为吴淑云积累了丰富的创作设计经验,使她成为研究所陶瓷艺术设计室的主要骨干之一,在陶瓷艺术领域取得了显著的成果,对"中国瓷都"潮州知名度的提升起着积极的促进作用。

吴伟雄

吴伟雄,男,1957年生,广东省潮州市人。广东省陶瓷艺术大师,广东省工艺美术大师,高级工艺美术师。

吴伟雄十几岁就进入潮州市彩瓷工贸总公司工作,1985年于景德镇陶瓷大学美术系进修,后任潮州市彩瓷工贸总公司高级工艺美术师。吴伟雄擅长陶瓷装饰设计和制作,在长期的艺术实践中,逐步形成了自己的风格和艺术特点。其创作的陶瓷作品意味隽永,款式新颖,工艺考究,且秀中见巧,巧中见精,备受同行认可。

吴伟雄擅长通过陶瓷山水画展现自然景观,表现出天人合一、惬意、闲适、淡雅的境界,具有极高的艺术价值。其作品多次参加国内外展出并获殊荣,一些作品还被中国工艺美术馆等有关机构收藏。其中,2005年《羊城锦绣》瓷挂盘作为中共广东省委的礼品赠送给来访的时任中国国民党副主席吴伯雄,2008年粉彩作品《松涧飞瀑》在第九届中国工艺美术大师作品暨国际艺术精品博览会上获金奖。

近年来,吴伟雄又潜心研究陶瓷剪纸,结合传统剪纸技法,将潮州剪纸图案烧制到陶瓷挂盘上,使潮州剪纸依托经久耐存的陶瓷得以长久留存。其代表作品有《福娃贺春》瓷花挂盘系列作品。

余秀华

余秀华,女,1973年生,广东省潮州市人。中国高级工艺美术师。

余秀华自幼酷爱艺术,尤其对绘画有浓厚的兴趣。初中毕业后,她进入韩山师范学院广东省陶瓷职业技术学校学习,至今从事陶瓷艺术已有20多年。在传统陶瓷彩绘上,内容多以描绘山水为主,技法多以着墨写意为主。余秀华的作品一反常规,专注于陶瓷彩绘中的人物画,尤其是古典仕女画。其作品表现力强、人物逼真、神态生动,且绘工精细、构图饱满、色彩绚丽、线条流畅、层次分明。

在长期的研究和探索中,余秀华对独具地方特色的陶瓷艺术略有涉猎,结合多年来的工作经验、心得、技法,将国画与油画的创作技法相互融合,独创性地把油画的浓抹重彩、叠彩写神运用到了传统陶瓷彩绘创作中,在潮彩乃至整个陶瓷艺术界中独树一帜。她大胆地突破传统陶瓷彩绘以国画工笔技法为核心的做法，而是采用油画笔技为基，以国画工笔为骨。在作品创作中，她没有单纯采用国画焦、宿、破、积、泼、冲、渍等作画墨法，而是通过融合线、涂、砌、扫、拖等油画笔法，对作品进行充分的构图、着纹、晕色、渲染，赋予作品强烈的色彩感染力和视觉冲击力，让其每件作品、每个人物、每个细节都神韵飞扬、栩栩如生。

她创作了许多特色鲜明的陶瓷工艺精品，代表作品有《雍容华贵》《菊雅》《遐思》《冰清玉洁》《四美图条瓶》等。其中，《四美图条瓶》瓷板画在第三届"大地奖"陶瓷作品评比中荣获金奖。迄今，她已有多篇论文发表于《广东工艺》及其他刊物上。

陈锡藩

陈锡藩，男，1968年生，广东省潮州市人。广东省陶瓷艺术大师，高级工艺美术师。

陈锡藩自幼喜欢美术，13岁开始拜师学习国画及陶瓷彩绘，从此走上陶瓷艺术创作之路，以人物、山水画为长。1993年，他任职于知名陶瓷企业——广东四通集团，专业从事艺术陶瓷创作。2006年，他创办个人陶瓷艺术创作室"金易斋"。2010—2011年，他于苏州工艺美术研究院进修。

经过不断学习探索，陈锡藩掌握了釉下彩的创作技艺，并尝试在骨瓷上彩绘，并与时俱进，掌握了潮彩创新的整套工艺流程。此外，他将"易学"的哲理运用到陶瓷彩绘中，在构图、意境营造方面使创作更加得心应手。陈锡藩的山水彩瓷，没有名山大川的描绘和标签，却能汲取大山大水的秀美和壮丽，画出了釉上彩山水的自家面貌。将人物画放于山水的空间来描画的彩绘方式，是陈锡藩潮彩作品的另一个特点。经过20多年对陶瓷彩绘艺术的追求与创新，他逐渐形成了自己独特的艺术风格。

陈锡藩的代表作品有《山居图》《聚仙图》《秋江索渔》《溪山访客图》《幽林清韵》，特大瓷板画有《富春山居图》（628厘米×80厘米）和新粉彩花瓶彩绘《十八罗汉图》等。其作品多次荣获国家级、省级工艺美术评比金奖、银奖。其中《听泉品茗》瓷板画获"广东省第四届陶瓷艺术设计创新大赛"金奖，《聚仙图》瓷刻获第六届中国（深圳）国际文化产业博览交易会中国工艺美术文化创意奖金奖，《十八罗汉大将军瓶》在中国轻工业联合会、中国陶瓷工业协会举办的第三届"大地奖"陶瓷评比中荣获金奖，《溪山访客图》荣获第五届广东省陶瓷艺术创作设计创新大赛暨第三届广东省陶瓷艺术精品展金奖，《秋水索渔》荣获第六届广东省陶瓷艺术与设计创新大赛暨第四届广东省陶瓷艺术精品展金奖。他的多件作品被中国瓷都陈列馆及海内外艺术爱好者收藏。陈锡藩通过不断的学习探索，创造出众多的精品，把潮州的陶瓷艺术发扬光大。

陈　雄

陈雄，男，1972年生，广东省潮州市人。高级工艺美术师。

陈雄从小接触陶瓷，14岁时开始在父母工作的彩瓷厂学习绘画，16岁到私营陶瓷厂打工，18岁进入潮州市彩瓷工贸总公司系统学习瓷画。1994年，他个人出资办厂，进入个体创作阶段。1997年，他独创了很多能提高生产力的技术，比如将手工彩绘陶瓷改为"半手工"形式，使生产速度和质量均提升一个档次，其

参与设计的生产窑炉适合流水线作业，因而扩大了生产规模。1999年年底，陈雄的工厂意外倒闭。此后，他潜心研究国画中的山水画并进入"山水瓷板画"的艺术创作这一全新领域。

潮州的潮彩分为釉上彩、釉下彩、釉中彩、斗彩等若干门类，陈雄专攻釉上彩，绘画的题材主要是山水、花鸟、人物以及神佛像，以山水为主，作品讲求写意、别具韵味。近年来，陈雄运用了精熟的釉上彩技艺，配合窑炉烧烤技术，成功突破了釉上彩无法用自融水墨写意的局限，首创"陶瓷釉上彩水墨法"，只需用笔就能让水墨和陶瓷相融晕开，能够做到高度接近在宣纸上绘画那种自然晕开的水墨画效果，为瓷器釉上彩绘画开拓了新的创作空间。其作品获得了国家、省部级奖项20多项，并被广东省工艺美术珍品馆收藏。

陈仰中

陈仰中，男，1946年生，广东省潮州市人。广东省工艺美术大师，广东省陶瓷艺术大师，高级工艺美术师。

陈仰中自20世纪80年代初期任职于潮州市彩瓷工贸总公司，研制潮彩"堆金"新工艺，设计了很多"堆金"新花色。40多年来，他对潮州民间传统的陶瓷文化有深入的研究和探索，潜心造化，自成一家，形成古意古风、古趣古朴的艺术风格，擅长花鸟画和佛教画。陈仰中独创的瓷板画新领域，对大型纹片釉版画的成功研究，是中国陶瓷艺术上的一大创举，为中国陶瓷艺术做出了特别的贡献。近年来，他又将潮州的木雕艺术融合到潮州陶瓷绘画中，制作的大型瓷

板画气势恢宏、色彩艳丽、线条流畅，极具震撼力。他在取材上打破了常规，并充分利用纹片釉的自然肌理，结合潮州文化与西方理念进行创作。其作品具有潮州传统陶瓷艺术特色，又折射出现代画风的光彩，自然美和艺术美相映成趣。

他的主要作品有《松鹤》《梅雀图》《釉上堆金花鸟天球瓶》《百鸟图》，和12块大瓷板连屏的《洛神赋》等。其中，潮彩《松鹤》获第四届中国工艺美术大师作品暨国际艺术精品博览会金奖，《梅雀图》获2002年第七届全国陶瓷艺术设计创新评比金奖。他参与创作的《釉上堆金花鸟天球瓶》获得1986年民主德国莱比锡春季博览会金奖、中国工艺美术"百花奖"一等奖、广东省名作金奖、第四届中国工艺美术大师作品暨国际艺术精品博览会金奖等。

郑金发

郑金发，男，1956年生，广东省潮州市人。广东省工艺美术大师，高级工艺美术师。

1973年，郑金发进入潮州市彩瓷工贸总公司工作，师从工艺美术大师谢金英，至今从事潮彩釉上彩绘的设计制作已达40多年。在长期的创作实践中，郑金发坚持传统题材与现代装饰美相结合，力求把中国画的构图、技法与潮彩的传统技法、现代装饰技法有机结合，逐步形成自己的艺术特色。其创作题材广泛，擅长创作花鸟、山水，兼作走兽、虫鱼、人物，是潮彩中屈指可数的集各类题材创作、制作于一身的技术中坚。其作品常以独特多变的表现技法配以施粉、织金、堆金、堆色、堆点、蚀金等装饰手法烘托主题画面，结构严谨，构图新颖，彩工精致，表现手法多样，技艺水平高超。

其代表作品有《堆金国色天香天球瓶》与菊口瓶《堆金百鸟图》《金地开方堆金牡丹鸟》等。作品多次获得广东省陶瓷艺术与设计创新大赛特别金奖、广东陶瓷艺术精品展金奖、中国工艺美术"百花奖"金奖及中国工艺美术文化创意奖金奖等奖项。

创作的同时，郑金发还刻苦钻研陶瓷釉上彩绘技艺理论，撰有《潮彩初探》《釉上堆金与堆彩技法在潮彩中的应用》《新彩腐蚀金工艺在新形势下的飞跃》《潮州工艺美术之潮州陶瓷》《花鸟画在陶瓷彩绘中的应用和技法》《中国画技法和潮彩技法的结合与应用》等十多篇讲稿和论文。多年来，他为企业培训了大量陶瓷彩绘专业技术人员，其中许多人如今已是省、市级工艺美术大师，成为潮州市彩瓷行业的骨干力量。

郑　鹏

郑鹏，男，1959年生，广东省潮州市人。广东省工艺美术大师，高级工艺美术师。

郑鹏自幼喜爱美术，1975年进入潮州市彩瓷工贸总公司工作。自20世纪80年代末以来，郑鹏以强烈的创新意识和独辟蹊径的胆略，在继承潮彩传统技艺的基础上，致力于潮彩与现代陶艺的研究与创新，创作了一批新意念、新形式、新装饰、新风格的"新潮彩"作品。同时，他大胆探索潮州文化，善于汲取民间壁画、彩陶、漆画、剪纸等艺术的特点，并借鉴现代构成处理手法，融入瓷器的画面设计。

其作品题材广泛，构图超脱，技法工整，艺术塑造上着力于具象表现与抽象概括的有机结合、韵味与灵感的有机交融；艺术创作题材坚持传统与新潮、古典与现代、东西方装饰美兼备；在装饰手法上常以新彩、堆彩、织金彩、腐蚀金彩等技艺交相融合，达到了炉火纯青的艺术境地；作品画面构图严谨，色彩典雅稳重，装饰性强，形成独特的艺术风格，具有较强的艺术性与观赏性。

其代表作品有12寸箭筒《中国十二生肖图》、20寸月亮瓶《楚乐》、42寸月亮瓶《红楼梦》、12寸双龙耳瓶《群龙欢庆》、16寸金钟瓶《舞乐图》、24寸挂盘《欢乐颂》、18寸瓶《源远流长》、18寸榄瓶《石窟艺术》、16寸双凤耳瓶《龙腾凤舞》等。其作品曾多次在国内外展览并获金奖、银奖等共20多项，并被中华人民共和国海关总署、广东省工艺美术珍品馆等收藏。

迄今，他已发表《略谈潮彩的装饰艺术形式》《陶瓷釉上堆彩装饰工艺初探》《中国画艺术在潮彩釉上装饰中的运用》等多篇专业论文，得到有关专家、行家的高度评价。他与郑振强合作编著出版的《广东省民间文化遗产抢救工程系列丛书·广东彩瓷潮彩》是第一本关于潮彩艺术的专著，详细介绍了潮彩艺术的形成发展概况、潮彩的文化特点和装饰艺术、潮彩的颜料与装饰工艺、潮彩瓷画艺术名家及名作等，对推动潮彩艺术的创作与研究、弘扬潮州陶瓷文化具有积极的意义。

郭翌民

郭翌民，男，1955年生，广东省潮州市人。广东省工艺美术大师。

郭翌民自幼习画，1973年进入潮州市彩瓷工贸总公司工作；1975年进总厂研究所学习，师从谢金英、王儒生等工艺美术大师。2005年，郭翌民成立了自己的工作室，潜心于创作，专门制作精品瓷画。

郭翌民擅长人物画、陶瓷肖像画。其人物肖像瓷画，吸收了油画的表现形式，绘制出人物脸部五官和肌肤的质感，精细表现人物的形态神韵，给人以逼真的感受。在瓷画的创作上，郭翌民不拘泥于传统手法在瓷器上的表现，而是对陶瓷的原材料和制作工艺不断探索、改进，并借鉴摄影、油画等表现技巧，始终坚持"师古"而"创新"的精神，逐渐形成了自己独特的艺术风格和优秀的瓷画表现力。

郭翌民参加试制设计的陶瓷漆雕贴金特种工艺产品获省优秀产品三等奖；2004年，其陶艺作品《天坊春晖》获第五届中国工艺美术大师作品暨国际艺术精品博览会优秀作品奖；2005年，其雕瓷作品《希腊神女图》、陶瓷新彩作品《清溪理妆图》分别获首届广东省陶瓷艺术大师评审作品展金奖和铜奖；2006年，其瓷板画《静聆生风》《秋水长天》、陶瓷挂盘《天行健》等作品获奖。另外，他有多件作品被作为国礼赠送给国外贵宾。

郭翌民还发表论文《陶瓷肖像画的彩绘技法》《陶瓷图案的装饰》等，为潮州彩瓷的理论研究做出了贡献。

谢洁莉

谢洁莉，女，1969年生，广东省潮州市人。广东省工艺美术大师，高级工艺美术师。

谢洁莉出身于潮州工艺美术世家，父亲谢金英为潮州彩瓷大师。她自幼受父亲影响，对陶瓷绘画有浓厚的兴趣。高中毕业后她进入潮州彩瓷工贸集团技艺研究所，继续跟随其父亲学习传统陶瓷彩绘技法，开始从事陶瓷的创作设计工作，至今已有近30年的专业工龄和丰富的创作设计经验。

在职期间，她创作设计了130多件（套）陶瓷生产样品和展礼品、精品。其作品构图严谨，意境深远，并采用陶瓷釉上新彩的传统技法进行表现，以精巧技艺、娴熟笔法，创作设计了具有浓郁的民间技艺特色和传统地方特色的精品。她的作品多次在全国各种工艺美术品展览评比会中获奖。

其独立创作设计并获奖、参展或被收藏的作品有：1991年，28寸天球瓶堆金《四季花鸟》在省工艺美术展览获一等奖；1990年，36寸狮头盖坛墨地描金《菊花蝴蝶》参加景德镇首届陶瓷节展览；2002年，36寸堆金花鸟瓶被收藏于省工艺美术珍品馆；2005年《堆金花鸟大挂盘》在全国工艺美术大奖赛中获金奖。其陶瓷《色釉堆金系列》入选第一批广东省工艺美术珍品。

谢俏洁

谢俏洁，女，1970年生，广东省潮州市人。广东省工艺美术大师，高级工艺美术师。

谢俏洁自幼受其父亲谢金英的影响，执着追求艺术，通过学习和实践，掌握了国画的传统技法和陶瓷设计、制作技艺。进入潮州彩瓷工贸总公司技艺研究所后，她继续随父学艺，深造提高。在职20余年来，她协助其父亲设计、制作了大量生产样品和国内外展、礼品，并在各次展览评比中获奖。

谢俏洁独立创作设计并获奖或被收藏的作品有：1999年，16寸挂盘《堆金凤牡》获广东省工艺美术品银奖；1990年，28寸花瓶获全国美术陶瓷行业三等奖；2004年，42寸《美人瓶》被广东省工艺美术珍品馆收藏；1998年，25头薄胎茶具在广东省首届工艺美术名家名作展中获优秀奖。另外，她还创作设计了很多花瓶、挂盘、茶具参加广州交易会。

谢金英

谢金英，男，1946年生，广东省潮州市人。非物质文化遗产（潮州彩瓷）项目广东省级代表性传承人，广东省工艺美术大师，高级工艺美术师。

谢金英自幼师从粤东著名国画家陈修龄老师，1964年进入潮州市彩瓷工贸总公司研究所工作，后任潮州市彩瓷工贸总公司技艺研究所副所长、艺术仿古瓷副厂长。多年来，他一直从事潮彩设计、创作并致力于陶瓷和中国画的创新设计与研究工作，成就卓著。在潮州彩瓷集团工作期间，谢金英对潮彩进行创新，"釉上堆金新工艺"作品在国内外屡获金奖。2008年，他又力主"釉下新潮彩"的二次创新，形成了潮彩新的艺术风格。

谢金英在创作上既传承又创新，他的作品吸纳传统国画精华，把国画技法融入传统工艺。他的作品意境深远，画风严谨，具有浓郁的民间艺术特点和传统地方风韵。目前，他的作品荣获国家级、省部级奖23项，并被国内外博物馆、珍品馆、收藏家收藏。其创新科研成果荣获全国工艺美术行业优秀成果一等奖，15头飞雁茶具《红地描金四季花》、10.5英寸挂盘《堆金双凤朝牡丹》获中国工艺美术"百花奖"银杯奖；14英寸挂盘《堆金四季欢乐》、15头咖啡具《堆金四季花果》获中国工艺美术"百花奖"金杯奖和首届全国轻工业博览会金奖。

作为非物质文化遗产"潮州彩瓷"项目的传承人，谢金英一直不遗余力地培养接班人。他的两位女儿谢洁莉、谢俏洁都是高级工艺美术师和广东省工艺美术大师，是潮州唯一的一门三大师之家。在职期间，谢金英还自编教材、举办不同的培训班，亲自授徒，培养技艺人员2000多人。在工艺美术行业的"传、帮、带"上做了大量工作，带领本行业的技艺人员、大师为繁荣发展工艺美术事业做出了突出贡献。

谢志新

谢志新，男，1952年生，广东省潮州市人。广东省工艺美术大师，高级工艺美术师。

谢志新自青少年时期起酷爱绘画，为陶瓷设计打下了扎实的造型基础。谢志新1986年结业于景德镇陶瓷大学美术设计系，先后于潮州市彩瓷工贸总公司设计室、广东长城集团有限公司设计室从事陶瓷设计。他的潮彩设计得到高级工艺美术大师谢金英、王儒生的指点，擅长人物画、头像画、山水画、花鸟画等。

谢志新从业30多年来，博采中国文化和民间传统艺术的精华，拓宽不同风格的创作思路，并融国画、西洋画于陶瓷创作中。其陶瓷作品具有浓郁的民间艺术色彩，构图新颖、格调高雅、技艺精巧、形神兼备。

其代表作品有《八仙雅集图》《福禄寿》《水浒108将》《敦煌人物》《红楼梦仕女图》《百童》《蚀金山水》《七女奏乐》等陈设瓷以及日本彩、中温白纹片、蓝釉配铜、雕瓷等日用瓷。另有作品花瓶《梦幻希腊》获首届广东省陶瓷艺术大师评审作品展金奖，《山水挂盘》获首届广东省陶瓷艺术大师评审作品展铜奖。2005年，他创作的瓷板画《三英战吕布》《春逸》双获第三届（潮州）工艺美术精品展银奖。获奖作品还有瓷板画《溪山松云图》《荷香》（65厘米×55厘米）、《挂盘——妈祖》等。

其论文《艺术是瑰宝，瓷艺蕴灵秀》《中国山水画艺术与陶瓷艺术相通》《雕瓷设计与构成形式美的具体法则》等发表于《广东工艺》《陶城报》《山东陶瓷》《中国陶瓷工业》等专业刊物上。

蔡光秋

蔡光秋，男，1953年生，广东省潮州市人。广东省工艺美术大师，高级工艺美术师。

蔡光秋于1969年进入潮州市枫溪蔡陇瓷厂学艺，逐渐掌握了瓷器制作的工艺流程。他对红釉的烧制情有独钟，结合潮州本土工艺，制作了独具特色的红釉作品。蔡光秋专门从事陶瓷工艺陈设瓷创作、高温一品红釉和各种仿古颜色釉的研制。由他主持研发的"陶瓷高温一品红釉系列产品",填补了广东省内陶瓷高温红釉系列产品的空白,被大力推广。他设计的艺术陈列瓷风格独特,造型美观大方,釉色晶莹凝重,呈现了富贵吉祥、恢宏大气的特点。2005年,蔡光秋完成其第一件高温陶瓷大型红釉作品《红釉大瓷缸》,其直径为108厘米、缸壁厚约1.5厘米、重140多千克,获上海大世界基尼斯之最。2007年,他联合7名工艺师设计完成的高1.8米、宽1.18米的一品红釉《盛世瓷花篮》,为六角六边形,篮体采用三层镂空寄花的方式,篮面花卉近千朵,朵朵分明逼真,显示了高超的工艺水平,并再次刷新上海大世界基尼斯纪录。

蔡光秋从事艺术陶瓷创作30多年,共有38件作品分别获国家级、省部级金银铜等奖项,8件作品被潮州陈列馆、中国工艺美术馆等机构收藏。其作品纹片瓷《吉祥宝珠》获第三届中国(深圳)国际文化产业博览交易会中国工艺美术文化创意奖金奖,被中南海收藏;《一品红通花宫灯》获2006年"百花杯"中国工艺美术精品奖金奖,被国务院中南海紫光阁、中国工艺美术馆收藏。

蔡秋权

蔡秋权,男,1956年生,广东省潮州市人。广东省工艺美术大师,广东省陶瓷艺术大师,高级工艺美术师。

蔡秋权1974年进广东省陶瓷研究所美术班,师从郑才守老师学习陶瓷彩绘及雕塑工艺;1985年进入广州美术学院工艺系,专修现代陶瓷装饰设计。多年来,他致力于陶瓷装饰艺术研究和探索,充分发挥潮彩"明丽、细致、清雅、写意"的艺术特点,

同时将传统国画、中华诗词等古代文化运用到作品中来,追求传统文化与现代审美意识的协调统一。其作品清新,格调高雅,既有深厚的文化内涵,又有浓郁的装饰情趣。

在精益求精的同时,蔡秋权还非常注重新材质、新器型、新手法在作品中的运用。他将骨瓷作为制作作品的载体进行创新尝试,通过利用骨瓷釉层熔点低的特性,

让潮彩颜料在烧制过程中进入骨瓷釉层中，达到两者互相渗透。这种技术使烧制出来的潮彩作品更具光泽感、平滑感和鲜艳感，同时也提高了色彩的持久度。不少业界专家认为，该技术将使潮彩艺术得到一个质的提升。

蔡秋权的代表作品有《一钓风云》《江南三月》《达摩参悟图》等；有些作品曾多次作为国礼瓷送给外国首脑及友人，并在全国、省内陶瓷美术各项大赛中获奖。

蔡禧平

蔡禧平，男，1953年生，广东省潮州市人。非物质文化遗产（潮州彩瓷）项目广东省级代表性传承人，广东省工艺美术大师，高级工艺美术师。

蔡禧平自幼酷爱画画，1973年跟随父亲蔡永青（潮彩创始人之一，潮彩山水画一代宗师）学艺，先后任职于潮州市彩瓷工贸总公司、潮州市工艺美术研究院，至今从事潮彩工作40余年。

蔡禧平在传承传统潮彩技艺的同时，不断发展创新，独创"苔笔皴"山水彩绘技法，并将其大量应用于大花瓶、大挂盘，不仅提高了作品的质量，同时还大大提升了创作速度。在积极继承传统技艺基础上，他与本地陶瓷企业合作，推陈出新，共同研发了"骨瓷釉下潮彩新技术"并申请国家发明专利。该技术能使花面在釉层下更加晶莹通透，永不褪色，极大地提高了作品的档次及收藏价值。他还把长期研习的中国画传统技法与瓷艺融于一体，所创作的山水画结构严谨、笔法精细、色调清雅、自成一格，被潮州彩瓷业界称为"蔡家山水画"。

其代表性作品有《潮彩山水瓶》《晴雪立鹤图》《秋涧鸣泉图》《潮彩山水瓷瓶》《潮彩山水瓷板面》《清明上河图》等，其中《清明上河图》被人民大会堂收藏作为永久摆设。其作品在国内外各种工艺及美术大展中，先后荣获国家、省、市级金、银、铜奖等各种奖项30多个，有40多件作品被国内外博物馆收藏。

蔡禧平乐于撰文立说，传授自身技艺，自1979年被潮州市彩瓷工贸总公司聘为教师以来，一直育人不辍。蔡禧平自编山水画技法教材，迄今授课所培训人数达1000多人，直接授艺的徒弟有黄奕湘、龙仙雯、柯文标、柯文盛、蔡禧锐、蔡琳琳等8人。在多年创作过程中，他总结撰写的《潮彩的由来及其演变》《陶瓷彩绘的重要意义》《宗教文化对潮州陶瓷的影响》等论文，精辟地论述了潮彩的渊源和现状，对向外推介潮彩艺术和潮州陶瓷文化发挥了巨大的作用。

第三节
工艺印染传承人

黄田胜

　　黄田胜，男，1958 年生，广东省佛山市人。非物质文化遗产（香云纱染整技艺）项目广东省级代表性传承人。

　　黄田胜是香云纱晒莨师傅，是成艺晒莨厂（原新民晒莨厂）主要技术负责人之一。他自 1987 年到新民晒莨厂从事香云纱生产，至今已有 20 余年，学艺期间师从陈桓、陈权等，熟练掌握香云纱全套生产流程及相关技艺。黄田胜为香云纱生产及染整等相关技艺传承付出了极大的努力。1992 年，新民晒莨厂由集体经营改为股份制，并更名为成艺晒莨厂，他出任企业法人代表，为企业注入了新的活力。在香云纱生产技艺方面，他在传统产品的基础上不断开发新的产品。例如，将印花丝绸、缎、棉麻制品等现代面料作为坯料生产香云纱，并采用现代染整技术水洗、磨砂等工艺进行香云纱的后处理，为传统香云纱染整技艺的传承和发展做出了重大贡献。

梁　珠

　　梁珠，男，1935 年生，广东省佛山市人。非物质文化遗产（香云纱染整技艺）项目国家级代表性传承人。

　　梁珠是目前少有的精于香云纱工艺的晒莨老师傅，其一生可谓是伴随香云纱产业"三起三落"。梁珠 14 岁进入一家工厂当学徒，与香云纱结缘。他在 3 年学徒期间，掌握了香云纱制作的生产流程及全套染整技艺。1979 年，梁珠重回伦教新民村，并在村集体成立的新民经济发展公司担任经理，想要重新振作香云纱产业。改革开放后，新民晒莨厂成立，梁珠任厂长。1992 年，新民晒莨厂濒临倒闭，梁珠抓住时机，买下晒莨厂，并将其更名为成艺晒莨厂。该厂一度成为全国唯一一家坚持生产香云纱的工厂。2011 年前后，香云纱产业的第三次衰落使得梁珠意识到产业品牌的重要性，他给自己的工厂增加织布、设计、成衣部门，实现"一条龙"生产，树立自己的品牌，以摆脱利润微薄的布料供应商的地位。2012年，梁珠联合其他投资人将香云纱的生产产业化，不仅着眼于香云纱染整技艺，还将视野扩展到了保护、研发、生产、展示、观光游览等领域，打造香云纱产业园区。

　　梁珠一直致力于对香云纱染整技艺的研究。在原料方面，他坚持使用传统的坯绸、坯纱，同时积极尝试用印花丝绸和棉麻制品等现代面料做坯料；在工艺方面，他对莨水、晒莨、过河泥等香云纱染整技艺的每一道工序进行研究，对浸晒次数、浓度、时间等反复做实验，最终在传统染整经验基础上形成了一套"三洗九整十八晒"的工艺程序，主张用水洗、磨砂等现代工艺进行香云纱制作的后期处理，使传统的香云纱染整技艺既得到传承又有新的发展。

第四节
工艺织绣传承人

一、广绣传承人

阮贤娥

阮贤娥，女，1956年生，广东省佛山市人。非物质文化遗产（广绣）项目广东省级代表性传承人。

阮贤娥1973年师从顺德勒流廖氏老人和阮三妹学习广绣画绣，1974年进入顺德刺绣总厂工作。由于出色的绣艺，1979年阮贤娥成为刺绣总厂广绣画精品组的一员。1983年，阮贤娥跟随广绣艺人何少霞学艺，绣制了大量广绣大披肩样品。阮贤娥在实践过程中积极探索，参与研发了顺德广绣特有的实用双面绣技艺，"单面飞针，双面影随"是其所擅长的绝活。她参与制作刺绣的《百鸟朝凤》画绣作品，在1982年、1988年两次获得中国工艺美术"百花奖"金杯奖。

自1989年以来，阮贤娥担任刺绣总厂即富德工艺品有限公司针法室主任，常年对企业本部学员及临海、卢龙、双峰、玉屏等地的学员进行实用广绣技艺培训。此外，阮贤娥还多次到江西、河南、湖南等地的刺绣工厂进行技艺培训和技术指导，促进广绣的传播和传承。

伍洁仪

伍洁仪，女，1955年生，广东省广州市人。非物质文化遗产（广绣）项目广东省级代表性传承人，手绣工高级技师、刺绣工艺美术师。

伍洁仪出生于一个刺绣家庭，母亲擅长刺绣龙凤被面、戏服等绣品。受家庭氛围影响，伍洁仪6岁起跟随母亲学习广绣的基本刺绣技艺。1969年初中毕业后，她在家刺绣，为中华戏服厂加工刺绣狮被、神裆、台围等物品。

1997年起，伍洁仪到广州珠绣厂从事刺绣工作，先后跟随许炽光、梁桂开等广绣著名刺绣艺人学艺并与之探讨，对传统针法进行改良，参与创造了横丫型针、直丫型针、斜丫型针、旋转丫型针及圆毛针等新的刺绣针法。在熟练运用广绣技艺的基础上，伍洁仪曾到湖南长沙、江苏苏州等地与湘绣、苏绣刺绣艺术大师切磋、探讨刺绣技艺，学习和借鉴苏绣、湘绣的刺绣针法和表现手法，与广绣技艺融会贯通、灵活运用。伍洁仪对广绣针法运用熟练，所刺绣的绣画纹路清晰、针步均匀，物象形神兼备，获业界好评。其代表作品有《香远益清》《锦鸡花鸟》《岭南佳荔》《仙女花》《绿映轻舟》《荔园合家欢》《粉妆图》《桃源春暖》《富贵果》《红桃报春》《故乡大吉》等。其中《故乡大吉》在2012年获中国工艺美术文化创意奖金奖，并被广东省经济和信息化委员会认定为广东省工艺美术珍品。除此之外，伍洁仪还撰写了《弘扬广绣，让她生生不息》《对手工刺绣和机绣的一点看法》《试论巨幅粤绣〈夏日海风〉创作的技艺创新》等论文，为广绣的理论研究做出了努力。

许炽光

许炽光，男，1932年生，广东省广州市人。非物质文化遗产（广绣）项目广东省级代表性传承人，广东省工艺美术大师，高级工艺美术师。

许炽光自幼受到家庭的熏陶，7岁起便跟随父亲许松学习广绣刺绣技艺。许炽光于1951—1955年加入广州市荔湾区手工业工会，1955—1959年先后在绮兰刺绣组、刺绣二社、艺峰刺绣社、艺峰刺绣厂从事刺绣工作。许炽光不但继承了祖辈、父辈的刺绣技艺，精通广绣的针法和表现手法，而且大胆实践、勇于探索、有所创新，擅于把其他绣种的针法和表现技术结合运用到广绣的绣画中，又根据绣画画面表现效果的不同发明创造了"施盖针""鸡仔针"等新的针法和表现手法，被同行誉为"对针法颇有研究"的艺人。

从艺几十年来，许炽光参与指导和刺绣了一大批享誉中外的广绣艺术精品，其中较有代表性的作品有《红棉八哥》《紫荆孔雀》《仙女散花》《红棉孔雀》《锦鸡花鸟》《蝶丽争春图》《爱因斯坦像》《红荔白鹅》《竹报平安》《咏鹅》《小河悠悠》《荔园合家欢》等。其作品经常被省市各级政府和社会各界选作礼品赠给国际国内贵宾，多次参加全国、省、市级的展览并获奖。其中，《竹报平安》获广州市第二届工艺美术精品展金奖、第五届中国（深圳）国际文化产业博览交易会金奖，《小河悠悠》获2008年广东传统工艺美术精品大展银奖、2009年"百花杯"中国工艺美术精品奖金奖，《荔园欢歌》获2008年第四届广州市工艺美术精品评比金奖。

许炽光有着高超的艺术造诣和丰富的创作经验，多年来热心带徒授艺。他发表了论文《广绣及其行会组织》和《刺绣针法要继承也要创新》，为了解广绣的历史，传承、发展广绣提供了珍贵的历史资料和参考资料。

陈少芳

陈少芳，女，1937年生，广东省广州市人。非物质文化遗产（广绣）项目国家级代表性传承人，中国工艺美术大师，高级工艺美术师。

陈少芳1962年毕业于广州美术学院国画系，师承岭南画派大师关山月、黎雄才、何磊、卢振寰、杨之光等教授的绘画艺术，

后到广州市工艺美术研究所任广绣设计，1969年到广州织金彩瓷工艺厂当工人，1972年在卫东机修厂任广绣设计，1978年在广州珠绣厂任广绣设计。1992年，退休后的陈少芳创办了"番禺广绣艺术研究所"，以保护、发展广绣艺术为宗旨，继续从事广绣的研究与制作。

陈少芳在熟练掌握广绣传统技艺的基础上，将传统针法重新组合，创造了多种新针法如"绒毛针""竹叶针""短发针"等和新的绣法如绒毛动物绣法、鸡冠花绣法、雏鸡绣法等。多年来，陈少芳融现代美学观念和中西绘画艺术元素于广绣技艺之中，形成了现代广绣艺术的新风格。她根据传统的"扭花丝"绣法的丝线色彩搭配原理，结合中西绘画的色彩构成原理，成功创造了"陈氏广绣"独特的"丝线色彩构成法"，扩展了广绣艺术色彩的表现空间。陈少芳从事刺绣创作多年，作品颇丰，题材有人物、花鸟、瓜果等，代表作品有《我爱小鸡群》《晨曦》《岭南锦绣》《孔雀姑娘》等。其中，《岭南锦绣》被国画大师关山月称赞为"世纪之作"，是陈少芳耗时10年研绣而成的大型作品，长13.8米、高1.2米，以春夏秋冬为主题，汇集了"红棉盛放""花开富贵""孔雀开屏""百鸟归巢""羊城远眺"的景色，是广绣史上最长的花鸟长卷绣画；在技法上，该作品融会了中西绘画的艺术表现手法，集中了几乎所有广绣的针法和绣艺，具有总结性和示范性。2004年，《岭南锦绣》在首届广东省民间工艺精品展上展出并荣获金奖，后又获得鲁迅文艺奖。

1984年，陈少芳编著了《广绣》一书，对广绣的针法、绣纹、色彩的设计和运用进行了系统的总结和理论上的探讨，另外还发表了《广绣的艺术特色》《继承传统，发展创新广绣》等论文，为广绣的发展做出了杰出的贡献。

陆柳卿

陆柳卿，女，1945年生，广东省广州市人。非物质文化遗产（广绣）项目广东省级代表性传承人。

陆柳卿7岁开始学刺绣，由于家境困难，13岁时就进入黄埔刺绣社工作，跟随著名刺绣大师龚公学艺。陆柳卿对刺绣很有天赋，加上学艺勤奋刻苦，很快就掌握了40种广绣针法，17岁就成为黄埔刺绣社的佼佼者，被评为技术最高级的8级工。20世纪60年代初，陆柳卿被广州市评为"青年刺绣能手"。1963年，她曾出席"广州市群英会"。

陆柳卿先后在广东省工艺美术研究所、广州市工艺美术研究所、广州市艺华工艺厂工作。她在1995年退休后，仍热衷于刺绣工作，吸收借鉴苏绣的针法和技艺，将其融入广绣，形成独特的艺术风格。其代表作品有《伟大领袖毛主席像》《木棉红》《渔女》《波罗全图》《百鸟朝凤》《富贵荣华》《岭南水乡》等。其中，《波罗全图》为陆柳卿耗时3个月绣成，其画稿选自清代嘉庆年间秀才崔弼编撰的《波罗外记》，表现了虎门、古波罗庙、鱼珠古码头的全貌，全画用金丝绒线绣成，并在2008年广州乞巧工艺展上获得专家好评；《岭南水乡》荣获首届"中国·金艺奖"国际工艺美术创新设计大奖金奖；《富贵荣华》荣获中国工艺美术学会颁发的"传承与创新——工艺美术作品展"金奖。

陆柳卿非常关心广绣的传承，在其影响下，儿子李卓熹和媳妇肖惠娥已成为其徒弟。

林瑞贤

林瑞贤，女，1944年生，广东省中山市人。非物质文化遗产［粤绣（小榄刺绣）］项目广东省级代表性传承人。

林瑞贤，人称"六姐"，从艺至今有66年。她是中山市小榄镇商会菊绣中心的技术总顾问，小榄刺绣培训班的首席师傅。

她自幼聪颖过人，6岁起跟随母亲伍桂芬学绒绣，1958年入永宁绣花厂工作，至1962年转入小榄镇刺绣工艺厂。林瑞贤擅长绒绣，功底深厚，从徒手绘稿到色彩搭配到作品刺绣都能独立完成；绣品绣功精细、针法丰富、层次分明、色彩鲜明，颇具地方特色。

1972年10月，她的绒绣作品《万象更新》代表小榄刺绣工艺厂参加佛山地区刺绣作品大赛，荣获"刺绣之星"称号。

如今，已年过七旬的林瑞贤依然热心刺绣传承工作，多次担任小榄刺绣技艺培训班导师，同时也是中山市职业技术学院（小榄分院）刺绣选修课的特聘讲师，定期面向小榄本地及周边镇区社会群众、在校学生开课传授技艺。2010年以来，林瑞贤已教授刺绣学徒数百名，为粤绣（小榄刺绣）的传承发展做出了重要的贡献。

梁桂开

梁桂开，女，1945年生，广东省广州市人。广东省工艺美术大师，非物质文化遗产（广绣）项目广东省级代表性传承人。

梁桂开6岁开始跟随母亲学习广绣的基本技法，后拜黄埔刺绣社黎煊为师深入学习广绣艺术，较好地掌握了山水、花鸟、床上用品、被面、靠片等的刺绣技艺，对留水路、押色绣、扭眼、勾勒脚、珠针等独特针法掌握娴熟。1965年7—10月在苏州市刺绣研究所跟随任嘒娴、李娥英等苏绣工艺美术大师学习人像刺绣、小乱针法等苏绣技巧，将苏绣的针法和表现手法融入广绣创作中，从而形成自己独特的艺术风格。

从艺几十年来，梁桂开参与刺绣了不少享誉中外的广绣艺术精品，参与刺绣的肖像画《麦贤得》以黑白色线改为由黑到白7个色阶绒线，施以丝针、辅助针，使画面庄严而不呆板。其他著名的绣品还有《孔雀姑娘》《苗苗》《春日》《荷塘翠鸟图》《红荔白鹅》《蜀葵花》《扶桑花》《春风荡漾》《红莲》等。其中，《孔雀姑娘》被轻工业部选送到中国香港地区以及澳大利亚等地进行展览，并获1978年广东省工艺美术创新设计奖；《红荔白鹅》获广州市首届工艺美术优秀作品展银奖、最具传统风格奖，第二届广东省民间工艺精品展银奖，第三届中国（深圳）国际文化产业博览交易会中国工艺美术文化创意奖银奖，2008年广东传统工艺美术精品大展金奖，中国传统工艺美术精品大展银奖；《春风荡漾》《红莲》分别获第六届中国（深圳）国际文化产业博览交易会中国工艺美术文化创意奖金奖、银奖。

谭展鹏

谭展鹏，男，1963年生，广东省广州市人。广东省工艺美术大师。

谭展鹏为广绣大师陈少芳之子，自小跟随母亲陈少芳学习绘画知识，同时于1972—1980年在广州市少年宫学习美术理论与绘画知识，有着全面、扎实的美术功底。子承母业，谭展鹏多年来钻研广绣技艺，为"陈氏广绣"的主要设计者之一，也是陈少芳广绣艺术的推广者。从艺以来，他参与设计、构思了多幅陈少芳的作品，包括《岭南锦绣》《马到功成》《同绣友谊花》《董建华像》《何厚铧像》等。

谭展鹏善于细心揣摩学习，为更好地展现广绣的魅力，经常在广绣传统的基础上创新。例如，在绣荔枝时，传统绣法为在红色线表面钩绣黑色网纹以体现出表皮质感，而谭展鹏却用"留水路"针法以留空的方式表现裂纹，运用圆球透视原理设计绣纹，使荔枝更具立体感。在其代表作品《王者风范》中，谭展鹏将油画、摄影常见的"高调子"画面风格运用在刺绣作品上，展现了在稀疏的晨雾和柔和的阳光中栩栩如生的白孔雀，一反传统的蓝绿色孔雀。

本着广绣应走高端化路线为主、实用市场化为辅的思想，2011年谭展鹏成立公司，进行广绣商品的工业化生产，为酒店、衣服、布艺提供广绣设计、广绣商品供应，为广绣的传承和发展做出了贡献。

二、瑶族刺绣传承人

邓菊花

邓菊花，女，1952年生，广东省韶关市人。非物质文化遗产（瑶族刺绣）项目广东省级代表性传承人。

邓菊花是"瑶族刺绣"邓家第四十代传人，6岁起跟随母亲和姐姐学习刺绣，十一二岁时已能自己绣帽子。邓菊花16岁起在村里担任教师，一直到55岁退休，在此期间未曾间断过刺绣事业。邓菊花精通瑶绣中的独特技艺——"反面刺绣"。从艺以来，她独立、参与

制作过许多瑶族刺绣精品，如《万物和谐》《瑶岭长歌——过山瑶历史文化百米刺绣长卷》。其创作的《万物和谐》获第六届中国（深圳）国际文化产业博览交易会中国工艺美术文化创意奖金奖，组织参与制作的巨幅作品《瑶岭长歌——过山瑶历史文化百米刺绣长卷》于2010年获"大世界基尼斯之最"（中国之最）称号和世界纪录协会认证的"世界之最"称号。

除了传承瑶族刺绣技艺，邓菊花还积极挖掘、整理瑶族刺绣技艺。2003年起，

邓菊花就开始整理瑶族反面刺绣的形纹刺绣、选布、挑花、打格等技艺，并编撰成书，方便更多的人了解、学习瑶族刺绣。

沈佩英

沈佩英，女，1947年生，广东省清远市人。非物质文化遗产（连南瑶族服饰刺绣）项目广东省级代表性传承人。

沈佩英12岁开始向母亲唐二妹学习瑶绣。通过11年的学习，她熟练掌握了瑶族服饰刺绣的技法。在针法方面，熟练运用挑花刺绣的反面挑、十字挑、斜挑、平挑等针法；在刺绣图案方面，掌握姑娘纹、龙角花纹、鸡冠纹、小鸟纹、扇子纹、龙尾纹、蛇纹、森林纹、牛角纹、桥梁纹、雪花纹、双小鸟纹、树木纹、小草纹、马头纹、双鸟头纹、太阳纹、月亮纹、高山纹、河流图纹、松树纹、龙眼纹、鱼纹等图案。沈佩英刺绣可以针针相连、行行相接、环环相扣，用纵横交错、有条不紊的线纹勾绘出抽象、协调、生动、美丽的花纹与图案。

沈佩英不仅自己制作瑶族服饰刺绣作品，还在学校向学生传授瑶绣技艺。除了为家人制作丰富的绣品外，沈佩英还为县市一些单位提供瑶绣作品。2002—2008年，沈佩英为连南县民族宗教事务管理局提供妇女盛装、绣花带等刺绣作品。2008年，沈佩英参加中国（连南）瑶族文化艺术节瑶族服饰展，并多次受广东省文化厅邀请到珠三角地区乃至澳大利亚等国际舞台演出。

张树妹

张树妹，女，1952年生，广东省清远市人。非物质文化遗产（连南瑶族服饰刺绣）项目广东省级代表性传承人。

张树妹出生在瑶族聚居地区，受其母亲杨张妹的影响，开始接触瑶族刺绣。1960年，在母亲的悉心指导下，她开始学习刺绣技艺，熟练掌握过山瑶传统的十字绣技艺，通晓三角

巾、头帕、腰带、裙子、衣领、方巾、上衣的刺绣方法，灵活组合刺绣当中的树木纹、雪花纹等象形纹饰。其作品花纹纷繁复杂，呈现出一种原生态、古朴的美感。

张树妹曾参加连南瑶族自治县瑶绣服饰展演等活动，并获连南瑶族自治县刺绣比赛优秀奖。她还会利用日常时间，向身边的妇女传授其掌握的刺绣技艺，为瑶族刺绣的传承做贡献。

三、潮汕抽纱传承人

何可春

何可春，男，1941年生，广东省潮州市人。非物质文化遗产（潮州抽纱刺绣技艺）项目广东省级代表性传承人。

何可春1961年进入潮州市抽纱公司工作，师从老艺人卢岳炎、吴达仁学习抽纱设计制作，后又得到陈铁泉、陈新民等老艺人指导，全面掌握并熟练运用各种针法进行图案设计。其设计手法独特，以抽纱独有的抽通工种，辅以浮凸厚实的绣垫和通透镂空的雕绞绣，创立了"新风窗"系列作品；运用"锁头接""曲尺接"等技法将小幅布种镶接成大规格作品的"棉布拼幅雕平绣台布"系列作品。其设计的雕平绣台布获1980年、1986年广东省优质产品称号，1981年在全国抽纱

行业评比中获第一名；《春满南国》抽纱通绵挂屏获中国工艺美术"百花奖"创作设计二等奖。

除了设计制作传统的潮汕抽纱绣品外，何可春积极探索把抽纱刺绣工艺运用到婚纱晚礼服上，提升了潮汕抽纱的艺术档次。

多年来，何可春致力于潮州抽纱刺绣技艺传承，指导、培训弟子10余人，并搜集编写抽纱刺绣工艺技术的文史资料，为潮州抽纱刺绣技艺的保护传承做出了较大贡献。

祝书琴

祝书琴，女，1964年生，广东省潮州市人。中国刺绣艺术大师，非物质文化遗产（潮州抽纱刺绣技艺）项目广东省级代表性传承人，高级工艺美术师。

祝书琴出身于潮绣世家，母亲是当地出名的绣娘。耳濡目染，祝书琴6岁起就能绣"枕头花"，且擅长"辟线"。祝书琴精通诗画，从艺过程中将绘画技法和潮绣技法融为一体，自成品格，被

同行誉为"神针"。祝书琴通过不断地探讨与摸索，掌握了"缥缈"的绣法，使作品更加精湛细腻，富有灵动感。其作品线条准确生动，设色工丽，色调丰富，艳而不

俗，绚中出素，达到了东晋顾恺之所说的"以形写神""迁思妙得""人心之达"的艺术效果。其代表作品有抽纱台布《繁花簇锦》、堆金绣《龙凤宝鼎》《经典立体通锦绣四君子》《双层宝鼎》《梅开五福凤来仪》，其作品多次参加国家、省、市级组织的工艺美术精品展评活动。其中，经典抽纱台布《繁花簇锦》获第七届中国（深圳）国际文化产业博览交易会中国工艺美术文化创意奖金奖，《经典立体通锦绣四君子》获中国工艺美术"百花奖"金奖，《梅开五福凤来仪》获2011年"深圳·金凤凰"工艺品创新设计奖金奖。2009年，她获得中国最受欢迎的民间艺术家称号。除了创作之外，祝书琴注重潮绣技艺的保护和传承。2007年起，祝琴注册成立"潮绣世家"，并收购了近千件散失于民间的潮绣精品，将潮汕民间资深老师傅、老艺人组织起来开办了绣庄。2009年，祝书琴设立"潮绣世家"绣品展览厅，积极推广潮绣。

陈树泽

陈树泽，男，1956年生，广东省汕头市人。非物质文化遗产（抽纱）项目广东省级代表性传承人，工艺美术师。

1974年，陈树泽随父亲——著名抽纱艺人陈铁泉学习抽纱技艺，对抽纱各大门类的技艺全面掌握并应用熟练。陈树泽有40多年的抽纱纹样及产品设计的实践经验，在潮汕抽纱的工种、针法及纹样设计上自成一格，图案结构严谨，纹样线条流畅，表现手法生动，装饰性较强，在抽纱浮雕花边、花边、华美花边等新技法、新工艺的探索运用上有较大贡献。其代表作有《"9413"浮雕花边房间套系列》《"6253/0126"拼镶华美花边台布》《"409/70"麻布拼镶玻璃纱菲立台布》等。

陈树泽注重传统抽纱技艺的发掘、保护和传承，曾应外商邀请在美国旧金山从事抽纱产品设计，促进潮汕抽纱的传播。

蔡赛花

蔡赛花，女，1959年生，广东省潮州市人。非物质文化遗产（潮汕抽纱刺绣技艺）项目广东省级代表性传承人。

蔡赛花7岁跟随母亲蔡素梅学习抽纱刺绣技艺。她心灵手巧，15岁高中毕业时已身怀绝技，能绣出精美的玻璃纱工艺品。蔡赛花技艺精湛，对雕、绞、通、垫、绣、补、镶、钩等抽纱刺绣技法运用自如，擅长通目、对丝、新风窗等抽通工种，其作品垫底饱满，针脚密实平顺，托地针数均匀，抽通精致明朗，镶补过渡自然。在潮州市抽纱公司工作期间，她参与绣制了潮汕抽纱的代表性精品《双凤朝牡丹》。

蔡赛花从艺以来积极参与潮汕抽纱的宣传和推广工作，多次出国进行抽纱技术表演。1980年，她参加了国家轻工业部组织的广东省抽纱技艺表演团，赴澳大利亚做潮州抽纱绣制表演，还先后到悉尼、阿得雷德、墨尔本、伊朗等地进行表演，促使潮州抽纱工艺品外销量增加。

四、潮绣传承人

孙庆先

孙庆先，男，1950年生，广东省潮州市人。中国刺绣艺术大师，非物质文化遗产（潮绣）项目国家级代表性传承人，高级工艺美术师。

孙庆先从小心灵手巧，7岁起便跟随母亲学习刺绣。除刺绣外，孙庆先对制陶、抽纱、木雕等民间工艺都有所掌握，并将之融入了潮绣的创作中，形成了自己独特的风格。其作品设计新颖、技艺精湛。

孙庆先熟练掌握潮绣传统制作技艺，是继承和发展潮绣技艺的带头人。在继承传统潮绣技法的基础上，他率先革新创立"潮绣立体双面绣"独特技法，突破了原潮绣单面垫绣及苏绣双面平绣的技法，是中国刺绣技艺的创新。

从事潮州刺绣工艺设计数十年来，孙庆先在提高潮绣的艺术档次上功不可没。其作品在国家级展会上屡获殊荣，被外交部选定为"国礼品"赠予外国国家领导人。其代表性作品有《鼎盛九州》《五福临门》《金龙鱼·好运来》《龙腾盛世》和巨幅鼎作《百鸟朝凤》等。其中，作品《鼎盛九州》制作历时三年零两个月，在薄如蝉翼、透明如玻璃的真丝面料上采用潮绣钉金绣垫凸技艺，线条流畅，针法多变，棉絮、纸丁垫底，勾勒龙身骨骼鬓发，产生龙鳞片片闪闪发亮的艺术效果，富于质感和立体感，将潮绣富丽堂皇、饱满艳丽的特色充分体现出来，获中国工艺美术文化创意奖特别金奖；《金龙鱼·好运来》等获第二届中国（深圳）国际文化产业博览交易会中国工艺美术精品奖金奖。此外，其作品《五福临门》《金龙鱼·好运来》获中华人民共和国国家知识产权局外观设计专利。

李淑英

李淑英，女，1948年生，广东省潮州市人。中国刺绣工艺大师，非物质文化遗产（潮绣）项目广东省级代表性传承人，高级工艺美术师。

李淑英出身于刺绣艺术世家，是清末人称"木偶李"的刺绣大师李锦泉的第三代传承人，8岁起跟随父亲李文龙学习潮绣艺术，功底扎实，对潮绣针法运用自如，又擅长制作木偶。50多年来，李淑英不断探索磨炼，娴

熟地掌握了高超的传统潮绣技艺。其作品针法古朴大气，具有潮绣传统的富贵堂皇气象。1982年，其设计制作的绣品屏套十位人物《铁枝木偶》被文化部选送出国展览并被广东省博物馆收藏。其他代表性作品有《金钉绣梅凤图》《龙凤麒麟》《战甲》《龙凤宝鼎》《香永泽长》等。其中，《金钉绣梅凤图》获第三届广东省民间工艺精品展铜奖，《战甲》《龙凤宝鼎》《香永泽长》入选第二届中国民间艺人节精品展。

退休以后的李淑英仍坚持潮绣研究传承工作，自筹资金创立刺绣作坊，并总结整理濒临失传的潮绣技法，发表论文《论潮绣的针法技艺》，为潮绣的传承不懈努力。

杨坚平

杨坚平，男，1932年生，广东省潮州市人。中国工艺美术终身成就奖获得者，广东省工艺美术大师，高级工艺美术师。

1948年，杨坚平肄业于潮州义安艺术学校。1951年，从小热爱美术的杨坚平与志趣相投的工友组建了潮州工人美术组，并邀请画家庄华岳、王显诏、郑茂照、罗善政等教授油画、素描，奠定了坚实的美术基础。1952年，在画家关山月的指引下，杨坚平开始关注、收集潮汕民间特色的剪纸、皮影、风筝、年画、抽纱刺绣、泥塑、木偶等民间工艺。1959年，27岁的杨坚平被调入汕头工艺美术研究所工作。此后，杨坚平还分别在汕头地区工艺美术研究所、潮州市工艺美术研究所、潮州市刺绣研究所任设计、所长等职务，组织了潮绣精品的研究创新工作。1982

年他主持并参与设计的粤绣精品《九龙屏风》荣获中国工艺美术"百花奖"金杯奖，通锦绣《春满南国》大屏风获中国工艺美术"百花奖"创新设计奖。1993年，杨坚平受意大利DIDA设计师之托，在汕头组建时装饰品制作所，专业创新通花时装与时尚饰品，20世纪90年代至21世纪初，欧洲许多大品牌的流行服饰曾选用过他设计的饰品和纽扣。

杨坚平还致力于潮绣等民间艺术的搜集、整理、研究工作。自1957年起，他对失散于民间的潮汕剪纸、木雕、陶瓷、刺绣、泥塑、民间绘画等传统民间美术进行了系统的挖掘、分门别类地整理和研究，编著成《潮州民间美术全集》（包含《潮州剪纸》《潮州陶瓷》《潮州木雕》和《潮绣抽纱》）《近现代潮汕工艺美术》等著作，填补了潮汕地区缺乏系统、完整地介绍民间工艺精品图集的空白。

卓桂芬

卓桂芬，女，1948年生，广东省潮州市人。广东省工艺美术大师，高级工艺美术师。

卓桂芬8岁起跟随母亲学习刺绣技艺，12岁便能独立完成绣品的绣制工作，后师承著名潮绣艺人林智成、杜进茂和李木兰。卓桂芬从事潮绣研究创作50多年，其刺绣功底扎实、技术全面，对潮绣中的金银绒混合绣、钉金绣、绒绣等三大绣类掌握熟练，尤其擅长人物绒绣。在长期的创作实践中，卓桂芬注重传统技法的继承，又不断有所创新，形成了生动逼真与形神兼备、色彩鲜明而秀丽典雅、质感强烈而沉稳庄重的个人艺术风格。从艺以来，卓桂芬独立主持和参与创作了多件潮绣精品，其作品在国内各个展赛上获奖。其代表作有《十八美女图》（又名《琼楼清韵》）《金麒麟》《博古·吉祥如意》《梅凤图》《仿古花鸟图》等。其中，《龙吟盛世》获第六届广东省民间工艺精品展金奖，《十八美女图》《金麒麟》获广东传统工艺美术精品大展银奖，《鸾凤和鸣》获中国工艺美术"百花奖"铜奖。

卓桂芬退休后仍积极从事潮绣的研究创作，注重继承和发展创新，目前女儿李晓丹跟随她学艺。

林智成

林智成，男，1922年生，广东省潮州市人。非物质文化遗产（潮绣）项目国家级代表性传承人，中国工艺美术大师。

林智成出生于泰国，9岁随母亲回国，13岁起在潮州西马路泰生绣庄学艺，师从著名潮绣艺人魏逸依，20岁已能独立设计潮绣各类产品，为当时潮绣设计队伍中的后起之秀。1949年起，他先后在潮州的炳丰、泰生绣庄当设计员。为提高设计水平，他于1957年曾到中央工艺美术学院进修。

为配合潮剧出国演出，林智成曾深入潮剧团体验生活，对潮剧衣饰进行深入研究，大胆改革创新，创作了《苏六娘》《陈三五娘》等15个剧目的剧装细图190种，丰富了潮剧服饰艺术。其绣品题材广泛，构图多变，人物造型传神，工艺精巧，色彩调和，富有立体感，以针法运用独特见称。1958年，林智成创新制作《钉金银垫高绣博古挂屏》，成功将钉金绣引入了现代生活装饰品的行列。1982年，他参与创作设计的《九龙屏风》采用钉金垫浮绣针法，巧妙运用绣、钉、垫、贴、拼、缀技法，整幅作品金碧辉煌、气势磅礴，充分体现了潮绣的艺术特点，同年获中国工艺美术"百花奖"金杯奖；作品《果实累累》中，林智成改"垫平绣"手法为"过桥绣"，使花篮质感逼真。其他代表性作品还有《牧羊姑娘》《龙云图》《周处斩蛟》《龙女献寿》《玉堂春色》《吹箫引凤》等。

林智成从事潮绣设计创作数十年，注重传统潮绣的挖掘、整理、传承和创新，整理了250余种潮绣针法、300多幅潮绣精品稿，培养了大批潮绣艺人，其中包括工艺美术大师卓桂芬等，为传承潮绣艺术做出了重大贡献。

洪　虹

洪虹，女，1961年生，广东省潮州市人。广东省工艺美术大师，高级工艺美术师。

洪虹从艺几十年来，致力于工艺服装与潮绣、抽纱的研究、发扬和创新。其创作的作品在继承传统工艺的基础上，讲究立意，追求高贵典雅的艺术效果；擅长将绘画手法与潮绣、抽纱、通花、青花艺术等传统技艺巧妙地融合于现代服装的设计

理念中，形成其独特的艺术风格。其作品多次在国家、省、市的工艺美术精品博览会中荣获包括金奖在内的各种奖项，代表性作品有潮绣挂屏《大贤至圣先师——孔子》、双层垫绣立式企屏《鲤跃龙门》、书法刺绣挂屏《龙腾凤舞》、宝鼎潮绣挂屏《取之有道》等。《大贤至圣先师——孔子》耗时一年多完成，长125厘米、宽75厘米，采用垫浮绣法为主、其他针法相结合的方法绣制，针法细密多变，画面厚朴，质

感强，突出表现了人物庄重、慈祥、智者风范等特点，获第十届中国（深圳）国际文化产业博览交易会中国工艺美术精品奖金奖。

康惠芳

康惠芳，女，1948年生，广东省潮州市人。中国刺绣艺术大师，非物质文化遗产（潮绣）项目国家级代表性传承人。

康惠芳祖籍福建长汀，出身于书香门第，父亲博览群书，通晓古文，精于书法和国画。康惠芳自小受到了良好传统文化熏陶，对字画及艺术品有了一定的认识与鉴赏力。康惠芳师从潮绣艺人林琬英，从事刺绣工艺40多年，先后在潮州市潮绣厂、潮州市刺绣研究所工作。

康惠芳多年来钻研潮绣刺绣针法，擅长潮绣传统针法和技法的结合运用，承前启后，在潮绣技法的基础上创新双面垫高刺绣技法，绣制了双面垫高潮绣，填补了潮绣技法针法的空白。其绣品构图饱满、绒丝色彩浓烈、钉金做工精细，多件刺绣作品荣获国家级、省级金奖银奖，并被外交部作为国家领导人出访馈赠礼品、被国家美术馆收藏。其代表性作品有《丹凤朝阳》《梅兰菊竹》《金色中华》《岁朝清供》《百子图》《松鹤延年》等。其中，《金色中华》《岁朝清供》《百子图》获中国工艺美术"百花奖"金奖，《松鹤延年》获中国工艺美术"百花奖"特别金奖。

在致力于潮绣艺术创作的同时，康惠芳注重培养潮绣艺术后继人才，从艺至今已授艺带徒300多名。

第五节
工艺编结传承人

一、小榄菊艺传承人

麦标池

麦标池，男，1961年生，广东省中山市人。非物质文化遗产（小榄菊花会）项目广东省级代表性传承人。

麦标池是家族中第三代菊艺传人，20世纪70年代起师从祖父麦就均、父亲麦守义，学习菊花栽培与裱扎，并先后在小榄镇近郊的东区花场、小榄人民公园从事种植菊花及园林工作。1990年，麦标池进入政府花场专门从事种植和研究大立菊等菊花品种的相关技术工作，之后一直从事艺菊栽培和裱扎工作，并连续多年参加小榄菊花会、文化艺术节。1993年开始，麦标池在政府花场带徒传艺，培养了一大批艺菊栽培和裱扎新手。2003年，他加入中山市小榄菊花文化促进会并当选为理事，专门从事艺菊栽培和裱扎技术的指导工作。

麦标池具有30多年的菊花栽培、艺菊裱扎的经验，掌握广式大立菊独特的栽培裱扎技艺，以及栽培岭南派盆景菊、各种动物造型菊等菊艺作品的独特技艺，擅长栽培裱扎的艺菊有大立菊、多层立菊、嫁接大立菊、塔菊、造型菊、盆景菊、悬崖菊、吊菊、品种菊等，其大立菊、嫁接大立菊、盆景菊等精美的菊艺作品成为历届小榄菊花会菊艺展示的亮点并屡获殊荣。在大立菊栽培和裱扎技艺的基础上，麦标池与麦炽英一起首创了以单株菊花为母本嫁接多个菊花品种的栽培裱扎技艺。2004年，麦标池与麦炽英等栽植的单株嫁接247个品种的大立菊，被列入《吉尼斯世界纪录大全》；同年栽培裱扎的两盆45圈大立菊再次打破1994年小榄镇创下的"大世界基尼斯之最"纪录；2007年，他们单株嫁接513个品种的大立菊打破吉尼斯世界纪录，并荣获中山市科技进步三等奖；同年制作的超7000朵特大立菊获第九届全国菊花展览会金牌大奖。麦标池高超的菊艺风格推动了麦就均系独特技艺风格的形成。

麦炽英

麦炽英，男，1959年生，广东省中山市人。非物质文化遗产（小榄菊花会）项目广东省级代表性传承人。

麦炽英是麦就均系第三代传人，20世纪70年代末开始培植菊花。1979—1985年，他在小榄镇人民公园工作，师从菊艺传承人麦守义，一直从事艺菊栽培和裱扎工作。2003年，麦炽英加入中山市小榄菊花文化促进会，专门从事艺菊栽培和裱扎技艺的指导工作。

麦炽英从事菊花栽培、艺菊裱扎30多年，掌握岭南派盆景菊栽培、各种动物造型菊栽培等菊艺作品的独特技艺，擅长栽培和裱扎大立菊、多层立菊、塔菊、嫁接菊、造型菊、悬崖菊、品种菊等，在单株多品种嫁接技艺等方面也卓有成就。麦炽英按照岭南传统特色裱扎的超过7000朵菊花、呈半球形的特大立菊，曾获第九届全国菊花展览会金奖。麦炽英与麦标池一起首创了以单株菊花为母本嫁接多个菊花品种的栽培裱扎技艺。2004年，麦炽英与麦标池等栽植的单株嫁接247个品种的大立菊被列入《吉尼斯世界纪录大全》，同年栽培裱扎的两盆45圈大立菊被列入上海大世界基尼斯纪录大全；2007年，他们的单株嫁接513个品种大立菊打破吉尼斯世界纪录。

麦炽英从1993年开始在政府花场带徒传艺，培养了一批艺菊栽培和裱扎新手。之后，麦炽英一直坚持以小榄菊花促进会和政府花场为基地，向下一代传授大立菊的栽培和裱扎技术。

二、丰顺埔寨纸花传承人

张立绳

张立绳，男，1948年生，广东省梅州市人。非物质文化遗产（丰顺埔寨纸花技艺）项目广东省级代表性传承人。

张立绳子承父业，从小跟随父亲学习纸花制作技艺，在父亲的影响下养成多看、多实践、多模仿的习惯。他严格要求自己，经过长时间的实践操作，20岁的张立绳已经掌握纸花制作的各道工序，成为目前通晓整个工艺流程的手艺人。

张立绳在制作纸花时，其技艺特点有四。一是用料考究。一盆纸花的制作工艺非常烦琐，整个工艺需要几百甚至上千道细致的工序，需要深入了解花的各部分构造及特征，再挑选适当的材料进行制作。二是观察细致。通过仔细观察花叶颜色后，再对其染色。色调一般分为嫩色、深色、中色和老色四种。三是精雕细琢。如制作叶子时需要剪刀修剪，剪后再搭脉、搭枝，搭枝后印脉，印脉后过光，一片完整逼真的叶子才算制作完成。四是搭配适宜。花叶制作完成后还要将其进行组合搭配，如用铜丝接好花叶柄、过蜡、组花、做花盆、落盆等，从而使花的各部分浓淡相宜。

他制作的纸花种类多样，有梅花、木棉花等，作品造型逼真、栩栩如生。在几十年的纸花生涯中，他制作的纸花作品取得了不俗的成绩。例如，1987年，第六届全运会在广州举行，他制作的75朵高2.5米、宽2米的特大木棉花成了开幕式的一大亮点；20世纪90年代，他的作品相继被选去广州、梅州、汕头、潮安等地展出；2006年，他特制的两盆纸梅花赠送给梅州市委，并得到专家的一致好评。

为了不使这门手艺失传，张立绳几经波折，还是继续坚守制作纸花的传统并定期到纸花学习班开展纸花培训教学，使更多的年轻人喜欢并接受纸花，让这门古老又精湛的手艺继续保持热度。

三、灯彩传承人

邓　辉

邓辉（1923—2010年），男，广东省佛山市人。非物质文化遗产（佛山彩灯）项目国家级代表性传承人。

邓辉出身于佛山彩扎工艺世家，自小跟随父亲学艺，以设计制作绸衣公仔（彩扎人物）为业，成为第三代传承人。他的技术全面，擅于灯色设计，作品构思独到，手法细腻，尤其擅长人物故事灯、彩龙灯和彩灯画屏。他制作的人物灯，造型生动，形象真切，线条流畅，栩栩如生。另外，他率先将佛山历史悠久的"头牌灯"挖掘制作出来，以灯型优美、工艺独到著称，并入选全国工艺美术展。1970年，他设计的《双龙夺珠》获佛山市艺人代表会议二等奖；1980年，其作品大型灯色《麻姑献寿》《老寿星》《猴群》和《人物》在广州市越秀公园、人民公园展出，《巨型脸谱》在美国旧金山展出；1981—1985年，他的绸布公仔和《丝路花雨》获佛山市工艺美术学会二等奖，壁灯获三等奖，《仕女》及《牛郎织女》获优秀奖。

邓辉不仅制作了无数精美的彩灯，且勇于创新，对彩灯题材、灯型、工艺精益求精。20世纪50年代创作了大型《杂技》《儿童乐园》电动人物组灯,在广州文化公园展出,轰动南粤;1959年,他设计的玻璃纸玩具灯每年出口40万～50万盏,其作品中的电动人物曾被新西兰友人拍成纪录片回国放映。1983年,他为澳大利亚设计制作的百米大彩龙分别在墨尔本和英国展出,轰动一时,并被墨尔本博物馆收藏,佛山由此成为外国友人口中的"彩龙故乡"。与此同时,他还为陕西省和中山市制作了数十个中国历代皇帝像,被誉为灯色制作的奇迹。

邓辉致力于佛山彩灯艺术制作60年,培养了大批工艺师和彩扎技术人员。

刘耀生

刘耀生,男,1960年生,广东省潮州市人。非物质文化遗产(潮州花灯)项目广东省级代表性传承人。

刘耀生出身于花灯世家,是刘景新花灯行第四代传承人。他从小对花灯产生浓厚兴趣,耳濡目染下跟随父亲刘敬书学习制作潮州花灯的技艺,尤其擅长花灯人物制作。其制作的人物多借鉴于历史掌故和神话传说,具有造型独特、形象逼真的特色。2000年,刘耀生制作的《牛头马面》在新加坡展出。此外,他还擅长制作动物类花灯,如2005年创作的《鲤鱼》、2013年的《头鱼》作品,造型别致,姿态栩栩如生,寓意吉祥,均受到一致好评。

此外,刘耀生还致力于恢复潮州花灯的艺术奇珍"百屏灯",在没有实物传世的基础上,靠着祖传的《百屏灯脸谱》,坚守传承着花灯的老手艺。

吴　球

吴球,男,1917年生,广东省佛山市人。中国工艺美术大师,广东省工艺美术家。

吴球出身于佛山灯作世家,父亲吴汉擅长制作传统竹织灯笼,其制作的彩灯,称为吴家灯。吴球自小随父亲扎制灯笼,实践经验丰富,制作技艺精湛,尤其擅长彩扎灯色。1957年全行业公私合营后,吴家的灯笼店并入佛山民间艺术社,吴球也进入民间艺术社工作。吴球致力于挖掘濒临消失的彩灯艺术传统,30年以来发掘、整理、研究、创新彩灯无数,并复原了轻盈玉润、几近失传的莲花灯,采用半机械打线,通过热压成形使莲花灯重放光彩。

吴球制作的彩灯用料奇特,构思精巧,画面富有层次。他常将日常生活中的普通材料，如瓜子、红豆、灯芯、稻草、鱼鳞、薄纸片等经过巧手改造成为巧夺天工的作品。其代表作有《十二面球型针口》《四方走马》《针刺秋色》《刨柴秋色》《灯芯秋色》《稻草秋色》《大彩走马》《稻草》《瓜子》《鱼鳞》《彩豆》等灯，其作品曾先后在英、美、日等数个国家展览和销售，为佛山彩灯赢得了国际声誉。其中，《十二面球型针口》全灯没有使用一根竹笏支架，只以厚纸片（对称六边形）粘贴而成，每一纸面的花鸟人物以及山水诗画皆为吴球所刺画；其花色浓淡相宜，人物衣着疏密有致，整幅作品玲珑剔透，素雅柔和；1960年，时任国家副主席董必武视察时将其命名为"万针灯"。此外，他还创作了小如乒乓球的纸拉灯、儿童玩具灯等。

　　吴球一生创作了许多精美的灯笼，并将扎灯笼的技艺传授给儿子、陈棣桢、梁达光等徒弟，使佛山彩灯扎作工艺得以保留和传承。与此同时，他还亲自到农村设点授艺，培养出一批彩灯艺人，有些学生已成为佛山市新一代彩灯工艺师。此外，他还注意总结彩灯创作经验和技艺资料，在《佛山灯色近百年概况》一文中，详尽记述了佛山彩灯的发展过程，为后人了解研究传统彩灯工艺提供了宝贵的文献资料。

杨玉榕

　　杨玉榕，女，1945年生，广东省佛山市人。中国工艺美术大师，非物质文化遗产（佛山彩灯）项目国家级代表性传承人。

　　杨玉榕生长在艺术之家，受父亲影响，从小热爱工艺美术。17岁开始，她在佛山市民间艺术研究社学习灯色制作，以制作花、鸟、虫、鱼等动植物灯色著称。高中毕业后，她到佛山市民间艺术研究社当学徒，拜灯色老艺人吴球、邓辉为师，学习佛山传统灯色扎作技艺。

　　杨玉榕设计制作的彩灯题材丰富、美观新颖、工艺精巧，是岭南灯彩的典型。她设计制作的特艺灯《灯芯瓜子》曾获首届广东省民间工艺精品展银奖；作品《彩龙凤》灯由中国邮政部印制邮票发行，并在香港太古城展出，后被收录进《吉尼斯世界纪录大全》；《水仙》《牡丹仙子》和《孔雀》等作品由香港制成邮票并发行；1991年制作的1000米的长金龙，入选《吉尼斯世界纪录大全》；参与设计制作的金龙灯饰和大龙凤彩灯均被载入《吉尼斯世界纪录大全》。与此同时，她的大批彩灯作品多次在新加坡、德国、巴黎、荷兰以及我国香港、澳门、台湾等地举办展览，享有"中华灯彩一绝"的美誉。此外，她制作的彩灯作品多次在《广东工艺美术》《中国妇女》等刊物上发表。杨玉榕不仅个人技艺精湛，退休后还致力于培养、指导大批年轻学徒学习佛山彩灯扎作技艺，为继承和发扬佛山传统彩灯制作技艺做出了卓越的贡献。

张金培

张金培（1920—2009年），男，广东省东莞市人。非物质文化遗产（东莞千角灯）项目国家级代表性传承人，广东省工艺美术大师。

千角灯的制作是在没有图纸、没有理论的情况下进行的，所以对艺人的要求很高，每次制作需耗时10个月。张金培15岁随父亲做彩灯，通过口授身传，打下扎实的纸扎基础，后跟随师傅学习并掌握千角灯制作技艺。1956年，他和其他两位纸扎艺人历时10个月制作了新中国第一个千角灯。这盏灯比当年张家祖先给皇姑做的千角灯更为精细。此灯高4.5米、宽3.5米；灯顶有8条做工精致的纸扎彩龙，龙头分别朝向8个不同的方向；灯身由各种三角形和四方形等立体结构组成1000个棱角，并且裱有手工雕刻出来的、造型各异的通花图案，融合了纸扎、绘画、雕刻、刺绣多种民间艺术。2004年，87岁的老人抢救搁置丢失多年的千角灯制作民间手艺，历时8个月，使消失40多年的千角灯再次展现在世人面前。2005年，他参加中国·沈阳国际新春灯会中华彩灯设计大赛，所展出的"千角灯"荣获中国民间文艺"山花奖"金奖第一名并享有"中华第一灯"的美称。2015年8月，千角灯走出国门，出展联合国"70+"华人当代艺术创意成就展。

张金培一生制作了四盏千角灯，两盏由自己完成制作（一盏为1957年制作并展览于广州文化公园，一盏于1963年制作并展览于东莞工人文化宫，均已失传），两盏与其他艺人合作完成（一盏高4.5米、宽3.5米，保存在东莞市博物馆二楼；另一盏高为6.5米、宽为5.5米，放在莞城文化广场报告厅进行展示）。目前，东莞仅存这两盏千角灯。为使这门古老的手艺继续流传，其子张树祺成为目前千角灯的制作艺人。

张树祺

张树祺，男，1946年生，广东省东莞市人。非物质文化遗产（东莞千角灯）项目广东省级代表性传承人。

千角灯的制作考究，但其技艺特殊，并无样本可循，只能靠口传身授，所以对艺人的要求很高。58岁时，张树祺跟随父亲张金培学习千角灯扎制技巧，2004年起在父亲指导下参与制作千角灯。2005年，其参与制作的"千角灯"在中国·沈阳国际新春灯会中华彩灯设计大赛中获得中国民间文艺"山花奖"金奖第一名并享有

"中华第一灯"的美称。2006年，千角灯参加第二届广东省民间工艺精品展获金奖。2015年8月，千角灯走出国门，出展联合国"70+"华人当代艺术创意成就展。

张树祺是其父亲张金培之后唯一掌握千角灯全部制作过程的手艺人，也是千角灯抢救制作的主要成员之一。

陈棣桢

陈棣桢，男，1945年生，广东省佛山市人。非物质文化遗产（佛山彩灯）项目广东省级代表性传承人。

陈棣桢师从吴球、邓辉等灯彩艺人，学习传统彩灯艺术并全面掌握其设计制作技艺，成为新中国成立后首批彩灯扎制技艺传承人。

陈棣桢设计的彩灯题材丰富，以动物、彩龙和秋色特艺灯最有代表性。一方面，他制作的特艺灯用料独特、设计精巧，每年设计作品10多种，风格有古雅朴拙、清新大方的特点。陈棣桢制作的彩灯在全国、广东省、佛山市各届工艺美术节和美国、法国、日本、新加坡等地以及我国香港地区展出后，颇受好评。另一方面，他勇于创新，构思设计了可供展览欣赏的大型组灯，灯型千姿百态、气魄宏大，将佛山彩灯从室内引向室外，具有较高的艺术价值和观赏价值。其代表作有《刨花宫灯》《大型宫灯》和《彩灯》等。

陈棣桢从事彩灯制作技艺45年，作品遍及国内外。1997年和1999年，陈棣桢分别参与制作了3.2千米和280米长的《金龙献瑞庆回归》灯饰长龙和《龙腾灯耀庆千禧》大彩龙，这两条巨型长龙均被载入《吉尼斯世界纪录大全》。1981年，他曾应美国旧金山华侨邀请，赴美国表演灯色艺术和传授技艺。特色灯《刨花龙船》参加全国工艺美术展览，获得一致好评；其《百花争艳》《彩蝶》灯先后入选国家邮政总局、香港特区、澳门特区《花灯》《民间灯彩》专题邮票出版发行。陈棣桢先后10多次到新加坡以及我国香港地区、台湾地区举办彩灯展，并参与中央电视台制作的人物系列片《龙狮扎作大师陈棣桢》的摄制，积极推动佛山彩灯这门古老手艺的传播发展。

沈增华

沈增华，男，1953年生，广东省潮州市人。非物质文化遗产（潮州花灯）项目广东省级代表性传承人。

沈增华出身于花灯制作世家，从小便耳濡目染，跟随父辈学习花灯制作，10多岁开始扎制花灯。因花灯的制作没有标准可言，故其40年的扎灯生涯中没有做过一盏重复的花灯。经过实践和积累，他制作的花灯栩栩如生且类型多样，涵盖花鸟虫鱼、人物故事以及大型的屏灯。屏灯制作属于花灯最难的部分，它包含了潮州花灯的所有技法。沈增华制作的屏灯集雕塑、绘画、刺绣等技艺于一身，融合工艺、美术、灯光等艺术创作手段，具有很强的表现力。沈增华的代表作有《赵云救阿斗》，因其熟悉三国典故，人物衣饰和背景的布置都独具匠心。

此外，沈增华还善于推陈出新，利用花灯装饰用的通草来做挂屏，在传统基础上创新形式。其作品《松鹰图》正是利用这一表现形式获得了国际文化产业博览交易会金奖。

林汉彬

林汉彬，男，1930年生，广东省潮州市人。非物质文化遗产（潮州花灯）项目国家级代表性传承人，广东省工艺美术大师。

林汉彬出身于潮州花灯世家，13岁师从其父亲学习潮州花灯的扎制技艺。1948年，他师从著名花灯艺人刘景松继续深造，系统学习潮州花灯制作。1958—1962年，林汉彬先后参与潮剧电影《陈三五娘》与《火烧临江楼》的摄制工作，参与其中的花灯、彩灯、道具和场景的制作。

在技艺上，林汉彬全面继承了传统潮州花灯扎制技艺；同时，他又对潮州花灯进行了创新，综合绘画、雕刻、刺绣、编织、剪纸等其他民间工艺美术的长处，形成了在人物花灯的身段及脸谱方面的技艺特色，将人物身段从传统的"身长五个头"改为"身长七个头"，又突破传统人物花灯千灯一面的局限，为每个人物花灯塑造个性化造型，突出人物的喜怒哀乐、善恶美丑。此外，他还将参与电影布景的经验融入花灯制作当中，在潮州花灯屏中加入亭台楼阁、花草树木等自然元素，使花灯更加逼真。

林汉彬制作的花灯多次在国内外展出，多件作品入选潮州工艺美术学会编印的《潮州工艺美术集》。其代表作品《水漫金山》曾参与广州文化公园中秋灯展，并曾获广东省民间工艺精品优秀奖。

黄友良

黄友良，男，1954年生，广东省河源市人。非物质文化遗产（忠信花灯）项目广东省级代表性传承人。

黄友良15岁随父母学做花灯，从简易的打底色和糊裱工作开始做起，后来进行绘画、剪花训练，18岁学习竹篾功夫和花灯扎架制作，21岁时熟悉和掌握花灯的全部制作工序。其家中仍保存着当地最古老、最完好的一系列花灯的花色纹样和雕印版模。

黄友良制作的花灯是专为吊灯习俗使用的一次性竹纸制品，包括状元灯、秀才灯、祝寿灯、才女灯、廊灯。其作品集多种艺术于一体,有雅致华丽、穿透性强、寓意丰富、结构层次感强等突出特点。这些花灯作品都曾参加过"忠信花灯节"的活动,且多次参加广东省花灯展览,获得一致好评。

黄友良从事忠信花灯制作30年,从未间断,还经常与本村的师傅交流心得、切磋技艺,并从39岁开始传授业艺。对后生晚辈他也非常热心教授,经他指导的花灯制作艺人有30多人,对忠信花灯的保护和传承起到了重要作用。

梁达光

梁达光,男,1958年生,广东省佛山市人。非物质文化遗产(佛山彩灯)项目广东省级代表性传承人,广东省工艺美术大师。

梁达光1974年进入佛山市民间艺术研究社,师从著名彩灯艺人吴球和邓辉,掌握传统彩灯扎制技艺。梁达光从事彩灯扎制30多年,以卡通动物、龙凤造型和大型走马灯最富有特色,在继承佛山彩灯传统技术的基础上有所创新。他所制作的彩灯是传统元素与现代时尚结合的典范,并多次在各地公园、广场展出。其中,他创作的动物造型彩灯在台湾展出,《鸡年送福》赴澳门展出,大型组灯《年年有余》在内地展出,为庆祝香港回归而制作的《麒麟献瑞》在香港展出。

梁达光技艺精湛,制作的彩灯屡次获奖,2005年7月设计的《吉祥彩宫灯》荣获第三届广东省工艺美术精品展金奖,2009年创作的瓜子灯荣获中国工艺美术学会颁发的"传承与创新——工艺美术作品展"金奖,《鸿运富贵》灯获第十三届中国民间文艺"山花奖"银奖。

赖明甫

赖明甫,男,1935年生,广东省河源市人。非物质文化遗产(忠信花灯)项目广东省级代表性传承人。

赖明甫自幼热爱绘画,对各式各样的花灯感兴趣,并传承祖艺学习制作忠信花灯。他制作花灯态度严谨,在长时间实践积累下,能够单独制作创新宫廷灯饰及其他灯饰。退休后,他致力于潜心研究忠信花灯的各种花样品种。

花灯是一项综合艺术，赖明甫通过几十年的训练，在绘画、竹编、剪纸、书法、对联上均有很高的造诣，其制作的花灯有竹编坚实、色彩丰富、笔画细腻、图案精巧、寓意深远等特点。

赖明甫从事花灯制作技艺有近60年的时间，擅长制作宫廷灯、缭丝灯、伯公灯等，尤其擅长制作缭丝灯。他家里至今仍保存着忠信花灯最古老、最完好的一系列的花色纹样和雕印版模，对忠信花灯的传承和保护做出了较大的贡献。他还曾多次制作市、县、镇及外地需求的大型或精品的代表性的灯饰。

为了使忠信花灯制作代代相传、后继有人，赖明甫20岁时，就开始投入教授后辈的工作中，积极开展传习活动，现已有传艺弟子30多人。在授徒传艺方式上，他主要采取的是口传身授的师承方式，培养了一批制作工艺技术人员，充分发挥了传承和发展花灯文化的作用。

四、阳江风筝传承人

冯 光

冯光，男，1928年生，广东省阳江市人。非物质文化遗产（阳江风筝）项目广东省级代表性传承人。

冯光从10岁开始跟随祖父冯玉池学做、学放风筝，13岁正式师从杨茂芝师傅，数十年来坚持风筝制作，并在继承传统风筝制作技艺的基础上，形成自己独特的风格。其制作的灵芝风筝活泼灵巧、形象生动、结构合理，受风面巧妙，弓响之声及于方圆十里。此外，他也精于风筝调校，善于根据风力大小和风筝摇摆程度调整放飞线，以使风筝放飞顺利且能做出独特的飞行动作。从1986年起，他在国内外各项赛事中，取得金、银、铜牌无数。他的风筝在1986年获得第一届全国风筝邀请赛板子类获得中型第一名，1987年第二届全国风筝邀请赛板子类中型第一名和大型第三名，1988年获第三届全国风筝邀请赛板子类超型第一名。

近年来，冯光积极培养接班人，将风筝制作技艺传授给后辈，为传承、弘扬和发展阳江风筝做出了卓越贡献。

阮嘉培

阮嘉培，男，1929年生，广东省阳江市人。非物质文化遗产（阳江风筝）项目广东省级代表性传承人。

阮嘉培出身于风筝世家，7岁即随祖父、父亲学习扎制风筝，从事风筝制作70余年。他擅长制作龙类风筝和宫灯风筝，所制宫灯风筝曾三次获全国冠军。其制作的长达200米的《七彩巨龙》风筝在香港举行的风筝比赛中获国际金奖；特技风筝《吹蛾》更驰名全国，可在空中燃放鞭炮、飞撒彩带，堪称绝活。阮嘉培的风筝在历届全国或国际风筝比赛中以形象生动、姿态逼真著称，备受中外风筝界人士好评。

阮嘉培如今虽年届八旬，除了继续制作风筝，还悉心培养传承人，二子一女都已成为制作好手；他对上门求教者也毫无保留地给予传授。

梁玉泉

梁玉泉，男，1969年生，广东省阳江市人。非物质文化遗产（阳江风筝）项目广东省级代表传承人。

梁玉泉出身于风筝制作世家，从小跟随阳江著名风筝艺人、其父亲梁汝兴学习风筝制作。梁玉泉有几十年的风筝制作经验，不仅继承传统，还注重创新、与时俱进。他制作的龙类、板子类和硬翅类等南派风筝，造型多样，技艺精湛。

梁玉泉作为阳江风筝队主力队员，多次代表阳江及广东省参加全国乃至美国、印度尼西亚、马来西亚等世界各地的风筝比赛，获奖甚多。其中，其代表作《双凤》曾获2008年和2012年全国农民运动会双连冠。2008年，由梁玉泉领衔的阳江风筝队在第六届全国农民运动会上拿到了5枚金牌。2012年7月，在河南南阳举行的第七届全国农民运动会上，广东省风筝队获得5金8银1铜的好成绩，其中参赛的绝大部分风筝都是由梁玉泉制作的。

梁玉泉积极推进阳江风筝的传承工作，除了在家族内传承外，还向社会推广阳江风筝教育，希望风筝制作技艺得到社会的关注和重视。此外，梁玉泉还收藏各式风筝，并研究其制作工艺，且将测量所得的数据以数字化的形式保存起来，为阳江风筝的研究和传承工作做出了努力。

梁汝兴

梁汝兴，男，人称佳叔，1943年生，广东省阳江市人。非物质文化遗产（阳江风筝）项目广东省级代表性传承人。

梁汝兴出身于风筝制作世家，自小即随父学习风筝制作，有50多年的风筝制作技巧，擅长制作龙类、板子类和硬翅类等南派风筝，造型多样，技艺精湛。其代表作《双桃》曾获在美国举行的亚太地区风筝大赛金奖，后被明尼苏达州明尼阿卑利斯博物馆收藏；有的作品在第十五届风筝节暨西海岸风筝竞标赛中获国际风筝节比赛和表演两项第一名，也有的被马来西亚风筝博物馆收藏。梁汝兴自1988年参加全国第一次风筝邀请赛至今，共获得金、银、铜牌30枚。1992年起，他为阳江取得全国风筝邀请赛三连冠的好成绩，并在亚太地区国际风筝邀请赛中获金牌。

梁汝兴积极传承阳江风筝，除了在家族内传承，还在社会上开设风筝制作讲座，使阳江风筝的制作技艺后继有人。

五、金渡花席编织传承人

何冠醒

何冠醒，女，1966年生，广东省肇庆市人。非物质文化遗产（金渡花席编织技艺）项目广东省级代表性传承人。

何冠醒从小在农村长大，耳濡目染，对金渡花席的编织了如指掌。出于对金渡花席编织的热爱，何冠醒对草席的编织做了总结、归纳和研究，将金渡花席的编织技艺归纳为单线、双线、多线、绣花技法等多种。何冠醒的编织技艺精湛，能随心所欲编织图案，除了能熟练编织金渡花席的传统花纹，她还在金渡花席中设计人物等图案。她以草编形式创作了作品《草席歌》，再现了割草、晒草、舂草和编织的情景，并将其作为乡土教材的示范作品。2001年开始，她把草编工艺融进美术教学中，开设了"仿草席编织的纸条编织"课程，用纸代替草，在教学上开展金渡花席编织教学，让孩子从小掌握金渡花席编织的方法。此外，何冠醒还在肇庆市图书馆等地举办讲座等活动，现场教授学员们编织花席，促进金渡花席编织技艺的传承。

莫伟祥

莫伟祥，男，1965年生，广东省肇庆市人。非物质文化遗产（金渡花席编织技艺）项目广东省级代表性传承人。

莫伟祥出身于织席世家，从小耳濡目染，对花席有着深厚的感情和兴趣。从艺以来，莫伟祥踏实认真，对金渡花席编织工艺流程了如指掌，所制花席编工精细、结实平滑、图案清晰，深得业内好评。1986年，莫伟祥创建了金渡水边祥兴花席厂，主要生产加工销售花席。20世纪90年代，莫伟祥对花席编织技艺进行了创新和改良，增加了金渡花席的图案和字样，由于质量好，其产品供不应求，几乎占领了高要大部分市场，甚至远销非洲。此外，莫伟祥还创造性地将金渡花席发展成为工艺品，提升了金渡花席的艺术性。1997年，莫伟祥精工编织的花席被选为庆祝香港回归的纪念品放在高要博物馆。1999—2005年，金渡水边祥兴花席厂达到鼎盛时期，莫伟祥培训的工艺人员达1000人以上。在2006年之后，由于受到市场冲击等多方面的原因，莫伟祥的花席厂改为家庭作坊，后被认定为"广东省金渡花席传承基地"，为金渡花席编织技艺的传播交流提供了重要平台。

六、南海藤编传承人

陈嘉棠

陈嘉棠，男，1935年生，广东省佛山市人。中国工艺美术大师。

陈嘉棠14岁从事藤编工艺，曾任南海藤厂厂长、南海藤艺研究所所长、广东省工艺美术协会副理事长、广东省南藤（集团）公司总经理等职。1956年，年仅21岁的陈嘉棠，作为中国藤行业的唯一代表，走进了印度尼西亚的热带雨林。在长达半年的考察中，他踏遍了印度尼西亚每一处产藤区优选藤的品种，还创造性地根据品质将原藤分成A级、AB级、统装、幼条、中条等级别和种类；同时每到一地，他都指导当地人改良砍藤后的处理工艺,通过熏硫黄和及时晒干等手段,保证藤条不发霉变质。1977年和1978年与同事发现野生"佛肚藤"和"青藤",经工艺处理,制成别具风格的家具和工艺日用品,产品畅销欧美。在1979年召开的全国工艺美术艺人、创作设计人员代表大会上,陈嘉棠被授予"中国工艺美术家"称号,后改为"中国工艺美术大师"。1980年,他应联合国邀请,赴斯里兰卡协助发展藤编生产。

其代表作藤制品《佛肚藤适榻椅》获1979年8月广东省艺代会优秀工艺美术奖,《18件套藤家具》被选参加亚太地区国际博览会展出,《五件套金钱椅》为中国工艺美术馆收藏,《藤苑》获1988年中国工艺美术"百花奖"优秀新产品奖。

梁礼华

梁礼华(1937—1996年),男,广东省佛山市人。中国工艺美术大师。

梁礼华出身于藤编世家,8岁随母学习藤编手艺。他曾任广东省南海市东风藤厂厂长兼东风藤业公司经理。他从事藤艺几十年,设计制作过数千件藤艺作品,对藤的产地、质量、种类等了如指掌。20世纪60年代后,他利用科学方法处理藤心、藤皮,制成高档藤工艺品;同时研制了藤心塑涂新工艺,丰富了藤的色彩。

梁灿尧

梁灿尧,男,1960年生,广东省佛山市人。工艺美术师,非物质文化遗产(南海藤编)项目广东省级代表性传承人。

梁灿尧5岁开始跟随家族长辈学习编织藤艺,后师从藤艺行业专家——中国工艺美术大师陈嘉棠。自1977年开始,他从事藤艺工作至今已近40年,熟练掌握了藤编制作的各道工序。其作品参加各级工艺美术大赛,曾获得多项国际、国家和省级工艺美术奖项,如作品《沙皇转椅》曾获第十四届中国工艺美术大师作品暨国际艺术精品博览会中国工艺美术金奖,《松鹤延年》曾获中国工艺美术文化创意奖金奖。

梁灿尧致力于探索藤编的创新发展道路,注重工艺与美术结合,向艺术化、精品化发展。他把创新的重点放在创新藤织物和藤席上,运用传统手工

艺创作新的艺术品。他手中的藤编公仔立体，有动作、有神态，其中《黄包车》获得了中国工艺美术文化创意奖铜奖。

为激发年青一代对藤编的兴趣，梁灿尧开办了南海藤编（大沥）传习所，并发起成立佛山市工艺美术学会藤编技艺委员会，推动举办2013年首届南海藤编技艺创新大赛。南海藤编（大沥）传习所在大赛中展示了记载南海藤编的历史资料及100多件各个时期有关藤编的手工艺品，包括50年前称原藤重量的木秤、一些削藤的小机器等，开设专门场地供参观者现场学习制作简单的藤器，为促进藤编工艺的传播与传承尽心竭力。

七、狮头制作传承人

肖金兰

肖金兰，男，1939年生，广东省河源市人。非物质文化遗产（猫头狮）项目广东省级代表性传承人。

肖金兰出身于猫头狮制作世家，14岁在家随父亲学习猫头狮表演当中的沙僧、小猴道具的制作，15岁开始制作猫头狮。20世纪70年代，他在继承祖传猫头狮制作技艺的基础上，开始制作龙、佛金三宝等其他道具，并将其中的农民画技艺发扬光大。

肖建兰制作的猫头狮，采用纸、竹扎制而成，却能承受60千克的重量而不变形。其猫头狮形猫似狮，狮头正额写有一个金光闪闪的"王"字，狮面牙尖、鼻高、眼大、眉显，整个狮头上绘有八宝（八仙）、双龙、双凤、梅兰竹菊、海浪、浮云，在威武中透着和善，凝练中显出生机。肖建兰所制作的猫头狮因做工精良、彩绘精致，被广东省博物馆、河源市档案馆收藏。

如今，肖金兰主要将其猫头狮制作技艺传授给儿子肖稻穗。

郭润堂

郭润堂，男，1963年生，广东省东莞市人。非物质文化遗产（石龙醒狮头制作技艺）项目广东省级代表性传承人。

郭润堂是石龙德和兴醒狮头制作第四代传人，从小帮家里扎制醒狮头，17岁高中毕业正式跟随父亲郭炳坤学习家族传统醒狮头制作手工技艺。从1979年开始，他经营"德和兴麒麟狮子"店铺生意，制作并销售醒狮头及相关产品，从业已有30余年，熟练掌握购料、破篾、扎框、糊纸、上彩、贴饰等醒狮头制作工艺及流程，凭记忆设计各种不同的狮头形状和花纹。随着群众观赏水平的提高，他对醒狮进行了款式、色彩、装饰等方面的创新，如用更漂亮的羊毛和马尾巴制作狮子的胡须、用热熔胶粘贴装饰品、将镭射（激光）纸贴在狮头上做眼睛。郭润堂制作的狮头既美观又耐用，多用于大型醒狮比赛和东莞镇、村庆祝活动，吸引深圳、香港等地以及新加坡的客商慕名而来选购，最远销至英国。

黎 伟

黎伟，男，1945年生，广东省佛山人。非物质文化遗产（佛山狮头）项目国家级代表性传承人。

黎伟是佛山黎家狮狮头扎制第五代传人，自小随父黎永华在太公开设的黎祥泰狮艺店学习狮头扎制。16岁初中毕业，他进入得声乐器有限公司（原佛山市乐器工艺厂），正式开始跟随父亲系统学习狮头传统制作技艺。2005年，黎伟退休。退休后，黎伟继续扎制狮头。其所做狮头多被作为工艺品收藏。与此同时，黎伟潜心搜集舞狮、扎狮方面的资料，研究、整理其历史、文化、技艺等。

黎伟扎制的狮头造型生动，颜色艳丽，装饰繁复，形成了远近闻名的黎家狮狮头风格。黎伟以刘备、关羽、张飞等拟人化的脸谱造型，运用艺术夸张手法，通过不同颜色搭配表现不同人物性格特征，以"枕企额高、眼精眉亮、背宽、饱额、杏鼻、面颊饱满、口阔带笑、明牙震舌、双龙腮、竹笋角"为狮头特点，区别于其他狮头，且结实牢固，远销欧美、东南亚的20多个国家。狮头规格以彩扎狮的嘴的宽度分为四种，小狮头则有五种规格。黎伟制作狮头受父亲影响较大，格外喜欢鳌鱼角造型狮。其作品《双龙争珠》《龙凤呈祥》《七彩传统》先后于1981年、1987年入选参加全国工艺美术展览；作品《双龙争珠》《四鱼到顶》等狮头作品分别由新加坡冈州会馆、中国美术工艺协会佛山创作院收藏；作品《醒狮起舞》于1999年获得广东省工艺美术狮头设计创作二等奖，并被外商购买收藏。20世纪90年代，黎伟还参与了电影《黄飞鸿之狮王争霸》的狮头道具制作工作。

除此之外，黎伟一直致力于狮头制作的传承教育工作。截至2015年，黎伟已成功举行收徒仪式3次，接收5名徒弟，他们分别来自香港、湖南以及佛山本地。从2012年开始，黎伟和妹妹黎婉珍每周都会去铁军小学上课，教小朋友们做狮头，希望将黎家狮狮头传统制作技艺传承下去。

黎婉珍

黎婉珍，女，1964年生，广东省佛山市人。非物质文化遗产（佛山狮头）项目广东省级代表性传承人。

黎婉珍是佛山黎家狮狮头制作第五代传承人，自幼丧父，10岁开始便利用放假休息时间帮助母亲扎狮。1980年，黎婉珍初中毕业，进入得声乐器有限公司（原佛山市乐器工艺厂）正式开始跟着母亲学习佛山狮头扎制技艺。最初，黎婉珍负责扑狮头和

装狮头，后来在母亲和哥哥的鼓励下，刻苦学习，掌握整个狮头的制作技艺。1994年，她转行到商场当售货员，但仍然利用业余时间从事狮头扎制。2003年，龙声鼓乐厂成立，黎婉珍被邀请回厂传授狮头扎作技艺。于是，黎婉珍又重拾祖业，潜心研究扎作技艺。

在狮头扎制方面，黎婉珍继承了佛山传统狮头风格，偏爱尝试新材料和新设计的纹路，所做的狮头适合传统南狮表演，纹饰以民族风格的唐草纹、草尾纹、斑纹、猪鼻云等图案为主，配合绒球、镜片、须、眉毛等装饰，华丽夺目。经黎婉珍制作的狮头数百只，受到国内舞狮队、武馆、博物馆与艺术机构的争相订购，甚至受到德国、意大利等国外客商的喜爱。其代表作《镭射轻庄金狮》的狮头小，重量只有2千克（传统狮重量3～4.5千克），适合南狮新兴的高桩表演和比赛，极受欢迎。2003年，黎婉珍融合刘备、关羽、张飞3个脸谱的特点和广东石狮造型，以红黑为主色调，制作了《红黑关公面狮头》，红的底色绘上黑白的斑纹使狮头更突出关公的忠、义、仁的脸谱特征。20世纪90年代，黎婉珍还和哥哥黎伟参与了电影《黄飞鸿之狮王争霸》的狮头道具制作工作。

为了将佛山狮头传统制作技艺更好地保护、传承和发展，黎婉珍已授徒弟3人；并从2012年开始，每周与哥哥黎伟去铁军小学上课，教小朋友们做狮头，弘扬黎家狮狮头传统制作技艺。除此之外，黎婉珍还与旅行社合作，将外地游客带到工作室去体验简易狮头工艺品的制作，以推广佛山狮扎工艺与文化。

八、葵艺传承人

廖惠林

廖惠林，男，1956年生，广东省江门市人。广东省工艺美术大师，非物质文化遗产（新会葵艺）项目国家级代表性传承人。

廖惠林从16岁开始拜师学艺，从事新会葵艺品创作已逾40年。1972年，廖惠林高中毕业进入新会葵艺厂当学徒，师从赵文达。因有较好的绘画基础，并且热爱葵艺创作，他很快成为出色的烙画能手。1986年，他任新会葵艺厂厂长。1988年，他应邀远赴法国参加民间艺术博览会，做火画扇现场表演。1999年，新会葵艺厂倒闭，他自筹资金，组织葵艺技术骨干，开办新会葵艺传统工艺品开发中心。

廖惠林擅长制作新会葵艺核心工艺品"烙画扇"，一生致力于山水、花鸟、人物的烙烫和设计工作。其作品远销至加拿大、美国、东南亚等地，并曾先后荣获广东省旅游纪念品设计大赛最佳设计奖、首届广东省民间工艺精品展优秀奖、广东传统工艺美术精品大展银奖。2007年，他以民间艺人身份到杭州参加中国当代扇艺术精品展；同年，他在广州举办千年葵乡——新会葵艺展。2011年，他应邀参加"春雨工程——全国文化志愿者边疆行"广东省文化志愿者宁夏行活动，展示新会葵艺。为了进一步传承与弘扬新会葵艺，廖惠林在传统蒲葵制作基础上进行了大胆创新。例如，绣织扇《小鸟天堂》将新会名景"小鸟天堂"刺绣到编织扇上，绣织扇作品《长寿》借鉴国画、剪纸、浮雕等表现手法以贴画形式呈现于扇上，将新会葵艺制品从实用品转变为工艺品。2008年9月，其作品《小鸟天堂》被广东省工艺美术评审委员会、广东省工艺美术协会认定为"广东工艺美术精品"，《小鸟天堂——杏样烙画葵扇》等4件葵艺作品被广东民间工艺博物馆收藏。

目前，廖惠林最为担心的是新会葵艺的传承与保护问题。为了将传统手工技艺与市场更好地结合，他已收徒4人，但尚未培养出熟悉每道工序的人才。

九、雷州蒲织传承人

陈妃荣

陈妃荣，女，1958年生，广东省湛江市人。非物质文化遗产（雷州蒲织技艺）项目广东省级代表性传承人。

陈妃荣自幼随父亲陈乃兴、母亲王淑英学习雷州蒲织的素席、色席编织,熟练掌握蒲织编织选草、舂草、染草、起头、织肉、织花、织角、穿边等工艺,学习并设计出不同样式纹样的蒲织图案。其作品有草席、草袋、草扇、草帽等。1977年,她设计出水波纹、城墙纹及文字图样,编织了《工业学大庆》《农业学大寨》等第一代花席产品。1986年以来,她在务农之余从事色席蒲织,并学习织花工艺与图案设计,已完成《友谊万岁》《双喜临门》《吉祥如意》《幸福吉祥》《前程似锦》《志在四方》等花席作品达数千张。1990年至今,陈妃荣致力于花席编织及技艺传承工作,已培养弟子近百名,为雷州蒲织技艺的传承发展做出了贡献。

符妃珠

符妃珠,女,1958年生,广东省湛江市人。非物质文化遗产(雷州蒲织技艺)项目广东省级代表性传承人。

符妃珠自幼随父亲符子登、母亲柯秀英学习雷州蒲织的素席、色席编织,熟练掌握雷州蒲织的煮染、织花、穿边等工艺,之后学习草席、苎蒿、麻兜、草袋、草帽、草扇等的编织技术。近几十年来,她农闲时从事花席编织,制作素席、色席近1000张,苎蒿、麻兜、草袋、草帽、草扇等近1000件。她致力于蒲织技艺的传承工作,培养弟子已有数十名,为雷州蒲织的传承与发展做出了重要贡献。

十、横经席编织传承人

朱国新

朱国新,男,1953年生,广东省云浮市人。非物质文化遗产(横经席制作技艺)项目广东省级代表性传承人。

朱国新出身于有名的织席世家,从小跟随父母学习编织横经席,对破草、纺线、穿桛、布纲、送草、打桛等横经席的编织工艺流程掌握熟练。他送草位置准确,抽回草叉

快捷，扛栲压草时用力均匀，一天可编织横经席两至三张。他所编织的横经席平滑幼细、厚软适度、结实耐用、质量上乘，深受顾客欢迎，每年所织横经席供不应求。

朱国新从艺至今有50多年编织横经席的实践经验。在郁南县，朱国新一家是少有的保留着席草种植习惯和横经席编织技艺的农户。为使这项民间传统手工技艺传承下去，朱国新积极向后人分享经验所得，促进横经席编织技艺的传承。

十一、潮汕竹丝编织画传承人

夏荣居

夏荣居，男，1942年生，广东省揭阳市人。非物质文化遗产（揭东竹丝编织画）项目广东省级代表性传承人，广东省工艺美术大师，高级工艺美术师。

夏荣居小学毕业后边务农边自学竹丝编织，后拜竹丝编织师傅陈大凌为师，对竹丝编织的锯、刮、片、分、理、浸、染、晒、编、织、修等十多道工序掌握熟练。其技艺精湛，所做竹丝薄如膜、细如丝、柔如纸，成品平整、细密而光滑。除了向师傅刻苦学艺外，夏荣居博采众长，创造了黑白两织全的编织技法，作品画面黑白分明，对比强烈，审美效果增强。此外，他对抽丝工具进行改革，对竹丝进行防腐、防蛀等药物处理，提升了竹丝编织工艺的技术水平。

夏荣居有50多年的竹丝编织经验，其作品题材广泛，包括花鸟、山水、人物以及书法等，品种有字画、框像、台屏等，代表作品有《菊》《八哥图》《毛泽东主席像》《鹰击长空》《对联》《石竹图》等。夏荣居对作品精益求精，其中在制作郑板桥的《石竹图》时，分剥了17000多条竹丝，精心编织了4个月。该作品长72厘米、宽27厘米，既保留了郑板桥作品的神韵，又富有竹丝编织精品的工艺价值，在2004年首届广东省民间工艺精品展、中国工艺美术民间工艺品博览会中获银奖。

在夏荣居言传身教下，女儿、儿子、儿媳等人都娴熟地掌握了竹丝编织技术，形成别具一格的竹丝编织之家。

十二、麒麟制作传承人

黄志成

黄志成，男，1982年生，广东省东莞市人。非物质文化遗产（麒麟制作）项目广东省级代表性传承人。

黄志成是清溪镇麒麟制作技艺"高华麒麟"黄娇系第五代家族传承人,受家庭氛围熏陶,12岁时开始学习麒麟制作技艺,逐步掌握了扎架、安装、贴纸、上色、涂油等全套工序。

黄志成在传承麒麟传统制作技艺的同时,不断适应市场需求,对传统麒麟进行创新。他与父亲根据舞狮眼睛会动这一特点,将眨眼技艺移植到麒麟头上,制作了眨眼麒麟;根据市场需求研发了金辐射麒麟,使得麒麟在晚会的灯光下光彩四射。此外,他还尝试运用传统麒麟制作方法,开发制作了两拳头般大小、可供家庭摆设的小麒麟,获得市场欢迎。适应网络时代的特点,凭借自己在计算机应用方面的能力,他在网络上开了"高华麒麟"网店,让更多人了解和欣赏"高华麒麟";还曾引起外国人关注,慕名前来购买"高华麒麟"。

黄素明

黄素明,男,1951年生,广东省东莞市人。非物质文化遗产(麒麟制作)项目广东省级代表性传承人。

黄素明是清溪镇麒麟制作技艺"高华麒麟"黄娇系第四代家族传承人,8岁时开始跟随父亲黄有学习麒麟制作技艺,至今从艺已50多年。20世纪六七十年代,因特殊历史原因,客家麒麟舞被迫停止活动,黄素明的麒麟制作也一度中断。80年代,黄素明从协助父亲制作麒麟,到逐步以麒麟制作为主业,坚持至今。每天早上7时到12时、下午2时到6时、凌晨1时到3时30分,这三个时间段是黄素明雷打不动的工作时间。

黄素明制作的麒麟画工精美,形态逼真,坚韧耐用。他在继承父亲技艺风格的基础上进行了改良,制作的麒麟耳朵能够灵活摆动,眼睛则由原来的方形改为圆形,也能左右转动,舞起来更加生动威武。黄素明制作的麒麟伴随清溪麒麟队,参加省级、国家级众多比赛，屡获殊荣。2008年，他受邀赴奥地利表演。其制作的麒麟被中国驻奥地利使馆收藏。2011年，他与另两位麒麟制作艺人黄鹤林、黄飞航合作，历时1个多月，制作了一个重达20千克的巨型麒麟头，并参加了第七届中国（深圳）国际文化产业博览交易会。至今，他制作的麒麟已销售至美国、荷兰、新加坡、比利时、澳大利亚等十几个国家和地区。

坚持制作之余，黄素明也致力于传承和推广麒麟制作这一传统手工艺，经常参加展览、展示活动，宣传、推广客家麒麟制作技艺，并在家中开设麒麟制作课堂，进行免费教学，对有心上门学习和传承麒麟制作工艺的人倾囊相授。

第六节
漆器工艺传承人

陈其积

陈其积，男，1938年生，广东省阳江市人。非物质文化遗产（阳江漆器髹饰技艺）项目广东省级代表性传承人。

1962年，陈其积进入国营阳江漆器工艺厂从事漆艺工作至退休。其间，得到傅乃彬、谭绍清等老师傅的亲传，掌握了阳江漆器制作的传统技艺，包括流程工序、漆皮箱的制作工艺、漆画的绘画工艺、漆工艺品的设计与制作技巧等。他深谙漆性、绘染、莳绘、变涂、贴金、贴银等各种传统技法。此外，他还将传统手工技艺与现代绘画审美要求相结合，不断突破创新，使作品极富漆画之韵。

在材料的运用上，陈其积也大胆创新，将平面的漆画板切割成不规则的波浪状，使作品实现了平面与装置的完美结合，清朗飘逸的艺术风格自成一派。陈其积还擅长制作阳江最富有特色的皮胎漆器。他花费大量的精力制作传统漆皮箱，使这项濒危近30年的技艺得以保留至今。

陈其积在近50年的漆艺生涯中，创作了大量作品。1980年，他参与了人民大会堂广东厅大型磨漆画《葵乡》的制作。1986年，其漆画《热带鱼》《故乡晨曲》入选首届全国漆画展。他的漆画作品《银龙鱼》分别在2002年、2003年多次获奖，2005年还被中国电信广东分公司选用于制作200电话卡封面，为阳江漆艺的宣传取得了良好的效果。2005年，其漆画《鹭声》获广东省第二届漆画展银奖。2013年，其漆画《金龙鱼》获得第二届广东省民间工艺精品展银奖。与此同时，上述作品也多次应邀参加国内外展览。

此外，其作品《热带鱼》《金龙鱼》《银龙鱼》《金鱼图》等作品分别被巴西、中国国家图书馆、中国工艺美术馆以及广东省档案馆收藏。2003—2012年，陈其积受邀参与《阳江日报》《南方都市报》等多家报刊以及电视台的专访栏目，为积极推动阳江漆艺的大众化传播做出了贡献。

陈其积除坚持每天创作外，还致力于培养漆艺传承人。他定期到阳江职业技术学院为艺术系学生传授漆艺制作技艺。他还举办漆艺爱好者沙龙，并与各地漆艺人才交流研讨，共同促进阳江漆艺的可持续发展。

范 俊

范俊,男,1938年生,广东省阳江市人。中国漆艺家,非物质文化遗产(阳江漆器髹饰技艺)项目广东省级代表性传承人。

范俊自幼喜欢画画,美术功底扎实。1960年,他进入阳江县地方国营漆器工艺厂学习漆器制作。通过40多年的学习,他掌握了全套的漆器髹饰方法。勤于探索的他精于脱胎花瓶、脱胎漆盆、工艺摆件的制作,漆器以造型古朴、轻薄明亮、细腻整洁的特点著称。1965年,范俊设计了他的第一件漆器作品《荷花折椅》,于当年的中国商品出口交易会上崭露头角,并广受欢迎。此后,他更加勤于探索、广学博采,从民间艺术传统中吸取营养,不断创作了风格各异的作品,陆续设计出"四大美女"台屏、漆方盒、竹型凤纹图案圆盒等一系列优秀作品。个人作品多次参加国家、省、市的各项展览并被多家机构收藏,他还受到华国锋、邓小平、叶剑英等领导人的接见和赞扬。

其设计的作品《竹型凤纹盒》获广东省一等奖,并于1985年发表在第十一期的《广东画报》上。同年,作品《八角祝寿盒》《罩金睡佛盒》分别获广东省工艺优秀奖和广东省三等奖。1986年,作品《灯塔》入选全国漆画展。1989年,《秋海棠》入选第七届全国美术作品展览。2010年,《漆花瓶》被中国工艺美术馆收藏。

傅以周

傅以周,男,1954年生,广东省阳江市人。非物质文化遗产(阳江漆器髹饰技艺)项目广东省级代表性传承人。

傅以周出身于漆艺之家,其父傅乃彬是精于阳江漆艺的一代名师。受家庭熏陶,傅以周从小就喜欢研习传统髹漆技艺,在父亲和兄长的指导下,熟练掌握传统阳江漆艺中髹漆、脱胎、变涂、镶嵌等各种技法。

傅以周不拘泥于传统,善于将传统漆艺技法与各种材质有机融合,创造性地保留和发挥出漆艺的美。傅以周还擅长对作品进行变涂，在炭粉堆形后，跟随漆的流动产生凹凸的形状，磨显后又有自然奇妙的纹理形态，最后有选择地研磨、推光，产生半亚光、亚光的效果，呈现出似玉非玉的质感，衍生出一种变化莫测的神秘。傅以周在几十年的漆器生涯中，不断寻求漆艺不同题材的表现手段和形式、思考传统漆艺与现代漆艺的碰撞融合。

1978—1986年，应蔡克振教授邀请，傅以周携家传漆艺到广州美术学院从事漆艺研究的教学工作。其间，他参与了北京人民大会堂广东厅大型漆壁画制作与监制，并师从阳江国营漆器厂大漆制漆车间主任梁荣迪，学习大漆的制炼与研发，为多间酒店、企业制作漆壁画、脱胎漆艺等艺术品。1979年，他监制、参与北京人民大会堂广东厅大型漆壁画《葵乡》的制作。1986—2000年，傅以周分别担任多间私营漆器工艺厂的设计与监制，培训、辅导各厂的漆艺技工，并设计、研发了众多漆器产品。1986年，其漆画作品《月夜》《水仙花》分别获全国漆画展工艺奖并入选全国漆画展。2000年傅以周成立个人工作室，潜心深研传统漆艺，多次参加国内漆艺的专题考察、调研交流活动，并致力于阳江漆艺的传承与发展。2002年，其漆画作品《V型系列》获广东省首届漆画展金奖，并入选首届全国漆画展。2004年，其漆画作品《无极》获庆祝中华人民共和国成立55周年广东省美术作品展优秀奖，并入选第十届全国美术作品展览，后被广州美术学院美术馆收藏。2007年，其漆画作品《桦》获第二届全国漆画展优秀奖，并由广州艺术博物院收藏；同年，其漆画《战衣》由广州艺术博物院收藏。

此外，傅以周还不遗余力地推动传统漆工艺的传承与保护工作，不断钻研漆文化，着手对阳江漆艺进行全面系统的收集、整理，为阳江漆器的发展做出了积极贡献。

第七节
工艺家具传承人

伍炳亮

伍炳亮,男,1953年生,广东省江门市人。非物质文化遗产(广式硬木家具制作技艺)项目广东省级代表性传承人,高级工艺美术师。

伍炳亮自幼随当地木匠学习木工和家具制作技艺,1979年开始从事古典家具购藏,并始终致力于古典红木家具的设计与制作,对传统家具的造型、结构以及文化内涵有着独到的见解。他提出"型、艺、材、韵"为准则的传统家具评鉴与设计制作理论,并以此理论为基础,仿制、改良和创新设计了1000多款明清家具。这些家具基本概括了明清家具的各种类别与款型,对明清家具的分脉辨流、工艺传承具有深远意义。在实践上,伍炳亮的作品以"型精韵深、材艺双美"而深受广大收藏家和各类权威媒体的赞赏与肯定。

伍炳亮是中国仿古艺术家具行业的领军人物,中国传统家具艺术的传人,对促成台山大江镇获评中国传统家具专业镇具有重要贡献。在传承、借鉴明清古典家具之精华的基础上,他大胆创新,改良设计了具有伍氏风格的宫廷式家具作品。其作品《明式黄花梨无束腰霸王枨大画桌》与《明式黄花梨大号四出头官帽椅》被中国国家博物馆收藏、《清式紫檀三扇式大地座屏》被中南海收藏陈列。伍炳亮还在学术刊物与媒体上发表《浅谈明清风格家具的作伪手段与辨伪方法》《中国传统红木家具流派浅析》《新仿古典家具市场回顾与展望》《2013年中国仿古家具市场分析与展望》等论文。

李仲良

李仲良,男,1969年生,广东省中山市人。非物质文化遗产(大涌红木家具传统雕刻技艺)项目广东省级代表性传承人。

李仲良1988年初中毕业后进入家具厂当学徒,得益于师傅们的精心指点,再加上自己学艺刻苦,很快掌握了红木家具的雕刻技巧。由于对精细的雕刻技艺十分喜爱,工作之余,他还向民间艺人学习浅雕、浮雕、镂雕等技法。1994年,李仲良到中山市红古轩家具有限公司工作，在能力范围内积极发挥特长，结合木工技术对家具的不同部位进行配花，使家具更具文化内涵，在观感上更为灵动。其代表性作品有《达摩》《壶》《站龙观音》《西游记》等，其中作品《壶》在中国收藏家喜爱的工艺美术大师和精美评选活动中获金奖。2006年，李仲良被评为中国收藏家喜爱的红木家具艺术大师。

李仲良在1997年担任中山市红古轩家具有限公司厂长后，积极鼓励发展家具的配花、雕花艺术，鼓励工人吸收借鉴潮州木雕、东阳木雕等优秀工艺，有力推动了大涌镇家具的发展。目前，李仲良培养了肖旭章、邓志达等雕刻艺人，使大涌红木家具传统雕刻技艺得到传承。

李泽添

李泽添，男，1964年生，广东省江门市人。非物质文化遗产（新会古典家具制作技艺）项目广东省级代表性传承人，高级工艺美术师。

李泽添1985年于广东广播电视大学汉语言文学专业毕业，毕业后跟随兄长李泽成学习古典家具的收购、鉴识、研究、设计、加工和制作；1992年创办丰泽红木家具厂，任厂长，负责仿古家具的开发、设计、雕刻和制作；2004年创办建宇轩古典家具有限公司，专门设计、制作大型红木雕刻工艺美术作品。李泽添十分注重作品意境的表达，对作品层次感、立体感及木雕工艺要求极高。例如，他在构思作品《清明上河图》时曾花3个月时间对图中800多个神态各异的人物进行分辨研究，采用上等泰国花梨木做材料，运用浮雕技术按原画3.5倍的比例制作，成品长达14.6米，是新会古典家具的艺术代表作。其他代表作品还有《精雕大花鸟画台》《小叶紫檀寒雀图罗汉床》《四库全书柜》等，其中《精雕大花鸟画台》获2010年中国工艺美术"百花奖"。

李泽添很注重古典家具制作技艺的传承和发展，担任新会时年技校的客座讲师，在创作之余定期为学生讲课，传授家具制作技艺知识；还曾到顺德龙江技术学校家具专业授课，并为该校学生提供实习平台。

杨 虾

杨虾，男，1937年生，广东省广州市人。非物质文化遗产（广式硬木家具制作技艺）项目国家级代表性传承人，高级工艺美术师。

杨虾在广州市越秀区惠福路梳篦街成长，自13岁起便跟随父辈学习开料、刨木、刨板、开榫、打眼等家具制作技艺，为家族第四代传承人。他1958年进入广州木雕家具工艺厂（原胜利酸枝家私合作社、广州酸枝家私生产合作工厂）工作，负责开料、刨木、出榫、打眼等工序；1963年被选送到广州市工艺美术研究所的木雕家具设计班，学习制图、设计、雕花；1964年任广州木雕家具工艺厂设计室主任、技术科科长，负责广式红木家具设计工作；1983年任广州木雕家具工艺厂厂长，直至1999年正式退休。

优良的家族传统和宝贵的学习经验，使杨虾所设计的家具既保留了广式家具的传统工艺和风格，又能因时而变、不断创新。1972年，杨虾与连六、胡枝等广州木雕家具工艺厂高级技术人员创作了《花梨宝鼎床》，被中国驻美国联络处选中使用；同年，杨虾带头设计、创作的《梅鹊酸枝木大理石七头大圆台（桌）》，被收藏在广东民间工艺博物馆，成为广式家具最具代表性的作品之一。杨虾所主持或参与设计的广式家具作品较著名的还包括《九龙床十件套》（1973年）、《酸枝木大理石龙凤客厅家具二十三件套》（1978年）、《酸枝木大理石大宝熏沙发十件套》（1979年）、《花梨木大理石红棉喜鹊沙发四件套》（1982年）、《花梨木大理石沙发十二件套》（1986年）、《酸枝荷花宝座》（2004年）、《紫檀木大理石座屏》（又名《海阔天空》，2004年）等。

杨虾继承了广式家具的传统工艺，更将"广木作"的创新精神融入实践之中。多年来，他坚持"工艺要老，观念要新"，以手工描绘图纸，用最好的木材与雕工做精品，拒绝粗制滥造。他的作品既保持着传统广式家具线条清朗流畅、雕花简洁大方的风格，又体现了创新的理念，为广式家具在当代社会传承的典范。

招赞惠

招赞惠，男，1943年生，广东省广州市人。非物质文化遗产（广式硬木家具制作技艺）项目广东省级代表性传承人，广东省工艺美术大师，高级工艺美术师。

招赞惠1959年就读于广州市建筑工程职业学校（原广州市建筑工程学校），1962年进入广州木雕家具工艺厂当学徒，对传统家具的结构、造型、

榫卯组合等掌握熟练，运用自如。1966年，招赞惠被抽调到工厂首次成立的设计室工作，开始了家具设计生涯，其间得到了梁权、梁九、胡枝、连六等行尊艺人的指导。

招赞惠设计思想先进，无论是产品的造型结构还是雕刻图案的描绘，技艺在同行业中都居于领先地位。自1966年至今，他独立主持或参与创作设计了不少大型成功的高精尖产品，如《7208酸枝理石宝鼎十头床》（1972年）、《酸枝理石九龙十头床》（1973年）、《花梨理石如意十头床》（1983年）、《花梨理石九狮会全龙十头床》（1984年）、《花梨祥龙吉狮如意十二头厅面》（1986年）、《如意客厅组》（1988年）、《龙狮客宴厅组》（1989年）、《麒麟客厅组》（1990年）、《梅花大圆台凳》（1992年）、《新建国客厅组》（1995年）、《明式系列家具》（2000年）等，其作品多次参加全国、广东省工艺美术展览并获各类奖项的金奖、银奖。

招赞惠擅长家具设计，但并不囿于家具设计。2000年开始，他将广式家具的木工结构原理和雕刻工艺运用于工艺品的制作，创作了《龙凤吉祥如意》《九龙瓶》《牡丹大座屏》《富贵满足》等，其中《龙凤吉祥如意》在广东省工艺美术大师作品暨新人新作展中获"粤艺杯"金奖。

招赞惠在学习与实践过程中融会贯通，大胆将在中专时期所学到的建筑绘图和机械绘图知识运用到家具制图中，把传统透视法与"环弧透视法"相结合，绘制家具效果图和群体透视图，使效果增强、表达清晰、变形失真小。20世纪70年代末，招赞惠大胆提出加工工艺的技术革新，在家具行业首次提出部件图的概念，把整套家具分解成多个部件，并绘制各个部件图，工人只需按图加工，在此基础上实现不同家具之间部分部件的通用化、标准化、系列化，极大地提高了批量化生产的效率，使标准化生产在家具行业迅速得到推广，从而改变了家具的传统生产模式，有力地推动了广式硬木家具制作工艺技术向前发展。

巢焜宝

巢焜宝，男，1963年生，广东省江门市人。广东省高级工艺美术师。

20世纪80年代初开始，巢焜宝致力于收购、研究、收藏明清式古董家具，并从榫头、款式等模仿制作明清家具。90年代初，他创立公司，专门从事古典家具的收藏、生产与销售业务。

巢焜宝对明清家具深有研究，并有自己独到的见解。在作品设计上，他坚持将传统艺术与时尚元素融为一体，对工艺要求极高，为保持家具原汁原味、自然的特点，每件作品均采用纯手工制作，精雕细刻，不油漆、不打蜡，以体现"皇家匠心"的独特品质。从艺以来，巢焜宝设计制作了多件形神兼备、巧夺天工的精品，在各类展览中脱颖而出，代表作品有《海南黄花梨罗汉床》《海南黄花梨六角椅》《海南黄花梨一腿三牙条桌》《明式圆脚平头画案》《明式太师椅》《明式海南黄花梨博古案》《黄花梨清式九龙座屏》等。其中,《黄花梨九龙底座屏风》的设计和制作耗时3年,布局匠心独运、势大力沉,整体气势敦厚沉雄,用料奢华精良、极尽雕饰,尽显清代皇廷家具的神韵,荣获中国工艺美术金奖;《明式圆脚平头画案》《明式太师椅》在2011年荣获广东传统工艺美术精品大展金奖。

第八节
金属工艺传承人

一、西关打铜传承人

苏广伟

苏广伟，男，1949 年生，广东省广州市人。非物质文化遗产（西关打铜技艺）项目广东省级代表性传承人。

苏广伟祖居西关。他于 20 世纪 60 年代末在广州市冶金机械厂工作时掌握并研究打铜传统工艺技术；90 年代初在广州白云区开办恒丰五金厂，专门生产和销售铜器日用品及铜器打工艺品摆件；90 年代末开办天程工艺品店，销售自制手工打铜器件，产品种类达数十种。

苏广伟采用传统手工制作方法生产的铜器日用品、艺术品，选材独特，做工细致，兼具精致、美观、耐用的特征。苏广伟制作的工艺品分为三类：第一类是全手工锻打铜碗筷、铜餐具等家用日常铜器皿，体现岭南地域特色；第二类是仿古夏、商、周图案，色素仿干炕的工艺品摆件，具有工艺美术文化历史底蕴；第三类是新开发的手工制作铜制精品，这类作品在继承传统样式和技法的同时不断创新，具有很高的收藏价值，包括全紫铜实用麻将、紫铜葫芦、紫铜潮汕茶壶，特别是以传统入栓工艺制造的无焊接特大鸟笼，成功申报吉尼斯世界纪录——全球最大无焊接鸟笼。

苏广伟在推陈出新的同时也积极寻找培养铜艺师。其子苏英敏承其衣钵，努力为西关打铜手艺注入活力与生机。苏广伟在创作之余，还致力于恢复、推广逐渐消失的铜文化，每年自费参与非遗展览、民间工艺展、广府庙会等活动。其所在的天程铜艺店定期为学生授课，并通过社会媒体向年轻人推广传播铜器历史和文化。此外，为了更好地保留老西关铜器技艺，苏广伟还开设了一间 300 平方米的展厅，展示其收藏的广州清末民初西关铜器著名作坊生产的铜制产品。

二、阳江刀传承人

李有维

李有维,男,1964年生,广东省阳江市人。非物质文化遗产(阳江小刀制作技艺)项目广东省级代表性传承人。

李有维自幼师从父亲阳江十八子李良辉,并在1983年进入自家刀具厂随父亲学习刀剪制造技艺。李有维和父亲不断改革创新,共同推动了影响刀剪行业的五次技术革命,其中包括将传统焊接刀具改进为连体直出刀具,开发多功能家用厨刀和通透套装刀具系列产品,并将军工材料七铬十七钼和高级国际流行材料不锈钢、复合钢转为民用制造刀具,还建设特种合金钢厂,以实现炼钢、制刀、技术一体化。其研发的"千层钢刀具"被认定为广东省高新技术产品。此外,他主持研发的刀具辊锻成型装置、刀具强度测试系统等科技成果亦获得实用新型专利。李有维带领其团队生产的"十八子作"被国家工商行政管理总局认定为"中国驰名商标"和"国家免检产品"。

李有维注重小刀制作专业人才的培养,积极吸纳高校人才,推进阳江小刀制作技艺的推广与传承。

李良辉

李良辉,男,1934年生,广东省阳江市人。非物质文化遗产(阳江小刀制作技艺)项目广东省级代表性传承人。

李良辉10岁时到当地打铁铺学艺,师从陈姓艺人。新中国成立后,李良辉顺利进入阳江小刀生产合作社工作;但在随后的政治运动中,李良辉被下放农村,被迫放弃制刀工作。20世纪80年代初,李良辉把握时代的机遇,重操旧业,创办阳江十八子集团,并逐步发展成为国内首屈一指的刀具制作厂商。

在坚守传统制刀的基础上,李良辉锐意创新,坚持用科学技术推动刀具生产,从1983年到1996年的短短13年,带领技术人员完成了46个菜刀品种的开发,其中包括了"身柄连形"的"两刃刀"、既能斩猪骨又能切猪肉的"刀锋之皇"以及借鉴日本技术研发的不粘肉刀"切味一番"等功能各异的优质刀具。

目前,李良辉的主要徒弟是其子李积回。

张锐宗

张锐宗,男,1954年生,广东省阳江市人。非物质文化遗产(阳江剪刀锻制技艺)项目广东省级代表性传承人。

张锐宗出身于刀剪世家。其祖父张世伦为织篢一代刀剪名匠;其父张逢新子承父业,创立了有"刀剪张"美称的织篢五金厂。张锐宗于1968年进入织篢五金厂工作,经过不断钻研和学习,掌握了传统阳江剪刀锻制技艺,成为第三代传人。

张锐宗所在的永光刀剪集团生产的剪刀产品以工艺精美、款式新颖、锋利耐用、品种齐全而闻名。他将最初单一的民用剪刀发展至今天有六大系列近千个品种的剪刀产品,其中的30多项获国家发明专利,产品受到美国、日本以及欧洲、东南亚各国和我国港澳台地区的欢迎。他自主设计的双刀四刃的双刀沙律剪外观新颖、功能多样,突破了传统剪刀款式单一的模式,成为国际首创的新型剪刀品种。

张锐宗不断培养专研新型剪刀的人才,指导年轻人在锻制技艺方面不断提高;与此同时,他还积极参与社会各项活动,努力传播阳江剪刀的文化特色。

三、金箔锻造传承人

吴深龙

吴深龙,男,1960年生,广东省广州市人。非物质文化遗产(金箔锻造技艺)项目广东省级代表性传承人。

吴深龙1978年进入金箔行业,跟随父亲吴宝光学习金箔锻造技艺。随后,在原佛山"昌盛号"金箔行(新中国成立后迁至广州状元坊油步巷23号)多位金箔老艺人的指导下,深入学习并掌握了全套金箔锻造技艺。

20世纪80年代中期,吴深龙开始

教授学徒，并根据自己所学，改进了金箔锻造技艺的流程，在提高生产量的同时，保持并增加了金箔的特性，摸索总结出相关配方和工艺流程，形成了自己的特色。他锻造的金箔成色好、张子大，可广泛应用于寺庙佛像装饰及家居酒店装饰，并成为制作现代金箔工艺品的好材料。

吴深龙打制的金箔在20世纪80年代中期便远销至港澳台地区以及东南亚等地。广州大佛寺（三宝佛金身）与光孝寺（三宝佛金身）、韶关云门寺、佛山祖庙、肇庆龙母庙（龙母神像和其他佛像金身）、长沙开福寺（观音像金身和其他佛像金身）、绍兴慈云寺（弥勒佛、韦陀佛像、千佛塔佛像等佛像金身）等国内数十家寺庙佛像的装饰都用到了吴深龙所打制的金箔，一些酒店和家居装饰（如中海复式楼层的白云石画、顺德碧桂园别墅墙画）等也采用了其打制的纯金金箔。2009年，吴深龙的金箔木雕作品《九龙如意》参加中国工艺美术学会主办的"传承与创新——工艺美术作品展"获金奖。

吴深龙致力于金箔锻造事业的30年间，一方面不断改善老艺人的生活状况，另一方面积极将这门手艺传授给更多的年轻人，包括其子吴炜全等。通过他的努力，佛山金箔行业在改革开放后濒临凋零的局面有所改变，老艺人的手艺得到传承和保护，新一代的技艺水平也有所提高。

四、珐琅传承人

杨志峰

杨志峰，男，1958年生，广东省广州市人。广东省工艺美术大师，非物质文化遗产（广州珐琅制作技艺）项目广东省级代表性传承人。

杨志峰1975年高中毕业后进入花县珐琅厂，师从甘志豪学习广州珐琅制作技艺；1976年5月—1978年10月师从国画大师何磊、吉梅文、陈雨田学习中国画。1979—1981年多次前往北京珐琅厂学习景泰蓝工艺设计及制作，并于1983年结合北京掐丝珐琅和广州画珐琅工艺，成功研制出新型工艺品——中彩珐琅；2003年，他带领一批原花县珐琅厂技术人员成立珐琅研究工作室，继续从事和传承广州珐琅制作技艺至今。

为了更好地传承广州珐琅技艺，杨志峰曾先后就读于中国书画函授大学、广州业余大学以及广州美术学院"产学研"进修班。丰富的学习、工作经验和大胆的创新，使以杨志峰为代表的广州珐琅艺人创造出"中彩珐琅"，并在近年来发展出与其他工艺相结合的珐琅作品，如珐琅钟表等。

杨志峰擅长珐琅工艺品的设计与创作，对珐琅工艺制作颇有研究。他创作的《中彩珐琅落地灯》获中国工艺美术"百花奖"优秀设计二等奖，《中彩珐琅象耳尊》获第二届广东省工艺美术精品展银奖，《第一桶金》在第二届中国国际礼品展第二届中国国际礼品展上获"首届中国礼品设计大赛"工艺类银奖。

目前，杨志峰的徒弟主要有刘成滔和杨传燊（杨志峰儿子）。

柯仁勇

柯仁勇，男，1963年生，广东省潮州市人。非物质文化遗产（铜铸胎掐丝珐琅器制作技艺）项目广东省级代表性传承人。

1983年，柯仁勇开始师从其父亲柯为强学习铜铸胎掐丝珐琅器制作技艺。1983—2003年，柯仁勇对铜铸胎掐丝珐琅器的传统制作技艺进行研究继承，全面掌握了铜铸胎掐丝珐琅器制作技艺。2003年，柯仁勇依托潮州市东泰陶瓷实业有限公司的生产基地和技术力量，建立了制作铜铸胎掐丝珐琅器的车间。

柯仁勇收集、整理、挖掘铜铸胎掐丝珐琅器制作技艺，购置制作工具，吸收艺人专心学艺，在发掘、研究铜铸胎掐丝珐琅器制作技艺资料基础上进行实际制作，对铜铸胎掐丝珐琅器制作技艺开展实质性的保护工作。

第九节
其他工艺传承人

一、广东剪纸传承人

叶天津

叶天津（1944—2010年），又名叶津，号花絮园主，男，广东省潮州市人。非物质文化遗产（广东剪纸）项目广东省级代表性传承人，广东省工艺美术大师。

叶天津1961年毕业于广州美术学院国画系，师承王显诏先生；毕业后进入潮州工艺美术研究院工作，从事剪纸创作。叶天津善于将美术的一些表现手法应用于剪纸艺术中，逐渐形成了清丽自然的风格。他还将现代木刻艺术中的黑白对比和造型手法融汇在创作中，并尝试采用广告彩页新材料创造了"巧色剪纸"新技法，丰富了潮州剪纸艺术的内容。数十年来，他创作了大量作品，其中为庆祝新中国三十华诞而创作的《祖国万岁》，在1988年被广东省工艺美术学会编入《广东工艺美术史料》一书。

叶天津多方搜集、挖掘、整理资料，根据自己的实践经验编写了《剪纸枨芳》一书，对潮州剪纸的特点和基本技法进行了介绍和分析，并在书中罗列了100多幅潮州剪纸供读者研究和学习。此外，他撰写了多篇学术论文在全国和省级刊物上发表，其中《在民俗研究中发展民间工艺美术》获1986年广东省艺代会二等奖。1987年，他被《中国工艺美术》杂志聘请为特约撰稿人。

许舜英

许舜英，又名许遵英，女，1972年生，广东省汕头市人。非物质文化遗产（广东剪纸）项目广东省级代表性传承人。

许舜英12岁开始向剪纸艺人张佩龙学艺，得其真传，掌握了潮阳剪纸技艺，继承了潮阳民间剪纸的传统特色，作品构图饱满、秀丽精巧。学艺过程中，许舜英一方面自我探索钻研，努力提升自己的艺术水平；另一方面经常与业内人士交流，切磋技艺，取长补短。为深入研究潮汕地区的剪纸艺术，许舜英搜集了各类剪纸资料，做了大量的调查研究。从艺以来，她的多件代表作品参加了汕头市、广东省和全国的展览，主要获奖作品有《潮阳英歌舞》《新风赞》《八仙骑八兽》《北京欢迎您》《三宝喜庆改革》等。其中，《八仙骑八兽》获2007年中国剪纸艺术精品博览会金奖。

许舜英致力于民间剪纸艺术的传承和保护，为了吸引更多的年轻人进入这一行业，许舜英开办剪纸培训班，努力普及和推广剪纸艺术。她还将潮阳剪纸演示过程摄制成影像资料，为抢救非物质文化遗产贡献自己的力量。

陈永才

陈永才，男，1941年生，广东省佛山市人。非物质文化遗产（广东剪纸）项目国家级代表性传承人。

1960年陈永才进入佛山市民间艺术研究社，跟随著名佛山剪纸艺人梁朗生学习剪纸技艺。在学习传统剪纸技法的同时，陈永才吸收了外国剪纸剪影式的造型手法，在制作技法、材料使用、剪纸题材等方面进行了改革、创新，把剪纸发展成大型的艺术创作，

开拓了传统剪纸艺术的革新之路。其作品既保持了佛山传统剪纸造型优美、线条流畅、剔透玲珑的特点，又能以多变的手法剪刻现实生活题材，展现了古典又现代、大气又细腻的艺术风格。

陈永才从事剪纸艺术50多年，作品颇丰，曾多次被选送参加全国工艺美术展览。其代表作品有《红梅花枝俏》《万家春》《佛山秋色》《古镇佛山》《纸艺传情暖万心》《鱼水情》《水乡春色》《三八潜水队》《百花齐放》《鹤日图》《果实累累》《万象春》《鱼米之乡》等。其中《水乡春色》《三八潜水队》《百花齐放》分别入选1972年全国工艺美术展、1977年全国美术展、1978年全国工艺美术展；2004年的作品《万家春》荣获联合国教科文组织等共同主办的"国际剪纸艺术展"优秀奖。陈永才擅长制作现代建筑装饰的巨幅剪纸，作品《佛山秋色》《古镇佛山》《纸艺传情暖万心》都为大型剪纸作品。其中《佛山秋色》长21米、宽4米，采用中国剪纸艺术夸张变形、删繁就简等传统手法，生动表现了佛山秋色的热闹场景。

张湘明

张湘明，男，1949年生，广东省潮州市人。非物质文化遗产（广东剪纸）项目广东省级代表性传承人。

张湘明祖父张利兴以錾造南洋纸钱（也称"南金"）为生。受家庭熏陶，张湘明8岁起就随长辈学习凿刻南金，11岁时进入汕头市特种工艺厂当学徒，学习木雕、麦

秆剪贴画、剪纸等传统工艺，并对剪纸艺术产生了浓厚的兴趣。几年后，他又转到文化用品厂做工，开始学习装裱技术。不同的行业经历及艺术形式的学习和积累，为张湘明的剪纸生涯打下了坚实的基础。他融合各种艺术，创新剪纸的表现技法，巧妙地在剪纸中融进银饰、字画等艺术元素，不断创新作品，并将传统平面剪纸发展为三维立体剪纸。2006年，张湘明推陈出新，

通过刻、剪、錾等方式，耗时8个月，用纸板创作了国内首件立体纸刻艺术品——《九龙宝鼎》。该作品重3千克，高70厘米、宽65厘米、厚32厘米，上面刻有九条张牙舞爪的金龙，鼎盖及鼎身共有15000个通花孔；除了刀刻、剪修等剪纸技艺之外，该作品融合了潮州通花雕、浮雕等传统技艺，是潮州民间剪纸艺术中的代表性作品。他的其他代表性作品还有《先师孔子像》《潮州舞鲤鱼》《潮州舞雄狮》等。

陈雁淑

陈雁淑，女，1969年生，广东省汕头市人。非物质文化遗产（广东剪纸）项目广东省级代表性传承人。

陈雁淑出身于剪纸世家，外曾祖母黄庆善是民国时期当地出名的剪纸巧手，外婆张秀枝和母亲李婵仙也都是当地有名的剪纸艺人。由于家庭氛围的熏陶，陈雁淑10岁起跟随母亲和外祖母学习剪纸，并继承了潮阳地区民间剪纸的艺术风格。

其作品题材多样，格调清新秀丽、精巧雅致、拙朴纯真，构图饱满，多采用"花中套花"的手法。在保留潮汕传统文化符号的同时，陈雁淑在剪纸艺术中融入更多时代发展的新鲜元素，创新了潮阳剪纸的装裱形式，使作品呈现出浓郁的书卷气息和精品意识，大气之中蕴藏温婉细致。她的作品屡次在国内外比赛中获奖，其中的《普天同庆》《祥和如意乐羊羊》分别获得2008年北京奥运会（第二十九届夏季奥林匹克运动会）和第十六届亚洲运动会文化作品金奖，并被组织委员会永久珍藏。其他代表性作品还有《潮汕米粿花》《天地长春》《松鹤延年》等。其中《松鹤延年》采用潮阳传统剪纸风格，以松、鹤构图，寓吉祥之意，画面饱满有序、疏密有致、严谨而疏朗，在第十届中国（深圳）国际文化产业博览交易会上获中国工艺美术文化创

意奖金奖。

为更好推广潮阳剪纸艺术，陈雁淑经常到学校和图书馆义务传授剪纸技术，并创办了个人的剪纸艺术工作室，构建了集创作、培训、展演等功能于一体的传承平台，开展非物质文化遗产的传承活动，先后被评为"第一届南粤技术能手"、汕头市优秀拔尖人才。

何 燕

何燕，女，1943年生，广东省佛山市人。非物质文化遗产（广东剪纸）项目广东省级代表性传承人。

1960年，何燕进入佛山市民间艺术研究社工作，师从剪纸大师梁朗生。她在继承佛山传统剪纸艺术手法的基础上，形成了自己独特的艺术风格。其作品贴近现实生活，以金碧辉煌、造型朴实而见长，在线条运用上注重疏密、粗细、聚散对比的有机结合。从艺数十年来，何燕锲而不舍、坚持创作，作品多件（套）入选省、地、市及全国美术作品展览，并获多项奖励。其中，代表作品《花溪鸟语》获小工艺美术作品展览优秀奖，《剑舞》入选全国美术作品展览，《舞蹈》《古城秋色胜春光》《我为祖国添新衣》《赛龙夺锦》入选广东省美术作品展览、广东女画家美术作品展。她的其他代表作品还有《骄阳赞》《武术新花》《莲花仙子》等，先后有50多件剪纸作品在全国、省、市级报刊发表。

坚持创作之余，何燕还注重培养剪纸艺术新人，目前有弟子嘉焯、谭田芳和余新梅。何燕还经常参加展览、宣传活动，为广东剪纸艺术的传承传播做出了积极贡献。

郑少燕

郑少燕，女，1968年生，广东省汕头市人。非物质文化遗产（广东剪纸）项目广东省级代表性传承人。

郑少燕从小跟随家中长辈学习剪纸，在学习老一辈艺人剪纸技艺的基础上探索出了自己的创作风格，擅于采用阴与阳、粗线与细线、曲线与直线、点与面等对比方法增强艺术效果。加上其自幼喜欢美术，有美术基础，擅长用传统技法表现当代题材，其作品

精巧细腻、疏密有致。其代表作品有《待机出击》《温馨》《月朗朗》《留衣亭·舌镜塔》《四渡赤水》《三宝献瑞》《千秋共仰》《奥运圣火耀中华》《人寿年丰》《巧绣春华》等。其中,《月朗朗》在第二届国际剪纸艺术展中荣获佳作奖;《三宝献瑞》在第三届国际剪纸艺术展中荣获银奖,同时荣获2006年度汕头文艺奖三等奖、2007年度汕头文艺奖二等奖;《千秋共仰》在第八届中国艺术节剪纸艺术博览会剪纸大赛中获金奖;《奥运圣火耀中华》在第三届国际(北京)剪纸艺术博览会"南风韵"全国剪纸大赛中荣获成人组"金剪刀"奖;《人寿年丰》荣获第四届国际剪纸艺术展优秀奖;《巧绣春华》参展于第三届广东省民间工艺精品展并荣获铜奖。

在积极创作之外,郑少燕还致力于广东剪纸的传承,定期在寒暑假开办潮阳剪纸培训班,义务为爱好剪纸的儿童及家庭妇女传授剪纸技艺。

饶宝莲

饶宝莲,女,1974年生,广东省梅州市人。非物质文化遗产(广东剪纸)项目广东省级代表性传承人。

饶宝莲1993年毕业于梅州师范学校,后在佛山市蓓蕾艺术学校担任美术教师。1999年,她凭着自学创作的第一幅佛山剪纸作品《水中倒影》参加了"南海'跨越新世纪'文艺(美术、书法、摄影)新作大汇",并荣获美术类一等奖,从此走上剪纸艺术道路。2009年,她拜佛山剪纸艺人陈永才为师,并在师傅的指导下,在继承传统的基础上运用矿物质彩料,采用立体浮雕手法,大胆创新,在现代铜箔上用纯金进行制作,成功创制了新金铜凿剪纸技艺。

饶宝莲的剪纸艺术,以自学和自我探索为主,一方面吸收了佛山剪纸传统技法的精华,另一方面注入了现代元素,注重个性化和创新。她在广泛吸纳我国北方和外国剪纸风格的基础上,发挥自身美术创作能力,在构思和表现手法上有独特性,作品块面明朗、色彩强烈、线条简练。其代表作品有《梳妆》《读经》《搏击》《旭日天骄》《客家土围楼》《迎春使者》《菊花四屏》《佛山祖庙瓦脊》《富贵和谐》《精武飞鸿》《锦鸡碧桃》《佛山秋色》《丹凤朝阳》《佛山新八景》等。其作品先后多次在各级比赛与展览中获奖,其中《读经》在南京博物院举办的"国际剪纸艺术展览"上获银奖,《搏击》入选庆祝中华人民共和国成立55周年广东省美术作品展,《佛山新八景》获2010年"佛山工艺美术创新市长奖",《佛山祖庙瓦脊》和《富贵和谐》获2013年"佛山市工艺美术创新市长奖"。

梁志炎

梁志炎，男，1944年生，广东省佛山市人。广东省工艺美术大师。

1960年梁志炎初中毕业后进入佛山市民间艺术研究社工作，师从梁朗生，长期从事剪纸艺术的学习、研究和创作。学艺期间勤奋求新，为挖掘题材寻找创作灵感，梁志炎曾到西双版纳、张家界、黄果树瀑布、中缅边境等地跋山涉水写生、拍照，到乡下农村体验生活。其作品构图饱满、风格潇洒、工艺精湛并充满生活气息。

梁志炎在继承传统佛山剪纸的同时，不断适应市场需求，对传统佛山剪纸进行创新。他将传统铜衬剪纸与黑色色纸结合，创作了空间感强、色彩圆润、华丽丰富的新型剪纸——黑金套衬新型剪纸，并在此基础上将黑金套衬剪纸发展为纸衬剪纸，为佛山创作剪纸界广泛采用。在剪纸技巧上，梁志炎在佛山传统剪纸刀刻手法的基础上，吸收了油画的色彩，丰富剪纸的层次感，使剪纸更具艺术性、欣赏性。同时，他还借鉴国画、刺绣等艺术形式，对剪纸作品表现形式进行创新，创作了剪纸屏风作品《四季图》《四美图》《花鸟》《锦绣山河》等，在20世纪70年代的中国进出口商品交易会（以下简称"广交会"）上大受欢迎。此外，梁志炎还在剪纸材料上探索创新，与佛山色纸厂的师傅研究，将只有一二十种单调颜色的色纸发展为有160多个种类的包括单色、衬色和套色等不同颜色的色纸。

20世纪七八十年代是梁志炎的创作高峰期，其间所创作的剪纸有100多件，不少作品曾在国内外获奖并在《人民日报》《民族画报》《解放军画报》《羊城晚报》等报刊发表。1989年，他创作的《风光小品》入选全国第一届民间工艺美术佳品及名艺人作品展，曾赠予柬埔寨国王西哈努克。其他代表作品还有《12生肖》《猫头鹰》和《孔雀》等。梁志炎于2000年在第四届中国黑龙江剪纸艺术节上获中国剪纸德艺双馨奖，2003年获中国工艺美术学会、中国工艺美术学会民间工艺美术专业委员会颁发的突出贡献奖。

魏惠君

魏惠君，女，1969年生，广东省汕头市人。非物质文化遗产（广东剪纸）项目广东省级代表性传承人。

魏惠君自幼受剪纸艺术熏陶，6岁开始跟随祖母和母亲学习剪纸，熟练掌握了潮阳民间剪纸"图必有意，意必吉祥"的精髓。其作品以阳剪为主，配以少量的阴剪，粗细相生，柔中带刚。魏惠君自1991年于汕头工艺美术学校毕业后在潮阳文化馆从事潮阳剪纸的研究、整理工作并进行题材性创作。魏惠君继承了潮阳剪纸清新秀逸、精巧雅致的艺术风格，并在此基础上不断吸收新的灵感和元素，用现代题材进行主题创作。她先后创作了《十二生肖》《红红的日子》《盛世英歌》《谐》《吉祥三宝》《节日》《鸡团花》《团花》《花篮》《福团花》《柴房会》等反映古朴民俗和时代精神的优秀作品，多次参加国际、全国、省级等的展览并获奖。

她有多件作品被收录于《潮阳民间艺术三瑰宝丛书·潮阳剪纸》。其中，长1.2米、宽1.16米的《家乡三瑰宝》从创作到完成历时2个多月。该作品以潮阳民间三瑰宝笛套音乐、英歌舞、剪纸的人物造型居中间为主体，四周以潮汕地区的特色民居为装饰，把三瑰宝的形态特征及海滨地区的生活气息表现得淋漓尽致。作品在反映潮汕地区淳朴民俗的同时，也突出了南方剪纸精巧细腻、寓意吉祥的特点。2007年，该作品获第三届国际剪纸展金奖，并被编入《中外剪纸精品》。

1997年以来，魏惠君坚持做好潮阳剪纸的授徒传艺工作，应邀赴各种大型艺术活动做现场演示、到学校教学，传授剪纸技法，还在《工美联协通讯》上发表论文《浅谈汕头"潮阳剪纸"的美学意蕴》。2007年，魏惠君获"广东省农村青年文化名人"称号，2009年1月被认定为第三批广东省民间文化杰出传承人。

二、广东鼓传承人

李木瑞

李木瑞，男，1955年生，广东省揭阳市人。非物质文化遗产（浦东牛皮鼓制作技艺）项目广东省级代表性传承人。

李木瑞出身于制鼓世家。由曾祖父李天恩开始，牛皮鼓手工制作技艺在家族代代相传至今。李木瑞16岁开始学习制鼓，经过长期的摸索和实践，

熟练掌握了手工牛皮鼓制作从选料、制皮、制壳到定型再到油漆的全套工艺流程。

李木瑞制鼓技艺精湛。他所制的鼓质量上乘、品种各异，从福建南部一带多用的尖脚鼓、双头鼓、狮鼓、龙船鼓，庵堂、寺院使用的更鼓，到潮剧界使用的高音鼓、低音鼓、中鼓、苏鼓，李木瑞都能够手工制作。

胡沃镒

胡沃镒，男，1961年生，广东省江门市人。非物质文化遗产（金声狮鼓制作技艺）项目广东省级代表性传承人。

胡沃镒7岁时开始跟随父亲胡立民在"金声狮鼓店"学做狮头和龙，16岁学做鼓，熟悉"金声狮鼓"制造各个流程，掌握全套技术，能够独立操作，并不断探索、创新狮鼓制作手工艺，成为继他叔公胡厚镰和父亲胡立民后"金声狮鼓店"的第三代传人。他一直坚持纯手工制作，制作的狮头用料讲究、做工精美、颜色艳丽、款式新颖、鼓声洪亮，作品过半出口国外，其中在美国华人社团的销售量最大。

历史上，金声狮鼓制作技艺曾面临失传危机。"文革"后，胡沃镒重振狮鼓店，通过多年的经营探索，金声狮鼓店从单一的狮鼓作坊升级为如今制作龙、狮、鼓以及售卖锣、钹等一整套龙狮道具的综合店。

胡沃镒现已将金声狮鼓制作的全套技艺教授给胡俊健、吴东英，使该项目得以传承与发扬。

三、广州箫笛传承人

郭大强

郭大强，男，1965年生，广东省广州市人。非物质文化遗产（广州箫笛制作技艺）项目广东省级代表性传承人。

郭大强是家族中第三代箫笛制作技艺传人，15岁起跟随父亲郭汝灼学习制作箫笛，后在黄金成、罗行栽指导下学习有关理论和演奏技巧。1988年，郭大强与父亲共同创办"粤声乐器加工厂"，坚守广州箫笛手工制作至今。

出身于箫笛世家的郭大强自幼受到箫笛文化的熏陶，完全掌握了广州箫笛的制作方法和技巧，有着丰富的实践经历。其研发制作的箫笛工艺精湛、质量上乘、音色洪厚、圆润，区别于江南丝竹，深具广东地方特色。此外，他还针对广东音乐的特点，对广州箫笛在中低音域的表现进行了改良。他制作的竹笛曾获中国民族管弦乐学会竹笛专业委员会首届笛箫制作评比"特殊贡献奖"。

郭大强从小接受严格的耳力训练，练就了过硬的调音技艺，可以不依赖仪器测量，仅凭耳朵听音为箫笛调音。经他调校的箫笛音色佳、音阶准，深受广东音乐演奏名家的喜爱。

为促进箫笛制作技艺的传承，郭大强还曾在高校义务举办箫笛普及培训班，扩大广州箫笛制作技艺在年青一代中的影响力。

四、古法造纸传承人

张熀元

张熀元，男，1936年生，广东省肇庆市人。非物质文化遗产（古法造纸）项目广东省级代表性传承人。

张熀元9岁开始跟随父亲和叔父学习古法造纸，至今已有60多年的丰富造纸经验，精通古法造纸的每一道工序及操作技巧，曾帮助附近村民60多人建立家庭作坊。尽管在"文革"期间受"破四旧"冲击、产品销售市场不景气等因素影响，但他仍坚持经营，延续至今，带动了当地农村经济发展，增加了农民收入，并保留了古法造纸的原有特色。

张熀元在技艺传承上付出了极大的心血，不仅培养自己的两个儿子继承古法造纸技艺，还积极参与"古法造纸展览馆"的筹建工作，为前往当地参观的游客及采风的媒体做解说和亲身示范，为古法造纸技艺的传承做出了贡献。

夏绍贵

夏绍贵，男，1933年生，广东省韶关市人。非物质文化遗产（仁化土法造纸技艺）项目广东省级代表性传承人。

夏绍贵16岁开始学艺，全面掌握仁化土法造纸技艺中的选料、蹉纸、抄纸、焙纸、捆纸等全套技艺，有60多年的丰富经验。在多年的造纸实践当中，他对复杂繁复的造纸工序不断创新和改良，能够精确控制抄纸池纸浆和胶水的比例，以及抄纸时竹帘的平衡

和力度。夏绍贵所生产的土纸曾远销广州、佛山、香港、澳门及东南亚等地，受到国内外人士的盛誉。

夏绍贵热心仁化土法造纸技艺的传承，通过言传身教等方式授徒传艺10余人，为技艺的传承和发展做出了贡献。

五、龙舟制作传承人

冯怀女

冯怀女，男，1931年生，广东省东莞市人。非物质文化遗产（龙舟制作技艺）项目国家级代表性传承人。

冯怀女出身于龙舟制作世家，爷爷以造船为生，父亲冯桃也是制作龙舟的大师。冯怀女14岁开始跟父亲学造船技艺，熟知做横板和坐板、刨光、打磨、上色等工序。

1950年左右，冯怀女在中堂造船厂工作，学习造船原理，并掌握了木船、农艇的制作工序。1977年后，冯怀女开始专职做龙舟，并于1987年独立开办龙舟造船厂至今。他参与龙舟制作数十年，已制作龙舟300多条，有不同规格和种类的传统大头龙舟、标准龙舟、小龙艇和凤艇等。冯怀女继承了父亲和爷爷的技艺特点，所制龙舟造型讲究、技艺精良。冯怀女在继承父辈技艺的基础上，对龙舟制造不断加以探索和改进，所做龙舟尺寸准确，用料上乘，船形流畅，行舟阻力小。在东莞万江、麻涌、石龙、沙田等地的龙舟竞渡赛事上，出自他手的龙舟多次拿到冠军，深受当地及周边龙舟队欢迎。例如，他2002年为沙田镇中围制作的龙舟获沙田镇冠军，2003年为万江镇制作龙舟获万江镇冠军，2003年为沙田镇和安村制作的龙舟在东莞市"石龙杯"龙舟大赛中获冠军。

霍灼兴

霍灼兴，男，1960年生，广东省东莞市人。非物质文化遗产（龙舟制作技艺）项目广东省级代表性传承人。

霍灼兴家中世代以做木船、龙舟为生，父亲为当地有名的龙舟工匠，霍灼兴自小就接触龙舟制作。17岁高中毕业后，霍灼兴正式跟着父亲学习制作木船和龙舟，在龙舟尺寸的精确度、船身的最佳弧度、用料、行舟阻

力等方面有丰富的经验,是工厂里能独当一面的年轻龙舟工匠。他所造的龙舟包括传统大头龙舟、标准龙舟和小龙艇,其舟型美观,工艺精细,线条流畅,船身刚柔适中。几十年来,他经手制作的龙舟有300多条,遍布广州、东莞、深圳、惠州等地区。除制造龙舟外,霍灼兴也帮忙维修破损的龙舟船,其手艺精良,在当地口碑良好。闲暇之时,霍灼兴利用制作龙舟剩下的碎料尝试制作了精美的龙舟模型——"袖珍龙舟",并被喜欢的人收藏。

霍灼兴乐于向爱好者传授龙舟制作技艺。目前,周围有十几个年轻人跟随他学习,使中堂龙舟制作技艺得以传承。

六、白沙茅龙笔传承人

张瑞亨

张瑞亨,男,1962年生,广东省江门市人。广东省工艺美术大师,非物质文化遗产(白沙茅龙笔制作技艺)项目广东省级代表性传承人。

张瑞亨在书画、篆刻、瓷绘、木雕、石雕等方面均有较高造诣。起初,张瑞亨进入新会工艺美术厂工艺组,后转入国画组。1978年,新会工艺美术厂在省有关部门的资助下,尝试批量生产茅龙笔,张瑞亨有幸接触茅龙笔制作技艺。20世纪90年代,张瑞亨调任冈州画院院长,设立"茅龙轩"制笔作坊,开始传承传统白沙茅龙笔制作技艺。

完整掌握传统白沙茅龙笔制作技艺的张瑞亨,从事茅龙笔研制20余年,所制的白沙茅龙笔曾获首届广东省民间工艺精品展优秀奖。由他所创制的茅龙国画笔曾受到我国书画名家关山月、刘海粟、朱纪瞻、沈鹏等人的高度赞扬,其茅龙笔还被广东省博物馆和法国留尼旺国家图书展览馆收藏。

张瑞亨还专门设立了"茅龙轩"制笔文化博览馆,积极授徒传艺,培养了一批制笔人才,为传承白沙茅龙笔制作技艺做出了重要贡献。

七、石湾龙窑营造传承人

蒙文德

蒙文德，1948年生，广东省佛山市人。非物质文化遗产（石湾龙窑营造与烧制技艺）项目广东省级代表性传承人，石湾古龙窑建造匠师。

蒙文德是石湾蒙氏家族砌窑传承人，从艺54年，熟练掌握家族全套修窑技艺，并保留了全套修窑资料，是石湾传承最有序、经验最丰富的古龙窑建造世家传人。蒙文德祖上于清康熙年间定居石湾，并一直以砌窑为生。他12岁时开始随父亲学习修窑，18岁独自领着弟妹对龙窑进行大规模维修。20世纪60—80年代，他与父亲、弟弟一起先后新建了化陶厂的化工1号龙窑等5座龙窑，并参与165座不同规格的龙窑的维修。2013年，蒙文德主持并修建了石湾龙窑南风灶和高灶，为南风古灶的维修申报及保护工作做出了杰出贡献。蒙文德致力于龙窑的修复与技艺传承工作，对石湾陶艺发展以及龙窑文化的传承与弘扬起着重要作用。

八、汕头瓶内画传承人

吴松龄

吴松龄（1920—1998年），又名吴鹤年，笔名笑翁，广东省汕头市人。中国工艺美术大师，汕头瓶内画创始人。

吴松龄自幼喜爱美术，师从国画家黄史庭。他1950年起从事象牙微雕创作；1956年进入汕头市珠宝古玩店工作，业余钻研内画技法，并首创汕头瓶内画艺术，成为内画艺术南方流派的代表人物；1972年调汕头市工艺美术研究所，专门从事瓶内画研究。吴松龄借鉴北京、山东内画艺术的特点，改进作画工具，以曲笔代替直笔作画；在瓶体造型上，突破内画长期使用扁壶的传统，先后创用扇瓶、胆瓶、梅瓶、琵琶瓶、鱼尾瓶、棒槌瓶等10多个品种；在画面装饰上，借鉴北京景泰蓝及广州彩瓷的装饰艺术，在瓶外施以珐琅或描金，内外结合，流金溢彩，富有浓郁的潮汕地方特色，突破了传统内画没有外装饰的局限。

吴松龄先后绘制了《百鹤图》《百马图》《百兽图》《孔明借箭》《十八罗汉》《降龙伏虎》《听泉》《万里江山图》《仿古山水图》等上百件精品，不仅在国内而且在美国、英国、法国、日本、意大利等10多个国家和地区展出，多项作品被国外收藏家高价购买和收藏。其中，《百鹤图》《百马图》获第二届全国艺代会二等奖及广东省民间艺术展览会优秀创作奖。2012年，《百鹤图》被认定为首批广东省工艺美术珍品。吴松龄还积极传艺授徒，培养了吴泽鲲、赖乙宁、陆丹琳、李伟娟等一批内画艺术家，继承和发扬了汕头瓶内画。

吴泽鲲

吴泽鲲，男，1948年生，广东省汕头市人。非物质文化遗产（广东内画）项目广东省级代表性传承人。

吴泽鲲为汕头瓶内画创始人吴松龄之子，自幼随父学艺，在父亲指导下苦练绘画基本功，并深得父亲瓶内画技艺真传，绘画题材广泛，包括花鸟虫鱼、山水人物和飞禽走兽。1972年，吴泽鲲到汕头市工艺美术研究所工作，从事内画创作并开始带徒授艺。吴泽鲲勇于创新，大胆实践了"瓶内外画"，作品内外结合，富有层次感和立体感。其早期代表作品有《独钓寒江雪》《明月松间照》等，笔道纤细，线条流畅，墨色浓淡得体，具有两宋时山水画的风格；近期作品有《达摩面壁》《百鹤图》《晴空一鹤排云上》《潮平两岸阔》《群峰竞秀》《秋江》等。其作品多次参加国内的各类展览，并被选送到英国、法国、澳大利亚、科威特、巴林、塞浦路斯等国以及我国港澳等地区展览，均获好评。其中，1980年创作的《达摩面壁》获广东省民间艺人作品展优秀作品奖，1981年创作的《百鹤图》获汕头地区工艺美术品展览优秀作品奖，2004年创作的《秋江》在首届广东省民间工艺精品展上获铜奖。

赖乙宁

赖乙宁，男，1953年生，广东省汕头市人。广东省工艺美术大师，非物质文化遗产（广东内画）项目广东省级代表性传承人，高级工艺美术师。

赖乙宁自小喜欢画画，1972年高中毕业后经过考试进入汕头市工艺美术研究所工作，拜中国工艺美术大师、粤派瓶内画创始人吴松龄为师。在向师傅汲取艺术营养的同时，赖乙宁还积极向书画界的精英王兰若、陈政明等请教，临摹他们的书画作品以提高创作水平。提升国画、书法水平之余，赖乙宁自学了西画，为掌握瓶内画技法打下了扎实的基础。

赖乙宁勤奋好学，精通汕头瓶内画的创作技艺和表现手法，对花鸟、山水、人物等题材的运用得心应手。自学习瓶内画开始，赖乙宁经历了汕头瓶内画的兴衰起伏，在汕头瓶内画就业群体解散、同行转行时仍未放弃瓶内画，代表作品有《新星》《雄风千里》《十二生肖》《百子图》《百鸟朝阳》《富贵图》等。

其作品曾多次参加省级、国家级工艺美术展并赴新加坡、菲律宾、法国等展览，受到收藏家的喜欢和收藏。其中，《十二生肖》等作品被汕头市人民政府征集展藏于白云国际会议中心（汕头厅），并指定为赠送外宾的礼品。另外，他的《百鸟朝阳》为水晶壶坯，壶扁平形、直口、溜肩、椭圆形圈足，壶体高20厘米、宽16厘米、厚5厘米，画面上丹顶鹤、天鹅、大雁、白头翁、锦鸡、喜鹊等形神各异，姿态万千，栩栩如生。该作品采用中国画的构图法，线描雅致，落笔精确，设色丰富，表现了粤派内画艺术在设色上的特点，为汕头瓶内画中的精品，曾获中国工艺美术文化创意奖银奖、广东传统工艺美术精品大展金奖、中国工艺美术"百花奖"银奖。

九、灰塑传承人

邵成村

邵成村，男，1965年生，广东省广州市人。非物质文化遗产（广州灰塑）项目国家级代表性传承人。

1980年开始，邵成村随父亲邵耀波学习灰塑技艺，并协助父亲在广州地区的庙宇、祠堂、大宅从事灰塑制作与修复工作，熟练掌握半浮雕、浅雕、高浮雕、圆雕和通雕等表现形式，全面掌握从配料、发酵、构图、扎骨架、草根灰塑形、纸筋灰塑形、颜色塑外形到最后上色的整套工艺流程。

其制作工艺精细，作品色彩丰富、立体感强，装饰绘画内容题材丰富，具有较高的观赏价值。

在继承父亲灰塑技艺的基础上，邵成村对传统灰塑工艺进行改进和创新，运用创新的"覆膜遮盖"法保存未完工的灰塑作品，提高灰塑质量的同时节约施工的时间和成本，还采用矿物质颜料，增加灰塑颜色的持久性和耐用性。在题材和表现形式上，邵成村不断尝试创作当代题材的灰塑，并将其运用到当代建筑中，为灰塑赋予了新的生命力。

从艺30多年来，邵成村制作的灰塑作品遍布珠江三角洲地区，甚至远及香港、澳门地区以及韩国。他参与灰塑修复、制作的全国重点文物保护单位和省级文物保护单位有陈家祠、孙中山大元帅府旧址、三元古庙、光孝寺、镇海楼、南海神庙、资政大夫祠、从化市广裕祠、佛山市兆祥黄公祠等。其中，从化市广裕祠、佛山市兆祥黄公祠的灰塑修复工程获得了联合国教科文组织亚太地区文化遗产保护奖。

目前，邵成村成立了古建筑灰塑维修队，吸收了刘志威、邵其德、邵煜山、欧阳小明等徒弟，致力于灰塑技艺的传承与推广工作。

十、佛山木版年画传承人

冯炳棠

冯炳棠，男，1936年生，广东省佛山市人。非物质文化遗产（佛山木版年画）项目国家级代表性传承人。

冯炳棠的父亲冯均开创了店号"冯均记"，以门神画见长，有"门神均"之美称。冯炳棠从小受到熏陶，12岁跟随父亲学习木版年画的制作技艺，对开纸、雕版、套印、描金、开相、写花、填丹等整套制作工艺了如指掌，创造了木版印线

手绘神像画、木版套印画、木版单色画等新技法，做工精细，技艺高超，是佛山木版年画的重要传承人。

冯炳棠至今坚持木版年画制作，其作品内容丰富、题材多样，具有时代审美意趣。他所印制绘画的佛山年画色泽富丽，形象精细饱满，线条粗犷有力，极具地方特色。其代表作品有《梅花童子》《引福归堂》《紫薇正照》等。其中，《梅花童子》画面为三童子争抢梅花，手上举的是梅花，衣服上绘的是梅花，画面活泼富有生趣，构图巧妙，造型优美，表现了佛山年画的民间美学意趣。2004年，该作品获第六届中国民间文艺"山花奖"、第三届中国国际民博会暨第二届中华（天津）民间艺术精品博览会中国工艺美术银奖。

冯锦强

冯锦强，男，1976年生，广东省佛山市人。非物质文化遗产（佛山木版年画）项目广东省级代表性传承人。

冯锦强为佛山年画大师冯炳棠之子，1992年毕业于佛山市华材职业技术学校服装设计专业；1998年开始跟随父亲冯炳棠学习佛山传统木版年画的制作技艺，学习开纸、雕版、套印、描金、开相、写花、填丹等工序，打理佛山市民间艺术研究社木版年画作坊。

冯锦强在继承传统佛山木版年画制作技艺的同时，不断适应市场需求，对传统佛山木版年画进行创新，对产品形式进行改良，将木版年画装裱起来作为装饰品，还将年画开发成旅游产品。为了使佛山木版年画得到更好的传承和发展，冯锦强对木版年画进行了许多市场开发和宣传工作，帮助父亲推广

年画。在探索过程中，冯锦强根据不同的客户群将父亲的年画分为精品档次和大众档次，精品档次为限量制作，锦盒和包装袋为专业设计制作，并印有"广东佛山冯氏世家木版年画"字样。经过不断摸索，冯锦强成功地将冯氏年画引上了现代商品经营之路。

除此之外，冯锦强多次跟随父亲参加各种木版年画的展演和交流活动，促进了佛山木版年画的传承和传播。2005年第七届亚洲艺术节期间，冯锦强就跟随父亲在佛山祖庙现场表演和展销年画，其代表作品有《财神》《门神》《鲤鱼童子》《鲤鱼》等。

十一、佛山秋色传承人

何 信

何信，男，1946年生，广东省佛山市人。非物质文化遗产（佛山秋色）项目广东省级代表性传承人，工艺美术师。

何信于1964年在佛山市民间艺术研究社剪纸车间工作，后跟随梁次师傅学习传统秋色、纸扑等像生秋色制作（即仿真秋色）工艺，至今已有50年从事秋色艺术品创作的丰富经验。何信善于利用普通纸张、麻、通草、蚕茧、泥土、蜡等为原料，制成仿真人物、花卉、瓜果、鱼虾蟹及各式食品，手法独特，技艺高超，达到了新奇妙

肖、真假难辨的效果。其作品有《盆桃》《冬瓜盅》《瓜果》等。

1990年，何信开始研究我国失传已久的"交趾陶"生产工艺，并把秋色工艺融入陶瓷制作中。何信经过多年的艺术探索、创新、研制，使"交趾陶"从低温陶提高到在高温坯体直接上釉烧成，解决了低温陶"冰裂""剥釉"的难题，使低温陶在造型上有了重大的突破。其作品以花鸟、龙凤为主，运用石湾白脊手法，以及拉、捏、贴等制作工艺，力求精工通透玲珑、釉面晶莹、色彩丰富、反差度大。其代表作品《金凤呈祥》《汉瑞龙》分别获首届广东省陶瓷艺术大师评审作品展金奖、银奖。何信积极带徒授艺，所收徒弟4人，均已基本掌握秋色像生艺术品制作技艺，为佛山秋色的传承做出了积极贡献。

何洁桦

何洁桦，女，1945年生，广东省佛山市人。非物质文化遗产（佛山秋色）项目广东省级代表性传承人，广东省工艺美术大师。

1959年，何洁桦进入佛山市民间艺术研究社，跟随佛山秋色艺人梁次学艺。从艺50多年来，何洁桦所从事的民间艺术创作包括雕塑、剪纸、年画、彩灯、造型纸扎等，尤其擅长纸扑秋色工艺品的创作。其作品造型逼真，做工精细。从艺以来，她的不少作品曾在新加坡、马来西亚、荷兰、英国、日本、波兰等国家和我国香港、澳门地区展出，代表性作品有纸扑《蟹篓》《蟹》，秋色《生鱼》，灯色扎作组灯《关云长》《司马光救友》《龙凤呈祥》《鱼乐升平》等。她的纸扎作品《仿古大花瓶》创作于1986年，高约1.9米、最宽约1.2米，瓶身布满仿西周青铜器纹饰；制作时采用扎做灯色和纸扑结合的方法，先根据花瓶结构用铁线扎好型架，然后扪上蚊帐布、土纸等，再用香胶粉填修其凹凸表面，免却陶泥做胎工序，而大花瓶身的图案则采用剪纸技法，把刻好的黄板纸粘贴上去，最后上色而成。

何洁桦在传承传统秋色工艺制作的基础上不断创新，所制作的秋色像生工艺品形态逼真。她在传统制作蟹的工艺基础上，不断改进，用真蟹做模，分别拆开其钳、脚、盖、身翻模，纸扑后用铁线连接分体件，最后上色，使纸扑的蟹形态逼真。她所创作的作品《蟹篓》和《蟹》，蟹须和蟹壳上纹理毕现，蟹攀爬于蟹篓顶端，栩栩如生。两幅作品分别获广东传统工艺美术精品大展二等奖和首届广东省民间工艺精品展铜奖。

如今，纸扑等秋色手工艺品因制作费工、费时以及手工成本高等各种原因，日渐式微。何洁桦通过秋色赛会、巡游和展览的方式与民间互动，曾前往马来西亚、荷兰等国家以及我国澳门地区交流讲学，展示传承佛山秋色这一民间艺术。

十二、吴川瓦窑陶鼓传承人

梁景尤

梁景尤，男，1932年生，广东省湛江市人。非物质文化遗产（吴川瓦窑陶鼓）项目广东省级代表性传承人。

梁景尤出身于陶瓷世家，家族以制作陶鼓为祖业。1952年，他开始跟随父亲梁仰贤学习制陶，后师从曾绍佐学习烧制陶鼓。1958年，梁景尤正式进入吴川市陶瓷厂，从事陶鼓制作工作。1978年，陶瓷厂解散，他在家继续研究陶鼓的制作。

梁景尤熟悉陶鼓制作的整套工序。从练泥、制坯、雕刻、砌窑、烧制到陶鼓烧成后的安装、调音，每道工序他都熟练掌握技巧和要领。他所制作的陶鼓，造型美观、线条流畅、音色优美，受到了群众的欢迎，常被用于当地的元宵、年例、傩舞表演当中。其制作的陶鼓在首届中国文物仿制暨民间工艺品展中获金奖。

目前，梁景尤的徒弟主要有欧强和萧衍芳。

十三、麦秆剪贴画传承人

方志伟

方志伟，男，1954年生，广东省潮州市人。广东省工艺美术大师，非物质文化遗产（潮州麦秆剪贴画）项目广东省级代表性传承人，高级工艺美术师。

方志伟从小喜欢绘画，1972年参加潮州市工艺艺徒技艺培训班学习结业后，先后拜潮彩蔡永青老艺人学习潮彩技艺和麦秆画老艺人郑鸿增学习麦秆画技艺。方志伟从艺42年，致力于潮州麦秆画技艺的传承和创新，大胆吸收了国画、油画、潮州刺绣、泥塑、木雕等各种技艺的精华，结合传统潮州麦秆画技艺创制了"凹凸造型法""刺绣针法"等多项新技艺。

由于早年从事过陶瓷设计，方志伟大胆将陶瓷艺术与麦秆剪贴画相结合，发明了包含绘画、书法、浮雕等艺术形式的陶瓷麦秆画，大大提升了麦秆画的艺术价值。这项技术获得了中国知识产权局的发明专利。

从艺以来，方志伟创作了多幅麦秆剪贴画艺术精品，共获国家级特别金奖4项，国家级金奖8项，省级金奖11项，还有两件作品被国家工艺美术馆和第十六届亚洲运动会组委会收藏。其代表性作品有《潮州八景图》《百鸟和鸣》《乐圣贝多芬》《潮州古城》《锦上添花》《汉学家饶宗颐》《饶宗颐肖像》等。其中，《潮州八景图》以分体八幅图案连贯，利用麦秆纹路光泽、色彩、明暗精雕细切，惟妙惟肖地再现景物风貌，配以清代诗人郑兰枝《潮州八景》诗句，达到诗情画面相衬托的艺术效果，获中国（深圳）国际文化产业博览交易会特别金奖；《饶宗颐肖像》获得中国工艺美术"百花奖"金奖。

2005年，方志伟组建潮州市麦秆画研究艺术馆，带徒授艺20多人，为潮州麦秆画传承与发展做出了贡献。

李光荣

李光荣，男，1951年生，广东省潮州市人。非物质文化遗产（潮州麦秆剪贴画）项目广东省级代表性传承人，高级工艺美术师。

1973年，李光荣进入潮州市特种工艺总厂从事麦秆画设计创作，先后担任设计组长、设计室主任。李光荣师承麦秆画剪贴艺人谢森民、林利飞，至今从事潮州麦秆剪贴画设计创作40多年，经验丰富，技术精湛，并对色彩漂染技术进行改革。其

作品风格独特，在业内有着良好声誉，多次在国家、省级展览会中获奖。其代表作品有《乐圣贝多芬》《潮州广济桥》《潮州八景图》等，其中《乐圣贝多芬》被国家工艺美术馆收藏、《潮州广济桥》获第三届中国（深圳）国际文化产业博览交易会金奖，并被汕头市文物办收藏；《潮州八景图》获第五届中国（深圳）国际文化产业博览交易会特别金奖。

为拯救濒临失传的潮州麦秆画艺术，李光荣参与创建了潮州市麦秆画研究艺术馆，并积极培训技艺人员。2009年李光荣应香港政府中国文化传播中心邀请，赴香港参与全国八项民间工艺演示活动，促进了麦秆剪贴画的推广和传播。他先后撰写了《潮州麦秆画创作工艺剖析》《潮州麦秆珍品盒的艺术特色》等论文，促进了麦秆剪贴画的理论研究。

林利飞

林利飞，男，1945年生，广东省潮州市人。非物质文化遗产（潮州麦秆剪贴画）项目广东省级代表性传承人，广东省工艺美术大师，高级工艺美术师。

1965年，林利飞在潮州市工艺美术研究所工作，拜辜秋泉为师，学习麦秆剪贴画的制作工艺。学习实践过程中，林利飞运用初中所学的化学知识，研制了"草皮"漂白的配方，解决了长期以来无法漂白草皮霉黑点的难题，推动了麦秆剪贴画的技术革新。

林利飞从小喜爱绘画，有较好的美术功底，在设计、创作麦秆剪贴画方面有着突出的能力。从艺以来，他先后创作设计了大量的麦秆剪贴画，作品风格朴实，制作精细，还在业内首创麦秆装饰珍品盒、茶叶包装盒和圣诞挂件等，深受欢迎，远销海外。其主要代表性作品有《纪念》《松鹤图》《麦秆五果盒》等，其中《松鹤图》（198厘米×108厘米）发挥了麦秆本身的潜质，利用"大麦""小麦"不同品种"质色"表现不同物体，使图中的丹顶鹤羽毛更具柔白质感，松干则显得苍劲朴拙，作品画面构图疏密有致、生意盎然，获2005年原创旅游品、工艺品设计大奖赛优秀奖；《麦秆五果盒》入选参加1987年全国工艺美术展，并被编入《中国工艺美术》。

林利飞善于总结制作麦秆剪贴画的实践经验，并将其理论化，先后撰写了《麦秆色彩初探》《浅谈潮州麦秆工艺》等论文，对研究麦秆色彩的特点、麦秆色彩的运用、麦秆色彩的设计等内容提供了重要的资料。

林锡安

林锡安，男，1944年生，广东省陆丰市人。非物质文化遗产（碣石麦秆画）项目广东省级代表性传承人。

1960年，林锡安进碣石工艺厂工作，拜高子怡为师，学习麦秆画。在此期间，他曾受画家洪世杰、黄丹池的指导，对麦秆剪贴画的艺术风格领悟透彻。

从艺以来，林锡安不断积累总结创作经验，将实践上升到理论，总结出了九种麦秆画的独特技艺和特色剪贴法。例如，麻雀用纤细法，就能做出羽毛的秀丽；翅膀用羽翎法，使鸟看上去更具有真实感；牡丹用粗细法和平板法渗透，可呈现出明显的立体效果；走兽用平齐法，能使虎身产生光滑亮丽的质感；雄狮的脖颈用乱刀法，能使脖毛蓬松，更显雄狮的威猛尊贵。林锡安的多种创新深得业内赞同，赢得了碣石麦秆画"第一刀"的称号。

林锡安擅长创作人物画。他大胆借鉴了油画的技巧，用粗块状法再逐渐细化等技艺，突破人物画的难度。此外，林锡安还吸取刺绣、漆画、工笔画等艺术特点，将其融入麦秆画的创作中，使作品清新悦目。其代表作有《王杰学毛选》《毛主席去安源》《郭建光》《李玉和》《毛泽东会见霍查》《绣球花》《梅雀争春》《国色天香》《狮嚎》《梅雀图》等。其中，《梅雀图》用黑布裱底衬出原色麦秆，增添麦秆金黄的亮度，再略加色彩对比手法，产生栩栩如生的视觉效果，被选送参加2006年第二届广东省民间工艺精品展；《狮嚎》参加广东省首届民间工艺博览会，获"粤文杯"金奖。

赵伯扶

赵伯扶，男，1945年生，广东省汕尾市人。非物质文化遗产（碣石麦秆画）项目广东省级代表性传承人。

赵伯扶于1959年进入碣石工艺厂工作，师从高子怡学习麦秆画制作，熟练掌握麦秆画制作的割、漂、刮、碾、烫、熏等制作工序，并在绘图和剪贴技法方面加以创新。赵伯扶发明了分层次复色调染的方法，改变了传统单色染法中色彩单调的弊端，将麦秆染色技艺向前推进。在剪贴技艺方面，赵伯扶将现代美学思想及绘画技法融入麦秆画创作之中，提升了麦秆剪贴画的艺术性。为适应麦秆画面需要，赵伯扶在白绸布底板适当加画炭精粉彩，对景物气氛起到衬托作用，使其作品色彩更丰富、画面景物更加生动逼真。此外，赵伯扶掌握了随意剪贴麦秆文字题款、印章、诗词等独特技术的表现手法，改变了原先用笔墨填款或不填款的做法，使麦秆画所表达的主题思想、内容得以充分体现。

从艺以来，赵伯扶的作品多次参加国内外大型展览，代表性作品有《松鹤延年》《喜雀闹春图》《松鹤》《梅雀图》《玄武山风光花鸟》等，其中《松鹤延年》和《喜雀闹春图》分别荣获广东省民间工艺精品展铜奖、优秀奖。

为使碣石麦秆画制作技艺后继有人，赵伯扶已授徒有赵棠棣、谢小娜等，并且每年在碣石镇文化中心举办麦秆画讲座，普及和推广碣石麦秆画。

十四、泥塑传承人

王增丰

王增丰，男，1947年生，广东省梅州市人。广东省工艺美术大师，广东省人民政府文史研究馆馆员，广东省人民政府文史研究馆工艺美术研究院副院长，高级工艺美术师。

王增丰出身于家具制作世家，从小对树木根枝有了全面的认识。他酷爱根雕艺术，是广东省根艺组织的发起人。近20年来，为弘扬传统民间艺术，他投身于拯救日渐衰落的泥塑形式——漫塑的工作当中。他潜心研究，撰写专业论文9篇，出版专著2本，认真搜集和整理漫塑的相关资料。同时，他也积极投身于实践，在创作上敢于打破程式化、雷同化局面，坚持艺术为人民服务的导向，创作出上千件反映人生百态、歌颂人民与讴歌正义、批判邪恶的漫塑作品。其作品《画坛之光》荣获中国民间艺术山花奖。

亲身实践之余，王增丰还积极推动漫塑的传承与推广。他亲自带徒授艺，培养了一大批青年艺术人才。同时，他也主动将漫塑带入社区和高校，通过讲座等形式，宣传漫塑艺术，为漫塑艺术的传承和发展做出了贡献。

吴光让

吴光让，男，1948年生，广东省潮州市人。非物质文化遗产（大吴泥塑）项目国家级代表性传承人，广东省工艺美术大师。

吴光让出身于泥塑世家，16岁开始跟随父学习雕塑和贴塑，全面掌握祖传泥塑捏段、镶手、着衣、彩饰等一系列制作技法，压泥成片和褶片成衣的技艺精湛，有从事泥塑工作30多年的丰富经验。

吴光让以潮剧为素材创作的泥塑作品《搜楼》获第一届中国民间工艺美术作品"乡土奖"金奖、泥塑作品《赵五娘寻夫》获第二届中国民间工艺美术作品"乡土奖"金奖，吴光让创作的泥塑作品《饮水思源》获中国工艺美术"百花奖"银奖、《陈三五娘——下聘》获（开封）首届中国民间工艺美术展金奖、《荔镜记——陈三上楼》获中国工艺美术"百花奖"

金奖。

吴光让的泥塑作品多取材于潮剧、当地民俗、民间传说和传统文化，代表作有《醉打山门》《王茂生进酒》《薛仁贵回窑》《陈三端水》等。他的多件贴塑作品分别被中国美术馆、中国农业博物馆、广东省博物馆、广东美术馆等收藏。

吴光让在老一辈传承下来的技艺基础上，对泥塑的上彩进行了多次创新，现正积极地把技艺传授给下一代，使大吴泥塑得以延续传承。

吴闻鑫

吴闻鑫，男，1974年生，广东省潮州市人。非物质文化遗产（大吴泥塑）项目广东省级代表性传承人，高级工艺美术师。

吴闻鑫出身于泥塑世家，自幼表现出对泥塑的浓厚兴趣和天赋。他师从父亲吴光让学习泥塑，传承了大吴泥塑原生态的传统艺术技艺。1993年，吴闻鑫进入韩山师范学院广东省陶瓷职业技术学校美术培训班接受专业培训，并在同年6月考入该校陶塑班，接受了系统的陶瓷艺术理论和实践教育。1997年，吴闻鑫师从其父亲吴光让正式学习大吴泥塑，完整地继承了大吴泥塑技艺，熟练掌握雕、塑、捏、贴、刻、印、彩等艺术表现手法。

吴闻鑫具有较强的现场塑造能力，多次代表大吴泥塑参加国内外艺术展演，曾在文化部主办的中国非物质文化遗产传统技艺大展以及首届中国非物质文化遗产博览会等活动上进行泥塑展演，受到了社会各界的关注和好评。

他的作品《讲古》获国家非物质文化遗产·彩塑著名产地优秀作品展金奖，《薛蛟遇狐狸》获第三届中国民间工艺美术"乡土奖"金奖，《柳英春赠衣》获中国工艺美术文化创意奖银奖。此外，他的多件作品被中国艺术研究院、中国农业博物馆、中国泥人博物馆等多家艺术单位收藏。

吴闻鑫努力推动大吴泥塑进校园，主动担任潮州当地多所学校的校外指导老师，开设第二课堂，向年青一代传授大吴泥塑基本技艺。

吴维清

吴维清，男，1956年生，广东省潮州市人。非物质文化遗产（大吴泥塑）项目广东省级代表性传承人，广东省工艺美术大师。

吴维清出身于泥塑世家，自幼随父亲学习泥塑，有从事泥塑工作30多年的丰富经验。他的泥塑制作风格独特，作品在继承大吴泥塑传统技艺的基础上，多以中国古典文学名著人物、戏剧人物和民间日常生活场景为创作题材，形象生动逼真。吴维清的作品在全国性及省级工艺美术展中多次获奖，多套作品分别被中国工艺美术馆、广东美术馆等收藏。其中，泥塑作品《拉酥糖》《打花鼓》被广东美术馆收藏，《三打王英》《喜门环》《曹操与杨修》《八王请桂英》先后被中国工艺美术馆收藏。另外，他的作品《三打王英》获第二届广东省民间工艺精品展铜奖、首届中国民间艺术展全国银奖、第三届中国（深圳）国际文化产业博览交易会中国工艺美术文化创意奖银奖，《曹操与杨修》获广东省工艺美术大师作品暨名人名作展银奖、首届广东省民间工艺精品展铜奖，《喜门环》获中国传统工艺美术精品大展铜奖、广东传统工艺美术精品大展金奖，《金花牧羊》获第三届广东省民间工艺精品展铜奖，《回书》获国家非物质文化遗产彩塑著名产地优秀作品展金奖。

吴维清热心传播大吴泥塑技艺文化。2008年，他被世界民间文艺家协会（亚太地区）授予民间艺术家最高奖"金飞鹰奖"终身成就奖；2010年，他代表潮州市非物质文化遗产大吴传统泥塑项目参加上海世界博览会广东活动周展演和第十六届亚洲运动会赛时文化活动展演；2013年，他代表传统大吴泥塑传承人参加全球潮人春晚。他还积极开展大吴泥塑传承活动，开办泥塑培训班，到学校授课，将大吴泥塑的制作原理和精神传递给更多的人，吸引更多人了解大吴泥塑、学习大吴泥塑。

周仲富

周仲富，男，1944年生，广东省汕尾市人。非物质文化遗产（捷胜泥塑）项目广东省级代表性传承人，高级工艺美术师。

周仲富出身于泥塑世家，自幼酷爱泥塑绘画艺术和泥塑工艺制作。1960—1963年，周仲富师从其父亲学习泥塑手工技艺制作。1964年至今，一直从事捷胜泥塑制作，致力于民间泥塑艺术的创作与研究。

周仲富善于运用夸张、对比等手法。他所刻画的人物形象性格鲜明、形神兼备；造型上简练概括、大胆取舍，重神态、气韵；色彩上体现三分塑七分彩的特点，色调明丽，雅致大方。他制作的金饰泥塑作品，金碧辉煌，气势恢宏，栩栩如生。其作品题材广泛，多取材于传统人物形象，尤以戏曲、神话、民间故事为多，生活气息浓郁，富含民俗文化内涵。

他的泥塑书画纸扎作品《海陆丰稀有戏剧脸谱》曾获广东省民间工艺精品展银

奖;《飞天》在海峡两岸书画、雕塑作品大赛中获铜奖,并被广东省文化厅收藏。

周仲富继承祖辈的传统艺术,将自己毕生掌握的泥塑工艺毫不保留地传给下一代。20多年来,周仲富共授徒10多人,其中周贵舟、周贵彤、陈民、陈生利等泥塑技艺水平已日渐成熟,已能独当一面。

周贵舟

周贵舟,男,1979年生,广东省汕尾市人。非物质文化遗产(捷胜泥塑)项目广东省级代表性传承人。

周贵舟自幼受家庭氛围熏陶,酷爱工艺美术,并在11岁时正式师从其父亲周仲富学习传统捷胜泥塑,完整掌握捷胜泥塑的传统技法。1995年,他进入惠州博罗师范学校美术班进修,系统学习美术理论,并在18岁开始协助父亲为粤东地区的名胜古迹、寺观庙堂塑造各种神佛塑像。2008年,他应邀参与汕尾市红海湾抗日英烈陵园文史馆大型浮雕《抗日英烈合作军》的雕塑工作。近年来,他创办了个人工作室,从事捷胜泥塑的设计、制作工作。

在技艺方面,周贵舟善于运用夸张、对比等手法,所刻画的人物神韵兼备、性格鲜明。在造型上,他注重神态、气韵的塑造,大胆取舍,结合整体感觉进行处理;在配色上,其作品色彩明丽、雅致大方,金饰泥塑作品金碧辉煌,气势庄严大度,威仪传神;在题材上,他多取材于传统的人物形象,尤以戏曲、神话、民间故事、玩具、脸谱、塑像为多,具有丰富的民俗文化内涵和深厚的艺术底蕴。其作品遍布粤东地区各大古建筑,还遍及海外地区,受到收藏界的欢迎。

周贵舟注重捷胜泥塑技艺的传承。他带领其弟周贵彤及年轻徒弟学习美术理论,习练传统泥塑技艺的基本功,使他们全面掌握捷胜泥塑的制作流程、制作手法以及特色技巧。如今,他的徒弟已经能独立制作,并在传统技艺的基础上不断发展创新。

林暖钦

林暖钦,男,1930年生,广东省东莞市人。非物质文化遗产(茶山公仔)项目广东省级代表性传承人。

林暖钦7岁开始跟随父亲林达康学习制作茶山公仔,10岁已熟练掌握练泥、印模、上色等茶山公仔制作工艺,并可进行独立创作。其茶山公仔多为戏剧中的历史、神话人物,表现的内容多为"桃园结义""三英战吕

"夜战马超"等演义故事和"天姬送子""状元及第""醒狮迎春""福禄寿""牛郎织女"等民间传说。

林暖钦从事茶园公仔制作60多年。为了突破"家传绝活"无人接班的困境，林暖钦打破茶山泥公仔"传男不传女、传内不传外"的规矩，向社会公开祖传技艺，希望通过民间的力量传承和发扬这一传统手艺。

欧　武

欧武，男，1977年生，广东省湛江市人。非物质文化遗产（吴川泥塑）项目广东省级代表性传承人。

欧武从10岁起师从陈大旭、欧景钦学习泥塑技艺，并被收为入室弟子。2003年，欧武考入广州美术学院雕塑系高级进修班，系统学习雕塑理论知识。2007年，他创办欧武吴川泥塑艺术工作室，专门从事吴川泥塑制作。他到佛山等地学习陶瓷烧制技

艺，尝试将泥塑作品烧制成陶瓷。2011年，他加入陈永锵艺术工作室，负责艺术陶瓷创作。

在技艺方面，欧武善于灵活运用手指、掌、拳、手臂各部位，利用力量轻重、运动快慢、泥巴加减推移，形成独特的视觉、触觉效果，记录作者心情和想法，使作品自由、大胆、率性、情感丰富，他的作品融入了吴川泥塑手法及学院派艺术雕塑手法，更具艺术欣赏性。

欧武的作品《制陶》曾获首届吴川泥塑艺术节暨"吴川杯"泥塑一等奖；《吴川瓦窑陶鼓——踏歌行》荣获中国工艺美术学会颁发的"传承与创新——工艺美术作品展"金奖，并被吴川市文化馆收藏。其反映吴川泥塑历史的作品《瓦靴》代表吴川市参加第七届中国（深圳）国际文化产业博览交易会。

在传承吴川泥塑方面，欧武不遗余力。截至2012年，他共举办吴川泥塑培训班7期，培训学员129人，其中多人已能独立制作吴川泥塑。

欧景钦

欧景钦，男，1936年生，广东省湛江市人。非物质文化遗产（吴川泥塑）项目广东省级代表性传承人。

欧景钦自小就深受吴川梅录闹元宵的民间泥塑艺术的影响。1955年，欧景钦毕业于广东省电白师范学校，被分配到当时比较偏僻的南三南滘小学当教师。由于当地教育资源的匮乏，欧景钦发挥他制作泥塑的特长，制作各种物品辅教学生，这种艰苦

的条件磨炼了他制作泥塑的技艺；1973 年，欧景钦任吴川市文化馆副馆长一职，到吴阳白沙为"阶级教育展馆"制作泥塑群；1986 年元宵，欧景钦创作的大型泥塑作品《齐天大圣》受到广大群众的关注和喜爱；1988 年元宵，欧景钦为吴川酒厂创作的泥塑作品《贵妃醉饮梅菉液》及 1991 年制作的《醉八仙》也广受欢迎；2003 年，欧景钦创作的小泥塑《取经归来》获中国首届文物仿制品暨民间工艺品展金奖，并于 2005 年获湛江市民间工艺精品展金奖；2007 年，欧景钦创作的泥塑作品《驱邪引福》在首届中国（吴川）泥塑艺术节暨"吴川杯"上获铜奖；2015 年，他创作的泥塑作品《劏狗六爹的故事》在广东省首届泥人节中获铜奖。

欧景钦热心传承吴川泥塑艺术，经常开办各种泥塑培训班。他所教导的学生欧武作品《制陶》获首届中国（吴川）泥塑艺术节暨"吴川杯"泥塑艺术邀请赛业余组一等奖，欧日耀、马金水、董建国等人在泥塑艺术上也有所成就。

简向东

简向东，男，1949 年生，广东省湛江市人。非物质文化遗产（吴川泥塑）项目广东省级代表性传承人，广东省工艺美术大师，高级工艺美术师。

生于吴川窑地的简向东，祖辈以烧砖瓦为生，父亲是他的第一位艺术启蒙老师。1972 年，简向东就读于广州美术学院雕塑系，并得到潘鹤大师的指导；1975—2008 年，他先后在湛江市博物馆和湛江市文联图片社从事雕塑美术专业工作。目前，他自办个人雕塑艺术工作室，继续从事专业雕塑和民间泥塑创作。

简向东的雕塑作品以其宏大的人物群像著称。工作期间，他创作了《刘三姐对歌》《花神》《扬眉剑出鞘》《悬空》等泥塑作品数十座；1984 年，简向东为湛江寸金桥公园雕塑了一座 8 米高的人物雕像《寸金浩气》；1986 年，简向东为湛江海滨公园创作雕塑《扬帆搏浪》；2003 年，简向东为湛江寸金纪念广场创作了高 3.15 米、宽 11 米的艺术浮雕《寸金紫传》，纪念湛江人民抗法斗争的英勇事迹，浮雕上人物栩栩如生，浑然大气；2005 年，在吴川江心岛上的雕塑园，简向东创作了 6 米高的泥塑《财神》及中国古代四大美女的雕像《贵妃醉酒》《貂蝉拜月》《昭君出塞》《西施浣纱》；2007 年，简向东创作的泥塑作品《子建会洛神》在首届中国（吴川）泥塑艺术节暨"吴川杯"泥塑艺术邀请

赛上获金奖；2011年，简向东的雕塑作品《人龙舞》《光阴百代之过客》分别在广东传统工艺美术精品大展中获得金奖和银奖。

简向东多年来热心传承吴川泥塑，发起并创建吴川民间雕塑园，培养了一批年轻泥塑艺徒，如肖伟新、黄道林等人。他运用传统写实的雕塑手法创作了一系列城塑、人物作品，艺术上追求丰富多元的现代主义风格。年过六旬的简向东到佛山石湾向潘柏林等多位石湾陶艺名家学习陶塑手艺，尝试将吴川泥塑与石湾陶塑有机糅合在一起，希望通过工艺创新传承吴川泥塑文化。

十五、红木宫灯传承人

李仰东

李仰东，男，1968年生，美籍华人，祖籍广东江门。非物质文化遗产（江门东艺宫灯制作技艺）项目广东省级代表性传承人。

李仰东自幼喜欢美术，热爱绘画。1999年，李仰东移民美国，在美国从事素描等艺术工作。2006年，老一辈东艺宫灯厂艺人李发因年事已高、经营力不从心，找到李仰东，希望其继续传承东艺宫灯技艺。李仰东欣然接受。2007年，李仰东正式接手东艺宫灯厂，开始传承江门东艺宫灯制作技艺至今。

在继承传统东艺宫灯制作技艺的基础上，李仰东积极创新，不断改进技术。他请教传统的宫灯制作师傅，设计和制作了数百款新型宫灯。李仰东依靠自己的美术基础，不断研究提高工艺玻璃画绘制技术；同时，为了适应时代的新需求，李仰东对材料进行了改良，使用亚克力代替玻璃以减少破损，使用LED灯代替白炽灯，把木雕改为现代复合材料，还在图案上融入碉楼等江门元素。

李仰东心系东艺宫灯的发展。2007—2008年他撰写《江门宫灯之路》一文，针对江门东艺宫灯的历史、现状加以分析，研讨寻求江门宫灯的未来发展之路。

罗昭亮

罗昭亮，男，1938年生，广东省广州市人。非物质文化遗产（广式红木宫灯制作技艺）项目广东省级代表性传承人，广东省工艺美术大师，高级工艺美术师。

罗昭亮出身于红木雕刻世家，自幼师从其父亲及其叔父罗启洲学习木作和木雕技艺，青年时师从广州美术协会副主席杨苏学习绘画，中年跟随国画大师卢子枢及其入室弟子袁伟强学习国画。1996年，罗昭亮创办广州艺华美术工艺厂，并开始从事广式红木宫灯设计与制作至今。

制作技艺上，罗昭亮擅长使用塑料性丙烯颜料在玻璃上作画，将故宫里的"蟠龙柱""镶彩贝"等手绘国画的艺术形式融入其宫灯制作当中。除保留了传统宫灯大量使用的龙凤、蝙蝠、如意等木雕装饰外，罗昭亮还成功地以甲骨文做装饰图案，创新之余赋予宫灯更为厚重的民族文化内涵。此外，他将现代科技成果融入广式红木宫灯制作之中，广泛采用电光、电动、电声等手段，分别制作了款式新颖的吊灯、吸顶灯、壁灯、坐地灯等，既丰富了红木宫灯的艺术效果，又扩展了红木宫灯的功能。

罗昭亮致力于广式红木宫灯制作技艺的传承，不仅积极招收徒弟，悉心传授技艺，还带动家人加入红木宫灯的制作队伍，其女儿罗敏欣目前已掌握了宫灯玻璃画的整套技法。此外，罗昭亮还担任了多所学校的客席教授，在校园进行讲学，主动向下一代推广广式红木宫灯文化。

罗昭亮的代表作包括与女儿罗敏欣历时9年共同创作完成的《百鸟朝凤灯》以及申报吉尼斯世界纪录的3米高子母宫灯《华夏之根》。

十六、盆景传承人

陆志伟

陆志伟，男，1948年生，广东省广州市人。中国盆景艺术大师，非物质文化遗产（岭南盆景技艺）项目广东省级代表性传承人，高级技师。

陆志伟出身于盆景艺术世家，祖辈几代人均从事园艺及花卉盆景事业。自1963年起师从父亲陆学明（岭南盆景一代宗师）学习岭南盆景技艺，熟练掌握了岭南派盆景的栽培造型技艺，全面继承陆学明的"大飘枝""大回枝"艺术手法，以及"挑皮""打皮""丁字枝嫁接法""头根嫁接法"等技法。

陆志伟擅长杂木类树种的造型创作,立意构图生动多变,技法严谨细腻,在多种树型的塑造及拼林组合上均有较高的造诣。在理论方面,他提出盆景的创作应依据"自然树理"加以艺术渲染及"胸有成树"的想象力等创作原理,并总结出多种改造有缺陷树坯的技法。

他的朴树盆景作品《雪干凌霄》获中国首届国际盆景会议暨振兴中华杯盆景大赛金奖,落羽杉盆景作品《欲仙》获中国海峡两岸盆景名花研讨会——走向世界中华杯盆景大赛金奖,福建茶盆景作品《斗罢罡风》获澳门杯全国盆景展览金奖。

创作之余,陆志伟还热心于盆景技艺的宣传与培训,为培养盆景技艺人才尽心尽力。他曾于1988年在《广州日报》专栏连续发表《丁字枝嫁接法》《头根嫁接法》《附石盆景的制作》等文章,还曾担任扬州"盆景艺术培训班"、靖江"全国盆景培训班"、上海"中国盆景名家操作示范高级培训班"的授课老师。

吴锦鹏

吴锦鹏,男,1958年生,广东省揭阳市人。非物质文化遗产(榕城盆景技艺)项目广东省级代表性传承人。

吴锦鹏师承陆学明、刘仲明、陆志伟、劳秉衡、李腾驹等人,潜心学习树木管理、施肥、除虫、控生和促长等技术。1989年,吴锦鹏创办揭阳市榕艺园,从事盆景、雅石、根雕等传统艺术的研究、收藏和创造。2008年,榕艺园被中国盆景艺术家协会授予中国盆景艺术家协会常务理事单位。为了提高个人技艺,吴锦鹏潜心钻研,深入研究揭阳名园遗迹,查阅古籍文献,并前往广州、福建、潮汕等地,与同行互相切磋,交流心得体会。

经过长时间的学习继承与探索创新,吴锦鹏形成了独特的技艺风格。选材上,他遵循师法自然、高于自然的原则,为找到合适的木材,常辗转于全国各地进行寻访。造型上,他继承本地传统岭南盆景风格,利用"截干蓄枝"手法反复修剪、培育成型,其"矮大树""古榕树"作品因造型别具一格,受到省内外同行的赞许;搭配上,他常配以欣赏石和小微花木,衬托树桩盆景,达到"绿叶扶花"的效果。

吴锦鹏的作品——雀梅盆景《春风绿满枝》获第五届中国国际园林博览会暨第五届粤港台盆景展览会盆景双金奖。他制作的大型篱笆树桩盆景《海滨邹鲁》成为空港经济区炮台镇海滨文化广场上的亮丽风景。

近年来,吴锦鹏以榕艺园为基地,言传身教,培养了吴晓斌、谢昭明、吴泽斌、杨晓璋等10多位徒弟。

周炳鉴

周炳鉴，男，1936年生，广东省广州市人。非物质文化遗产（岭南盆景技艺）项目广东省级代表性传承人。

1958年，周炳鉴师从孔锡华（著名盆景大师孔泰初的哥哥）学习盆景技艺，同时师从李达学习盆景栽培技艺。除了拜师学艺，周炳鉴常到海幢寺和广州市芳村参观素仁和尚和陆学明等大师的盆景，并研究总结观察心得。为丰富自身理论知识，他还常年订阅《中国树木志》《植物生理学》等杂志进行学习。

周炳鉴全面继承了岭南盆景制作技艺，熟练掌握了花果、盆景挂果技术，首创的"红果反季节挂果"技术，可以让红果在一年四季任何时间挂果，被业界誉为"红果王"。周炳鉴的培植技艺高超，成功培植国家一级保护植物——水松，还可以使榆树在任何一点萌芽，长成枝条。此外，周炳鉴对树龄较长的盆景养护、病树及濒死树救护均有一套成熟的经验。

截至2014年，周炳鉴的作品已达90余盆。其中，红果盆景《万家灯火迎国庆》获广东省园林艺术展览会一等奖，并在2011年被国家档案馆拍摄记录做永久性收藏；九里香盆景《老气横秋》和朴树盆景《风雨有情》被香港青松馆收藏。此外，周炳鉴曾于1986年被特别指派为陪同人员，为访问广州流花西苑盆景展的英国女王解答相关技术问题。

周炳鉴自1988年开始授徒至今，徒弟主要有梁满基、乔平、钟勇等。

十七、浮洋锣鼓传承人

方绍鹏

方绍鹏，男，1954年生，广东省潮州市人。非物质文化遗产（浮洋方潮盛铜锣制作技艺）项目广东省级代表性传承人。

方绍鹏为"方潮盛锣鼓"第五代传人。他16岁初中毕业，随后师从祖父方俊仕、父亲方国辉全面系统学习铜锣制作技艺。方绍鹏熟悉浮洋铜锣从选料、熔铜到淬火、定音制作的全流程。其定音技术娴熟，轻重有数，用力、定音准确，是其整个制作技艺的精髓所在。

近年来，在方绍鹏的努力下，方潮盛锣鼓在造型质地、音准方面不断创新。其铸造工艺不在祖辈之下，因而产品远销四方，顾客纷至沓来。目前，产品除销往福建、梅州、潮汕等地区外，还走出国门，远销意大利、澳大利亚、美国、英国及东南亚等数十个国家。

方绍鹏还积极宣传推广浮洋铜锣制作技艺，曾接受香港凤凰电视台、翡翠台以及《汕头都市报》的专题报道，使浮洋锣鼓声名远播。

十八、莞香传承人

黄 欧

黄欧，男，雅号"香农"，1968年生，广东省东莞市人。非物质文化遗产（莞香制作技艺）项目广东省级代表性传承人。

黄欧出身于莞香世家，自幼耳濡目染，对"种香、采香、结香"的一整套传统手艺了如指掌。20世纪90年代，黄欧转行开始从事莞香生产经营工作，潜心研究《广东新语》《香乘》等古籍。1995年，他注册成立公司，进一步挖掘、整理、传承和保护莞香制作技艺，公司还被列入广东省第一批非物质文化遗产保护示范基地。2001年，他搜集到分散在多个镇街的野生百年莞香母树300多株，在大岭山百花洞建起了一个莞香种植园，请来中国科学院华南植物所的专家教授对老一辈人的莞香制作技艺进行科学归纳研究，成立数百平方米的沉香研究院。2013年，黄欧获由广东省文化厅等单位颁发的"活力非遗2013年度致敬人物"荣誉称号。

黄欧从选种、育苗、移植、折枝、断根到如何采香、理香、拣香、窖香、合香，全部沿用改良后的古法，并在优化品种、结香机理、医学应用研究等方面做出大胆尝试，结合运用现代科学技术，使中断100多年的莞香制作技艺得以传承。

为了将莞香制作这种传统技艺得以保护并永续发展，黄欧亲自带出技艺娴熟的弟子5名，并在东城小学种下了十几棵莞香树，传授莞香知识，宣传莞香文化内涵，让年轻的下一代直观地认识种香、采香、结香等技艺。

十九、陶瓷微书传承人

王芝文

王芝文，男，1962年生，广东省汕头市人。中国工艺美术大师，非物质文化遗产（陶瓷微书）项目广东省级代表性传承人，高级工艺美术师。

王芝文的父亲王明端懂书法、通微书，在其言传身教下，王芝文自幼学习绘画和书法。1983年，王芝文考入汕头工艺美术学校，先后师从蔡永青、刘再盛学习潮彩技法。王芝文秉承多位书法名家及微书爱好者的技艺和精髓，潜心研究自成一格，并创造性地将微书与陶瓷艺术相结合。1989年，其作品《古文观止》在新加坡参展并引起轰动，得到社会的肯定和专家的好评。此后，王芝文将陶瓷微书发扬光大。

王芝文的陶瓷微书技艺特点表现为三个方面。一是书画融合，以字入画。其微刻的字是书法，微小的字在画面里是一个点，积点成线，积线成面，线与面成为画的组成部分，从而使书与画融为一体。二是创作时仅凭肉眼裸视，欣赏者则需要借助放大镜才能看得清楚。三是将微书技艺与陶瓷彩绘相融合。其创作的陶瓷艺术品，远看为造型艺术，近看是画，放大镜下为书法，是集诗、书、画、瓷为一体的综合艺术，继承了传统瓷工艺的独特风格及艺术精髓，具有艺术欣赏和收藏价值。其代表性作品有《三国志》《易经·书经》《古文精选》《倾国艳》等。其中，《三国志》由35万多个繁体字写成，书写面积6956.2平方厘米，平均每平方厘米50.675个字，历时7年完成，以"字数最多的陶瓷微书作品"获上海大世界基尼斯之最。1995年以来，王芝文的陶瓷微书作品获得国家级和省级金奖30多项，并先后被北京人民大会堂、故宫博物院、中国美术馆等机构收藏，还被作为"国礼"赠予英国女皇伊丽莎白二世、马来西亚总理马哈蒂尔、新加坡前总理李光耀以及香港董建华、李嘉诚等国内外首脑、政要及知名人士。

二十、高州木刻画传承人

吴思志

吴思志，男，1962年生，广东省茂名市人。非物质文化遗产（高州木刻画）项目广东省级代表性传承人。

吴思志因小时候观赏木刻艺人张永尧以吉祥图案为主制作的高州木刻画而产生浓厚兴趣。1976—1987 年，吴思志正式拜师学艺，先后跟随不同的木刻画民间艺人学习高州木刻画雕刻与制作，并对师傅们的技术和风格兼收并蓄。1990 年之后，吴思志的高州木刻画雕刻技艺趋于成熟。其作品具有浓郁的乡土气息和浪漫的抒情色彩，刀法洗练简洁，备受群众关注和欢迎。其代表

作有《吉祥画》《岭南圣母》《天皇送子神仙卷》《军魂》《收获》等。其中，巨作单色木刻画《天皇送子神仙卷》从构思到完成耗时 4 年，长达 10 米，雕刻技法上锥刻、平刻、斜刻、阴阳刻并用，画面融入民间添丁挂彩等习俗元素，涵盖 95 个神话人物，寓意神恩浩荡、吉祥喜庆，获第九届中国（深圳）国际文化产业博览交易会中国工艺美术文化创意奖金奖。

吴思志执着于高州木刻画事业，并关心高州木刻画的传承发展。近年来，他应邀到学校、图书馆、木刻画传承基地等场所现场授课和讲解，促进高州木刻画的传承和发展。

二十一、瑶族长鼓制作传承人

唐大打大不公

唐大打大不公，男，1944 年生，广东省清远市人。非物质文化遗产（瑶族长鼓制作技艺）项目广东省级代表性传承人。

唐大打大不公自幼学习木工，20 岁开始跟随艺人唐民意三公学习瑶族长鼓制作，至今制作、持有的瑶族大长鼓 100 多个、小长鼓 300 多个。1997 年，他制作 30 个瑶族长鼓送给所在村油岭长鼓舞队，2001 年为当地小学制作 20 个瑶族长鼓。

唐大打大不公多用树干、动物皮、鼓头绳、鼓漆等制作长鼓，制作过程有选材、造型、钻孔、镂空、抛光等步骤。他制作的长鼓做工精细，中腰纤细，鼓面蒙以牛皮，鼓皮由鼓绳固定在鼓的两端，全身不用一颗鼓钉，鼓身通体涂红漆，饰有云头、日月、龙凤、花草、鸟兽等彩绘花纹。唐大打大不公研究改良制作长鼓技巧，总结出一套用 11 种工具便能完成长鼓制作的方法，将长鼓制作时间缩减到一周之内。

唐大打大不公致力于发展传承瑶族长鼓制作技艺,多年来为当地小学学生、长鼓舞队员讲解、培训瑶族长鼓制作技艺。1980年,他在自家老房子里成立一间制作坊,专门制作瑶族长鼓,并有子侄3人跟随学习。自1991年起,他被当地文化部门聘请每年在当地各村寨举办瑶族长鼓制作技艺的培训课程,培养出一批民间长鼓制作技艺的传承人。

二十二、广东飘色传承人

刘成球

刘成球,男,1962年生,广东省茂名市人。非物质文化遗产(镇隆飘色)项目广东省级代表性传承人。

刘成球的父亲刘世民是当地有名的飘色制作艺人。受其父影响,刘成球19岁便开始参与飘色活动,并逐渐独力担纲策划设计。1980年,镇隆镇民间艺人集资建立起镇隆明珠飘色团,开展飘色演出和研究活动。1985年,刘成球任团长。他多次到外地观摩学习并加以创新,大胆借鉴他人的成功经验,结合自己的研究成果,形成自己的独特艺术风格,所策划设计的立

体景物与造型栩栩如生,达到以假乱真的境界,体现了精湛的民间艺术。他充分运用了现代科技的力学原理,把现代科技与传统艺术完美结合起来,使"色柜"可以方便移动、色梗可以360度旋转,使飘色真正地"飘"起来,从而使信宜镇隆飘色形式更具多样化、内容更加新颖。其飘色人物造型最具代表性之处在于一板飘色上进行多角色造型,一板最多可容纳18人,横跨7米、高达5.8米,堪称民间飘色一绝。

2005年,信宜镇隆明珠飘色团的《普天同庆》《蟠桃仙境》《凤凰展翅》3个板色获得了广东省首届民间飘色艺术表演大赛金奖;2006年,其《欢乐神州》《龙马精神》荣获中国民间文艺"山花奖";2008年,其板色《大展鸿图》再次荣获"山花奖"。刘成球荣获"广东省民间文化杰出传承人"称号。

何达权

何达权,男,1938年生,广东省广州市人。非物质文化遗产(沙湾飘色)项目广东省级代表性传承人。

何达权自小对沙湾飘色有浓厚兴趣。1979年沙湾飘色巡游恢复后,他开始跟随

村中飘色师傅制作飘色。他和镇内飘色艺人重新聚集在一起，一方面整理原有的多个板色，使更多的人能重新目睹其风采；另一方面，创新题材，制作了新的板色，如《龙女牧羊》《三取珠旗》等等。为了改善飘色的表现力，他曾到广州、番禺各地寻找合适的钢材，制作更具承重力的色梗。何达权是沙湾镇东村飘色队副队长。多年来，何达权坚持参与各类飘色活动，曾到香港和珠三角各地巡游，还不定期与其他飘色艺人交流，指导村中年青一代制作飘色，将所掌握的技艺传授给年轻人，让飘色艺术继续传承。

苏照恩

苏照恩，男，1948年生，广东省中山市人。非物质文化遗产（黄圃飘色）项目广东省级代表性传承人。

20世纪50年代，受黄圃飘色艺人胡柏泉的影响，苏照恩开始接触飘色艺术；60年代开始，他一直参与与飘色相关的活动。后来，黄圃飘色活动中断。1994年，苏照恩主动牵头，组织艺人们复办黄圃飘色活动。此后的20多年里，他一直负责黄圃飘色活动的色梗艺术设计、巡游表演活动的组织与指挥等工作，设计制作了《周处除三害》《吕祖仙踪》《桃园结义》《三英战吕布》《大闹野猪林》等50多板具有小巧、玲珑、飘逸特点的飘色。苏照恩曾任黄

圃飘色艺术会会长。近年来，他还积极筹集民间资金建成了飘色馆，使一批具有历史价值的飘色色梗、色柜等得以更好的收藏。

陈文山

陈文山，男，1946年生，广东省汕尾市人。非物质文化遗产（河田高景）项目广东省级代表性传承人。

陈文山出身于高景世家，父辈都是制作高景的能手。20世纪70年代，他在父兄的指导下，开始学习高景制作技术。多年来，他致力于研究、发展高景制作技术；近年来，他更是积极搜索相关资料，编撰一部关于河田高景的书籍，让后人得以更好地了解这门传统艺术。

陈文洲

陈文洲，男，1931年生，广东省汕尾市人。非物质文化遗产（河田高景）项目广东省级代表性传承人。

陈文洲15岁开始学习高景制作，师从河田高景第十四代传人陈展华。他长期从事景梗、服装、布景制作和造型设计，且自从师学艺以来，一直参加河田高景巡游，经验丰富，制作技术更臻完美。他现已年近八旬，仍带徒授艺，使河田高景制作技艺后继有人。

陈永隆

陈永隆，男，1934年出生，广东省汕尾市人。非物质文化遗产（博美飘色）项目广东省级代表性传承人。

1956年，陈永隆开始学习博美飘色技艺；学成后，他积极参与博美飘色的创作与改良，对原有的景床进行改造和重新设计，使其负载力增强，还改用平板车作为工具，使原本需要8人共同抬行前进的飘色只需4人便可推进巡游，大大节省了人力。同时，陈永隆还将传统的一台一飘改良为一台多飘，提高了博美飘色的观赏性。

陈永隆不但是博美飘色的主要编导者，还为博美飘色的传承和发展倾注了大量的心血。2008年，他使用革新后的飘色获第七届中国民间文艺"山花奖"金奖。此外，他培养的林建洲等徒弟，也已成为博美飘色传承发展的中坚力量。

陈康保

陈康保，男，1941年生，广东省湛江市人。非物质文化遗产（吴川飘色）项目广东省级代表性传承人。

陈康保出身于飘色世家，其祖父陈趣珩是吴川飘色的创始人之一。陈康保自幼跟随其伯父陈寿全学习飘色制作，深得其真传，并且积累了30年以上的丰富的飘色制作经验。

在技艺上，陈康保在传统"一屏一飘、二飘"的基础上大胆创新，通过加大飘色梗的钢筋的力度，将飘色发展到一屏五飘至十飘，高度由1.8米升高至3.5米，并根据内容需要配以喷水、喷火以及旋转装置，增强了飘色的艺术感染力。陈康保对飘色台进行了技术改造，用电瓶车代替人力，使飘色游行更加灵活。

陈康保热心开展飘色传承活动，在吴川组建了民间飘色表演队，悉心授徒，使得吴川飘色后继有人。

赵汝潜

赵汝潜，男，1945年生，广东省台山市人。非物质文化遗产（台山浮石飘色）项目广东省级代表性传承人。

赵汝潜从小就对飘色有着浓厚的兴趣，一直跟着村中老前辈学习做色梗、化妆和配套上色等飘色知识。几十年来，他凭着所学技艺，负责培训色女色仔技能，并传授服装、化妆知识和色柜、道具的制作技艺，设置了《嫦娥奔月》《木兰从军》《昭君出塞》《仙姬送子》《平贵别窑》《劈山救母》《穆桂英挂帅》《吕布与貂蝉》《西施与范蠡》《赵子龙救阿斗》等10架飘色。目前，他是浮石飘色队的艺术指导，是村里的第五代传人，为当地飘色艺术的传承贡献力量。

梁广桓

梁广桓，男，1942年生，广东省珠海市人。非物质文化遗产（乾务飘色）项目广东省级代表性传承人。

1948年，在乾务镇忠义流芳大祠堂重修入伙活动上，6岁的梁广桓第一次看到飘色，从此被其吸引。随后的40年里，镇内再没有举办过飘色活动。直到1988年，乾北村和乾西村飘色队组建起来，飘色活动再次出现。但梁广桓所在的乾东村由于板色《喜鹊练梅》的色棍已遗失，且无懂技艺的前辈带头重铸色梗，飘色活动无法重现。2004年，梁广桓决心重铸恢复乾东飘色，于是组织村内几位老村民一同研究。梁广桓有多年建筑工作经验。他结合自己的知识和对《喜鹊练梅》色棍的印象，在借鉴乾西村和乾北村色棍的基础上，三易其稿，终于定下了色棍的设计图。通过多方寻找，他们才找到一种材质和韧性都符合要求的六角钢，重铸色棍。2005年中秋节，板色《喜鹊练梅》重现乾东村，全村老少争相欣赏。

梁广桓参加飘色活动10多年，是乾务飘色制作技术骨干。他常与乾西村和乾北村老艺人研究飘色制作技术，不断在实践中探索钻研，为传承和发展飘色艺术做出努力。

辜武雄

辜武雄，男，1945年生，广东省揭阳市人。非物质文化遗产（靖海景屏）项目广东省级代表性传承人。

辜武雄自1963年起，一直从事美术教育工作。每逢靖海景屏（景屏是飘色的一种形式）活动，他都被抽调参与景屏的制作，并在靖海景屏老艺人曾铁轩的传授下认真学习景屏的制作及人物塑造等技术。青年时期，辜武雄经常参与景屏巡游活动，掌握了制作景屏的方法。后来，辜武雄将传统技艺与现代技术进行结合，把声、光、电技术融入景屏当中，运载方式由人抬改为车载，题材融入现代元素，景屏上的人物道具不仅能活动，且布局合理、安全、别出心裁、独具匠心。

辜武雄设计的景屏《龙虾欢舞》，曾代表惠来县参加揭阳市区庆祝新中国成立50周年的大型游行庆典，受到了观众的一致好评。此外，他还撰写了《景屏创作的构思和相关的制作流程》一文，并通过传习所培训班传艺授徒近200人，促进了靖海景屏的保护和传承。

谭浩彬

谭浩彬，男，1945年生，广东省中山市人。非物质文化遗产（崖口飘色）项目国家级代表性传承人。

谭浩彬从13岁开始跟随村中"八音师傅"谭帝春学习飘色伴奏，20世纪60年代起，全面学习飘色巡游活动的整体组织、策划等知识。他充分运用自身的知识逐步创造出极具地方特色的飘色伴奏音乐，使"雅歌风"这个锣鼓班经历百年风雨仍然风行至今。同时，他运用力学、平衡学的原理，利用早年香港先进的锻造技术创作了《秋千色》这一有艺术特色的飘色作品，使飘色巡游更人性化和更具安全性，极具独创性。从2008年开始，谭浩彬每年带领崖口飘色队伍到香港、澳门进行表演，为推动内地与港澳地区的民间文化交流做出了贡献。近年来，他积极培养年轻人，多次举办各类八音锣鼓、飘色化妆、扎色等技巧培训活动，共600多人参与培训。

黎汉明

黎汉明，男，1946年生，广东省广州市人。非物质文化遗产（沙湾飘色）项目广东省级代表性传承人。

黎汉明祖辈都从事飘色制作。他从小便跟随父亲参与飘色巡游活动，学习飘色色梗制作技巧，至今已有30多年。多年来，他一方面继承传统技艺，重新整理原有的多个板色；另一方面，他积极创新，制作了新的板色。为改善飘色表现力，他曾到番禺本地、广州其他地区寻找合适的钢材，制作更具承重力的色梗。1979年至今，他参与创作的板色包括《直上云梯》《八仙过海》《昭君出塞》《柳毅传书》《三取珠旗》《龙女牧羊》等。他是现有的沙湾飘色艺人中资历最深的少数几人之一，荣获"广东省民间文化杰出传承人"称号。退休后，黎汉明仍坚持参与飘色巡游和飘色制作活动，并加入了沙湾镇飘色协会，定期与其他飘色艺人交流。同时，他还指导年青一代制作飘色，希望为本土民间艺术的传承与发展尽一点微薄之力。

黎 明

黎明，男，1931年生，广东省湛江市人。非物质文化遗产（吴川飘色）项目国家级代表性传承人。

1946年春节，黎明第一次欣赏到黄坡镇飘色老艺人陈寿全的飘色作品，大感兴趣。20世纪70年代末，黎明专程到瓦窑村向陈师傅讨教制作要领。由于美术功底深厚，黎明制作飘色得心应手。1982年，他第一次自行设计制作飘色，作品《仙姬送子》引起广泛关注。1984年，他突破传统"一屏一飘"制作模式，大胆创新"一屏两飘"，创作了《盗灵芝》《双鞭女侠》等全新板色。他从事飘色设计制作30多年，掌握了整套制作技艺，设计飘色达36板，造型也不断创新，从一屏一飘发展到一屏九飘、十一飘，从一层增至两层、三层的立体造型，显示了高超的制作技艺。其设计的飘色《穆桂英招亲》参加1991年中央电视台春节联欢晚会，享誉全国。2008年，黎明和梅岭飘色队设计制作的高难度飘色《六国大封相》勇夺第七届中国民间文艺"山花奖"金奖。除此之外，他还是梅岭飘色艺术团艺术指导。近年来，他积极办班，开展人才培训，抓紧对年青一代飘色技巧的"传帮带"。

第二章
广东省民间戏曲传承人

一、广东汉剧传承人

张广武

张广武，男，1967年生，广东省梅州市人。一级演员，非物质文化遗产（广东汉剧）项目广东省级代表性传承人。

张广武师从广东汉剧著名表演艺术家范开盛与张权昌。其参演的主要剧目有《麒麟老道》《百里奚认妻》《黄遵宪》《白门柳》《深宫假凤》等。其获得的奖项有：2002年荣获第八届广东省艺术节表演三等奖，2003年荣获广东省第三届戏剧演艺大赛金奖，2004年荣获广东省戏剧演员"十佳"称号，2005年荣获第九届中国戏剧节优秀展演奖，2008年荣获梅州市第六届艺术节表演一等奖，2008年荣获第十届广东省艺术节表演二等奖。

李仙花

李仙花，女，1962年生，广东省梅州市人。一级演员，国务院政府特殊津贴专家，非物质文化遗产（广东汉剧）项目广东省级代表性传承人。

李仙花工花旦兼青衣，扮相俊美，嗓音甜润清亮，表演娴熟稳健，善于把握和塑造各种人物性格。她10岁从艺，师从梁素珍，后赴中国戏曲学院深造，得到众多名师指导。李仙花汲取汉剧传统表演艺术精华，

又创造性地借鉴其他剧种的表现手法，融会贯通，精心演绎，形成了别具一格的表演艺术特色。从艺30多年来，她先后领衔主演了30多个剧目，代表剧目有《包公与妞妞》《张协状元》《阴阳河》《百里奚认妻》《改容战父》《贵妃醉酒》《蝴蝶梦》《白门柳》《王昭君》《徐九经升官记》《林昭德》《齐王求将》《丛台别》《花灯案》《阴阳河》等。李仙花表演细腻传神，扮相秀美典雅，声音清澈明亮、委婉甜美纯厚，高音响彻云霄、低音如深潭幽鸣，个人表演风格独特。李仙花曾获中国戏剧优秀表演奖、广东省艺术节演员一等奖，且两度获中国戏剧梅花奖，被誉为新时期声、色、艺俱佳的"广东第一名旦"。她曾应邀赴东南亚、欧洲多个国家以及我国台湾、香港地区演出。近年来，李仙花受聘担任省内多间艺术院校的客座教授，收徒传技，培养汉

剧幼苗，为传承和发展广东汉剧艺术积极做贡献。

杨秀微

杨秀微，女，1961年生，广东省梅州市人。一级演员。

杨秀微12岁考入梅县地区戏剧学校，经过6年严格训练，毕业后分配到广东汉剧院，在黄桂珠、梁素珍等表演艺术家和其他老师的悉心教导下，表演技艺日益精进。杨秀微除了对艺术有献身精神和创新意识外，其表演别具新意，更显生机。在对艺术进行探索革新的实践中，杨秀微大胆借鉴西洋歌曲的发声和通俗歌曲的唱法，借鉴话剧、影视的念白。杨秀微的唱腔既有传统韵味，又有民歌及流行曲的特色，行腔流畅抒情，音色圆润华丽。多年来，杨秀微塑造了多位成功的角色，如王昭君、方叫春等。她还借鉴了现代舞蹈动作，并用现代歌曲演唱方法和贴近生活的话剧念白来丰富戏曲舞台表演。

杨秀微曾荣获第十六届中国戏剧"梅花奖"，广东省首届中青年戏剧演员"百花奖"，并连续获得第五届、第六届、第七届广东省艺术节表演一等奖，广州市"舞台与银幕杯"戏剧表演奖。2001年，她获中共广东省委宣传部颁发的宣传文化"精品奖"，并被省委宣传部授予"跨世纪之星"、省"德艺双馨中青年艺术家"。她还曾获得省"文化系统先进工作者""省优秀文艺工作者""记大功一次"及梅州市首届"十大杰出青年"称号。

钟礼俊

钟礼俊，男，1964年生，广东省梅州市人。非物质文化遗产（广东汉剧）项目广东省级代表性传承人。

钟礼俊出身于汉剧世家，8岁开始跟随爷爷学习汉剧头弦演奏，并得到其父亲钟开城、叔父钟开强的指点。他于1979年2月进入梅县地区戏剧学校师从丘怀君学习汉剧演奏，1983年毕业后分配到广东汉剧院从事头弦演奏工作。1999年，他被选送到中国戏曲学院进修作曲专业。2005年，他在大型汉剧《白门柳》的音乐设计中大胆引用西洋管弦乐，使得该剧成为广东汉剧首部管弦乐作品。2013年，他举办了钟礼俊广东汉剧唱腔音乐作品演唱、演奏会，受到社会各界的好评。

钟礼俊擅长演奏头弦，全面继承了前辈乐师钟开强、丘怀君等人的演奏技巧，能全面系统地演奏广东汉乐,为汉剧伴奏,并且在演奏和唱腔设计上形成了自己独特的风格。其代表作品包括《蝴蝶梦》《深宫假凤》《白门柳》《尘埃落定》《黄遵宪》等。

2007—2010 年,钟礼俊先后收苏华伟、熊长江、钟经思、钟礼坤为徒,在传授广东汉剧传统音乐的同时,还安排徒弟在《尘埃落定》等剧中担任头弦领奏,让他们参与作曲、配器,并担任现场指导。

黄吉英

黄吉英,女,1964 年生,广东省梅州市人。三级演员,非物质文化遗产(广东汉剧)项目广东省级代表性传承人。

黄吉英工青衣,嗓音纯正饱满,唱腔细腻流畅,表演善于表现人物性格和塑造舞台艺术形象。黄吉英 18 岁考入梅州市大埔县木偶剧团,其间拜团内老前辈黄月崇为师,学习广东汉剧"青衣"行当表演艺术,同时得到其他汉剧老艺人如黄洁玉、余敦昌、罗邦龙等前辈的悉心教导。1985 年,黄吉英到梅县地区戏剧学校进修,后成为大埔县汉剧团的主要演员。黄吉英既继承了广东汉剧的传统风格,又有自己独特的唱腔风格。从艺 30 多年来,她先后主演了 30 多个剧目,其中包括《盘夫》《姐妹缘》《梁四珍与赵玉粦》《黄花公主》《蓝继子救嫂》《百里奚认妻》《风筝误》《高文举》《郭子仪拜寿》《贪花恨》《白兔记》《蒋兴哥重会珍珠衫》《断桥》等。黄吉英于 1994 年被评为国家三级演员,曾获梅州市第六届艺术节优秀表演奖,并先后到新加坡、悉尼等国家和我国香港地区交流演出。

黄吉英积极培养广东汉剧后继力量,从 1992 年开始在剧团采取"以戏带功"的方式带徒授艺,并通过授课方式在社会中普及广东汉剧文化。

梁素珍

梁素珍,女,1938 年生,广东省梅州市人。一级演员,非物质文化遗产(广东汉剧)项目国家级代表性传承人。

梁素珍工青衣、花旦,师从汉剧泰斗黄桂珠,有 50 多年的丰富表演经验,造诣深厚。其担纲主演过 70 多个剧目如《盘夫》《丛台别》《血掌印》《昭君出塞》《梁四珍与赵玉粦》等,在舞台上塑造了许多生动感人的形象,被誉为广东汉剧的"看家戏宝"。梁素珍还参与导演了 10 多个剧目,整理、设计了 20 多个剧目的唱腔,主演的多个剧目被拍成电影或舞台电视片,在海内外客家人中享有很高的声誉。从 20 世纪 70 年代末开始,表演艺术炉火纯青的梁素珍着手培养广东汉剧院新一代表演人才，致力于汉剧"种桃栽李"的传承事业。她在完成本身演出任务的同时，采取"以戏带功"的方式为年轻演员传授表演心得，一腔一板、一招一式地给予教导，并培养了一级演员李仙花和杨秀微两位名旦，为广东汉剧的传承做出了重要的贡献。

二、木偶戏传承人

丁清波

丁清波，男，1963年生，广东省潮州市人。非物质文化遗产（潮州铁枝木偶戏）项目国家级代表性传承人。

丁清波20岁即跟当地著名老艺人蔡来发学习铁枝木偶戏，有20多年的操作表演经验，尤其擅长操作木偶顶锅、抽纸龙、转盘、提花瓶和马上作战对打等高难度动作的表演。他创办了一个民间木偶剧团，在抢救濒临失传的铁枝木偶表演技艺及培养传承人等方面，均做出了积极贡献。

叶寿春

叶寿春，男，1934年生，广东省湛江市人。非物质文化遗产（广东木偶戏）项目广东省级代表性传承人。

叶寿春出身于广东湛江的一个木偶雕刻世家，自幼耳濡目染于前辈雕刻木偶技艺中，并在祖父的悉心教导下学习木偶雕刻，基础扎实。叶寿春继承了典型的家族雕刻技艺和传统风格，设计和雕刻的木偶极富装饰意趣，线条优美，善于表现戏剧人物的性格。进入广东省木偶剧团后，叶寿春锐意改革木偶的制作技法，把过去提线木偶的"死手死脚"的制作方法改为活动关节，手能开合、拿东西，软脚亦改为模仿人腿的3个关节，走路潇洒大方，这项技术一直沿用至今。叶寿春着力于改善传统木偶眼睛小的缺陷，让观众感受更强烈的艺术效果。经叶寿春改造过后的木偶喜怒哀乐的表情更加丰富，而且眼睛活动关节十分精细、严密无缝，

木偶只要闭上眼睛，就是用水泼，也难以渗入眼睛机关。叶寿春曾带着其得意之作，一个脸如冠玉、浓眉入鬓的"杨六郎"和叶家五代制作的10多件木偶在匈牙利举行的"中国文化之窗"展览上亮相。从事木偶雕刻的60多年里，叶寿春制作了超过5000个木偶，被誉为"西关木偶之父"。

朱国新

朱国新，男，1943年生，广东省茂名市人。非物质文化遗产（单人木偶）项目广东省级代表性传承人。

朱国新自幼痴迷木偶戏，16岁拜当地老艺人为师学习单人木偶戏，一年后即能单人独立操纵表演整台木偶戏，有40多年的丰富表演经验。朱国新唱戏的声线好、戏艺佳，不仅有着熟练的表演技巧，还具有丰富的生活经历，表演中善于创新，唱出新意，能带给观众新鲜感。

朱国新的创新是形式与内容并举。他在表演中善于把成语、典故、诗词、歌赋巧妙地嵌进唱词中，还不时出现"爆肚"，庄重中不失诙谐，古典中包含现代；道具和服饰也时常出新，展示出其迥异于同行的品位。2005年，朱国新通过阅读大量史料，编成木偶剧本《冼太夫人传》，共18回，可以连演10晚，并很快将其搬上舞台，为茂名市弘扬冼夫人文化做出了贡献。如今，唱词的创新成为朱国新木偶戏表演生涯的主要任务，他在反复琢磨、不断创新的过程中促进了木偶戏发展。

朱国新已培养多名徒弟，均已成为当地单人木偶戏的支柱。如今，他还积极参与茂名市木偶戏培训班的培训活动，在茂名市区积极授徒，培养年轻艺人，为茂名单人木偶戏的传承发展贡献力量。

孙树忠

孙树忠，男，1966年生，广东省揭阳市人。非物质文化遗产（揭阳铁枝木偶戏）项目广东省级代表性传承人。

孙树忠少年时曾入戏校进修，后随父进入老赛宝铁枝木偶班，在黄洋汉等多位前辈言传身教下，学习各行当唱腔和司鼓、领奏，以及木偶操纵等表演技巧，全面掌握了揭阳铁枝木偶戏表演艺术。其唱腔韵白独特，曲调柔媚，说白吐字铿锵有力，木偶的行为举止惟妙惟肖。孙树忠从艺数十年，对揭阳铁枝木偶戏有着深厚的感情，坚持木偶戏的传承、传播与弘扬，对当地木偶戏的发展起到推动作用。

何文富

何文富,男,1946年生,广东省茂名市人。三级演员,非物质文化遗产(高州木偶戏)项目国家级代表性传承人。

1964年,何文富进入高州木偶粤剧团当学徒,边学边演。表演中,何文富坚持传统的木偶戏表演形式,以左手抓"身竹",当时行内称"左手派"。经多年的摸索和总结,同时又得到北京、上海、广州、南宁等地的专家辅导,何文富在传承"左手派"的基础上融入各门派技艺,逐步形成自己独特的风格。其徒弟大多用"左手派"手法表演木偶戏。

1992年何文富赴京参加全国木偶皮影戏会演,演《柳毅传书》中的"龙女",获文化部颁发的"优秀表演奖"和该剧的"导演奖",并多次应邀参加省内外民间艺术节表演,获得好评。何文富主演的剧目有《小八路》《闪闪红星》《逼上梁山》《孙悟空三打白骨精》等。

何文富退休后经常回到剧团传承木偶表演技艺,扶掖后进,为木偶戏事业培养接班人。

巫启胜

巫启胜,男,1955年生,广东省梅州市人。非物质文化遗产(梅州提线木偶戏)项目广东省级代表性传承人。

巫启胜高中毕业后参加梅县区木偶传习所(原梅县木偶剧团)工作,先后师承黄铭燊、李炎兴、李达安等名家,学习木偶配乐、唱腔、操作及木偶制作等,并广泛吸收各家所长,形成独特的艺术风格,成为能提、能唱、能弹、能演的艺人。其创作、表演俱佳,曾在传统长线木偶的基础上,独立创作短线木偶《木偶书写》《红绸舞》等别具一格的表演。巫启胜从艺30多年来,参与送戏下乡演出数千场，深受观众的欢迎和喜爱，为弘扬、传播梅州提线木偶戏做出了积极贡献。

李秋华

李秋华，男，1934年生，广东省湛江市人。非物质文化遗产（湛江木偶戏）项目广东省级代表性传承人。

李秋华16岁拜杨六秋为师学习木偶戏，随师演出3年，得到真传；19岁开始担纲主演，擅长唱腔、舞功。20世纪90年代，李秋华创办黄坡木偶戏联络站，不仅方便群众定戏，也方便木偶艺人切磋技艺。李秋华多次参加各种表演活动，并获得奖项。目前，李秋华已传授多名徒弟，使湛江木偶戏后继有人。

陈培森

陈培森，男，1968年生，广东省潮州市人。非物质文化遗产（潮州铁枝木偶戏）项目国家级代表性传承人。

陈培森出身于木偶之家，父亲陈细妹是著名的木偶艺人。陈培森自幼在父亲工作的影响下，对木偶戏产生了兴趣，16岁即开始从事铁枝木偶制作和操作表演，有20多年的丰富经验，是当地木偶剧团设计制作和表演的主要骨干。在表演过程中，陈培森不断为传统木偶表演注入新元素，如给潮州木偶戏加上字幕等。在表演技艺上，陈培森也大胆革新，因此有了提水的沙僧、写字的唐僧以及活蹦乱跳、舞动金箍棒的孙悟空。

为弘扬木偶戏文化，陈培森一方面积极创新，勤练"内功"；另一方面主动走出去，寻找更多的展示平台。陈培森操作表演的木偶戏1993年被选送参加德国、奥地利世界国际木偶节，1994年获潮汕历史文化研究基金颁发的首届传播奖之优秀奖。1996年，他负责表演的电视节目《欢庆》荣获中国广播电视学会评定的音乐节目展播金奖；2000年，他先后代表国家参加白俄罗斯别洛维日国际木偶节和南斯拉夫第七届儿童戏剧节表演，分别荣获"创新奖"和"艺术团体大奖"；2003年，他制作的铁枝木偶参加澳门潮州同乡会举办的"潮汕美食文化节"展演活动；2005年，他制作的铁枝木偶参加澳门第十五届"国际潮团联谊会"展演活动。

陈培森与其父组建的金石镇龙阁木偶剧团，不仅是潮汕地区第一个家庭木偶剧团，也是我国首个出访欧洲演出的农民业余艺术团体，先后4次登上了国际艺坛，并在国外的戏剧节上获得"最佳传统木偶剧团奖"。

李新贤

李新贤，男，1964年生，广东省茂名市人。非物质文化遗产（高州木偶戏）项目广东省级代表性传承人。

李新贤自幼痴迷于木偶戏，12岁时进入县里的木偶剧团学习。在剧团学艺一年后，李新贤到福建省泉州艺术学校（原福建艺术学校晋江地区木偶班）继续学艺。在浓厚的氛围下，李新贤如鱼得水，熟练掌握了生、旦、丑、公、婆、净等各种行当的表演技巧，成为同批学徒中技艺最出色的艺人。

出于对艺术的执着，李新贤不断推陈出新，颠覆了人在台后、偶在台上的表演形式，于2000年创造了人偶同演的"木偶书法"，堪称一绝。近年来，他多次代表广东客家木偶剧团到泰国、印度尼西亚等国家以及中国香港地区表演。其木偶书法《艺无止境》2006年获"金狮奖"、首届全国木偶皮影中青年技艺大赛优秀表演奖，2010年获广东省特色剧种展演暨学术研讨会优秀剧目奖。2014年，他还参演了央视《出彩中国人·精彩中国梦》节目。

近年来，李新贤义不容辞地担起了培养新一代木偶艺人的重任，为木偶戏事业培养接班人。

林秀槐

林秀槐，男，1936年生，广东省茂名市人。非物质文化遗产（单人木偶）项目广东省级代表性传承人。

林秀槐26岁拜当地老艺人为师，学习单人木偶戏，操纵木偶戏技艺纯熟大气，唱腔浑厚绵长，有40多年的表演经验。目前，他已带出徒弟10多名，并继续热心培养年轻人，为茂名单人木偶戏的传承而努力。

骆锦标

骆锦标，男，1938年生，广东省河源市人。非物质文化遗产（龙川手擎木偶戏）项目广东省级代表性传承人。

骆锦标出身于木偶戏世家，曾随父亲骆民生在木偶剧团学习木偶艺术和木偶制作技艺；后白手起家，先后组建"贺丰年木偶戏团""龙川县文联线剧队""龙川县黎咀木偶剧团"等，较为全面地掌握了龙川手擎木偶的制作技艺和表演技法。其木偶表演惟妙惟肖，可表演变脸、变衣服等高难度动作，表演生动鲜明、活灵活现。2005年，骆锦标重操旧艺，再次组建1979年解散的龙川县黎咀木偶剧团，至今排有作品《马灯四围》《民乐伴舞》《孙悟空三打白骨精》等。长期以来，骆锦标坚持排练传统木偶节目，并不断推陈出新，注重手擎木偶人才培养，通过言传身教将技艺授予子女，为龙川手擎木偶戏的传承、传播做出了卓越贡献。

高礼华

高礼华，男，1956年生，广东省揭阳市人。非物质文化遗产（揭西提线木偶戏）项目广东省级代表性传承人。

高礼华1978年加入五经富镇龙江线剧团，拜吕竹喜、吕竹茂、曾还元、刘秀凤等为师学习木偶戏。其演出的代表剧目有《化子进城》《白蛇传》《糟糠情》《张四姐下凡》《薛丁山招亲》等，擅长生、丑、净行当。高礼华能用洪亮汉腔、段噪唱念，同时司鼓、音乐领奏，技能较为全面。1995年，他承接了龙江线剧团，改名为"揭西县华艺线剧团"，任团长一职。高礼华从事木偶戏工作40余年，奔走于城市和农村之间，积极参加各种公益性演出，为揭西县提线木偶戏的发展和传承做出了贡献。

黄土展

黄土展，男，1948年生，广东省湛江市人。非物质文化遗产（粤西白戏）项目广东省级代表性传承人。

黄土展1961年开始跟随爷爷黄瑞焕学习粤西木偶白戏，初期只学唱腔；1964年开始学习操作木偶。1969年，黄土展出师，跟随老一辈木偶白戏艺人黄正良、黄正贤、黄瑞森等人进行演出。1971年，他成立白戏剧团并亲自带班演出，每年为群众演出白戏200多场。

黄土展熟练掌握粤西白戏的一整套唱腔艺术，擅长武戏类功架表演，动作大方细腻，能传情达意。与此同时，他还推陈出新，在改编剧目时继承传统，革新板腔技巧，自成风格。

黄土展积极传承粤西白戏，曾参与《中国戏曲集成·广东卷》中白戏音乐传统唱法的收集整理并做示范表演。同时，他还积极推动粤西白戏走入高校，曾为湛江师范学院和广东海洋大学音乐系讲解白戏并做示范表演。

梁东兴

梁东兴，男，1936年生，广东省茂名市人。非物质文化遗产（高州木偶戏）项目广东省级代表性传承人。

梁东兴祖上三代都靠演单人木偶戏为生，受到家庭熏陶，梁东兴自小师承父亲衣钵，以善于演绎单人木偶戏而闻名乡间。梁东兴"一人演出一台戏"的方式，在全国木偶艺术圈内都不多见。为了保证演出效果，梁东兴十分注重木偶造型的设计制作、眼睛的雕刻、人物性格的展示，使之形神兼备、栩栩如生。其表演的木偶戏逼真生动、变化多样，木偶动作如开合扇子、穿衣、倒酒、拿书、写字、拉弓射箭等，一举一动看上去非常准确自然。梁东兴认为，戏本的唱词要力求风趣、通俗易懂，因而每一句唱词都要进行精心雕琢。梁东兴在唱词上多采用"七字四句头"的高州山歌体，即兴编词，平仄押韵，是典型的乡音乡调，大俗大雅，易听易懂易记；行腔质朴清爽，节奏自由，兴之所至，尽情抒发，或高亢入云，或婉转低回，或含悲带泪，别具韵味。凭着多年的磨砺与积累，梁东兴演绎了一大批颇具影响力的精品剧目，演出过400多种木偶戏作品，有传统的《三国演义》《水浒传》《红楼梦》《西游记》《梁山伯与祝英台》等戏曲，也有加入创新元素的《薛丁山征西》《薛平贵征东》《岳云退金兵》等表演。

20世纪80年代以来，梁东兴先后应邀到广东省首届民间艺术欢乐节、广东国际旅游文化节、广东省特色剧种展演、上海世界博览会广东活动周展演等活动演出；还曾应德国的邀请，带着他的"鬼仔们"远赴德国慕尼黑、不莱梅等10多个城市巡演，大受欢迎。目前，梁东兴在高州、茂南、电白等地积极授徒，为高州木偶戏的传承发展贡献力量。

崔克勤

崔克勤，男，1956年生，广东省广州市人。一级演员，国务院政府特殊津贴专家，非物质文化遗产（广东木偶戏）项目广东省级代表性传承人。

崔克勤1978年毕业于广州市艺术学校，1994年到中国戏曲学院导演系进修一年。他擅长木偶操纵、人偶表演，以旦角、老生、童角为主；主演过木偶剧《孙悟空三调芭蕉扇》中的铁扇公主、《张羽煮海》中的琼莲公主、《孙悟空三打白骨精》中的孙悟空和唐僧、《哪吒闹海》中的哪吒、《五羊传奇》中的龙女等，塑造的人物惟妙惟肖、栩栩如生。崔克勤在艺术上勇于开拓创新，首开风气编演的人偶表演情感舞蹈《长绸舞》，艺术魅力经久不衰。他1987年荣获广东省中青年戏剧演员"百花奖"；1992年自编自演的《长绸舞》在全国木偶、皮影戏会演获"优秀表演奖"；1994年参与导演兼表演的《孙悟空三打白骨精》，在全国专业剧院团儿童木偶戏皮影戏金猴奖中获得"最佳表演奖"和"最佳导演奖"；1998年参加捷克第二届国际木偶艺术节，以自编自演的人偶独舞《长绸舞》获"最佳男演员奖"；2003年参加第二届全国木偶皮影戏中青年技艺大赛，在大型木偶剧《五羊传奇》中操纵表演龙女获"金狮奖"表演奖。崔克勤曾多次率剧团出访或随市政府组织的代表团到美国、德国、英国、日本、韩国、匈牙利、新西兰等进行文化交流、演出和讲学。

曹章玲

曹章玲，女，1960年生，广东省茂名市人。非物质文化遗产（高州木偶戏）项目国家级代表性传承人。

曹章玲从事木偶戏表演30多年，操纵木偶的舞、蹦、跳、走逼真生动，形神兼备，有些特技表演更是水平高超。她表演多种行当角色，以旦角表演最为擅长，所演角色个性鲜明、生动传神，配唱清亮悦耳、声情并茂，代表剧目有《柳毅传书》《嫦娥奔月》《芙蓉仙子》等。曹章玲重视传承工作，能积极传授木偶操作技艺和配唱方法，培养了一批新生力量。

三、乐昌花鼓戏传承人

邓天财

邓天财，男，1935年生，广东省韶关市人。非物质文化遗产（乐昌花鼓戏）项目广东省级代表性传承人。

邓天财1950年开始师从乐昌花鼓戏名伶何万杰学习演唱花鼓戏，先后在坪石武阳司石灰冲花鼓戏剧团、坪石公社剧团、河南宜章岩泉公社白岸村花鼓戏剧团担任教官。1969—1978年，他组织乐昌市三溪镇大屋村青年学习花鼓戏，并帮助重建花鼓戏剧团，在团中担任教官。2009年，他开始担任三溪镇乐昌花鼓戏业余剧团技术指导。

邓天财有着丰富的花鼓戏演出经验，曾在《三毛箭打鸟》《下洛阳》《李氏砍柴》等剧目中扮演角色。他所演出的角色以旦角为主，兼扮小生、老生、半丑。邓天财擅长演喜剧、闹剧类的剧目，表演通俗、幽默，喜剧色彩浓厚。其中，又以呆眼看人、走矮步、打扇花的技巧最具特色，表演接近生活又不失夸张。近年来，他还对乐昌花鼓戏进行改良，在锣鼓节奏方面，移植改编传统民间锣鼓乐，使其适用于花鼓戏；在音乐唱腔方面，他通过改变调性及变奏方法，派生出新的曲目，同时还创作了前奏曲和变奏曲等。

邓天财积极推进乐昌花鼓戏的传承，多次参与本地的戏剧展演活动，并先后授徒近百人，壮大了乐昌花鼓戏的传承队伍。

四、正字戏传承人

黄壮营

黄壮营，男，1963年生，广东省汕尾市人。非物质文化遗产（正字戏）项目国家级代表性传承人。

黄壮营15岁即从艺，师从正字戏表演名家彭美英。在此期间，黄壮营深入钻研传统戏的表演程式和各行当独特的做工、技巧。黄壮营用心琢磨，发挥自身表演潜质，根据角色的不同年龄、不同处境，从举手投足到发声唱腔，反复练习。黄壮营工正生、武生，唱念做打功底扎实，技艺全面，表演豪放、潇洒、细腻，唱腔清亮高亢。黄壮营主演过大批正字戏剧目，尤其成功地塑造了多个不同性格的武生行当形象，还能反串乌面、丑角。他1981年在传统戏《换乌纱》中扮演张龙（花脸）获广东省专业戏剧调演集体二等奖，同年在《张飞归家·闯辕门》中扮演张飞（乌脸）

获个人表演二等奖。1992年陆丰正字剧团赴福建泉州参加全国"天下第一团"优秀剧目展演，黄壮营在传统戏《古城会》中扮演孙公佑（文武生），该剧获得优秀剧目奖。

1985年，黄壮营被任命为剧团导演，其后一直积极参与挖掘、收集、整理传统剧目等工作。这些年来，其执导的《雁门关》《桃花井奇案》《金娥恨》《桃花婿》《八仙闹海》《金山战鼓》《三女抢板》《状元与乞丐》《换乌纱》《辕门射戟》《方世玉打擂》等剧目，至今仍作为剧团的主要演出剧目，受到各阶层人士的广泛好评和肯定。为培育一代新人、招回部分流失艺人，黄壮营和剧团领导奔走于陆丰各地招收新学员，并担负起执教工作，利用寒暑假期间为新学员进行集训辅导，为正字戏的传承做出了贡献。

彭美英

彭美英，女，1944年生，广东省汕头市人。非物质文化遗产（正字戏）项目国家级代表性传承人。

彭美英18岁毕业于汕头戏曲学校正字戏表演专业，师承著名正字戏表演艺术家陈宝寿先生，后又得名艺人曾广照、黄学明先生悉心指导，成为正字戏真传的艺术中坚，有40多年的丰富表演经验。其唱念做打功底深厚，表演优美细致，唱腔甜美清丽，音程级数达15度。她主演过《百花赠剑》《百日缘》《张春郎削发》《荆钗记》《龙头钗》《六郎罪子》等优秀正字戏传统剧目和《三女抢板》《鲤鱼姑娘》等移植剧目，在舞台上塑造了众多不同性格的动人形象；她导演的正字戏《姜维射郭淮》《百花赠剑》、陆丰皮影戏《哭塔》分别获文化部、广东省以及国际上设立的奖项。数十年来，彭美英积极投身于正字戏的保护、整理及传承工作。其主编的《正字戏》寻访名伶宗师，搜罗馆藏史料、古典残本，全面系统地阐述了正字戏的历史源流、声腔伴乐、传统剧目考略、表演特色，堪称一部正字戏的教科书、工具书。此外，她以精湛技艺和艺术造诣，为正字戏培养了大批表演人才，其中不少已成为该剧种的著名演员。

五、白字戏传承人

吴佩锦

吴佩锦，男，1972年生，广东省汕尾市人。二级演员，非物质文化遗产（白字戏）项目国家级代表性传承人。

吴佩锦16岁考入海丰白字戏剧团，工武生、丑生行当，曾师从白字戏多位表演名师，有近20年的表演经验。其唱念做打功底扎实，武生表演潇洒勇猛，功架优美，尤擅长10多种耍棍花，丑生表演风趣滑稽、挥洒自如，唱腔善用腹腔和真假嗓结合，洪亮浑厚，是白字戏中技艺全面、才能出众的年轻名角。吴佩锦曾任汕尾市海丰白字戏剧团团长，先后挖掘上演了大批传统剧目和移植、改编、创作的优秀剧目，不断提高剧目的演出质量及整体艺术水平。吴佩锦多次主动争取对外交流、参赛演出，提高了剧种知名度。他主演过大批剧目，曾在广东省艺术节及戏剧演艺大赛中获多个奖项。其中，《白罗衣》为汕尾市首个入选广东省第六届精神文明建设"五个一工程"作品奖的剧目，在第九届、第十届广东省艺术节中获表演三等奖，在广东省第六届群众戏剧曲艺花会中获银奖；白字戏唱段《山伯访友》在第二届中国情歌广播电视大赛总决赛中获（原生态组）银奖；《徐九经升官记》获得广东省第八届中青年戏剧演艺大赛金奖。如今，吴佩锦的大部分作品已被拍摄成音像制品出版发行，并推出首张白字戏卡拉OK光碟《吴佩锦艺术专辑》。吴佩锦现积极开展传承活动，把技艺传授给年轻的演员。

何循禧

何循禧，男，1937年生，广东省汕尾市人。三级导演，非物质文化遗产（白字戏）项目广东省级代表性传承人。

1958年，何循禧前往广州乐团进修声乐，师从罗荣钜。其间，他练就了一副发声标准、运腔得法、声色清纯的"金嗓子"，为后来唱响白字曲打下坚实的基础。尔后，何循禧师从正字戏、白字戏一代宗师陈宝寿老先生，习小生、老生。在剧团中，他对各大师身段、腰腿、手步等技法进行综合，取其所长，融会贯通，付诸实践，所饰演的角色总是飘逸大度、惟妙惟肖。他的唱工特点是，音色清纯，运腔圆润、特色明显、念白、韵白抑扬顿挫与恰到好处，喜怒哀乐分明。其导演的《刺吕后》，获汕头地区文艺会演三等奖；1992年，他率团参加"天下第一团"的优秀剧目展演，演出的古装戏《放走曾荣》获剧目优秀奖；在第四届广东省艺术节中，他演出的《金叶菊·寒窑》《御告》分别荣获二、三等奖；在第六届广东省艺术节上，他率团演出的传统剧《崔君瑞休妻》荣获9个奖项。何循禧从事白字戏剧工作数十年，为戏剧事业做出了可贵贡献，获得了不少的荣誉。1995年，他的名字被收入《中国专家大辞典（广东卷）》。

近年来，何循禧深入校园积极开展传承活动，向学生传授白字戏的传统唱腔和表演，把表演技艺传授给年轻人。

卓孝智

卓孝智，男，1932年生，广东省汕尾市人。非物质文化遗产（白字戏）项目广东省级代表性传承人。

卓孝智13岁卖身到老荣顺班做童伶，先师从郑文习学小生，与叶本南合作演出；后来，又师从陈宝寿习练武生，以艺名"妈柏生"扬名于当时。1952年，他与叶本南等艺人共同筹建民艺白字戏剧团，曾任该团团长至1959年。此后，卓孝智进入海丰县白字戏剧团，在该团一直从事生行的表演及剧目导演工作。

卓孝智熟悉各个白字戏剧目的角色演出。其主演的角色主要有文戏《珍珠记》的高文举、《陈三五娘》的陈三、《怒沉百宝箱》的李甲、《红梅记》的杨天梅、《崔鸣凤》的崔鸣凤、《秦雪梅教子》的商辂等以及武戏《方世玉打擂》中的方世玉、《姜维射郭淮》中的姜维等。

钟静洁

钟静洁，女，1971年生，广东省汕尾市人。三级演员，非物质文化遗产（白字戏）项目国家级代表性传承人。

钟静洁于20世纪90年代初从艺，师承白字戏名旦陈素如、鞠少玲等学习戏曲基本功及白字戏唱腔基础。其后，她专攻青衣行，兼演闺门旦，善于表演雍容华贵、文静端庄的旦角。钟静洁唱念做打功底扎实，表演声情并茂，在舞台上能文能武、宜正宜邪，塑造了许多性格迥异、丰满动人的形象，尤其擅长以水袖功刻画人物内心世界。钟静洁唱腔圆润清晰、字正腔纯、节奏感强，人物性格刻画细致、表情处理得当，先后主演过《哑女告状》《金叶菊》《胭脂河》《崔君瑞休妻》《五女拜寿》《白罗衣》《姐妹皇后》《无意神医》等大型剧目，塑造了一批不同遭遇、不同性格的女性角色。曾以《崔君瑞休妻》中戏份不多的"苏金英"一角获得第六届广东省艺术节个人表演三等奖。

近年来，钟静洁在继承和发展白字戏曲事业上不断进取、开拓创新。她现兼任新学员的培训老师，积极开展传承活动，把表演技艺传授给年轻人。

六、西秦戏传承人

吕维平

吕维平，男，1966年生，广东省汕尾市人。二级演员，非物质文化遗产（西秦戏）项目国家级代表性传承人。

吕维平于1985年考入海丰县西秦戏剧团，遂被送往惠阳地区艺术培训团接受戏曲专业培训，两年后毕业返回剧团，拜著名小生罗振标为师，继承其师潇洒俊逸、气派大方等表演特色。他20岁即登台扮演老生，善以声、情刻画人物，自成一格，还承传了"耍交椅花"的传统表演绝技，被誉为"当代西秦戏第一好老生"。吕维平近几年成功导演了多个传统剧目和移植剧目，集表演、导演于一身或一剧，曾获第九届、第十届广东省艺术节多个奖项，有的还获演出特别奖。吕维平2008年参加粤东侨博会暨潮剧艺术节演出《狸猫换太子·抱妆盒》（饰陈琳），并出席了广东省潮剧发展与改革基金会颁奖典礼，被大会授予"艺术突出贡献奖"；2010年代表广东省参加上海世界博览会广东活动周展演，主演《刘锡训子》传统特技"椅子功"，令观众赞叹不已，载誉而归；2011年组织创作排练了西秦戏新编历史剧《留取丹心照汗青》，参加第十一届广东省艺术节，获7个奖项，自己在剧中饰演民族英雄文天祥，获优秀表演奖（一等奖）；2015年获得"第二届广东省中青年德艺双馨艺术家"称号。吕维平热心传承活动，经常不辞辛劳，既亲自带徒授艺，又常到学校戏曲艺术班授课。

严木田

严木田，男，1938年生，广东省汕尾市人。非物质文化遗产（西秦戏）项目国家级代表性传承人。

严木田10岁跟其父严克忠学司鼓，其后在当地芬园社西秦曲班司鼓；16岁参加海丰县西秦戏剧团，师从著名小生罗宗满，工小生，继承其代表作《赵宠写状》的赵宠、《三进盘宫》的假驸马、《重台别》的梅良玉等文生主角。他又问艺著名武生张木顺，扮演武生主角。1961年，严木田赴陕西省戏曲学校秦腔剧院进修，翌年返团后兼任导演、编曲及业务团长等职。

严木田有50多年从事西秦戏表演和研究的丰富经验。其表演雄浑激昂、厚朴大气，承传了西秦戏的传统风格，并在剧种及传统音乐唱腔研究上卓有建树。他曾参与改编西秦戏经典剧目《棋盘会》，同时为新编历史剧《岭海丹心》创编了音乐唱腔。严木田编著了45万字的《西秦戏传统音乐唱腔探微》，并为《汕尾市文化丛书》撰写了《海丰吹打乐》《海陆丰西秦戏源流沿革》《表演特色及音乐谱例》等文章，填补了作为稀有剧种的西秦戏研究中的一大空白，为西秦戏的传承做出了重要贡献。如今，严木田虽已年逾古稀，但仍继续带徒，传授西秦戏的传统唱腔、表演及音乐演奏法。近年来，他的徒弟有詹德雄、张妮娜等人。

七、花朝戏传承人

钟石金

钟石金，男，1943年生，广东省河源市人。三级导演，非物质文化遗产（花朝戏）项目国家级代表性传承人。

钟石金于1964年高中毕业后进紫金县花朝戏剧团，有40多年花朝戏的表演、导演经验，表演上技艺全面、功底深厚，唱、念到位，以饰演中老年角色见长，导演上手法成熟、经验丰富。他曾获省、市级优秀演员奖，代表作有《红石岭》《铁公鸡新传》《沙家浜》《小丑与媒婆》等。其导演的《卖杂货》参加文化部举办的"天下第一团"展演获优秀剧目奖。2015年，其导演的花朝戏传统剧目《双花缘》入选"中国梦·南粤情——全省优秀舞台艺术作品巡演"。

钟石金结合客家方言对台词中的比喻、歇后语进行了编改，以山歌传情的情节融合了本地客家山歌的精华，大大提升了剧目的艺术含金量，从唱腔、歌词、表演艺术等多方面提升了花朝戏的水平。钟金石不但是花朝戏的承载者，更是花朝戏的重要传递者。钟金石一直热心带徒授艺，积极为花朝戏的传承贡献力量，被称为"花朝戏活化石"。

八、陆丰皮影戏传承人

彭　忠

彭忠，男，1931年生，广东省汕尾市人。非物质文化遗产（陆丰皮影戏）项目国家级代表性传承人。

1944年起，彭忠开始跟其祖父、父亲学艺，后又助其叔制皮。其制皮工艺得祖辈真传，新中国成立后又不断地学习、钻研现代化制革技术，加上60多年来积累的丰富经验，无论是制作各类鼓皮，还是加工皮鞋皮、皮衣皮，乃至兽皮防腐防臭加工，样样都娴熟精通。1953年后，彭忠开始加工制作皮影皮。彭忠依靠熟练的传统制皮技艺，结合现代工艺，掌握了最佳药剂配方和浸泡方法、时间，通过选皮、漂洗去毛和刨皮、透明化处理、晒皮等工序，使皮影皮逐渐达到最大程度的透明化。1975年，陆丰皮影剧团恢复建制，彭忠成为剧团正式员工，专职从事皮影皮制作。1987年陆丰皮影戏剧团远赴日本演出，皮影影身达到了最佳透明度。彭忠所制影皮最大特点是透明度高，同业者难以望其项背。

蔡锦镇

蔡锦镇，男，1964年生，广东省汕尾市人。非物质文化遗产（陆丰皮影戏）项目国家级代表性传承人。

蔡锦镇六七岁开始接触皮影戏，曾祖蔡娘盼、祖父蔡强、父亲蔡娘仔均为著名皮影艺人，后得著名艺术家虞哲光、彭美英等指点，熟练掌握了皮影戏表演操作技巧。

1980年开始，他成为剧团的艺术骨干和主要演员，排练、主演过《龟与鹤》《飞天》《乌鸦与狐狸》《鸡斗》《采蘑菇》《鸡与蛇》《俩朋友》《龟兔赛跑》《东郭先生与狼》《哭塔》《哪吒闹海》等20多部节目，任主要操作员和配音演员。其主演的《龟兔赛跑》《龟与鹤》于1981年随团赴北京参加全国木偶戏皮影戏观摩演出，获文化部观摩演出奖三等奖；1984年，随团到北京参加新中国成立35周年献礼表演，获文化部演出奖。1987年，陆丰皮影戏受省政府指派，赴日本兵库县、大阪府进行为期7天的友好访问演出，共演出《飞天》《鸡与蛇》《龟与鹤》《采蘑菇》《俩朋友》等13个节目，蔡锦镇等艺人的表演艺术受到日本媒体的高度肯定和赞扬。蔡锦镇2008年4月随团参加中国汕尾老区发展论坛暨汕尾建市20周年经贸活动展演及文艺巡演，同年6月随团参加北京"中国皮影传统流派雕刻精品艺术展演"，11月随团参加汕头首届粤东华侨博览会。

蔡锦镇还积极参与抢救、保护陆丰皮影艺术遗产，保存、整理了数十部古老的皮影戏传统剧本，对操作技艺的传承教导做出了杰出贡献。

九、采茶戏传承人

吴燕城

吴燕城，女，1949年生，广东省韶关市人。二级演员，非物质文化遗产（粤北采茶戏）项目国家级代表性传承人。

吴燕城工旦角和青衣行当，有40多年从事采茶表演的丰富经验，尤擅长悲剧角色，表演神情逼真、入戏之深，常令观众流泪。其代表剧目有《人生路》《母亲岭》《霜雪山梅红》等，曾获广东省中青年戏剧演员"百花奖"。现已届花甲之年的她，仍为采茶戏的传承和发展竭尽全力。2015年，受南雄市文化馆邀请，吴燕城对当地80多名采茶戏业余爱好者进行了系统的培训。

罗发斌

罗发斌（1937—2009年），男，广东省韶关市人。二级演员，非物质文化遗产（粤北采茶戏）项目广东省级代表性传承人。

罗发斌从1950年起学唱花鼓戏，1956年进入民间艺术团与何万杰师傅排演花鼓戏《盗花》《晒绣鞋》《打鸟》，"文革"前排演《张三借靴》《王二小过年》《牛郎织女》《红叶题诗》等剧目，有着丰富的采茶戏表演经验。罗发斌念白字正腔圆，声音高亢亮丽、悠扬舒畅，唱腔"茶味"浓郁，把握角色准确。从艺以来，他先后在60多个剧（节）目中担任主要和重要角色，代表剧目有《阿三戏公爷》《血榜恨》《青山水东流》等。他1983年在《人生路》一剧中演德顺公获省调演表演配角一等奖，1991年在《青山水东流》中演刘桂成获省艺术节表演主角二等奖。罗发斌独具表演艺术天赋，对采茶戏艺术事业毕生执着追求，取得了突出的艺术成就，被载入《中国文化艺术界名人辞典》。

魏远芳

魏远芳，男，1956年生，广东省梅州市人。非物质文化遗产（采茶戏）项目广东省级代表性传承人。

20世纪70年代，魏远芳得到采茶戏老人李加果传授，全面学习采茶戏表演，熟练掌握采茶戏生丑两大行当唱、念、做、舞等表演程式，后逐渐挑起采茶剧团表演大梁。其表演模仿狮子开口、乌龙缠身、乌龟缩头、黄狗伸腰、拐子撒尿等动作惟妙惟肖。同时，他对于客家方言演唱得心应手，熟练咽音和胸腔共鸣联动混合发声等特殊方法，唱腔高亢悠扬，彰显了采茶戏的独特韵味。多年来，他精心培育青年演员数十人，为采茶戏的传承与弘扬做出了积极贡献。

十、贵儿戏传承人

徐兆忠

徐兆忠，男，1952年生，广东省肇庆市人。非物质文化遗产（贵儿戏）项目广东省级代表性传承人。

徐兆忠13岁开始参加贵儿戏表演，努力向当地贵儿戏班的老艺人学习，有40多年的表演经验，后又由表演向伴奏、导演方面发展，逐渐集表演、导演、伴奏于一身，多才多艺。徐兆忠尤其擅长扮演文武生，参与编导和演出的剧目有《薛江反唐》《薛丁山征西》《山村血泪史》《红梅迎春》等，还与其他艺人创办了"和贵堂"业余贵儿戏班，把表演经验和技艺传授给年轻人。

十一、粤剧传承人

丁 凡

丁凡，男，1956年生，湖南省醴陵市人。一级演员，非物质文化遗产（粤剧）项目广东省级代表性传承人。

丁凡从小移居广东，高中毕业后进入德庆粤剧团学戏，后被送到广东粤剧学校培训进修。1979年，丁凡毕业考试演出《放裴》一折，被罗品超、少昆仑等名家赏识，从而推荐其进入广东粤剧院青年剧团，先后排演了《梅开二度》《血溅美人图》《十三妹》等剧目。1985年，粤剧院组建青年实验团，他被委以重任，与陈韵红等合作挑起大梁。1987年被选中参加中国广东粤剧团出访美国、加拿大演出的他，已从一个"靓仔小生"发展到文武皆能的艺术家。1989年广东粤剧院开展体制改革，丁凡任一团团长。

丁凡戏路宽广，扮相俊俏，能文能武，嗓音华丽，唱做俱佳，尤以小生行当见长。他在《美人鱼》中饰演青年渔民金海，在《寒江关》中饰演威武的薛丁山，在《一把存忠剑》中饰演感情复杂的吴汉，还在《宋皇告状》《劈陵救母》等多个剧中担任主角，成功地塑造了许多个性各异的舞台艺术形象。他曾荣获广东省首届中青年戏剧演员"百花奖"，第四、第五、第六届广东省艺术节表演一等奖，文化部主办的首届和第五届中国文化艺术政府奖——文华表演奖，第八届中国戏剧"梅花奖"，首届广东戏剧家"突出贡献奖"，第五届中国金唱片奖等大批奖项，并获文化部"优秀专家"以及广东省"优秀中青年文艺家""德艺双馨中青年艺术家"称号。

多年来，丁凡积极带领剧团送戏下乡，深入边远地区为群众服务，也曾多次率团赴美国、加拿大、澳大利亚、新加坡等国家和地区以及我国台湾、香港、澳门地区演出，颇受好评。

马师曾

马师曾（1900—1964年），字伯鲁，曾用艺名关始昌、风华子，男，广东省佛山市人。

曾拜著名小武靓元亨为师，后一直在香港、澳门、广州等地以及东南亚一带演戏及拍电影。1955年底，他回广州参加广东粤剧团。

马师曾艺术造诣高深，创造了既继承戏曲表演的程式性、虚拟性，又有浓郁生活气息的"马派"表演艺术。他根据自己的声音条件和生活经验，创造了被称为"乞儿喉"的旋律跳跃、顿挫分明、行腔活泼，兼有诙谐情趣的唱腔流派"马腔"，在舞台上塑造了众多栩栩如生、个性鲜明的艺术形象。他在青年时演过小生、小武。中年时，他则以演丑生著称，尤其擅演旧社会的底层人物。晚年，他改唱老生，技艺愈精，演来苍凉刚劲，颇见功力。

马师曾是粤剧艺术革新的先驱者之一，他推动完成了粤剧的两次重大变革——由"官话"改唱"白话"，从全男班、全女班改为男女合班的过程。他活用戏曲程式，巧妙吸收通俗化、大众化的语言，在改良音乐、布景、服装、化妆，借鉴话剧、电影手法丰富粤剧表演等方面，都做出了很大的贡献，推动了粤剧艺术的发展。

马师曾出演的粤剧剧目和电影众多代表作有《苦凤莺怜》《佳偶兵戎》《刁蛮公主戆驸马》《孤寒种娶观音》《贼王子》《斗气姑爷》《审死官》《洪承畴》等。

文觉非

文觉非（1913—1997年），原名文七根，男，广东省广州市人。

文觉非出生于香港，幼年家贫，9岁随父母到新加坡。他曾在经营留声机的商店当学徒，所以有机会听到众多名家的录音唱片，受到熏陶。18岁开始，他入戏行学戏，拜声架悦为师，初学丑生，后转学文武生，并随剧团在东南亚一带演出，与梁醒波等被誉为当地粤剧的"四大天王"。20世纪40年代，他常在粤港澳等地演出。他曾得薛觉先悉心指导，与马师曾、陈非侬、陈锦棠、谭兰卿等合作。20世纪50年代初，他在广州与罗品超、郎筠玉等共同组建珠江粤剧团。1958年，他加入广东粤剧院，成为主要演员，曾担任三团团长。

从1950年开始，文觉非根据自身的条件开始专攻丑生。其最大的表演特点是从不矫揉造作，而是从塑造人物出发，语言精妙，神情幽默，谐而不俗，严谨有致。他的唱腔融汇了马师曾、廖侠怀、白驹荣等名家的艺术精华，显出自己的特色。其代表作有《拉郎配》《借靴》《山东响马》《选女婿》《卖油郎独占花魁》《凉亭会妻》《乔老爷上轿》等。

卢启光

卢启光，原名卢锦培，男，1923年生，广东省东莞市人。

卢启光8岁学艺，先后师从靓昭仔、王玉奎练南派、北派武功，11岁登台演出。20世纪30年代末，在新加坡演出小武戏时得靓元亨传授《武松大闹狮子楼》；后来，他在此剧中饰演武松，好评如潮。1953年，他从香港回到广州，先后在东方红剧团、新世界剧团主演多出剧目。1964年，他被错判入狱；1979年11月，他获平反，恢复名誉后回广州粤剧团四团，在中山纪念堂主演《罗通扫北》，连满七场，轰动一时。

卢启光一生勤奋练功。他广泛搜集民间武技，认真向兄弟剧种学习，集南拳北腿于一身，在继承粤剧传统基础上不断寻求突破与创新。其代表作有《三师困崤山》《时迁盗甲》《薛礼叹月》等。其唱腔爽朗明快，跌宕有致，苍凉浑厚，独具特色。其演唱的《风雨泣萍姬》《兵困南洋》《夏完淳解京》等曲，被录成音像制品。

白驹荣

白驹荣（1892—1974年），原名陈荣，字少波，男，广东省佛山市人。曾任中国戏剧家协会广州分会主席。

白驹荣9岁丧父，只读了4年书，后当店员；19岁到倡导粤剧改良的天演台戏班学戏，后入下乡班，他先后师从郑钧可、吴友山、公脚贤。1912年，他在吴友山组建的民寿年班任第二小生，不久升为正印小生。1913年，白驹荣进入国丰年班任正印小生，经小武周瑜林指点技艺大进。白驹荣很注意向民间艺术和其他艺术形式学习。他演唱的《客途秋恨》就是吸取了瞽师（失明艺人）的"扬州腔"，形成了风格独特的"白腔平喉"。

抗日战争胜利后，由于视觉神经萎缩导致失明，无奈离开舞台，在茶楼卖唱糊口。1951年，白驹荣参加广州市曲艺大队，担任队长，为抗美援朝捐献飞机大炮义演。1955年，白驹荣加入中国共产党，是粤剧界第一个艺人党员。1956年，他赴京参加全国先进生产（工作）者代表大会，在中南海怀仁堂演出短剧《二堂放子》，与其他演员一起受到周恩来总理的接见。1958年，他调任广东粤剧院艺术总指挥；次年，他任广东粤剧学校校长，培育了大批粤剧接班人。

卢秋萍

卢秋萍，女，1943年生，广东省广州市人。一级演员。

卢秋萍少年时居香港，14岁回广州考入太阳升粤剧团，19岁在广州粤剧团青年团任花旦。1963年，她演《白毛女》中的喜儿，被周恩来总理赞为"粤剧接班有人"。

卢秋萍扮相俊美，嗓音清凉甜润，不刻意创腔，唱来却独具一格，抑扬有致，声情并茂。她戏路宽广，花衫、小旦戏尤为擅长。其表演在传统基础上创新，独具魅力，如演《拷红》中的红娘、《刁蛮公主憨驸马》中的公主均给

观众留下深刻印象。1981年，卢秋萍荣获广东粤剧"百花奖"最佳女演员奖，并在

历届广东省和广州市的戏剧会演中获风格奖、演出奖、个人表演艺术奖等。

此外，卢秋萍积极推动剧团体制改革和艺术改革。其代表作品有《红灯记》《李双双》《洪湖赤卫队》《南唐李后主》《秋月涓涓》《拷红》《刁蛮公主憨驸马》《宝莲灯》《杨贵妃》等。

吕玉郎

吕玉郎（1919—1975年），原名吕庭镜，男，广东省鹤山市人。曾任广东省、广州市戏曲改革委员会常务委员。

吕玉郎幼年在广州读书，爱听粤曲，曾随王中王学艺。20世纪40年代，他拜薛觉先为师，加入觉先声剧团，升至第二小生。后来，他加入半日安、上海妹组织的大中华班，担任文武生，声名鹊起。新中国成立前夕，他邀请楚岫云、陆云飞等合作，组建永光明剧团。1956年，他任太阳升剧团团长。后来，广东粤剧院成立时，他成为该院的主要演员，与郎筠玉、林小群等人合作。

吕玉郎的扮相俊雅潇洒，表演自然细腻，唱腔尤见功夫。他师承薛觉先的唱腔流派，十分讲究科学的发声方法，做到放松、落肚、明亮，运腔流畅自如，跌宕有致，韵味浓郁，曾被冠以"玉喉"之誉。其唱腔被称为"镜腔"。其演唱艺术对后辈很有影响。其子吕洪广，其侄吕雁声，其徒关国华、陈晓明均为知名演员。其代表作有《平贵别窑》《牡丹亭》《拜月记》《红色的种子》等。

孙业鸿

孙业鸿，男，1959年生，广东省广州市人。非物质文化遗产（粤剧）项目广东省级代表性传承人。

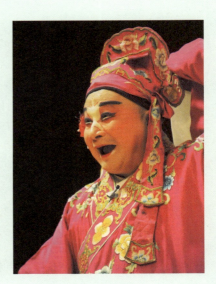

孙业鸿1971年入广州粤剧团学艺，苦练丑生基本功；1982年到广东粤剧学校学习；2008年在北京中国戏曲学院编导专业进行为期一年的系统学习，进一步提高了专业技术水平，拓展了艺术领域。

孙业鸿善于在形体上塑造人物，更重视在心理上展现人物性格，演出风格轻松诙谐，人物塑造惟妙惟肖。孙业鸿曾在《拦马》中饰演焦光普，他的武功得以发挥；在《活捉张三郎》中饰演张三郎，通过演唱、舞蹈塑造一个好色忘旧之徒，入木三分。凭借这些角色，孙业鸿获得了1987年广东省中青年演员"鼓励奖"、1994年广东粤剧演艺大赛金奖等荣誉。他在新作品《花月影》中饰演班主，让人过目难忘。近年来，他又饰演相国夫人、七姑奶等彩旦行当，在粤剧界丑行中可谓佼佼者。

红线女

红线女（1927—2013年），原名邝健廉，女，广东省广州市人。非物质文化遗产（粤剧）项目国家级代表性传承人。

红线女出身于粤剧世家，八九岁时开始跟留声机学唱粤曲。红线女1938年随母经澳门赴香港，拜舅母亦即著名花旦何芙莲为师，正式学艺，取艺名小燕红；1939年春节，在胜寿年班首次登台演出。1940年，红线女随何芙莲临时搭班于靓少凤的金星剧团演出，拜其为师，并改名为"红线女"。抗日战争胜利后，红线女定居香港，成为影剧两栖演员。20世纪50年代初，红线女组建了红星粤剧团，与马师曾来广州领衔演出了现代戏《珠江泪》等剧。1952年，她在演出《一代天骄》《王昭君》与改编《蝴蝶夫人》时，根据自己的天赋与嗓音条件，在传统旦角的基础上融入京腔、昆腔演唱风格和西洋美声技法，创出了使海内外观众为之倾倒的艺术唱腔——"红腔"，把粤剧旦角唱腔推上一个崭新的阶段。红线女在舞台上塑造了众多深刻动人的艺术形象，开创了粤剧一大流派——红派艺术，把粤剧声腔的表现力提高到前所未有的高度，代表着当代粤剧旦角艺术的最高水平。

20世纪80年代以来，粤剧舞台演出因受都市文化影响，每况愈下，红线女因而为振兴粤剧奔走，身体力行，重排旧剧，编演新戏。她不辞劳苦送戏下乡，还到学校演出、讲课，致力于培养和争取新一代观众。在其竭尽心力创办的红豆粤剧团中，更是身教言传，提携新秀，培养粤剧艺术接班人，亲率该团进京演出、出国交流，为振兴粤剧做出了不可磨灭的贡献。

在60多年的艺术生涯里，红线女共拍摄了70多部电影，演出了近200个剧目，既有传统戏、新编历史剧，又有外国名剧和现代戏。她的代表剧目《搜书院》《关汉卿》《苦凤莺怜》《山乡风云》等，至今盛演不衰。

关国华

关国华，男，1932年生，广东省江门市人。一级演员，国务院政府特殊津贴专家，非物质文化遗产（粤剧）项目广东省级代表性传承人。

关国华出身于梨园世家，15岁随父入戏行，20多岁起先后在广东农村粤剧团、罗定市粤剧团、永光明剧团参加演出。1958年,他加入广东粤剧院,成为主要演员,曾任二团团长和该剧院的艺术指导。关国华进入永光明剧团后,师从吕玉郎;后又获马师曾器重,在《屈原》一剧中饰演宋玉一角,引人注目。

关国华戏路宽广,擅演小生、老生,也演过丑生,扮演正面与反面角色都形神兼备、富有特色。他的唱腔流畅自如、跌宕有致,念白十分讲究。其演唱的《仕林祭塔》等曲被广为传唱。早年,关国华演过吕玉郎的首本戏《拜月记》《附荐何文秀》,后来主演过《秦香莲》《牡丹亭》《洛神》《锦江诗侣》《碧海狂僧》《花蕊夫人》和《唐太宗与小魏征》等古装戏。在《秦香莲》一剧中,他饰演陈世美一角,将人物复杂矛盾的内心世界演得入木三分,大受好评。他在《花蕊夫人》中饰演亡国之君孟昶;在《唐太宗与小魏征》中饰演开明的唐太宗,先后参加第五届广东省艺术节和广东国际艺术节演出,均获表演一等奖。关国华演过不少现代戏,如《江姐》《高山红叶》《海角情天》《金沙梦》等。在《沙家浜》中,他饰演狡猾狠毒的刁德一,没有把人物脸谱化,至今给人留下深刻的印象。他在《山乡风云》中饰演苦大仇深的何奉一角,也备受赞赏。关国华退休后仍经常登台演唱,关心着青年演员的成长。

陆云飞

陆云飞(1914—1967年),原名陆国基,艺名陆零陆,男,广东省新会市人。

陆云飞10岁学戏,17岁拜名男花旦肖丽章为师,18岁在碧云天班任第二小生。不久后,他到新加坡、越南等地演出,始转丑生。新中国成立后,他先后在永光明剧团和广东粤剧院任主要演员。陆云飞的表演生活气息浓郁,不趋花俏,拙中见巧,静中见动,面憎心精。他的唱腔别具一格,因有"豆泥飞"绰号而被称为"豆泥腔",很得观众喜爱。

麦玉清

麦玉清，女，1967年生，广东省佛山市人。一级演员，中国戏剧"梅花奖"获得者。

麦玉清自幼酷爱粤剧，13岁开始学艺，师从著名粤剧表演艺术家郑培英老师。麦玉清20岁时因扮演《儿女恩仇慈母泪》中的武则天而获得江门地区首届艺术节表演奖。1994年下半年，广州五羊粤剧团聘请她担纲组团运作，经过排演名剧、改善经营，剧团大有起色。当年，她还演出《七月七日长生殿》参加广东省首届演艺大赛，获得了优秀表演奖。1995年上半年，麦玉清被调到广东粤剧院一团。此后几年，麦玉清在表演艺术上屡创佳绩。从艺30多年来，她担纲主演了《唐明皇与杨贵妃》《青青公主》《宝莲灯》《君子桥》《红雪》《睿王与庄妃》《子建会洛神》《南唐李后主》《梦断香销四十年》《蔡文姬》《梁祝姻缘》《魂牵珠玑巷》等数十部剧目。麦玉清对表演艺术孜孜不倦、勇于探索，其表演艺术风格和艺术成就得到众多专家、领导以及海内外观众的一致赞誉。她曾多次获广东省艺术节表演一等奖、广东省戏剧演艺大赛金奖，2003年荣获中国剧协首届"中国戏曲演唱大赛"红梅金奖等奖项，还是第二十七届中国戏剧"梅花奖"获得者。此外，麦玉清先后多次赴我国香港、台湾地区以及新加坡、美国等地演出，受到观众热烈欢迎。

吴国华

吴国华，男，1954年生，广东省江门市人。一级演员，中国戏剧"梅花奖"获得者。

吴国华嗓音宽亮华丽、表演豪迈大方、善于刻画人物。其主演的剧目有《一曲长相思》《百花公主》《玉剑泯恩仇》《血溅美人图》《红丝错》《刘金定斩四门》《炉火焚琴》《宝镜奇缘》《惊世缘》《萍踪侠影》《梦断香销四十年》《梅开二度》《情暖汉宫花》《野火春风斗古城》《猴王借扇》《雾锁东宫十八年》《燕分飞》《锦伞夫人》《碧海狂僧》等，他曾多次随团赴美国、新加坡等地以及我国香港、澳门地区演出。

李虹陶

李虹陶，原名李红涛，女，1969年生，广西壮族自治区人。一级演员。

李虹陶，应工老旦，出身于戏剧家庭，父亲为粤剧导演，母亲是广西名伶潘楚华。其塑造的角色形象鲜明、表演情感丰富、舞台人物立体感强。李虹陶1998年参加广东省第二届戏剧演艺大赛获银奖，2000年、2002年获广州市演艺大赛金奖，2002年参加广东省第三届戏剧演艺大赛获金奖。其主演的剧目有《岳母刺背》《存忠剑》《百岁挂帅》《杨门女将》《青春作伴》等。

陈笑风

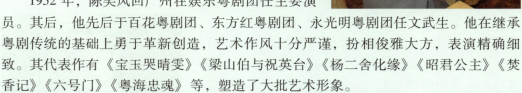

陈笑风，原名陈啸风，男，1925年生，广东省东莞市人。历任广东省戏剧家协会副主席、广州粤剧团总团副团长及艺委会主任。

陈笑风出身于戏剧之家，父亲陈天纵是粤剧编剧家及电影编导，妹妹及妻子均从事粤剧工作。陈笑风1943年开始学习粤剧，受父亲陈天纵、名演员丁公醒影响最深，专攻小生行当。一年后，他与男花旦吴惜衣合演《梅知府》，遂成为主要演员。1948—1951年，他赴我国香港、澳门地区以及越南、新加坡等地演出，成为受观众欢迎的新晋粤剧演员。

1952年，陈笑风回广州在娱乐粤剧团任主要演员。其后，他先后于百花粤剧团、东方红粤剧团、永光明粤剧团任文武生。他在继承粤剧传统的基础上勇于革新创造，艺术作风十分严谨，扮相俊雅大方，表演精确细致。其代表作有《宝玉哭晴雯》《梁山伯与祝英台》《杨二舍化缘》《昭君公主》《焚香记》《六号门》《粤海忠魂》等，塑造了大批艺术形象。

陈笑风创独具韵味的"风腔"，自成一派。其代表作品《山伯临终》《朱牟回朝》《双桥烟雨》《锦江诗侣》（与谭佩仪对唱）和《六号门》之"胡二卖仔"（与陈绮绮对唱）等常在广播电台播出，并在戏曲爱好者中广为传唱。

李淑勤

李淑勤，女，1971年生，广东省广州市人。一级演员，中国戏剧"梅花奖"获得者。

李淑勤12岁进入广东粤剧学校学艺，专攻闺门旦，后毕业于广东粤剧学校和中国戏曲学院首届多剧种高级研修班。通过多年的刻苦学习和演艺实践，李淑勤博取各兄弟剧种及各家所长，已形成独具鲜明个性的演出风格。

李淑勤扮相俊俏端庄，嗓音圆润，充满激情，细润清丽，富有磁性；表演细腻，一招一式、一唱一咏，功底浑厚。在粤剧表演上，李淑勤塑造了多个深入人心、性格各异的舞台人物形象。其代表剧目与作品主要有《小周后》《蝴蝶公主》《紫钗记》《奇情记》《白蛇传》《宝莲灯》《顺治与董鄂妃》《樊梨花三气薛丁山》等，同时还录制了大量粤剧粤曲影视音像制品。

李淑勤致力于开拓粤剧艺术新领域。2009年，她带领全团将本土首部动漫真人秀粤剧《蝴蝶公主》拍摄成戏曲电视艺术片，同年在珠江电影制片有限公司出品的粤剧电影《小周后》中担任主演及制片等。她的各项工作吸引了各大传媒、群众及专家的高度关注。此外，她还多次受中央电视台邀请参加戏曲春节联欢晚会，也多次打造精品剧目进入广州大学城巡演，受到学生的热烈追捧。李淑勤以敢为人先、大胆创新的艺术作风，为粤剧文化事业的发展做出了重要的贡献；还不遗余力地把粤剧文化带到全球多个华人聚居地区，多次率团到美国、加拿大、法国、澳大利亚、韩国、新加坡等国家和地区以及我国港、澳、台地区做文化交流及演出活动。

林小群

林小群，女，1932年生，广东省佛山市人。

林小群出身于戏剧世家，其父林超群为著名男花旦。林小群13岁拜男花旦肖丽章为师，14岁随郎筠玉学艺，勤学苦练，很快便担任第二花旦。1950年，郎筠玉托人组织剧团到上海丽都剧场演出，让她担任正印花旦。回广州后，加入太阳升剧团。1958年广东粤剧院成立，她进入该院担任正印花旦，演出不断。1980年，她赴京参加全国戏曲表演艺术研究班学习，得到俞振飞等名家指导。多年来，她分别与郎筠玉、靓少佳、罗品超、吕玉郎、罗家宝等名家合作，演技日臻成熟。

林小群扮相靓丽，做工细腻，举止大方，特别擅长运用眼神与身段。她的音质纤细柔美，唱腔委

婉酣畅，自成一格，擅演闺门旦和小旦。20世纪50年代，她与罗家宝合演《柳毅传书》，一举成名，龙女三娘的艺术形象深入民心。后来，她主演了《拜月记》《牡丹亭》《附荐何文秀》《黛玉归天》《洛神》等古装戏，塑造了一批鲜明的艺术形象。

郑永健

郑永健，男，1970年生，广东省湛江市人。非物质文化遗产（吴川粤剧南派艺术）项目广东省级代表性传承人。

郑永健在林国光老团长的悉心培育下，有着扎实的南派艺术功底，是下四府著名南派小生。他凭借《草莽英风》《双雄闹殿》《南宋孤鸿》等20多个传统剧目中的角色，多次荣获演员金奖。郑永健坚持南派艺术表演特色，得到各界的充分肯定和观众的赞誉。为进一步弘扬粤剧南派艺术，郑永健与新加坡搭起了文化交流的桥梁，促进了南派艺术的发展，提升了剧团在国际上的知名度。

林国光

林国光，男，1939年生，广东省湛江市人。一级演员。非物质文化遗产（吴川粤剧南派艺术）项目广东省级代表性传承人。

林国光13岁入吴川光艺粤剧团，跟随肥九叔、小武水等艺人学戏，是老天寿的关门弟子；后又师从周少佳、朱伟雄，练就一身扎实功夫，掌握了大量流行于广东下四府的传统粤剧技艺和排场。他工小武、武生，代表剧目有《搜宝镜》《白梨香》《草莽英风》等。其中，他在《搜宝镜》演郭文滔"收状"一场中，其"震翎"、前

后"磋步""抖胡"等传统演技，得到专家和观众的高度赞扬。

1986年任吴川市粤剧团团长后，林国光致力于挖掘、教习、排演具有传统粤剧特色的剧目，其中成功执导的剧目《包公主考》《搜宝镜》《草莽英风》《双雄闹殿》《双驸马》《巾帼奇英》，均在地市级以上的艺术节获奖。他不断努力培育粤剧接班人，其中突出的有李伟昌、陆廷伟、林海涛、郑永健等。其领导的吴川市粤剧团也成为独具传统粤剧特色的剧团。

罗品超

罗品超（1912—2010 年），原名罗肇鉴，男，广东省佛山市人。非物质文化遗产（粤剧）项目广东省级代表性传承人。

罗品超 12 岁入广州芳村花地孤儿院举办的粤剧班学艺，后在广东戏剧研究所附设戏剧学校以及广州八和会馆所属的八和戏剧养成所学习，得到了欧阳予倩等戏剧家和武打教师花鼓江、粤剧小武靓耀与小生风情杞的言传身教，打下了扎实的基本功。1940 年，罗品超在香港定居并从事演出；1952 年，罗品超从香港回到广州，投身于广东粤剧事业，先后在珠江粤剧团、广州粤剧团（广州粤剧团在 1957 年 10 月由广州粤剧工作团与珠江粤剧团合并而成；1958 年，广州粤剧团并入广东粤剧团）、广东粤剧团领衔担任文武生；1958 年进入广东粤剧院。多年来，他曾与红线女、芳艳芬、文觉非、郎筠玉、楚岫云、林小群等合作，演出足迹遍及我国粤港澳及东南亚、美国、加拿大、澳大利亚等地。

罗品超有很高的艺术造诣，功底深厚，能文能武，表演刚柔相济、精确凝练，唱腔高亢激越、优美抒情，具有独特的表演风格，而且善于吸纳京剧、话剧、电影和其他戏曲艺术之所长，注意在继承传统的基础上大胆创造，力创新声。罗品超主演的剧目有《荆轲》《梁山伯与祝英台》《林冲》《五郎救弟》《罗成写书》《黄飞虎反五关》《山东响马》《凤仪亭》《平贵别窑》等古装戏和《山乡风云》《红花岗》《刘胡兰》《沙家浜》等现代戏，以及改编的外国戏《春香传》《璇宫艳史》等。

罗品超 1952 年参加第一届全国戏曲观摩演出大会，以演《凤仪亭》一剧获得演员一等奖；1981 年，在中国戏剧家协会广东分会举办的粤剧"百花奖"中被评为最佳男演员；1992 年，在广州举行"罗品超从艺 68 周年演出晚会"；1994 年，在美国获得纽约林肯艺术中心和美华艺术协会授予的"终身艺术成就奖"。1997 年，广东省文化厅、广东省戏剧家协会等有关单位在中山举行了"罗品超表演、唱腔艺术研讨会"，又出版了《罗品超舞台艺术七十三年》一书。

罗品超于 1988 年移居美国后仍念念不忘粤剧发展，为普及、推广粤剧艺术竭尽心力。他既收徒传艺，在美国以及我国香港地区讲课，又经常往返于我国粤、港、澳地区及东南亚各国，与同行一起登台献艺，为粤剧的交流与发展做出了贡献，被誉为"梨园里的常青树"。

林家宝

林家宝,原名林其利,男,1965年生,广东省江门市人。一级演员。

林家宝擅长小生行当,扮相俊俏,风度潇洒,唱腔清丽悦耳、流畅明亮,表演形神兼备、挥洒自如。他曾主演《梦断香销四十年》《梨花情》《汉文皇后》《唐明皇与杨贵妃》《宝莲灯》《白蛇传》等大批剧目,荣获广东省首届戏剧演艺大赛优秀表演奖、广东省第三届戏剧演艺大赛金奖。此外,林家宝还拍摄录制了大批粤曲卡拉OK影碟及CD唱片,深受粤剧粤曲爱好者的欢迎。他还曾随团多次赴美国、新加坡等地以及我国香港、澳门、台湾地区演出,得到海内外观众的赞扬。

林锦屏

林锦屏,女,1947年生,广东省佛山市人。

林锦屏的父亲林超群、姐姐林小群均为粤剧名旦。她11岁考入广东粤剧学校,1965年毕业后到广东粤剧院,先后在下属各团担任正印花旦,与罗家宝、陈笑风、关国华、陈晓明、小神鹰等人合作演出。

林锦屏扮相俊美,嗓音清脆明亮,韵味浓郁。她成功塑造了林黛玉、李慧娘、李香君、孟丽君、翠莲、官娘等艺术形象。曾获广州市首届粤曲唱腔音乐改革演唱奖、广东中青年戏剧演员"百花奖"、第四届广东省艺术节表演一等奖、第五届广东省艺术节粤剧名伶名曲音乐会表演一等奖。其代表作品有《搜书院》《红梅记》《李香君》《莲花仙子词皇帝》《黛玉葬花》《拾玉镯》《贵妃醉酒》《抢伞》等。

欧凯明

欧凯明,原名欧小胡,男,1964年生,广西壮族自治区玉林市人。一级演员,中国戏剧"梅花奖"获得者,非物质文化遗产(粤剧)项目广东省级代表性传承人。

欧凯明13岁就读合浦师范文艺班,1987年入广西艺术学校学艺3年,毕业后到南宁粤剧团。1992年，他调到广州红豆粤剧团担任文武生，师从著名粤剧表演艺术家红线女。其扮相英武，嗓音洪亮而富有张力，舞台造型清新利索，表演风格细腻传神，具有火爆、明快、硬朗的表演风格。欧凯明在红豆粤剧团主演《武松大闹狮子楼》《罗成写书》《刁蛮公主憨驸马》《赤壁周郎》和现代剧《山乡风云》《野金菊》《白燕迎春》等剧目，允文允武，宜古宜今。他于1994年获广东省首届粤剧演艺大赛首名金奖，1995年获第十二届中国戏剧"梅花奖"，1995年获广州"十大杰出青年"称号，1996年、1997年先后获广州市政府颁发的"广州文艺特等奖""广州市优秀中青年专家"称号，2001年获广州市文化局三等功，2003年5月被评为广州市文化局第三届"十佳青年"。2015年，欧凯明凭《刑场上的婚礼》中的周文雍一角，以精湛的技艺、真挚的情感及对人物的成功塑造征服了评委及观众，二度获得中国戏剧"梅花奖"。

罗家宝

罗家宝（1930—2016年），男，广东省佛山市人。一级演员，非物质文化遗产（粤剧）项目国家级代表性传承人。

罗家宝出身于粤剧世家，自幼随父亲罗家树（掌板）和叔父罗家权（丑生）学艺。1942年，12岁的罗家宝投身于陈锦棠担纲的锦添花剧团，后在白玉堂担纲的龙凤剧团、马师曾担纲的胜利剧团参加演出；此后，他又与桂名扬合作，得到桂名扬的指导。1954年，已出演《柳毅传书》《玉河浸女》等剧的他成为薛觉先的弟子。罗家宝集各家之长，并结合个人的声音条件，创造了独树一帜、易学、好唱的艺术唱腔，因其小名为"阿虾"，人称"虾哥"，因而其唱腔也被命名为"虾腔"。"虾腔"低音雄浑，音色甜美，吐字清晰，运腔简朴自然，成为深受听众喜爱的唱腔流派。罗家宝的表演精湛洗练，儒雅温文，风流倜傥，被誉为"小生王"。

罗家宝所演出的古装剧目有《玉河浸女》《血溅乌纱》《红梅记》《苏小妹三难新郎》《牡丹亭》《妒火焚琴》《怡红公子悼金钏》《袁崇焕》《胡不归》《柳毅传书》《荆轲》《梁山伯与祝英台》《梦断香销四十年》《鸳鸯玫瑰》，现代剧目有《山乡风云》《红霞》《争儿记》等。

罗家宝于1995年12月在广州及家乡顺德举办名为"梨园缤纷五十年——罗家宝粤剧艺术欣赏会"个人艺术专场，2002年获广东省授予粤剧"突出成就奖"，2010年获首届广东文艺终身成就奖。罗家宝在2002年11月成功举办了"从艺60年粤剧艺术系列活动"，在社会上得到了很大的反响。

郑培英

郑培英（1936—2015年），原名郑丽英，女，广东省广州市人。一级演员，非物质文化遗产（粤剧）项目广东省级代表性传承人。

郑培英15岁已加入当地的粤剧团，拜擅演悲剧的傅少芳为师。1961年，她从韶关粤剧团调到广东粤剧院一团，得到了马师曾、罗品超、红线女等前辈的直接指导，并与红线女同台演出现代戏《山乡风云》（郑培英演春花一角），获得很好的学习机会。郑培英唱腔富于韵味，善于以声传情，深得"红腔"的精髓，尤擅"长句滚花"，又吸收了上海妹、徐柳仙等名家的演唱技巧，力赋声腔以人物性格化的感情色彩，形成了自己独特的唱腔。

郑培英在广东粤剧院多年来主演的戏不少，擅演青衣行当，对悲剧人物的表现入木三分，有粤剧"催泪弹"之称。她在《秦香莲》中主演的秦香莲，在《牡丹亭》中主演的杜丽娘，在《袁崇焕》中主演的袁夫人，在《血溅乌纱》中主演的程氏，都细腻深刻、形神毕肖；她在现代戏《江姐》中主演革命先烈江雪琴，也深入人心。此外，她在《胡不归》《劈陵救母》等古装戏和《高山红叶》《海角情天》《乱世姻缘》等现代戏中，也有出彩的表演。郑培英于1993年12月在广州举办过两场题为"秋天的回报"的个人艺术欣赏会，展示了她的艺术风采。

郑培英对扶掖青年不遗余力，生前被广东粤剧学校聘为艺术顾问，为学生授课，对曾慧、李池湘、麦玉清等10多名徒弟十分关爱，常常身体力行教授演技。她还发挥自己有一定文化素养的优势，为杂志撰稿谈艺，策划编印了《郑培英粤剧唱腔集》。

郎筠玉

郎筠玉，原名郎紫峰，女，1919年生，原籍北京。一级演员。

郎筠玉出生在广州。她的父亲是清代驻粤八旗子弟的后裔，曾在广州曲艺界当掌板，拉二胡；母亲是一名瞽师。郎筠玉自小与戏曲结缘，8岁随父到茶座卖唱；9岁转到广州西堤大新公司天台演日戏，艺名新肖仔；后参加多个"过山班"，演过小生、文武生及花旦。抗日战争期间，她在越南参加靓少佳组建的胜寿年剧团，并与靓少佳结成夫妇，选演《金叶菊》等千里驹的名剧，艺术上更趋成熟。新中国成立后，她分别在胜寿年剧团、新世界剧团和珠江剧团担纲演戏，与罗品超、文觉非、吕玉郎等合作。1958年，她成为广东粤剧院的主要演员，曾担任过粤剧院的团长。

郎筠玉戏路宽广，青衣、花旦、刀马旦，甚至反串演出，都演得从容大方、细腻传神，子、平、大喉均运用自如。其代表作有《士林祭塔》《白毛女》《花木兰》《祥林嫂》《刘胡兰》《芦荡火种》《小二黑结婚》《望江亭》等。

姚志强

姚志强，男，1957年生，广东省云浮市人。一级演员，中国戏剧"梅花奖"获得者。

姚志强师从叶丹青，唱腔悦耳动听，扮相儒雅俊秀，身段潇洒大方。他首次在羊城献演《风雨良宵》时已受观众注目；1987年主演《一代情僧》，塑造了苏曼殊的感人艺术形象，被选送参加第二届广东省艺术节并获奖。他主演的《黄飞虎反五关》《梁山伯与祝英台》《林冲》《受气姑爷》《伶仃洋》《紫钗记》《贼王子》《秦宫冷月》《南唐李后主》《宝莲灯》等剧目，均获好评，并多次在广东省和珠海市演艺大赛中获优秀表演奖。

1990年，姚志强从珠海市粤剧团被借调到广州红豆粤剧团，在红线女的言传身教下，艺术水平上了一个台阶。他与红线女同台演出的现代剧《白燕迎春》，在第四届广东省艺术节获奖。1994年，姚志强在广东省首届中青年戏剧演艺大赛中获金奖。1997年，他在近代历史剧《伶仃洋》中饰演主角容闳光，受到来自北京的戏剧界专家的赞赏，并于1999年凭此剧获得第十六届中国戏剧"梅花奖"和"广东跨世纪之星"的称号。2005年，姚志强进入广东粤剧院，参加广东粤剧院新编大型粤剧《南海一号》的排演，于第十一届广东省艺术节上获剧目二等奖。

倪惠英

倪惠英，女，1956年生，湖北省武汉市人。一级演员，非物质文化遗产（粤剧）项目广东省级代表性传承人。

倪惠英于1970年进入广州粤剧团学艺，打下扎实的艺术基础，因唱、念、做、打俱佳，唱腔清脆、圆润、明亮、甜美，表演细腻传神，逐渐成长为当家花旦，先后主演《杨门女将》《家》《定情剑底女儿香》《白蛇传》等数十个剧目。20世纪70年代中期，倪惠英以主演现代剧《红色娘子军》一举成名。1981年，她获广东省粤剧"百花奖"最佳女演员奖；1986年，她在第二届广东省艺术节中担纲出演《吴起与公主》，在剧中演正反两角色均恰到好处，荣获表演一等奖；1990年，她录制的《定情剑底女儿香》中的《剑归来》一曲获中国第二届金唱片奖。1991年、1993年在第四、第五届广东省艺术节中，她主演新编古代剧《南越王后》、现代剧《蓝土地》，均获表演一等奖；1994年，她荣获"广州地区最受欢迎十大明星奖"和"舞台与银幕杯奖"，还在《定情剑底女儿香》一剧中反串开打，备受欢迎。倪惠英1995年在广东国际艺术节演出的《睿王与庄妃》中饰庄妃，获表演一等奖；1997年在第五届中国戏剧节上，在现代剧《土缘》中成功塑造了阿凤这一女青年农民形象，获优秀表演（主角）奖，同年获第十四届中国戏剧"梅花奖"。1990年广州市文化局等单位举办"倪惠英演唱会"，开粤剧青年演员举办"个唱"的先河；2000年，广州市文化局等单位主办"倪惠英从艺三十周年艺术专场"演出。倪惠英是广州粤剧一团当家花旦。她不仅在表演艺术上卓有成就，在粤剧发展战略上也做出了思考和实践。倪惠英二次创作的一系列拥有现代元素的作品如《花月影》《豪门千金》《三家巷》等，得到了更多年轻观众的认可。其最具代表性的作品《花月影》被认为是粤剧向现代化转型的一次比较成功的实验。

曹秀琴

曹秀琴，女，1962年生，广东省台山市人。

曹秀琴8岁随父亲在乡间学戏。1978年她毕业于广东粤剧学校，被分配到广东粤剧院，不久后任正印花旦，在罗品超、郑绮文、李艳霜等名师指导下，进步很快。1996年，她担任广东粤剧院副院长，并继续在剧团领衔主演。

曹秀琴扮相俏丽，能文能武，唱腔甜美圆润、韵味浓郁、富有磁力。其成名戏是广东粤剧院青年剧团的挂牌戏《百花公主》。该戏在1981年的广东省青年会演中获表演一等奖，前后演了400多场。1997年，她主演《锦伞夫人》一剧，以细腻出色的表演成功塑造了岭南杰出历史人物冼夫人的形象，在第五届中国戏剧节及第七届广东省艺术节中均获得优秀表演奖，并凭此剧获得1998年第十五届"中国戏剧梅花奖"。其代表剧目有《梅开二度》《一曲长相思》《刘金定斩四门》《雾锁东宫》《野火春风斗古城》等。

梁荫棠

梁荫棠（1913—1979年），原名梁荫洪，男，广东省佛山市人。

梁荫棠12岁跟着新春秋戏班学音乐，不久转跟男花旦冯小非学艺，后又拜"金牌小武"桂名扬为师。一年后，他在钧天乐班当"马旦"。1933年，他在锦添花班与陈锦棠合作，并被收为徒，不到一年便成为正印小武。后来，他再度跟桂名扬合作，又得到桂的指点，演技再进。因其演戏多以南派武功取胜，演技刚柔相济、稳中透劲，被誉为"武探花"。梁荫棠的唱腔继承了桂名扬的"桂腔"特点，还吸收了新马师曾的韵味、何非凡的悠扬。其代表作有《六国封相》《赵子龙催归》《九件衣》《闹海记》《节振国》等。

梁淑卿

梁淑卿，女，1963年生，广东省佛山市人。一级演员。

梁淑卿1981年毕业于广州市文化艺术中等专业学校，1988年起任领衔主演。梁淑卿扮相俏丽，嗓音甜美，唱腔圆润流畅，演技细腻传神，尤以肢体语言丰富、舞台造型百变而著称，舞台上风格鲜明。20余年来，她先后在古装剧《李后主与小周后》《多情孟丽君》《刁蛮公主憨驸马》和现代戏《野金菊》《山乡风云》等数十个剧目中成功塑造了一系列舞台形象。她曾获第五届广东省艺术节表演奖一等奖、广东省第二届戏剧演艺大赛表演一等奖、新加坡地方戏曲节粤剧艺术表演奖、第七届广州"十大杰出青年"等，2001年获第十八届中国戏剧"梅花奖"。梁淑卿近年来多次赴新加坡、美国、日本和澳大利亚等国以及我国香港、澳门地区演出，深受好评。

梁锦伦

梁锦伦，艺名小神鹰，男，1939年生，广东省佛山市人。一级演员，非物质文化遗产（粤剧）项目广东省级代表性传承人。

梁锦伦出身于粤剧世家，从小受到父亲梁创军（知名粤剧小武梁少开）的艺术熏陶，师承其父，9岁开始便登台演戏，演过《华光救母》《癫婆寻仔》等剧目，中规中矩，颇有光彩，被观众誉为"九岁神童"。1959年后，他先后加入佛山青年粤剧团、佛山地区粤剧团，以小生、武生行当担纲演出，演艺日臻成熟，在观众中享有一定的知名度。1983年，他被调到广东粤剧院担任主要演员，曾经担任广东粤剧院二团团长的职务。

梁锦伦戏路宽广，文武兼备，演出文戏温文敦厚、潇洒大方，担纲武戏也功架稳实、英气逼人。其演出行当很多，或以小生当行，或用小武应工，或以小武行当表演为基础适当糅合小生、丑生行当的一些表演手段，所以饰演的人物各具个性，各有风采。在唱腔上，梁锦伦刚柔并济，华美动听，韵味醇厚，是在吕玉郎"镜腔"的基础上吸收罗家宝"虾腔"的特色，并在开拓高音区的音域方面下苦功，从而形成与众不同的唱腔；表演上能文能武，艺术上自成一派，有"玉面金喉"之美誉。

梁锦伦多年来主演过许多古装戏和时装戏，如《风雪卑田院》《鸳鸯灯》《阴阳河》《万水千山》《苗岭风雪》《闹海记》等，在《花蕊夫人》中饰演的赵匡胤，唱做俱佳，把人物的思想性格表现得丝丝入扣，在1993年第五届广东省艺术节上获得表演一等奖；在《锦伞夫人》中甘当配角，所饰少数民族峒主饶有特色，获第五届中国戏剧节上优秀表演配角奖、第七届广东省艺术节优秀表演奖。

梁锦伦近年担任广东八和会馆副主席，热心公益，造福同行。他还不遗余力地收徒授艺，传播粤剧艺术，被聘为佛山青年粤剧团、珠海粤剧团的艺术顾问。在2004年举行的"神鹰依旧桑梓情——小神鹰从艺56周年艺术欣赏会"中，他将毕生的艺术精华浓缩奉献给戏迷。

蒋文端

蒋文端，女，1969年生，广东省广州市人。一级演员，中国戏剧"梅花奖"获得者。

蒋文端出身于粤剧世家。其扮相俏丽，表演细腻，感情真挚，嗓音圆润甜美，唱腔委婉动人，闺门旦、青衣、刀马旦等行当均能胜任。她曾主演《白蛇传》《红梅记》《紫钗记》《范蠡献西施》《狸猫换太子》《荆钗奇缘》《唐宫香梦证前盟》《洞庭良缘》《山乡风云》《东坡与朝云》《南海一号》等大批剧目，成功塑造了许多光彩照人的舞台艺术形象。此外，蒋文端还拍摄录制了大批粤剧影碟和粤曲卡拉OK，深受粤剧粤曲爱好者的欢迎并得到广泛的传唱。她曾荣获第二十五届中国戏剧"梅花奖"、广东省戏剧演艺大赛金奖、广东省艺术节表演一等奖及中共广东省委宣传部、广东省文联授予的"广东省跨世纪之星""广东省新世纪之星"称号。2011年，蒋文端凭借主演红色经典粤剧《山乡风云》，摘下第二十五届中国戏剧"梅花奖"，这是广东粤剧界时隔10年后再次摘得梅花奖。在备战"梅花奖"时，蒋文端还在筹备个人艺术专场《倾国名花》。在这台戏中，蒋文端充分发挥了她"唱念做打舞"的全面才华，一人分饰中国四大美人西施、貂蝉、王昭君、杨贵妃，展现这四位性格迥异的中国古代美人的风采和命运，完成了一次艺术的探索和飞跃。蒋文端多次赴美国、加拿大、澳大利亚、新西兰、新加坡、马来西亚等地及我国香港、澳门地区演出，深受海内外观众欢迎。

曾 慧

曾慧，女，1960年生，广东省佛山市人。一级演员，中国戏剧家协会会员。

曾慧13岁考入佛山粤剧训练班，先后受梁荫棠、萧月楼、谭佩仪、郑培英、梁菁等粤剧、曲艺界前辈传艺。进入佛山青年粤剧团担任正印花旦后，她多次北上向兄弟剧种名艺人学艺，并向歌唱家罗荣钜学习咽音唱法和乐理知识。

曾慧扮相俏丽，嗓音甜美，表演真切流畅自然，文唱武打均衡发展。其成名剧有《凌波仙子》和《穆桂英大战洪州》。其中，《凌波仙子》曾创下献演600多场的记录，《穆桂英大战洪州》从20世纪70—90年代末历演不衰。其代表作还有《三凤求凰》《烈女恨》《白蛇传》《光绪帝夜祭珍妃》《金印良缘》《龙母传奇》《鸳鸯灯》《帝女花》等。

曾小敏

曾小敏，女，1977年生，广东省佛山市人。一级演员。

曾小敏醉心于粤剧表演艺术，专工刀马旦、闺门旦、花旦等行当，文武兼长，扮相俊丽端庄，唱腔圆润委婉，表演细腻，可塑性强，富有激情，深受广大戏迷的喜爱以及同行的赞赏。曾小敏曾主演《花蕊夫人》《白蛇传》《女儿香》《刘金定斩四门》《汉文皇后》《宝莲灯》《红梅记》《山乡风云》《青春作伴》等大型粤剧剧目。她1999年荣获广东省第二届戏剧演艺大赛金奖，2002年荣获广东省第三届戏剧演艺大赛金奖，2003年参加中国戏曲"红梅奖"演唱大赛获"红梅大奖"、广东省第五届戏剧演艺大赛金奖，2008年获得第十届广东省艺术节表演一等奖及表演新秀奖，2011年获得第十一届广东省艺术节优秀表演奖、第二十三届上海白玉兰戏剧表演艺术奖主角奖。她曾获第二届广东省中青年德艺双馨作家、艺术家等称号。

靓少佳

靓少佳（1907—1982年），原名谭少佳，字春田，男，广东省佛山市人。曾任中国戏剧家协会广东分会副主席。

靓少佳6岁随父谭杰南（艺名声架南）远赴新加坡读书、学艺。靓少佳出道前已在父亲严厉督促下练就扎实基本功，入行后受到名小武英雄水、靓元亨影响甚深。靓少佳16岁回国，先参加乐荣华班，后在梨园乐班当第二小武；19岁时转到人寿班当正印小武。1933年人寿年散班后，靓少佳领衔组建胜寿年剧团，在我国粤、港、澳地区以及新加坡、马来西亚等地演出。新中国成立后曾在新世界粤剧团、广东粤剧团、广州粤剧团等机构任职。

靓少佳的表演艺术集南北特色于一体，尤擅长武戏文做，长靠、短打、蟒袍、官衣戏等均能胜任。他双目炯炯有神，表演紧凑，身段动作刚健利索，步法洒脱洗练，备受行内外人士的赞赏，被尊为"小武泰斗"，风靡舞台半个世纪。数十年来，靓少佳与何建青合作，先后发掘整理了《西河会》《马福龙卖箭》《赵子龙拦江截斗》《三师困崤山》《十奏严嵩》等大批南派艺术传统剧目。他塑造了周瑜、马超、马福龙、赵子龙、赵英强和海瑞等大批艺术形象。

彭庆华

彭庆华，男，1979年生，广东省广州市人。一级演员。

彭庆华专攻文武小生行当，师承粤剧表演艺术家丁凡先生。他1991年考入广东粤剧学校粤剧班，学习粤剧表演专业；2005年调至广东粤剧青年团，担任主演。彭庆华嗓音清亮，功架扎实，造型威武，扮相英俊，富有朝气。他曾主演《真假美猴王》《梦·红船》《青春作伴》《大明忠烈》《黄飞虎反五关》《林冲》《宝莲灯》《女儿香》《刺客》等剧目，塑造了一批威武刚烈、个性鲜明的舞台形象。

彭庆华曾以折子戏《战巴丘》《武松大闹狮子楼》《刺客》《风雪山神庙》，荣获广东省第二、第三、第四、第五届戏剧演艺大赛金奖。2002年荣获全国地方戏曲精品折子戏评比展演暨戏曲青年演员大奖赛一等奖、第八届广东省艺术节表演二等奖。2003 年获全国"红梅奖"折子戏比赛金奖。2004 年以《刺客》参加文化部举办的全国第四届金狮奖小品比赛获表演奖。他以《大明悲歌》《山纲云》里的出色演出荣获第九届、第十届广东省艺术节表演一等奖。他于 2006 年荣获中共广东省委宣传部、省文联授予"新世纪之星"称号、2015 年获"全国文化系统先进工作者"称号。

楚岫云

楚岫云（1922—1985 年），原名谭耀銮，女，广东省东莞市人。

楚岫云读小学时，便跟志士出班的巢雪舟学戏，又随打武家伍冉明练习基本功，后进入戏班当"梅香"；后又得名伶谭玉兰的介绍，到上海与白驹荣合作。日本侵略军占领广州前夕，她在香港与马师曾同台演出，及后被白玉堂领衔的兴中华剧团聘为第二花旦。1942 年，她与何非凡合作演出《情僧偷到潇湘馆》。该剧演出了 300 多场，一时传为佳话。新中国成立前夕，她在永光明剧团担任正印花旦，与吕玉郎、陆云飞等合作；1958 年广东粤剧院成立后，她又与罗品超共事多年。

新中国成立后，她曾重演自己的拿手好戏《胡不归》《可怜女》《红娘子》《牛郎织女》《嫦娥奔月》《鸳鸯玫瑰》《荆轲》等剧，剧中塑造的织女、嫦娥、黛玉、贞娘、王宝钏等形象给人留下深刻印象。她的表演严肃认真，做工细腻，不论青衣、闺门旦乃至刀马旦，均应付自如。她灵活巧妙的身段、精湛有度的圆台、颇见功力的水袖尤其为人称道。

廖侠怀

廖侠怀（1903—1952 年），男，广东省江门市人。

廖侠怀 12 岁时到广州当鞋店学徒、报童。其间，他上过夜校，闲来爱看书报，又爱粤剧。后来，他到新加坡工厂当工人，业余时间参加当地的工人剧社演戏活动。20 岁时，粤剧名小武靓元亨到新加坡演出，发现廖侠怀有天分，即收他为徒弟，改名"新蛇仔"。从此，他踏上了专业演戏之路。20 世纪 20 年代后期，廖侠怀回到广州，先后在梨园乐、大罗天、新景象、钧乐天日月星等戏班演出。廖侠怀发展了丑角行当表演，口上、脸上的表演功夫老到，演男、女、老、少、跛、盲、哑、矮，无所不能，是 20 世纪 30 年代粤剧"四大名丑"之首，人称"千面笑匠"。廖侠怀饮誉粤港地区达 20 年，洁身自好，德艺均为同行所敬重，时人称之为"伶圣"。其代表作有《本地状元》《花王之女》《大闹广昌隆》《火烧阿房宫》《穆桂英》等。

薛觉先

薛觉先（1904—1956年），原名作梅，学名鉴梅，字平恺，男，广东省佛山市人。曾任中国戏剧家协会广州分会副主席。

薛觉先出生于香港。民国初年，他在香港圣保罗英文书院攻读，参加业余话剧演出。1921年，他入环球乐班学艺，拜新少华为师，取艺名薛觉先。翌年，他入人寿年班，被千里驹破格提拔，担任《三伯爵》一剧主角而成名。随后，他进入名小武靓少华组织的梨园乐班任丑生。1929年起，他自组觉先声剧团，长期在广州、香港等地并时常赴东南亚各国演出。

薛觉先技艺全面，戏路宽广。他早年学丑，后以文武生出名，又能反串旦角，但以扮演风流儒雅、潇洒俊逸的小生最享盛誉。薛觉先的艺术自成一家，人称"薛派"；他的唱腔被称为"薛腔"，别具一格，在国内外享有很高声誉。粤剧文武生学习"薛派"艺术者甚众，尊薛为"一代宗师"。

薛觉先对粤剧艺术勇于创新，在20世纪30年代所撰的《南游旨趣》一文中主张"合南北剧为一家，综中西剧为全体"。在艺术实践中，薛觉先善于吸收京剧、电影等艺术的长处，借鉴其他艺术品种的服装、化妆、布景和音乐伴奏，对于丰富粤剧艺术，提高唱、做、念、打水平以及净化舞台、改革剧场陋习都做出了贡献。他博采众长，善于融会，技艺日益精纯。其做工干净洒脱，唱腔精练优美，善于运用旋律和节奏的变化表达人物感情，善于突破曲调原来的板眼、句格而创新腔。他一生主演过500多出戏，代表作有《三伯爵》《白金龙》《姑缘嫂劫》《西施》《王昭君》《胡不归》《宝玉哭灵》等。参加广州粤剧工作团后，他演过《闯王进京》《龟山起祸》《宝玉怨婚》等剧。

十二、廉江石角傩戏传承人

高承忠

高承忠，男，1944年生，广东省湛江市人。非物质文化遗产（廉江石角傩戏）项目广东省级代表性传承人。

高承忠1957年开始跟随师傅王楷一郎学习傩戏；1963年学成出师，自己组团授徒，常年带团在廉江、化州及广西陆川、博白等乡镇村庄演出，每年表演100多场次。他擅长傩戏文坛、武坛表演，唱腔清晰，节拍准确，并能演唱男女声，扮相靓丽，动作规范，编演掌板俱全。其表演使用较为独特的程式性动作，具有浓郁的族群性和地域性。高承忠曾参与改编30多本剧目，从艺40多年来授徒70多人，为廉江石角傩戏的保护传承做出了重要贡献。

十三、雷剧传承人

金由英

金由英，女，1939年生，广东省湛江市人。非物质文化遗产（雷剧）项目国家级代表性传承人。

金由英自幼学习雷剧艺术，先后师从吴乃爱学习基本功，随许凤阳学习把子和剑术，向粤剧艺人陈姚四学习刀枪功夫，并将粤剧表演技巧等与雷剧艺术相融合，其表演独具韵味。金由英专攻刀马旦、老旦，尤精于把子功和身段功夫，对人物心理活动和性格表现细腻，塑造了一批经典的舞台形象，深受群众喜爱；后转为雷剧导演，能够深入把握人物角色性格，善于掌握全剧的节奏和场次调度。金由英从艺数十年以来，培养了一大批雷剧艺术人才。其弟子如今大多数仍活跃在雷剧艺术的舞台上，为雷剧的保护、传承与弘扬做出了积极贡献。

谢 岳

谢岳，男，1966年生，广东省湛江市人。非物质文化遗产（雷剧）项目广东省级代表性传承人。

谢岳1984年参加南兴镇文化站雷剧培训班，先后跟随湛江艺术学校吴家英、梁巧生、王鼎玉、邓兆芳、崔秀凤等老师学习小生、小武、须生行当；1985年参加雷州市民间职业雷剧演出；1986年进入徐闻县雷剧团工作，在雷剧《王化买父》等一系列剧目中扮演角色；后师从林奋，表演技巧得到提升。谢岳工小生、文武生，亦反串花脸，以扮相英俊、嗓音圆润、台风大方见长；尤擅扮演帝王将相一类角色，表演收放自如，形成独特的艺术风格。历年来，谢岳多次在全国、省、市的重大表演和比赛中获得奖项。其手把手指导的多名青年演员，已经成为剧团的支柱，为雷剧的传承做出了重要贡献。

十四、潮剧传承人

方展荣

方展荣，男，1948年生，广东省揭阳市人。非物质文化遗产（潮剧）项目国家级代表性传承人。

方展荣成长在一个梨园世家，母亲黄青缇（1912—1996年）是20世纪30年代名演员，为潮剧首位女旦。由于自小受到艺术熏陶，方展荣年仅11岁时，就被汕头市正顺潮剧团吸收为学员。他于1960年转入汕头市戏曲演员训练班接受潮剧艺术的正规训练，1965年进入汕头市青年潮剧团，1970年调进汕头地区潮剧团，1975年进汕头地区青年实验潮剧团，1978年转入广东潮剧院一团。

他工潮丑行当，在"无丑不成戏"的潮剧舞台上活跃了50多个春秋，成功塑造了一系列潮丑人物形象。他所传承的潮剧独有的丑角溜梯功，表演尤为出色，并因此在戏曲界享有盛誉。其主演兼导演的剧目已逾12部被录音、录像，发行海内外，荣获广东文艺最高奖鲁迅文艺奖、戏剧表演奖等9项大奖，1997年到北京参加全国108名德艺双馨会员座谈会。

他不仅演技高、相貌俊，而且声腔亮，演唱艺术能博采众长而自成一格。他有一副浑厚明亮的嗓子，以实声演唱，糅合假声，在12度音域以内，高音区用假声、中低音区用实声，真假混合，交替行腔，别具情趣，高唱低吟，皆有韵味，形成方展荣丑腔风格，人称"方派"。

方展荣经常带队到各地农村、海岛演出，又曾到国内外义演募资赞助公益事业，还多次参加省、市迎春联欢晚会和国际潮剧艺术节表演。他也曾参加过市教育基金筹募、扶贫募捐、赈灾募捐和各种义演，曾应邀到过汕头大学、福建艺术学校、汕头艺术学校、汕头市艺员培训班讲课，以及到新加坡戏曲学院举办"潮丑表演艺术"讲座；他也到汕头大学和市区金砂小学、实验小学表演，并为学生们讲述行旦演艺及打击乐器的基本知识。

陈 鹏

陈鹏，男，1942年生，广东省潮州市人。非物质文化遗产（潮剧）项目国家级代表性传承人。

陈鹏自幼喜爱潮剧，1956—1958年参加潮安稻香潮剧团，演小生；1959—1961

年赴汕头戏曲学校导演、作曲专业班学习，师从潮剧著名教戏黄玉斗、杨广泉、林和忍、林炳和、郑筠等先生；1962—2001年历任稻香潮剧团、潮安潮剧团、潮州市潮剧团导演、作曲、司鼓兼艺术室主任、副团长、团长兼党支部书记。他是广东省潮剧基金会"终身成就奖"获得者。

陈鹏对潮剧艺术有全面的把握，经验丰富，尤其在潮剧音乐上造诣很深，建树甚丰。他不仅掌握了潮剧所有传统曲牌、唢呐牌子、弦套、锣鼓经、作曲技法和演唱技巧，还为近100个演出剧（节）目设计唱腔和伴奏音乐。中国戏剧出版社为此出版了《陈鹏潮剧唱腔作曲选》《陈鹏潮剧唱腔作品评论集》和《陈鹏潮曲选卡拉OK专辑》。省、市戏剧、文艺界曾专门为其唱腔作品召开研讨会。

陈鹏多年来积极开展传承活动，学生众多，其中不少学生已成剧团的主要作曲者。近年来，他又创办了潮州市传承潮剧艺术中心，为保护和传承潮剧艺术不懈努力。

张长城

张长城，男，1933年生，广东省汕头市人。非物质文化遗产（潮剧）项目广东省级代表性传承人。

张长城于1944—1948年先后在老宝顺香、中一枝香和老三正顺等戏班当童伶。1958年年底，适逢广东潮剧院成立，张长城所在的老三正顺戏班归属广东潮剧院四团。剧团成立后不久，先后排演了潮剧《素月孤舟》和《闹开封》等剧目，张长城分别扮演了洪承畴和王佐等角色。他以扎实的基本功和娴熟的表演技艺为行家所瞩目，从此在潮剧舞台上崭露头角。1960年，张长城被调到青年潮剧团当演员。在剧团领导的重视以及老艺人的培养下，张长城经过多年的努力磨炼，终于成长为当今潮剧界的著名老生。

张长城塑造的人物形象有执法无私的盖纪纲（《告亲夫》）、刚直不阿的清官王佐（《闹开封》）、为民请命的海瑞（《刘明珠》）、英勇善战的杨宗保（《八宝与狄青》）、谨遵礼法的老相爷张崇礼（《张春郎削发》）、惠政爱才的陈仕颖（《陈太爷选婿》）等。其中《告亲夫》《闹开封》《刘明珠》《张

春郎削发》先后被摄制成潮剧艺术影片，发行海内外，张长城因此获"活清官张长城""潮剧老相爷"美誉。

他所塑造的人物大多是正气凛然、气魄宏伟的高大形象，然而他本身个子并不高，因而常在穿戴上进行技术性弥补，或者在身段动作上进行细节处理，或者在念白的高低仰扬、徐疾快慢上展开各种艺术手段的处理，以弥补自身条件的不足，使自己扮演的人物形象高大而有气魄。

几十年来，张长城为弘扬优秀的潮剧艺术和促进文化交流做出了一定的贡献。他在1987年晋京参加首届中国艺术节，获文化部嘉奖。他曾饰演杨宗保获第二届广东省艺术节演员二等奖，饰演陈仕颖获第四届广东省艺术节演员一等奖。他于1993年获广东省鲁迅文学艺术奖；同年参加全国地方戏曲交流演出，获荣誉表演奖。1997年9月下旬，张长城又随剧团赴台湾地区演出。

多年来，张长城还常带徒授艺，培养了一批老生行当优秀演员，为潮剧的传承做出了重要贡献。

李廷波

李廷波，男，1943年生，广东省揭阳市人。一级作曲家，非物质文化遗产（潮剧）项目广东省级代表性传承人。

李廷波1957年进入源正潮剧团当演员，进团不久被选送到汕头专区戏曲演员学习班（汕头戏曲学校前身）深造，师承潮剧名丑谢大目，工丑行；1960年分配至广东潮剧院当演员，先后饰《闹钗》中的胡琏、《柴房会》中的李老三、《刘明珠》（电影）中的明穆宗、《剪辫记》中的炳全阿舍等。演技方面，李廷波在遵师承的基础上大胆创新，如他在《闹钗》中创造的"上旋扇"已成为潮剧扇动功的一绝。

1965年以后，李廷波在演出之余，自修音乐理论和作曲知识，自学潮剧音乐唱腔设计，参加编创唱腔。1967年，他先后在汕头地区潮剧团和广东潮剧院一团任作曲；1972年，他转为专职作曲，先后为国内外潮剧团体谱写200多部长短剧目和一批戏剧小品的音乐，代表作品有《蝶恋花》《张春郎削发》《王熙凤》等。其大部分剧目已制成音像制品出版发行，很多唱腔也在民间传唱。

李廷波从演员自学为专业作曲，凭借丰富的表演经验，能"因人设曲"，尽量发挥演员的特长和声腔特色，使演员行腔流畅。他善于学习，编创的唱腔富有激情，音调色彩比较丰富，在运用潮剧传统音乐唱腔曲牌时，融入新的音乐因素和节奏形式，广采博取，使唱腔既有传统韵味又具时代气息，逐步形成自己的风格。

张怡凰

张怡凰，女，1971年生，广东省汕头市人。一级演员。

张怡凰，1988年毕业于汕头戏曲学校潮剧表演专业，2002年毕业于中国戏曲学院表演大专班。她曾在《柳玉娘》中饰柳玉娘、《春草闯堂》中饰春草和李半月、《红鬃烈马》中饰王宝钏、《失子惊疯》中饰胡氏、《烟花女与状元郎》中饰李亚仙（该剧于1995年拍成戏曲电影艺术片）、《德政碑》中饰玉儿、《天子奇缘》中饰白菊、《双玉蝉》中饰吕碧芸、《东吴郡主》中饰孙尚香、《苏后复国》中饰梅白兰、《十八相送》中饰祝英台、《楚宫风云》中饰齐姬。

张怡凰的唱腔细腻、圆润、委婉动人，表演技艺独特。为了塑造人物角色，她下苦功钻研剧本主题，琢磨人物形象，从环境、氛围与特定事件中去把握人物的性格分寸、情感浓度，领会人物的气韵神态等。在潮剧《失子惊疯》里，她将戏曲表演独有的水袖功发挥得淋漓尽致，各种高难度的动作被她舞得如行云流水一般。

张怡凰是广东省曲艺界第一个在海外开个人演唱会的演员，2001年赴日本访问并在当地举办"张怡凰潮剧专场"演唱会，是潮剧界首位推出个人演出专辑并取得成功的演员，《张怡凰潮剧艺术专辑》于1999年出版并发行海内外，产生广泛影响，深受潮剧观众喜爱。2007年，她获得第二十三届中国戏剧"梅花奖"。在工作中，她认真钻研，不断提高理论水平，总结撰写了多篇专业论文和演艺心得体会，发表于国家级、省级刊物。

陈联忠

陈联忠，男，1965年生，广东省揭阳市人。二级演员，非物质文化遗产（潮剧）项目广东省级代表性传承人。

陈联忠1979年就读于汕头戏曲学校潮剧表演班，师承潮剧著名老生黄金泉老师，工须生行当；1984年陈联忠毕业后分配到揭阳市潮剧团工作，曾任剧团艺术室主任、剧团副团长；2005年任揭阳市文化艺术学校副校长，后任揭阳市文化艺术学校校长。

在多年的舞台实践中，陈联忠积累了丰富的经验，形成了独特的演唱方法和表演风格。他饰演过《乾隆下江南》中的乾隆、《四郎探母》中的杨四郎、

《猫儿换太子》中的宋真宗、《慈云走国》中的包贵、《马嵬坡》中的唐明皇、《杨四郎》中的杨四郎、《郭子仪》中的郭子仪、《丁日昌》中的陆升祥、《洛神》中的曹丕、《黄巢》中的黄巢等20多部大型剧目的主要角色,演出场次达3000场以上,其中的10多部剧目经中国国际电视总公司出版发行。1988年,陈联忠被评为揭阳"十佳演员"。其潮剧唱腔论文《声腔还须继续改革》《潮剧唱腔的创新和发展》2002年发表于《广东戏剧家》和《揭阳日报》。

自2000年以来,陈联忠在揭阳市艺术学校兼职任唱念、老生行当、身段、排戏课老师,共培养了潮剧表演专业的中专班的学生共100多名,培训潮剧演艺人员和业余潮剧爱好者165人,排练过《三击掌》《穆桂英招亲》《包公赔情》《辕门斩子》等教学剧目。

林柔佳

林柔佳,男,1963年生,广东省揭阳市人。一级演员,非物质文化遗产(潮剧)项目广东省级代表性传承人。

林柔佳16岁即开始从事潮剧表演,1979—1982年就读于揭阳县戏曲艺术培训班,1982年毕业后进入揭阳市潮剧团,先后担任男演员队队长、剧务、团长助理、副团长、团长职务。他先后师承杨培群、张长城、郑蔡岳、陈凤阳等艺术前辈,刻苦磨炼唱做念打等塑造人物的基本功。其在表演上讲求外形与内心的一致,在长年累月的艺术实践中逐步形成自己的表演风格;唱腔中突破了声乐中"咽音"唱法,形成了自己"咽音中的咽音"的演唱风格,获得上海声乐教授吴昆等专家的高度评价。他的音质浑厚有力,深远、刚劲、激越、高昂,字正腔圆;做工稳重大方,自然朴实,注重髯口、水袖的运用,塑造的人物富有内涵、深刻生动。

从艺30多年来,他主演过《丁日昌》《千秋家国恨》《父子三登科》《深宫血泪》《魂断马嵬坡》《打金枝》《三关摆宴》《潇湘秋雨》《泪湿岳王剑》《状元三娶相国女》《真假韩廷美》《猫儿换太子》《齐王求将》《杨令婆剥壳》等50多部大戏。

他热心将表演技艺传授给青年老生演员,为潮剧的传承发展不懈努力。

郑舜英

郑舜英,女,1962年生,广东省潮州市人。一级演员。非物质文化遗产(潮剧)项目国家级代表性传承人。

郑舜英16岁时考入潮安文艺培训班,学青衣兼刀马旦,得俞世明老师悉心指导,打下扎实基础。在学期间,曾主演古装剧目《放裴》《杨八姐闯幽州》,两剧均被录制为录像带。1981年,她被分配到潮州市潮剧团,迄今由她担纲主演的古装戏、现代戏逾40台,代表剧目有《背妹上京》《三凤求凰》《送君上征程》《江姐》《曹营恋歌》等。她在潮剧舞台上塑造了一系列血肉丰富、富有性格的舞台形象。其扮相俊美,声情并茂,文武兼备,唱腔真切动人。

郑舜英在潮剧舞台上担纲了众多剧目的主要角色,如《五女拜寿》中贤惠善良的杨三春,《凤冠梦》中蛮横刁泼、爱慕虚荣的千金小姐李月娥,《再世王后》中雍容华贵的温妮王后,《乾坤宝镜》中被迫成疯的疯妇,《程咬金招亲》中生性刚烈、深明大义又不乏柔情的裴翠云,等等。这些形象性格迥异、生动鲜活,深得广大观众的喜爱,她也因此而赢得"旦后""潮剧第一旦"等美誉。

几十年来,郑舜英在潮剧表演艺术道路上硕果累累。1990年,潮州市人民政府授予郑舜英"潮州市优秀演员"称号;1998年,她参加广东省第二届戏剧演艺大赛暨首届潮剧演艺大赛,以《背妹上京》一折中人偶一体的出色表演荣获金奖第一名;1999年3月,由中央电视台《梨园群英》专题节目部拍摄的《潮剧名旦郑舜英》专辑在中央电视台第三套节目中播出;2000年,中国国际广播音像出版社出版发行了《郑舜英潮剧唱腔专辑》;2001年,由中共广东省委宣传部、省文化厅、省戏剧家协会策划,中共潮州市委宣传部、市文化局、市广电局主办的世纪之星《郑舜英潮剧艺术专场》在潮州隆重上演,同年在新加坡举办"郑舜英潮剧艺术专场"个人专场演出晚会。2008年12月参加第十届广东省艺术节展演,郑舜英在潮剧《曹营恋歌》饰演来莺儿,荣获表演一等奖。

近年来,郑舜英培养了一批潮剧表演的骨干人才,为潮剧的传承发展做出了积极的贡献。

姚璇秋

姚璇秋,女,1935年生,广东省汕头市人。非物质文化遗产(潮剧)项目国家级代表性传承人。

姚璇秋1949年读小学时参加澄海阳春国乐社,演唱潮曲;1953年被正顺潮剧团吸收为演员,随团培训,师从潮剧名教戏杨其国、陆金龙、黄蜜,后得卢吟词先生指导,开旦行戏路。姚璇秋天资聪颖,学艺刻苦,入戏快,仅10个月即演出潮剧《玉堂春》和传统锦出戏《扫窗会》,并随潮剧代表团参加首次广东省戏曲工作汇报演出,获表演奖。在50多年的表演生涯中,她成功塑造了许多动人形象,艺术造诣甚高,曾赴我国香港、澳门、台湾地区以及东南亚、欧洲、澳大利亚等地演出,在海内外潮籍华人华侨中有很大影响,尤其是在演唱风格上对潮剧演出艺术更产生了深刻影响。

姚璇秋主演的潮剧被摄制成舞台艺术影片的有《苏六娘》《荔镜记》(即《陈三

五娘》),被摄制成录像带发行的有《辞郎洲》《春草闯堂》《梅亭雪》《袁崇焕》等,被录成唱片的有《扫窗会》《苏六娘》《荔镜记》《续荔镜记》《辞郎洲》《革命母亲李梨英》《梅亭雪》《杨乃武与小白菜》《恩仇记》等,被广东广播电台、汕头广播电台录音播出的有《万山红》《江姐》等。1989年由她录音制作的《井边会》唱片,获中国唱片公司首届金唱片奖,并获泰华报人公益基金会最佳艺术特别奖。她是第一届中国金唱片奖得主,首届广东文艺终身成就奖获得者。

姚璇秋有深厚的唱功。她有一副天生的好嗓子,又得名师指导,勤奋学习,有声腔演唱的正确方法。她发音自然,纯净大方,高音优美流畅,中低音圆润,音域较宽,"含咬吞吐"遵循传统的演唱规范。其口形美观,咬字清晰明亮,字字如珠,行腔宛转,收韵浑圆。

姚璇秋积极做好潮剧传承工作,培养了许多优秀潮剧人。广东潮剧院一团吴玲儿、张怡凰、詹春湘,广东潮剧院二团林碧芳、李莉,广东潮剧院三团蔡绚娜,汕头潮乐团余琼莹,澄海艺香潮剧团王怡生,普宁潮剧团黄芝香,新加坡南华儒剧社李诗瑶,马来西亚金玉楼春潮剧团吴慧玲均是其弟子。

唐龙通

唐龙通,男,1953年生,广东省潮州市人。一级作曲家,非物质文化遗产(潮剧)项目广东省级代表性传承人。

唐龙通于1971年考入潮安县文艺宣传队,先后在《满江红》《楚宫风云》《忠烈千秋》等70多台剧目中扮演主要角色;1983年2月—1984年9月在汕头戏曲学校进修,师承黄金泉,专攻老生表演;1985—1986年师承张长城,专攻公堂戏老生表演。他大量借鉴其他剧种艺术,提高潮剧老生行当表演水平,提升舞台人物的塑造能力。

其唱声高亢洪亮,表演自然大方,善于刻画人物性格,形成了自己的艺术风格。从艺近40年来,他先后在70多台剧目中扮演主要角色,塑造了一系列栩栩如生的舞台人物形象。例如,他在现代戏

《七日红》中饰李韩升、《洪城第一枪》中饰严团长、《红云岗》中饰方排长、《磐石湾》中饰海根、《奇袭白虎团》中饰关团长、《真假小姐》中饰大愚禅师等，扮演的古装戏有《满江红》中的岳飞、《楚宫风云》的伍子胥、《忠烈千秋》的包拯、《五女拜寿》的杨继康、《宝莲灯》中15年后的刘彦昌、《益春》的黄员外、《曹营恋歌》的曹操等。他有20多部剧目被制成录像发行海内外，他饰演的角色深受广大观众的好评。中央电视台曾拍摄专题片《潮剧与潮剧名角——唐龙通》，《汕头日报》曾以"潮剧名老生唐龙通"为题报道了他突出的艺术业绩。

唐龙通曾指导多名青年演员的老生表演、唱念技巧，并长期辅导一批潮剧爱好者，为国内外多所戏剧学校学生与票友举办潮剧讲座，还经常为青少年授艺，为活跃潮剧文化、传承潮剧艺术做出了贡献。

郭舜书

郭舜书，男，1963年生，广东省揭阳市人。一级演奏员，非物质文化遗产（潮剧）项目广东省级代表性传承人。

郭舜书于1978年考进汕头戏曲学校音乐班，专攻二弦和唢呐，毕业后一直在广东潮剧院一团，是广东潮剧院一团乐队领奏。30多年来，他经过磨炼和实践，在继承和发扬传统演奏方法的基础上潜心钻研，充实二弦传统演奏方法，形成了自己的特色。其领奏的《浪淘沙》是潮州音乐的传统曲目。他以轻三六调演奏，以抒情及较诗意的乐韵、节奏、速度独创一格，风格淡雅，乐曲增加了变奏、扩充、摸进、推位等手法，拓展了古乐曲秀丽朴实、典雅委婉之深邃意境。

他曾获1999年广东潮剧院中青年唱腔演奏比赛演奏一等奖、"潮剧新星"荣誉称号、"汕头文艺表演一等奖"，2001年度广东潮剧院青年艺术专业人员征文比赛一等奖，2008年广东省潮剧发展与改革基金会演奏一等奖。其担任领奏的剧目《葫芦庙》获第七届中国戏剧节"中国曹禺戏剧奖·优秀剧目奖"，《东吴郡主》获第九届广东省艺术节剧目一等奖；个人专辑《中华潮乐名师·郭舜书二弦专辑》《中华潮乐名师·郭舜书唢呐专辑》获第六届中国金唱片奖"器乐类专辑奖"。他曾多次担任领奏随团赴东南亚等国家和地区访问演出。

第三章
广东省民间曲艺传承人

一、木鱼歌传承人

李仲球

李仲球，男，1947年生，广东省东莞市人。非物质文化遗产（木鱼歌）项目广东省级代表性传承人。

李仲球从小耳濡目染，师从祖母学习木鱼歌，数十年尤其是从事教师工作以来，对木鱼歌音律、韵律和构词有了一定的研究。其演唱风格行腔简朴流畅，抑扬顿挫，委婉动听，富有乡土气息。在研究与传唱的过程中，李仲球深入挖掘传统木鱼歌的内涵，在内容上注重与现代社会结合叙事抒情，创作了多部木鱼歌作品。2007年，李仲球与谢彭钦合作的《木鱼歌唱黄祥发》，颂扬了黄祥发老人在水塘救起一孩童的英勇事迹。在参与创作的另一作品——《三个萝卜一个坑》中，李仲球和刘焕伦等人结合东莞外来工众多的现实，讲述了3个打工者竞聘一个岗位，而又一同被录用的生动故事。该戏在传承历史文化精华的基础上，融入曲艺表演手法，注入小品元素，曾先后在2008年、2009年获得了优秀剧本奖、广东省群众文艺作品评选三等奖、广东省第六届群众戏剧曲艺花会曲艺类金奖。

近年来，李仲球致力于培养木鱼歌接班人。2007年，他在东坑中学开设木鱼歌音乐课程。2008年起，他被聘为东坑木鱼歌培训基地、东莞群众艺术馆（东坑）少儿木鱼歌培训基地的木鱼歌知识授课老师，培养了一批木鱼歌爱好者。2011年开始，李仲球在东坑镇新筹建的木鱼歌传习所带徒授艺，弟子黄佩仪已经成为其得力助手。

二、龙舟说唱传承人

尤学尧

尤学尧（1939—2010年），男，广东省佛山市人。非物质文化遗产（龙舟说唱）项目国家级代表性传承人。

尤学尧自小耳濡目染，在聆听老艺人说唱中揣摩掌握了说唱腔调和锣鼓技艺，能跟唱本学唱龙舟，对传统龙舟唱本能一字不漏地背唱。20世纪80年代初，尤学尧得尤镇发赏识，被收为徒，随师四处演唱。其嗓音高亢、明亮，在声腔中常出现许多低音旋律，显得丰富多彩，与众不同。尤学尧在20多年说唱龙舟的丰富经验中形成了吐字清晰、行腔简朴、鼓点利索自然、方言唱词多变有趣与铿锵有力的个人说唱风格，尤擅长即兴发挥，是顺德龙舟说唱为数甚少的几个老一辈传承人之一。其代表曲目有《丁山射雁》《西游记》《方世玉打擂》《柴家庄祝寿》等。2006年杏坛镇文化站举办首届龙舟说唱培训班，尤学尧被聘为当地龙舟说唱培训班顾问，积极传授自己的说唱技艺，为龙舟说唱的传承尽心尽力。

伍于筹

伍于筹（1930—2008年），男，广东省佛山市人。非物质文化遗产（龙舟说唱）项目国家级代表性传承人。

伍于筹自幼喜爱演唱龙舟歌，有多年的说唱经历。他音色甜润、吐字清楚、行腔婉转，能把粤曲的优点巧妙地融入龙舟说唱中，铿锵有力的鼓声与声情并茂的说唱配合得天衣无缝。逢年过节，伍于筹便挨家挨户唱龙舟。他能根据主人身份地位、节日喜庆、神诞庆典等不同的场合即景生情、即兴发挥。其说唱吐词准确，条理清晰，颇具艺术感染力。他还自编自演了《夫妻和顺》《老师教学生》等龙舟曲目，获赞誉不断，颇受大众欢迎。2005—2007年，伍于筹应邀参加佛山祖庙三月三民俗文化节，受到省内多家媒体争相采访。2006年，伍于筹参加佛山市非遗文化展览开幕式及遗产保护启动仪式；同年，他协助杏坛镇文化站开办首届龙舟说唱培训班，在教学中因材施教，协助龙舟说唱专家培训出一批优秀学员，被评为当地优秀龙舟说唱艺人。

陈振球

陈振球，原名陈庆辉，男，1941年生，广东省佛山市人。非物质文化遗产（龙舟说唱）项目广东省级代表性传承人。

陈振球自1953年向龙舟宁学习龙舟歌的唱法，后拜龙舟方、龙舟会、尤庆崧以及尤振发等人为师。他逢年过节和喜庆节日便到勒流、杏坛、大良、伦教等城乡唱吉利龙舟歌。1980年以来，陈振球经常应邀参加市、区、镇的文艺晚会以及民间喜庆重大节日的演出。2003—2005年在深圳务工期间，陈振球利用工余时间设摊唱龙舟歌，深受市民以及外来工好评。其演唱的龙舟歌吐字清晰，行腔简朴，锣鼓点铿锵有力。2006年以来，陈振球积极配合抢救龙舟说唱艺术工作，被评为杏坛镇优秀民俗民间艺人。2010年起，陈振球在麦村小学、杏坛中学传授龙舟说唱技艺，为其传承和发展打下基础。

三、竹板歌传承人

肖建兰

肖建兰，女，1947年生，广东省梅州市人。非物质文化遗产（梅县竹板歌）项目广东省级代表性传承人。

肖建兰1966年师从民间艺人饶金星学唱松口客家山歌，1968年师从山歌大师汤明哲学习竹板歌及秦琴表演和打竹板技巧，1970年跟随山歌师陈炳华学习客家山歌、竹板歌的原腔以及创作客家山歌，1974—1975年在广东省人民艺术学院声乐系进修，1979年师从民间艺人陈昭典、廖启忠学习民间传本说唱并与两人同台参加1981年梅县地区中秋赛歌会、1982年梅县地区民间艺术会演。2003年，肖建兰加入雁南飞山歌艺术团，并担任团长。

丰富的学艺经历，使得肖建兰能够熟练掌握各地客家山歌、竹板歌的唱腔。演唱时，打竹板声音清脆利落、节拍均匀、轻重得当，唱腔具有浓郁的乡土气息，字正腔圆，优美动听。她还会在演唱时加入表演，诙谐有趣，形象生动，具有吸引力，受到观众的喜爱。

肖建兰积极开展传承活动，举办客家竹板歌唱腔培训班。截至2014年，她所培训的学员已达180余人。

周天和

周天和（1930—2013年），男，广东省梅州市人。非物质文化遗产（竹板歌）项目广东省级代表性传承人。

周天和自幼喜爱客家山歌，由于声音洪亮、口齿清晰，十来岁时，便被乡人举荐在千百人面前念诵长"祝文"，锋芒初露，引人注目。新中国成立后，他参加了一系列的宣传文艺活动，自创自唱自演了很多结合形势需要的文艺节目，深受领导和群众的好评。周天和擅长山歌演唱、擂台斗歌、即兴成歌。他多次到各县寻找、拜访民间说唱老艺人，积极挖掘、掌握、传承客家山歌的说唱方式。

周天和对竹板歌说唱造诣深厚，在创作和山歌擂台赛中能娴熟地把客家方言、双关比喻、谚语、歇后语运用其中。他的作品《春催杜鹃》于1976年赴北京参加汇演，由中国国际广播电台录制并对外播放。他在"梅州'90山歌节"山歌擂台赛中被授予"梅州市山歌大师"称号，深圳龙岗客家山歌节获"山歌王"称号。

周天和创作的山歌说唱传本和曲艺节目之多、发行之广以及他为客家山歌的造诣、挖掘、传承所做出的贡献，受到了广大民众的赞誉和认可，也受到了政府部门的多次嘉奖和表彰。

钟柳红

钟柳红，男，1961年生，广东省梅州市人。非物质文化遗产（竹板歌）项目广东省级代表性传承人。

1980年钟柳红开始参加山歌演唱活动，1983年跟随山歌艺人钟春华、罗满学习竹板歌演唱技巧，后拜兴宁竹板歌传承人、山歌大师周天和及梅州市山歌大师、客家山歌国家级代表性传承人余耀南为师。钟柳红熟练掌握竹板歌的演唱技巧和技艺特点，擅长竹板歌创作，自弹自唱，带徒演唱，能够运用客家方言和特有的竹板歌腔调演唱，包括平板、哭板、欢板、拖板、吊腔等技巧，并能即席对歌，依字行腔，依性变腔，熟唱100多个竹板歌传本。钟柳红于2002年获兴宁市首届文化艺术节竹板歌折子赛第一名和竹板歌擂台赛第一名，2003年获梅州市国际旅游文化节竹板歌擂台赛金奖，2007年在东莞凤岗举行的六省区客家山歌邀请赛竹板歌擂台赛中获金奖，2009年获兴宁第二届文化艺术节竹板歌擂台赛第一名。

钟柳红积极做好竹板歌的挖掘、整理、创作和传承工作，改编竹板歌传本100多个，创作短篇传本8个及一批短篇竹板歌作品。在文化馆举办的竹板歌演唱培训班中，他耐心地传授演唱技巧，并在兴宁市一小传承基地为竹板歌幼苗和县里技工学校青年竹板歌培训班传授竹板歌演唱技艺，为推广普及兴宁竹板歌、促进活动的开展做出了不懈的努力。

四、粤曲传承人

白燕仔

白燕仔（1919—2001年），原名陈庆旺，又名陈雄娴，女，广东省新会市人。曾任中国曲艺家协会会员，广东省曲艺家协会第一、第二、第三届主席，广东音乐曲艺团团长。

白燕仔生于佛山，父亲是乐师。白燕仔9岁随父亲在佛山及珠江三角洲一带卖唱，初习平喉、子喉；1941年得著名大喉演员熊飞影辅导，专攻大喉。她在熊飞影辅导下，刻苦磨炼，唱腔终于自成一格。她的演唱特点是声腔浑厚高亢，气势磅礴，吐字清晰，声韵铿锵，且善于根据不同人物的特点设计合适的唱腔。其代表作有《朱老巩护钟》《武松打虎》《牛皋扯旨》《夜战马超》《醉闹五台山》《周瑜写表》等。

关楚梅

关楚梅（1919—1990年），女，辽宁省沈阳市人。曾任广东省曲艺协会第二届副秘书长、常务理事，中国曲艺家协会会员。

关楚梅4岁便在兄长的熏陶下学会唱粤曲，12岁参加"怡社"（音乐社），跟老艺人学艺，后拜张月儿为师；抗日战争胜利后，在香港与冼干持合作演唱"幻境新歌"；1951年，参加广州曲艺大队；1958年，参加广东音乐曲艺团，擅长谐曲、说唱。她一个人能同时演唱多种角色，善于模拟男女老少各种发声和生旦净末丑等多种行当表演，逼真动人，妙趣横生。新中国成立后，她积极从事整理传统曲目和创作工作。其代表曲目有《通台佬倌》《呃神骗鬼》《牛皋扯旨》《前赴后继》等。她是率先把北方相声引入广东用广州方言表演的演唱者之一，曾在广东人民广播电台录播《虾仔入城》《好》等段子。

何　萍

何萍，女，1958年生，广东省佛山市人。一级演员，非物质文化遗产（粤曲）项目广东省级代表性传承人。

何萍先后师从粤乐名宿叶孔昭和著名"星腔"唱家李少芳，是星腔第三代传人。其音色圆润、行腔干净利落、刚柔相济、富有韵味，板腔转接技巧颇见功力。其唱腔和表演力丰富，不但擅唱平喉，还可唱子喉、大喉，演唱大喉声韵铿锵，演唱子喉委婉清亮。何萍演唱在深得"星腔"精髓的基础上，不断吸取各家各流派之所长，有所创新，屡出新腔。1996年以来，她先后多次在广州、香港、澳门以及温哥华举行个人演唱会，获得中国曲艺"牡丹奖"、中国曲艺家协会"德艺双馨"会员荣誉称号。

李月友

李月友，女，1955年生，广东省佛山市人。非物质文化遗产（粤曲星腔）项目广东省级代表性传承人。

李月友原习子喉，后改唱平喉，尤喜星腔。1997年，她应邀赴港参加"省港同歌小明星"演出活动期间，正式拜小明星唯一徒弟陈锦红为师，成为星腔第三代传人。她有20年粤曲演唱的丰富经验，唱腔温婉缠绵、典雅幽怨，感情细腻，既有星腔的浓郁韵味，又有自己的个性特色。李月友曾获"佛山市民间十大粤曲唱家"称号。2011年，李月友在三水区成立"粤曲星腔艺术研究中心"，自行筹资购置音响、乐器设备和服装道具，开展传承活动；先后举办"星曲雅韵大联欢"粤曲晚会、"星曲心声、星迷会聚"联欢晚会、"星腔粤韵耀恒福（广场）"多场欣赏会，参与"三水区纪念小明星100周年诞辰"星腔欣赏会、"佛山粤曲精英联谊"演唱会等20多场粤剧粤曲演出活动。

如今李月友还在小明星故乡

三水开设"曲苑艺坛",为星腔爱好者提供交流平台,吸引更多的年轻人接触星腔、学习星腔,为星腔的薪火相传做出了贡献。

李丹红

李丹红,女,1939年生,广东省江门市人。一级演员,粤曲平喉、大喉演唱家。

20世纪50年代初,李丹红师从白燕仔学习粤曲演唱,后来又得到熊飞影指点,功底扎实,技艺全面,大喉、平喉俱佳,擅长琵琶弹唱和唱腔设计。1958年,她到广东音乐曲艺团工作,曾任该团副团长。20世纪60年代,她进行艺术创新,开始演唱现代题材的曲目。她于1962年演唱现代题材南音《沙田夜话》首获成功;1982年参加全国曲艺(南方片)调演,演唱《二泉映月》获一等奖;1984年获广东省首届鲁迅文学艺术奖;1986年参加全国曲艺新曲(书)目比赛,弹唱《牧马人》获一等奖。

何丽芳

何丽芳(1924—1987年),原名刘贞洁,女,广东省广州市人。曾任佛山市曲艺团团长。

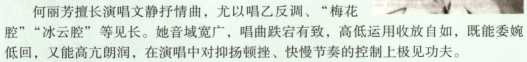

何丽芳父亲为刘知方,艺名"生鬼容",是20世纪20年代的粤剧演员。何丽芳自幼酷爱粤曲,13岁时因家境贫困开始从艺卖唱,并从父辈那里学会了粤曲大喉、平喉、子喉的唱腔;19岁正式登台,与当时的广东音乐名家吕文成、尹自重、何大傻、苏文炳、何浪萍等同台演出,首演便获成功。自此,她便开始在粤、港、澳等地茶楼、茶座以卖艺唱曲为生。

何丽芳擅长演唱文静抒情曲,尤以唱乙反调、"梅花腔""冰云腔"等见长。她音域宽广,唱曲跌宕有致,高低运用收放自如,既能委婉低回,又能高亢朗润,在演唱中对抑扬顿挫、快慢节奏的控制上极见功夫。

新中国成立后,何丽芳以唱平喉为主,不久便转入粤剧界,曾在佛山粤剧团、肇庆粤剧团担纲演出。她在长期的艺术实践中积累了丰富的经验。她根据自身的声音特色在师承星腔的基础上,吸收了徐柳仙、张月儿的唱腔特点,逐渐形成了抒情、刚健、爽朗的演唱风格。其代表作有《浔阳江上浔阳月》《张文贵践约临安》《星殒五羊城》《抗婚月夜逃》《思凡》等。

陈玲玉

陈玲玉,女,1962年生,广东省江门市人。一级演员,非物质文化遗产(粤曲)项目广东省级代表性传承人。

陈玲玉毕业于广州市文化艺术中等专业学校，1977年考入广东音乐曲艺团学员班。她师从琵琶演唱名家李丹红和白燕仔、劳艳娟、汤凯旋，并向兄弟曲种汲取艺术养料，也曾拜中国曲艺家协会主席、京韵大鼓大师骆玉笙为师。她演唱音色甜润，音域宽广，字正腔圆，声情并茂，既能高亢健朗，又可悲愤缠绵，韵味浓郁。她首次在艺术名家林立之北京、天津、上海等地区，举办"陈玲玉96京、津、沪、穗、港、澳粤曲巡回演唱会"，赢得了"跨江渡河第一声"的美誉，促进了南北曲艺的交流。其代表作有《悲歌广陵散》《祥林嫂》《阮玲玉》《昭君怨》《秋声醒国魂》等。她凭借优美的表演、扎实的曲艺功力，足迹遍布世界各地，赢得了众多曲迷的爱戴。近年来，她先后前往新加坡、澳大利亚、美国等地进行演出和讲学。她曾获首届中国曲艺牡丹奖表演奖、广东省第五届鲁迅文艺奖、广东省宣传文化精品奖、广州市首届文艺奖特等奖、广州市文艺奖精品奖等，获广州市政府记功一次。陈玲玉现就职于广东音乐曲艺团，为广东省曲艺家协会会员。近年，她致力于培养曲艺接班人。例如，她培养的青年演员黄秀冰已多次获得全国及省市专业奖项。

黄少梅

黄少梅，女，1931年生，广东省广州市人。一级演员，非物质文化遗产（粤曲）项目广东省级代表性传承人。

黄少梅13岁拜李少芳为师，向梁以忠、王者师、梁钜等学习音乐曲艺基础知识，并向失明老艺人梁鸿学习南音。她在艺术上严于律己、精益求精，一板一眼都悉心研究，是"星腔"第三代传人。黄少梅经长期艺术实践，逐步形成以"星腔"为基础，同时又有自己特点的"平喉"唱腔流派。其特点是柔美婉转，抒情纤细，运腔流畅自如，字清音切，字音、情感、运腔处理恰当，浑然一体，声情并茂。其成名曲有《王十朋祭江》《子建会洛神》《花木兰巡营》。此外，还有《血染桃花扇》《张羽订盟》《梦会牡丹亭》《柳梦梅拾画》《十八相送》《何文秀试妻》《荔镜缘》及现代曲目《乡恋》等代表作，深受内地、香港、澳门听众以及海外华侨的欢迎。她先后获广东省鲁迅文学艺术奖、全国曲艺会演一等奖，2005年被中国曲协评选为全国十大优秀曲艺家之一，2009年获第六届中国曲艺"牡丹奖"的终身成就奖。

黄少梅扶掖后进，收徒授艺，学生遍及海内外。其中，有中国曲艺"牡丹奖"获得者、被誉为"星腔传人"的叶幼琪、梁玉嵘，有来自温哥华的"远洋弟子"梁妙珠等。

梁玉嵘

梁玉嵘，女，1970年生，广东省佛山市人。一级演员，非物质文化遗产（粤曲）项目广东省级代表性传承人。

梁玉嵘1988毕业于广东音乐曲艺团委托广东粤剧学校举办的曲艺班，曾受劳艳娟等多位名家的指导，1991年拜著名"星腔"唱家黄少梅为师，是"星腔"第四代传人之一。她在"星腔"传统基础上求新求美，表演形式多样化。她的演唱无论发声、运气、吐字、唱腔、韵味都能发挥"星腔"柔媚委婉、跌宕有致、抒情色彩甚浓的艺术特色。她曾于1993年和1995年两次在广州举办个人演唱会，多次赴我国香港、澳门地区以及新加坡、欧洲等地演出，被誉为"最新一代粤曲星腔传人"，是粤剧曲艺界办"个唱"最年轻的唱家。其代表作有《雏凤新声颂伟人》《南粤欢歌》《重上媚香楼》《天涯璧合庆月圆》《情殉劫后花》《织出南国彩虹路》《风雪夜归人》等。2002年，梁玉嵘又创新上演大型曲艺剧《宝莲灯》。她曾两次获中国曲艺"牡丹奖"，两次获广东省鲁迅文学艺术奖，两次获全国电视星光奖，被中国文联授予"德艺双馨中青年艺术家"称号、被广东省文联授予"跨世纪之星"称号。

谭佩仪

谭佩仪，女，1926年生，广东省江门市人。一级演员，非物质文化遗产（粤曲）项目广东省级代表性传承人。

谭佩仪自幼爱好音乐曲艺，11岁投音乐名宿谭雨初门下学艺，13岁正式登台演唱。她聪慧勤奋，练就大喉、平喉、子喉演唱技巧及多种乐器的演奏，能自操扬琴演唱。她在继承传统和学习其他剧种唱腔基础上，勇于创新，自成一派。其唱腔特点是圆润酣畅、清亮委婉、感情充沛，善于表达人物的内心世界。其代表作有《雷峰塔》《潇湘夜雨》《蔡文姬归汉》《文成公主》《燕子楼》《崔莺莺怨婚》《姑苏晚咏》。其中，《雷峰塔》一曲中的一段反线二黄

"祭塔腔"，原为桂林官话演唱，被谭佩仪改为广州方言演唱后唱腔上有所创新，至今仍为粤曲、粤剧所用。20世纪50年代，谭佩仪已成为曲坛子喉代表性人物，享有"正宗子喉""子喉王"的盛誉。除曲艺演唱外，她还坚持从事教学工作，在教学中因材施教、无私授艺，为曲艺事业培养出众多接班人，如粤剧界著名花旦倪惠英、曾慧、关青等。

五、广东说书传承人

陈干臣

陈干臣（1896—1958年），男，广东省佛山市人。粤语说书艺人。

陈干臣原在今广州市越秀区北京路居住，少时熟读古书。成年后，他曾在陈李济药厂当掌柜。1932年广州电专学校广播电台招考"讲古"（说书）员，36岁的陈干臣应征获选。抗日战争期间，陈干臣曾参加抗日救亡工作。"抗战"胜利后，陈干臣返回广州，在广州的"胜利电台"重操旧业，取艺名"老陈"。"老陈讲古"这句话成了当时广州群众的一句口头禅，妇孺皆知。除说书外，他还撰写了内容包括岭南历史掌故、民间传说的《百粤掌故》。新中国成立后，陈干臣的说书艺术得到重视，他常在电台和岭南文物宫（即广州现在的文化公园）等地为群众说书。

陈干臣善讲悲壮、慷慨激昂、气势磅礴的故事。他说书时，感情充沛、吐字清晰，能充分运用古典文学语言，出口辞藻华丽，代表作品有《杨志卖刀》《易水送荆轲》等。他取得了极高的艺术成就，在我国粤港澳地区以及新加坡等地，都有一定的影响。

侯佩玉

侯佩玉（？—1975年），艺名万里士，男，广东省佛山市人。粤语说书艺人。

侯佩玉早年受说书艺人陈干臣与何觉非的影响在茶楼说书，20世纪50年代后闻名于广州。其代表作有《三国演义》《水浒传》《洪熙官》等。侯佩玉不但在广州的文化公园和许多工人俱乐部巡回说书，还经常在省、市人民广播电台讲故事。他的电台节目在下午6点准时播出。侯佩玉的说书语言流畅，语调节奏讲究抑扬顿挫、句读分明，在处理话本时细致入微，富有文采。他的"发口"（艺人的台词）抑扬顿挫，铿锵悦耳；"表"的技巧有独到的功夫。例如，他讲"三国"，能冲破时间空间的限制，"未来先说，过后重提"，使整套书前后呼应；在《群英会》和《舌战群儒》两段"文场戏"表演中，他的说表功夫尤其出色。侯佩玉在电台播讲《三国演义》时，每录制一回，都会给电视台编辑写一段"分析体会"，可惜资料早已散佚。同时，他总结前人的经验，编了说书的"十忌"和"十要"口诀，作为后人学说书的指南。

颜志图

颜志图，男，1943年生，广东省广州市人。非物质文化遗产（粤语讲古）项目广东省级代表性传承人。

颜志图因读初中时偶经书场，被说书泰斗陈干臣先生一段《杨志卖刀》所吸引，从此着迷讲古。1961年9月，他考入广州说书学会当学徒，师从侯佩玉，正式开始讲古生涯，后历任广州说书学会秘书长、会长，为"颜派"评书艺术掌门。在20世纪90年代后期至21世纪初的粤语讲古"低潮期"，颜志图几乎成为广州仅有的坚持现场说书的艺人，在中山八路小学和陶陶居茶楼现场讲古，被传媒称为"广州最后一个讲古佬"。2003年以来，粤语讲古慢慢复苏，颜志图在文化公园书场重新开讲，其《寻根问底》《羊城度度有段古》等电视说书节目也在广东电视台播出，深受观众欢迎。如今，颜志图仍然致力于讲古艺术的传承，把书场讲古移植到电视节目当中，并不断结合社会文化动态对其进行有益的改造和探索，为粤语讲古事业的发展开拓新的传播渠道。

颜志图在讲古中吐字清晰、音色悦耳，尤其注重人物塑造、故事结构和语言运用的技巧。此外，他善于收集、挖掘老广州的风土人情、历史典故，讲古的内容不仅包括传统的长篇章回小说，还包括广州民间掌故，反映广州的风土人情，蕴含了许多历史文化信息。他总结出叙事中的"分、拼、转、合"，气息运用中的偷气、急换气、倒吸气等技巧。他出版有中国首张粤语说书音像制品《颜志图讲古台》与以讲古艺术为内容的图书《榕阴古趣：广州说书》。

六、潮州歌册传承人

林少红

林少红，女，1932年生，广东省潮州市人。非物质文化遗产（潮州歌册）项目广东省级代表性传承人。

林少红自幼即继承了家传潮州歌册的传统唱法，后又得到著名老艺人萧菲的传授，逐渐形成以一、二句唱平声，三、四句唱仄声的独特唱法。她有几十年的演唱经验，演唱的歌册众多，还制作、发行了潮州歌册传统名篇《百屏灯》的VCD光盘，是当地知名的民间演唱家。林少红曾参与由广东岭南教育研究院、潮州市文化馆主办，韩山师范学院图书馆、潮州市潮汕文化传承青年协会协办的潮州歌册培训班，与省级非遗传承人柯秉智、市级非遗传承人翁楚钿演唱《宋仁宗叹五更》《英台求学》等传统歌册，并为一众学员授课讲解，为观众展示传统文化艺术的深厚底蕴。她常到各社区演唱和教唱，培养了不少爱好者，为潮州歌册的传承做出了贡献。

柯秉智

柯秉智，男，1933年生，广东省潮州市人。非物质文化遗产（潮州歌册）项目广东省级代表性传承人。

柯秉智青年时即拜老一辈女艺人萧菲为师，学唱潮州歌册，在掌握了各种唱法后，便将其整理归纳成10种唱法，并记录成简谱推广。近年来，柯秉智新创作了不少潮州歌册，内容上体现了新时期潮州精神，歌颂了潮州人民的勤劳朴实，唱响了共同建设美好家园的主旋律。他曾于2014年参与湘桥区在牌坊街举办的"潮州歌册"专场演出，与省级非遗传承人林少红和市级非遗传承人翁楚钿给观众带来了新创作的《诚信姻缘》《潮州文化赞》《潮州八景新唱》等潮州歌册。2015年，在由湘桥区文化馆与潮州市文化馆、韩山师范学院图书馆联合举办的潮州歌册诵唱培训班中，柯秉智为学员教唱潮州歌册的10种唱法，表演了潮州歌册《潮州八景新唱》《张古董》等经典曲目，为社区群众说唱广东好人的故事等，此外还免费向学员赠送潮州歌册教材。柯秉智长期积极开展传承活动，多次参与在潮州市区和多个乡镇举办的潮州歌册诵唱培训班。近年来，他还在电台开设讲座并亲自授徒，对更好保护和传承潮州歌册这一非物质文化遗产、弘扬潮州传统文化起到很好的促进作用。

第四章
广东省民间音乐传承人

第一节
民间歌曲传承人

一、开平民歌传承人

张巨山

张巨山，男，1944年生，广东省开平市人。非物质文化遗产（开平民歌）项目广东省级代表性传承人。

张巨山母亲是开平民歌演唱能手，他从小耳濡目染，对开平民歌产生了浓厚兴趣。1958年新民歌运动兴起，张巨山通过语文老师方志明教授的民歌常识，以及自己对《民歌写唱常识》的钻研和《开平文艺》刊登的民歌作品，初步掌握了开平民歌的基础知识。他又在开平民歌培训班上，学习方基、张澄汉、余铮、杨达、关辉、周光波等著名民歌手的创作和演唱技巧。1987年，他在文化馆负责开平民歌资料搜集整理工作，加深了对开平民歌发展历史的认识和了解。在文化部门工作期间，他继续从事开平民歌的研究、创作和辅导工作，创作了一批作品在晚会上演唱。离岗退养后，他被返聘回文化馆工作，自此进入创作高峰期，每年创作量达数十首，在省市的评选和比赛中屡获奖项，并经常登台演唱。

张巨山熟悉并掌握开平民歌卖鸡调、小卖鸡、禾楼歌、木鱼歌、夹房歌、东风调、梅花腔、莲花板等不同歌种的传统唱腔、伴奏规律和歌词写作格式。他演唱开平民歌嗓音清亮，字正腔圆；创作的作品题材多样，贴近生活；语言通俗生动，诙谐幽默，富有侨乡地方特色；技巧娴熟，即编即唱。在编曲方面，他能在保留传统的基础上，糅合进现代音乐元素，增强时代感和表现力；他设计的音乐唱腔节奏明快、婉转流畅，善于表达各种情感。

近年来，张巨山热心普及和推广开平民歌，并于2005年参与大型学术著作《开平民歌》的撰稿、编辑工作；还在2012年参与《开平民歌》CD专辑的创作、搜集、编曲、导唱和录制工作，共录制作品20多首，由广东音像出版社出版发行。

张巨山积极培养下一代开平民歌的传人，重点辅导了黄飞燕、谭富元、曾文茵、梁清清、梁华娟等青少年歌手10多人，使其演唱水平大大提高，并在省、市级比赛中获奖；他悉心辅导农民歌手张立宏的创作、演唱技巧，使其成为"农民歌手"。"明星村长"。张巨山每年举办民歌写唱常识培训班，至今开设了 9 期，共培训学员 600 多人次；深入多所中小学辅导学生唱民歌，学员 1500 人次。

二、龙船歌传承人

周才明

周才明，男，1947 年生，广东省韶关市人。非物质文化遗产（龙船歌）项目广东省级代表性传承人。

周才明自幼随村中老人熊老土、何士林学习唱龙船歌，有 60 余年演唱经验。他娴熟地掌握了龙船歌全套演唱技能，把龙船歌的特色发挥得淋漓尽致。1982 年，他开始担任龙船歌的领唱，每年端午节带领村中老少村民唱着龙船歌，参加珠玑巷古村举行的装飘色、龙船菩萨出游等独具地方特色的民间艺术活动。近年来，他作为领唱师傅和主要组织者，多次带领村龙船歌队参加南雄市的各种演出，如元宵节民间艺术表演、文化遗产日展演活动等。

多年来，周才明为龙船歌的传承做出了巨大的贡献。在文化部门的支持下，他积极履行传承人的职责，得其传授技艺的年轻徒弟达 300 多人，他们大多已全面掌握了龙船歌的曲调、歌词、技巧等，基本形成老、青、少三代传承链。

三、石塘月姐歌传承人

谭彩霞

谭彩霞（1923—2016 年），女，广东省韶关市人。非物质文化遗产（石塘月姐歌）项目广东省级代表性传承人。

谭彩霞 6 岁开始，随其奶奶学唱月姐歌，14 岁时加入了月姐歌堂。年轻时，她常常与同村的女性聚在一起边绣花边唱月姐歌，少时两三人，多时十几人或者二十几人。直至如今，谭彩霞到了"接月姐"的日子仍和村里的妇女们聚在歌堂唱月姐歌，载歌载舞、游玩嬉戏。

由于受家族的影响，谭彩霞熟悉了解月姐歌的音律，掌握的月姐歌最多、最全面，在月姐歌歌坛中辈分最高，声望最高，组织能力最强。多年来，她一直参与组织"月姐歌"的表演及传承教学活动，口传心授的弟子有100多人，遍及现在的两个"月姐歌堂"及石塘镇各村的妇女，其中最年少的只有四五岁，最年长的甚至有七八十岁。

四、阳江山歌传承人

谭闰瑜

谭闰瑜，男，1952年生，广东省阳江市人。非物质文化遗产（阳江山歌）项目广东省级代表性传承人。

谭闰瑜五六岁时即随父亲学唱山歌。他自幼聪明，很快便能随口而歌，展露出唱山歌的才华，常常一边放牛一边"对牛唱歌"。15岁，谭闰瑜便开始与人对歌。为了能对答如流，他勤奋学习知识，上到天文，下到地理，还常常看电视看报纸，关心国家大事。当年流行的小说如《城南旧事》《青春之歌》以及四大名著，他都熟记于心。1986年，阳江县举行首届山歌擂台赛，谭闰瑜一举夺魁。此后连续十几年，谭闰瑜总在阳西县山歌比赛中稳拿第一。

谭闰瑜的山歌一唱就是50余年，一直以来，谭闰瑜进农家、站田头、到工厂、赴筵席……他自编自唱自演，字正腔圆的说唱和声情并茂、娴熟精湛的表演，深受当地群众的喜爱。

除了在山歌演唱上有所造诣，谭闰瑜对阳江山歌的传承也做出了积极贡献。他深入研究山歌的入题、落韵、对比、双关等创作技巧，写出《山歌创作大纲》《山歌韵律》等文章；热心支持和鼓励山歌协会组织活动下到基层传播山歌文化，为使山歌更好地保存下来，每次山歌活动都帮忙抄录山歌歌词；着力培育阳江山歌接班人，带出了梁观月、谭轩、伍秋带、冯伍妹等入门弟子。

五、鸡山牛歌传承人

唐贻程

唐贻程，男，1927年生，广东省珠海市人。非物质文化遗产（中秋对歌会）项目广东省级代表性传承人。

唐贻程从1935年接触并学习、传唱中秋对歌会之鸡山牛歌，至今已70年。他在退休后，致力于收集整理中秋对歌会歌词20多年，多次组织小型中秋对歌会，呼吁延续中秋对歌会民俗，对濒危的中秋对歌会重新为世人所识起了非常关键的作用。

2006年，他参加珠海市第二届民歌大赛获老年组银奖及荣誉大奖。从2006年中秋节起，在唐贻程的努力下，由珠海唐家湾镇文化中心和鸡山社区居委会牵头，举办了大型的中秋对歌会，重现了中秋对歌会当年的风采。2007年，唐贻程开始在村中曲艺社、中小学教授中秋对歌会所唱的鸡山牛歌。至2008年年底，他已收集中秋对歌会歌词80余首，并协助镇文化中心编成《中秋对歌会歌集》，为中秋对歌会留下了珍贵的资料。

六、沙田民歌传承人

陈社金

陈社金，男，1951年生，广东省珠海市人。非物质文化遗产（沙田民歌）项目广东省级代表性传承人。

陈社金自幼受父亲影响开始学唱沙田民歌，是珠海市南屏镇沙田民歌队歌手。他从20世纪60年代末开始至今，搜集、改编、创作沙田民歌数百首。他历任南屏镇文化站站长、南屏曲艺社社长，积极创办沙田民歌艺术研究会，成立了沙田民歌队。他曲调掌握全面，演唱方法丰富，表演生动且擅长创作。

2009年，他与民歌手梁六妹联袂获得首届"金嗓子杯"全国山歌邀请赛最高奖"金嗓奖"。他还创作适合学生演唱的沙田民歌，走进校园为学生开设演唱技巧培训班，培养了一批致力于沙田民歌的传承人。

吴金喜

吴金喜，男，汉族，1944年生，广东省珠海市人。非物质文化遗产（沙田民歌）项目广东省级代表性传承人。

吴金喜自小随父辈学唱沙田民歌，在继承传统沙田民歌的基础上，突破清唱形式，发展出民歌说唱、表演唱等新形式，创作、演唱的民歌内容贴近社会、贴近生活、贴近现实，为社会所广泛传唱。20世纪60年代以来，他收集沙田民歌2000余首，整理出版了《珠海沙田民歌》一书。

近年来，他广泛深入社区、校园等传授沙田民歌、培养民歌手，促进了沙田民歌的传承与传播。

七、连滩山歌传承人

莫池英

莫池英，女，1966年生，广东省云浮市人。非物质文化遗产（连滩山歌）项目广东省级代表性传承人。

莫池英自小受民间艺术熏陶，尤其喜爱连滩山歌；1980年初中毕业后，跟堂兄莫福学唱山歌。此后，她得到当地歌师郑泉、刘十妹的指导，演唱水平有所提高后注意吸取前辈经验，歌艺日臻娴熟，唱腔悦耳动人，形成了独特风格。

她演唱的连滩山歌内容丰富、形式活泼、语言生动、句式精炼而富有韵味；除了擅长叠字、谜语、拆字、夸张、影射、双关等表现形式外，还能十几首连环串唱，且能即兴创作，应答如流，在历届"南江流域山歌大赛"中均获得奖项。

她多次应邀在省内各类民间艺术节庆上演唱连滩山歌，有广泛影响力。她还带徒授艺，为连滩山歌的保护和传承做出了努力。

八、乳源瑶歌传承人

赵才付

赵才付，男，瑶族，1962年生，广东省韶关市人。非物质文化遗产（乳源瑶歌）项目广东省级代表性传承人。

赵才付从小喜爱瑶族山歌，3岁时跟着爷爷学习古人名流山歌，5岁后跟奶奶学生产山歌，常常和堂姐堂哥们口头比赛；16岁高中毕业后，在父亲的精心指导下更系统地掌握了瑶族山歌各流派的唱法。他演唱的"深山瑶"中长调，乐感明快、咬字清晰，又具备"浅山瑶"长调悠扬婉转的特点。

近年来，他积极参加乳源瑶族自治县组织的瑶族歌会、中国瑶族盘王节等活动，经常深入农村与山歌爱好者一起挖掘和收集瑶族山歌资料，是县里瑶族山歌培训班聘请的教师。

赵拉婢

赵拉婢，女，瑶族，1935年生，广东省韶关市人。非物质文化遗产（乳源瑶歌）项目广东省级代表性传承人。

赵拉婢从小听着母亲的瑶歌长大，十三四岁以后经常参加当地歌姆们的歌会，全凭心和脑去学唱山歌，新歌往往唱一次就能记住，还能够即兴自编自唱瑶歌，在任何场合对歌流畅自如。

赵拉婢擅长生活散歌，属东坪"浅山流派"歌手。其瑶歌演唱技巧变化多样，音色细腻、清新、嘹亮，曲调婉转，风韵、旋律有自己的独特性。

她曾深入乳源当地多所学校传授瑶族山歌演唱技法，培训学员200余人，并组织中老年瑶歌演唱交流会等，为乳源瑶歌的传承、发展尽心尽力。

赵新容

赵新容，女，瑶族，1946年生，广东省韶关市人。非物质文化遗产（乳源瑶歌）项目广东省级代表性传承人。

赵新容从小就向爱唱山歌的大人学习演唱技巧，演唱的山歌具有"深山瑶"的中长调音阶特点，落词明确，乐感明快清晰，风格婉转悠扬。

她积极参与文化遗产日活动和瑶族"十月朝"等主题活动，以及中国瑶族"盘王节"等大型节庆的瑶歌展演活动。2009年以来，她多次深入学校参与乳源瑶歌的校园传承工作，为瑶族山歌的传承和发展做出了贡献。

九、咸水歌传承人

吴志辉

吴志辉，男，1939年生，广东省中山市人。非物质文化遗产（中山咸水歌）项目国家级代表性传承人。

吴志辉是土生土长的大沙田咸水歌传唱者。他出色的男高音将咸水歌飘荡回旋的韵味表达得淋漓尽致。他从小受到中山咸水歌的熏陶，在老一辈资深民歌手何福友、陈石等人引导下，掌握了中山咸水歌的演唱技艺。他1955年参加了村里的宣传队，1957年参加佛山专区六市县群众歌友盛会，1962年加入了坦洲民歌合唱团，1964年、1965年两次参加中山县民歌会演，均获得了第一名。2003年春节，中央人民广播电台特约他录制了坦洲民歌向世界华人广播；2004年，他与梁三妹合唱的咸水歌被收录于《中山民歌》CD金碟和《中山民歌》MTV。

吴志辉能随时随地即兴演唱，特别是在唱情、唱景、唱人、唱物方面，有很高的"爆肚"（即兴演唱）才华；保留着疍家人演唱咸水歌的原生态唱腔唱法；声调高昂开阔，保持高八度的男声独特唱法，擅长咸水歌对唱。他的主要作品有高堂歌对唱《送郎一条花手巾》《送茶》、咸水歌对唱《对花》等。

另外，他积极协助《坦洲民歌集》的出版工作，为咸水歌的传承、发展发挥了桥梁的作用。他将咸水歌通过录音、手稿等形式进行记录，并以此培养后辈，积极致力于传承咸水歌工作，使咸水歌得以相传。

陈昌庆

陈昌庆，男，1943年生，广东省阳江市人。非物质文化遗产（阳江咸水歌）项目广东省级代表性传承人。

陈昌庆从小就对咸水歌耳濡目染，17岁进入东平南胜渔业社工作。当时的社长冼富强、工人冼正辉都是东平有名的咸水歌手，因此，他能全面系统地向他们学习咸水歌的演唱技巧，并学习咸水歌的创作。在渔业社工作期间，陈昌庆经常到各地渔港深入体会疍家生产和生活习俗，了解多种咸水歌的演唱方法，虚心向疍民们学习，充实咸水歌的创作内容和演唱能力。他还请专业的老师辅导创作，学习舞台演出。退休以后，陈昌庆发挥专长，坚持进行咸水歌创作，举行咸水歌演唱活动，并听从专家意见，对阳江咸水歌进行了一些改革创新，在原生态的基础上改变了调式，增加了音乐锣鼓，使咸水歌固有的叹调悲伤凄楚变得欢快悦耳，受到社会广泛欢迎。他还积极参与各地举办的民歌会、民歌邀请赛等活动，屡获殊荣，并在2008年度广东民间文艺表彰大会上被评为"广东民间歌王"。

黄锦玉

黄锦玉，男，1941年生，广东省东莞市人。非物质文化遗产（咸水歌）项目广东省级代表性传承人。

黄锦玉自少年起随父辈传唱咸水歌，1956年曾与当地歌手斗唱，在拆字眼斗唱中所向披靡，奠定了他在本地咸水歌演唱中的地位。1957年，他师从黄娣，系统学习咸水歌。经过不断自我完善，他形成了独特的个人风格，擅长抒情的曲调，把咸水歌中含情脉脉的对唱演绎得十分传神。其嗓音清亮，精通咸水歌演唱极其重要的部分——拉音，其腔调婉转悠扬，拉音持续时间长，充分展现咸水歌的乐韵。

近年来，黄锦玉积极参与民间自发的咸水歌演唱团体活动，还走进学校教学生们学唱咸水歌，大力宣传、推广咸水歌。

谢棣英

谢棣英，女，1955年生，广东省广州市人。非物质文化遗产项目（咸水歌）广东省级代表性传承人。

谢棣英1972年毕业于广东实验中学。她一直工作和生活在水上居民文化咸水歌发祥地之一——海珠区滨江街，悉心研究水上居民历史和咸水歌文化。1978开始，她在研究咸水歌的基础上，先后向何佩芳等多位水上居民学习咸水歌的演唱技巧，致力于各地咸水歌手稿、录音、录像的收集，为传唱、收集、整理广州咸水歌倾注了大量心血。

30多年来，她深入调研水上居民的历史和文化，坚持传承和发展广州咸水歌，足迹遍布广东省各地，先后挖掘整理原始咸水歌100余首，改编和创作广州咸水歌200余首，开拓广州咸水歌传承教育基地10余个；参与策划并举办了4届广东珠三角咸水歌会。2004年，她全力推进滨江街被评定为广东省"民族民间艺术之乡（咸水歌）"；2007年，她推动广州咸水歌入选广州市首批市级非物质文化遗产名录、广东省第二批省级非物质文化遗产名录；2008年，她推动建成广州市第一间街道级的广州海珠滨江水上居民民俗博物馆。2012年，她被评定为广东省非物质文化遗产咸水歌项目的代表性传承人。此外，她担纲或表演的咸水歌连年在市级以上大赛中获奖，先后荣获广东省渔歌精英赛暨全国渔歌邀请赛金奖等30余个奖项。

除此之外，谢棣英还大力宣扬和传播咸水歌文化，其事迹先后在中央、广东、广州各级电视台以及《广州日报》《羊城晚报》《星岛日报》等新闻媒体播放或刊登，使古老的广州咸水歌艺术广为人知。近年，她又投入到《广州咸水歌》一书的编著中。她对"水上居民历史和文化"倾注了满腔热忱和心血，受到社会各界的广泛赞誉。

十、客家山歌传承人

卢月英

卢月英，女，1934年生，广东省梅州市人。非物质文化遗产（松口客家山歌）项目广东省级代表性传承人。

卢月英自幼受外婆影响喜欢上客家山歌，有30余年的演唱客家山歌的丰富经验。她在大埔高陂中学上学时，已是校文艺队的主力成员；16岁那年进入文工团，开启了漫长的艺术生涯；36岁，成为当地小有名气的山歌手。卢月英熟练掌握松口山歌的韵脚、语调和韵律，尤为擅长即兴编词，出口成歌，能连续数小时对歌。

2000年，卢月英和其他志同道合的山歌爱好者自发成立了一个以传承和发扬优秀传统文化为宗旨的"松口山歌联谊会"（2004年更名为"梅县松口山歌协会"），经常组织山歌手自费到松口的中学和小学宣传和教唱山歌，至今已到近20间学校进行教学，对客家山歌的传承做出了积极贡献。

刘永荣

刘永荣，男，1936年生，广东省中山市人。非物质文化遗产（白口莲山歌）项目广东省级代表性传承人。

刘永荣出身于一个擅长白口莲山歌的家庭，其祖父、祖母和父亲都是因为唱白口莲山歌而在五桂山区一带享有盛名。他的父亲刘伯胜小时候向祖父刘容生和祖母古谏妹学唱白口莲山歌。刘永荣承传祖父母和父亲的白口莲山歌演唱技巧。因为从小耳濡目染，刘永荣亦能出口成歌。

村中的婚娶喜事，都会请刘永荣去唱白口莲山歌，以活跃婚礼气氛。婚礼上，他即兴用白口莲山歌的形式来询问、逗笑新媳妇，表现了机智和不凡的唱功。20世纪60年代，他在文艺宣传队里唱白口莲山歌，除了在五桂山，还经常到各个镇去演出。他经常代表五桂山参加各种歌唱大赛并获得奖项。他所演唱的白口莲山歌，在1993年被录成CD发行到世界各地的华人地区，受到广大海外华侨的欢迎。

刘永荣擅于演唱白口莲山歌中的采茶调、叹情、唱花、唱情、顺口溜等。他的白口莲山歌至今仍然保留着传统唱法，主要以咸水歌为曲调，用客家白话来演唱，衬词多用"啊""啊咧"，衬句多用"妹啊哩""兄啊哩"；歌唱的即兴性很强，主题以谈情说爱、生产生活等为主。

刘永荣积极将白口莲山歌的传统唱法承传下来，并将其不断推广和传承给下一代。他有十几个徒弟，最小的只有7岁。一直以来，他坚持亲自辅导徒弟学习和排练白口莲山歌。此外，他还帮助五桂区下辖较大的自然村设立山歌文化室，开展白口莲山歌的资料收集、整理工作，并协助五桂山区办事处举办客家山歌比赛活动，在学校开设了白口莲山歌的课程，教唱白口莲山歌，使白口莲山歌得以传承；参与拍摄反映白口莲山歌等歌曲的历史及传承的《客家山歌》VCD等。

刘国权

刘国权，男，1949年生，广东省东莞市人。非物质文化遗产（清溪客家山歌）项目广东省级代表性传承人。

受父辈们和周围学习生活环境的影响，刘国权从小就喜欢客家山歌，并在学习过程中，发现了自己在文学艺术方面的天赋，于是开始写客家山歌，先后创作了《快乐毕业生》《大寨花开格外香》等山歌，并在当时的《东莞文艺》上发表。

在创作的过程中，刘国权发现传统客家山歌的发展难问题，于是，他反复琢磨原来的山歌调子，借鉴其他民歌元素，在传统山歌的基础上创新，通过以词变腔、节奏压缩、扩展等手法，写出了让人耳目一新、容易传唱的新客家山歌歌曲，使其既保留原来客家山歌的味道，又融入了新的元素。

近年来，他在《清溪报》发表诗作90多首，创作歌曲30多首。2014年3月，在清溪镇委实践办的指导下，组织并参加"唱响客家山歌，宣传群众路线"活动，共创作山歌26首，通过演唱和传唱，使群众路线更加深入人心，受到市镇实践教育部门的通报表扬。2014年7月，刘国权学习社会主义核心价值观，深有体会，创作客家风二十四字歌，通过教唱和传唱，得到干部群众的好评。

池官华

池官华，男，1940年生，广东省梅州市人。非物质文化遗产（石岩客家山歌）项目广东省级代表性传承人。

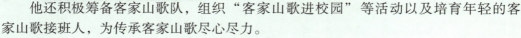

池官华10岁时即学唱山歌，有近60年的山歌演唱经验，熟练掌握当地客家山歌的曲调和演唱技巧，将浓厚的生活情趣和乡土气息融汇到山歌里，创造了居民喜闻乐见的山歌形式。

池官华的演唱以四句体和五句体山歌为主，擅长欢快活泼的山歌小调，常在摆擂台对歌中取胜。

他还积极筹备客家山歌队，组织"客家山歌进校园"等活动以及培育年轻的客家山歌接班人，为传承客家山歌尽心尽力。

汤明哲

汤明哲，男，1934年生，广东省梅州市人。非物质文化遗产（梅州客家山歌）项目国家级代表性传承人。

汤明哲集写、唱、弹、演、斗歌、教学于一身，形成了别具一格的"汤腔"唱法。

汤明哲15岁起受母亲唱山歌的熏陶，开始学唱山歌；新中国成立后，考进了当时的华南文工团，后又转入兴梅文工团；17岁时，开始创作山歌；1958年被打成了"右派"，1968年被关进"牛棚"。拨乱反正后，汤明哲重新出山，由他创作的反映移风易俗题材的《山村新风》被搬上了北京大舞台，由此，得"山歌汤"的雅号。他是中国特别贡献曲艺家、中国民歌突出贡献奖获得者（全国仅6人）。

汤明哲在唱好山歌的同时，一直致力于山歌的传承与保护。其早期的徒弟肖建兰、罗小红、马苑华、杨苑玲、李莉、宋惠明、潘倩、谢曼利、古琼、张献云等如今亦是知名山歌手。1999年，汤明哲成为嘉应学院的特聘教授，在音乐学院开设了山歌班选修课。10年间，汤明哲在嘉应学院培养了2000多名学生，成为梅州客家山歌传承的重要力量。

他作为文化学者，以山歌为媒，自1988年起20多次应邀访问美国、法国、新加坡等国家。客家山歌在2006年被正式列入非物质文化遗产国家级项目后，汤明哲更是身体力行，带着学生们所排演的山歌节目《客家妹子顶呱呱》先后在梅州、深圳、龙岩等地演出，受到歌迷们的好评。2007年，部分山歌班优秀学生还应邀参加了在北京举行的"海峡两岸高峰论坛"文艺晚会演出，为客家山歌争得了荣誉。

余耀南

余耀南，男，1938年生，广东省梅州市人。非物质文化遗产（客家山歌）项目国家级代表性传承人。

余耀南的绝活是打竹板和即兴唱山歌。他可以击打出各种节拍和花样，用竹板模仿人走路的脚步声、枪炮声，惟妙惟肖。1990年梅州市政府组织了山歌斗歌擂台赛，当时的要求是现场抽签、现场对唱，在76名参赛选手中，余耀南夺得了第二名。他能够"出口成歌"，一方面，是靠平时的积累，不仅博览群书、关心时事，而且坚持每到一个地方必创一首山歌，把平时看到的有趣的东西和事情化成山歌；另一方面，每次参加活动，他首先会对周围环境、现场情况、到场人物、活动内容做一番观察了解，随时"为歌所用"。

他从小喜爱山歌，在艰苦的条件下自学成才。1949年秋，11岁的他在山歌演唱中崭露天分，被学校挑中参加了节目《送郎参军》下乡演出。在节目中他男扮女装，以大方的表现、圆润的唱腔得到了观众的好评。1958年，高三的余耀南被选入学校的宣传队到当时的大埔枫朗公社黄土坳大炼钢铁工地驻扎，搞宣传鼓动工作。在此，他遇到了艺术生涯的入门老师张照英，学会了唱、写山歌和五句板的基础知识。1963年，在县"白玉歌剧团"工作的余耀南加入了大埔县"三人曲艺队"，跟随曲艺队一路演出、斗歌和收集民歌。1976年以后，余耀南先后被安排到县文化馆、县侨联工作。

自1977年创作的竹板歌说唱《军长买鸡》在地区、省获奖后，几十年来，余耀南创作的山歌、曲艺作品达三四百首之多。其作品富有思想性、针对性和时代感，且语言文字生动、通俗易懂，具有浓郁的客家特色，富有强烈的生活气息。他整理客家山歌3000多首，编辑出版了《大埔俗语、歇后语、谚语精选》《大埔县民间故事传说笑话集》《大埔传统民歌杂歌精选》《客家山歌知识大全》（合著）、《大埔情歌杂歌精选》等。其中，《客家山歌知识大全》（合著）、《大埔情歌杂歌精选》分别获得广东省鲁迅文学艺术奖和广东省首届民间文艺著作奖二等奖。

从"三人曲艺队"开始，余耀南便已经开始帮助县里培养文艺骨干；在文化馆工作之后，他更是大力培养各公社宣传骨干，将自己的唱功、表演、创作毫不保留地教给"徒弟"。另外，余耀南常在县文化局举办的客家山歌培训班授课，对各农村文化站干部、县里的业余文艺爱好者、教师进行培训，对社会上的山歌爱好者也都免费进行辅导，为客家山歌的继承、繁荣和发展做出了积极的贡献。

欧进兴

欧进兴，男，1938年生，广东省深圳市人。非物质文化遗产（大鹏山歌）项目广东省级代表性传承人。

欧进兴8岁时在放牧期间向长辈学唱大鹏山歌。他能即兴编词、即兴演唱，语言独特，形式灵活，擅唱"地名歌"和"咸水歌"，在大鹏的很多民间山歌擂台赛中都有突出表现；2012年10月，参加深圳市举办的首届山歌大赛，获得原生态组优秀奖。他还善于改编大鹏古老的山歌，把文言文、深奥冷僻的山歌句子变为通俗易懂、老少皆能传唱的句子，广受群众欢迎。

同时，他在大鹏山歌的保护和传承工作中起到了重要作用。他积极参与各类展演活动，协助将大鹏山歌的词曲编印成册供爱好者学唱，协助组织成立大鹏山歌演出队，还每月定期两次进校园（中小学、幼儿园等）授徒教唱山歌。

黄红英

黄红英，女，1962年生，广东省惠州市人。一级演员，非物质文化遗产（惠阳皆歌）项目广东省级代表性传承人。

黄红英1976年参加工作，一直担任主要独唱演员，亲自参与筹建惠州市客家民间艺术团，并多次代表国家、省、市赴国外参加文化艺术节和文化交流演出活动。黄红英1998年被广东省总工会授予"广东省五一劳动奖章"光荣称号；2001年，演唱《大亚湾之梦》作品荣获广东省"五个一工程奖"；2006年2月，获中共惠州市委、惠州市人民政府"惠州市首届突出贡献人才奖"荣誉奖；2007年3月，应中央电视台邀请参加《民歌世界》栏目拍摄《客家妹子》专辑，节目播出后受到全国及海外观众的好评，为宣传惠州优秀的东江客家文化做出了贡献。

黄红英摆脱了改编传统山歌的老套的局限，开始注重适应时代的新的审美需求。她在传统山歌基础上加入了现代生活元素，并用原生态唱法演绎，为惠阳皆歌注入新鲜血液，甚至受到许多年轻人的欢迎。其客家山歌专辑《客家妹子》就是一个典型的例子。其中的《客家妹子爱唱歌》，原为一首只有4句歌词的皆歌，后来她结合自己的演唱风格，把这首原本曲调伤感的皆歌改编成高亢、舒展的风格，成为一个完整、成熟的音乐作品。

罗家茂

罗家茂，男，1941年生，广东省韶关市人。非物质文化遗产（九峰山歌）项目广东省级代表性传承人。

罗家茂14岁参加乐昌县第一届民间艺术会演即获一等奖，代表县参加粤北第一届民间戏曲艺术会演并获一等奖。至今，罗家茂有50多年演唱山歌的丰富经验，能熟练演唱九峰山歌的4个曲调，尤其擅长二胡，自拉自唱，所演唱的山歌有80多首已入选《中国歌谣集》。

近几年，他共采集整理了2000首九峰山歌，还经常在村里及学校里教唱山歌，促进了九峰山歌的传承。

童爱娜

童爱娜，女，1959年生，广东省梅州市人。非物质文化遗产（梅州客家山歌）项目广东省级代表性传承人。

童爱娜成长在客家地区，从小对客家山歌产生了浓厚的兴趣，先后师从汤明哲、余耀南、陈昭典学习客家山歌的演唱技巧。1986年，她考入梅州市山歌剧团。在剧团里，她每年参与演出100多场，曾在30多台山歌剧中担任角色。2003—2009年期间，她任职于梅州市文化馆，参与客家山歌的宣传演出活动。2009年退休后，她担任梅州市客家山歌协会的会长，深入社区、校园开展客家山歌讲座，并编写了教材《客家山歌大家唱》。

童爱娜能根据不同环境、不同场合，即兴创作和演唱客家山歌。她熟悉客家原板山歌、客家竹板歌、客家小调、客家佛曲、客家流行曲等多种客家山歌唱法。特别突出的是，她能够原汁原味地演唱200多首原板山歌，在演唱技巧上有独到之处：在吐字、颤音、叠字、拖腔方面很好地保留了客家山歌原生态的本质特色。她能在山歌剧中扮演多种角色，戏路较宽，表演传神，大戏小戏、主角配角、正角反角，演活了不少人物，也能演快板、相声、表演唱等节目，唱、做、演俱佳。

20世纪90年代以来，童爱娜积极培养客家山歌接班人，培养出谢曼利、刘秋媚等一批新晋山歌演员，为客家山歌的传承输送了新鲜血液。

十一、恩平民歌传承人

郑沃波

郑沃波，男，1949年生，广东省恩平市人。非物质文化遗产（恩平民歌）项目广东省级代表性传承人。

1974年，郑沃波拜民歌手芩相为为师，学习贺喜民歌的演唱；同时拜梁振牛为师，重点学习应景（情景模拟）和庚子腔唱法。1976年以来，他一直参与、组织、辅导有关恩平民歌的传习活动，不断完善与创新应景和庚子腔。

他的演唱节奏明快，韵律优美，内容与时俱进，结合多元素表现手段，塑造了鲜明的艺术形象。

郑沃波在2007年以来，先后收恩城第四小学音乐老师吴雪玲、恩平市文化馆吴剑豪为徒，传授恩平民歌的演唱技巧。2011年，他任"恩平市小小红豆艺术团"恩平民歌辅导老师；2012年，他被评为江门市"五个一工程"优秀文艺家。

十二、排瑶民歌传承人

唐古民三婆

唐古民三婆，女，瑶族，1944年生，广东省韶关市人。非物质文化遗产（排瑶民歌）项目广东省级代表性传承人。

唐古民三婆9岁起随同村老人唐桥辛二婆学唱瑶歌，后来又跟随唐桥五公、唐罗干公等民间艺人学习各种瑶族民歌的唱法，15岁考入当时的县歌舞团担任专业歌手，被十里八乡喻为瑶寨"小百灵"。她年年参加寨、村、镇组织的各种文化活动，参加过县政府组织的瑶族文化艺术节表演、"瑶族耍歌堂"表演。她熟练掌握歌堂歌、劳动歌、教育歌、格洛档歌、情歌对唱、历史歌、传说歌等各种瑶族民间的演唱方法，其演唱温情舒畅、绵软悠长，予人以清新脱俗的感觉。

唐古民三婆经常在日常生活、劳动以及婚嫁时给村民们演唱瑶歌，附近十乡八寨的妇女们大都跟她学习过瑶歌；她还常义务到小学传习民歌。

十三、渔歌传承人

李却妹

李却妹，女，1951年生，广东省惠州市人。非物质文化遗产（惠东渔歌）项目广东省级代表性传承人。

李却妹自小随父母在海上生活，跟母亲学唱传统惠东渔歌，属祖传的惠东渔歌手。她记性极好，能熟练演唱几十首惠东渔歌。其声音清脆、明亮，韵味十足，深受观众喜爱。其代表作有《高山岭顶稳糖狮》《一只大船驶过番》等。同时，她还经常自编演唱新歌词，是惠东县优秀的惠东渔歌演唱者，深受广大群众的赞赏。

李却妹积极参加省、市、县的文艺会演和比赛，并多次获奖。她2005年获县抢救保护"惠东渔歌"活动突出贡献荣誉奖，2007年参加广东省首届水上民歌大赛荣获银奖，2008年代表惠东县参加"奥林匹克花园杯"惠州市首届群众文艺会演荣获三等奖，2009年度被惠州市人事局评为农村高级技师（传统工艺、惠东渔歌），2010年参加惠东县"皇庭假日杯"首届青年歌手电视大奖荣获银奖。

多年来，她积极配合当地文化部门，提供大量一手资料，为传承及保护惠东渔歌做出了较大贡献。2008年至今，她在本地的中小学校中培养了男女学生共40多人演唱惠东渔歌；培养的徒弟李嘉花等4人曾于2010年惠东县青年歌手大赛中获原生态唱法银奖。同时，她也是惠东渔歌教唱班和惠东县文化馆渔歌传承基地的教唱教师，培养了一大批后继人才。

苏 段

苏段，女，1958年生，广东省惠州市人。非物质文化遗产（惠东渔歌）项目广东省级代表性传承人。

苏段从小跟随双亲在船上生活，跟父母学唱渔歌。其嗓音明亮、清润，善于根据不同对象和环境即兴编唱；能熟练演唱 20 多个惠东渔歌品种、曲调，代表作品有介音调《今日城歌唱唔开》、咦嗳嗳调《唱歌也爱歌先生》、妹仔调《唱歌也爱茶润喉》等。

她曾多次参加省、市、县的比赛和演出，2007 年 6 月应中央电视台邀请前往北京录制惠东渔歌专题节目。近年来，苏段积极参加惠东渔歌的抢救性挖掘保护工作。她现为惠东渔歌传承基地教唱教师，在当地渔区中小学中培养了一批惠东渔歌演唱人才。

苏少琴

苏少琴，女，1941 年生，广东省汕尾市人。非物质文化遗产（汕尾渔歌）项目广东省级代表性传承人。

苏少琴儿时住在汕尾渔港水上瓯船，随曾祖母、祖母和母亲学唱渔歌；后随著名渔歌手徐十一学习，精通汕尾渔歌中的捕鱼歌、婚嫁歌、斗歌、生活情趣歌、后勤服务歌等。其唱腔圆润委婉，声色清纯甜美，水味十足，娓娓动听；演唱自然大方，富有感情，具有浓郁的瓯船渔家风韵和浅海生活气息。

数十年来，苏少琴积极参加省、市、县各级的文艺演出活动，获得了群众广泛赞誉；同时，她热心开展传承活动，将渔歌传授给后辈青年，为汕尾渔歌的传承做出了积极的贡献。

苏细花

苏细花，女，1944 年生，广东省汕尾市人。非物质文化遗产（汕尾渔歌）项目广东省级代表性传承人。

苏细花自幼受到爱唱渔歌的祖母和母亲影响，10 岁便开始学唱渔歌；后参加汕尾镇业余渔歌队。其间，她得到知名指挥家、作曲家施明新及"渔歌王"黄琛的悉心指导，并随著名渔歌手徐十一学习。苏细花嗓音圆润清纯，歌声水味十足，演唱动作生动、准确到位，表演广受好评。

苏细花曾多次参加省、市、县举办的文艺活动，并曾接受中央及多家地方电视台的专访。同时，她积极发挥老渔歌手的传承作用，带出许多新生代渔歌手。她演唱的 30 多首渔歌被录制成光碟并入选汕尾市城区委员会编纂的《汕尾渔歌》。

苏德妹

苏德妹，女，1947年生，广东省惠州市人。非物质文化遗产（惠东渔歌）项目广东省级代表性传承人。

苏德妹自幼随父母在船上以打鱼为生，跟随父母学唱惠东渔歌，至今仍能随口唱出20多种渔歌。其声音细腻清润，音色独特，韵味悠远，善于表现一些辽阔、悠扬的传统渔歌。其代表作品有咦嗳嗳调《金鸟金》、哎哎调《百花一年开四季》、啦打啲嘟啲调《一对龙虾藏礁洲》、妹仔调等。

她曾受邀参加中央电视台音乐台《民歌·版图》栏目《惠东渔歌专辑》录制。现在，她积极在中小学培养渔歌传承人，对惠东渔歌的传承和发展做出了较大贡献。

徐圆目

徐圆目，女，1944年生，广东省汕尾市人。非物质文化遗产（汕尾渔歌）项目广东省级代表性传承人。

徐圆目于1958年起参加汕尾业余渔歌队，拜老渔歌手徐十一为师，后得到了原广州乐团指挥家、作曲家施明新及其夫人潘琳、"汕尾渔歌王"黄琛的悉心指导。她传承了祖辈的传统唱法，并结合自身特点加以提高，精益求精；演唱以女中音见长，声色圆润、浑厚、细腻、柔和，行腔韵味丰富，具有浓郁的地方特色；能演唱《妇女捕鱼队》、组歌《渔民娶新娘》《眺开湾外三张帆》等几十首渔歌。

徐圆目曾多次参加县、市、省及全国性的演出和比赛，并多次获奖。目前，她已培养出10多名徒弟，使汕尾渔歌薪火相传、后继有人。

第二节
民间器乐传承人

一、八音锣鼓传承人

梁兆帝

梁兆帝（1926—2014年），男，广东省佛山市人。非物质文化遗产（八音锣鼓）项目广东省级代表性传承人。

梁兆帝1946年拜杏坛高赞梁近辉为师，成为八音锣鼓杏坛传承谱系中的第三代继承人。他先学习粤曲唱腔，后当锣鼓掌板、击乐手，精通掌板、击鼓、打钹，技巧纯熟，最拿手的是唱大笛二王、二流等曲调。打大钹格外清澈响亮，打单头更为擅长，本应由两个人配合的打单头，他能独自一人既打单头又带大钹，且表演尤为出色。他1949年参加高赞文娱组活动，在1975年高赞文化室兴办后，继续担任曲艺社锣鼓的击乐手，至今已有60余年演奏八音锣鼓的丰富经验。

梁兆帝几十年来一直活跃在农村文化阵地。"文革"期间为保护锣鼓不被摧毁，他把锣鼓拆散，由师兄弟们分别收藏；"文革"后再重新安装，并重新组织锣鼓表演队，狠抓基本功、培养接班人，使锣鼓表演队伍不断壮大。

梁兆帝曾参与许多大型的活动。例如，他2005年11月参加"一周艺术节"开幕式大巡游，2007年3月27日随同顺德鼓乐队进京助奥运、参加奥运鼓动北京——中华鼓乐大会，2007年7月1日随顺德鼓乐队参加庆祝香港回归十周年大巡游等。

二、广东汉乐传承人

方少澄

方少澄，男，1940年生，广东省揭阳市人。非物质文化遗产（广东汉乐）项目广东省级代表性传承人。

方少澄自幼喜爱音乐，1956年开始学习汉曲、扬琴弹奏；1962年师承汕头曲艺团体林木高，学习琵琶弹奏；1990年起举办洪阳音乐曲艺班，主教扬琴、琵琶、古筝、汉曲唱腔等至今。他带领乐社广泛开展地方性的文艺交流，积极参与各种文艺活动，多次荣获各级文化部门的表彰和奖励。

方少澄为汉乐传统文化的继承倾注了大量心血，创作了20余首汉调乐曲、汉腔唱段。他在2003年创作的《文昌阁怀古》获汕头广播电台、广东潮剧院主办的潮之韵音乐作品大赛二等奖，2006年创作的曲艺作品《古迹胜地任君游》荣获广东省第五届群艺花会创作银奖。

方少澄致力于培育新苗，已培养奏、唱学员200多人，传承唱腔主要有红净、小生、老生和青衣，器乐有古筝、琵琶、二胡及扬琴等。

罗邦龙

罗邦龙，男，1942年生，广东省梅州市人。非物质文化遗产（广东汉乐）项目国家级代表性传承人。

罗邦龙有40余年丰富的演奏经验，擅长头弦、司鼓、扬琴演奏，是汉剧团首席头弦领奏和汉乐大锣鼓鼓手；熟记各式锣鼓经，掌握琴艺、音色、节奏及各种乐器演奏特点，拉头弦饱满豪爽，司鼓鼓点匀称，演奏风格独特。

罗邦龙自幼研习汉乐，凭着自己过硬的演奏技巧和纯熟的表演经验考进了大埔县汉剧团，得汉乐名师李德礼、余敦昌指导，技艺日益精湛。甘苦参半的"唱戏"生涯，也让他积累了不少广东汉乐的表演经验，让他的演奏技艺有了极大的提高。

20世纪80年代，汉剧的走乡串村达到了顶峰。罗邦龙一年有10个月在外演出，除了本县的各乡村，还经常到汕头、兴宁等周边县市搭台唱戏。在"处处无家处处家，年年难唱年年唱"的演出经历中，罗邦龙的演奏技艺达到了高峰。2005年以来，罗邦龙多次赴北京、香港及新加坡等地参与广东汉乐演出。

20世纪80年代始，罗邦龙多次参加中国唱片社录制汉剧、汉乐卡带和电视台的录音录像活动，饮誉海内外。他还为汉剧团古装汉剧《翁万达》《悲风》《风筝误》《姐妹缘》《贪花恨》等负责音乐唱腔设计并曾获奖，是汉剧团和汉乐界的骨干力量。其事迹被编入《中国专家大辞典·广东卷》。

为培养广东汉乐后继人才，大埔县多方筹资，依托大埔县广东汉乐研究会，连续多年举办暑期青少年广东汉乐培训班，免费为喜爱汉乐的青少年培训二胡、扬琴、古筝、琵琶等 10 多门科目。罗邦龙更承担起了培训新生力量的重任，悉心培养汉乐后继人才，精心指导年青一代的演奏技艺。

饶宝尤

饶宝尤，男，1948 年生，广东省梅州市人。非物质文化遗产（广东汉乐）项目广东省级代表性传承人。

饶宝尤自幼喜爱汉乐。20 世纪 60 年代，他师从光德中军班资深汉乐艺人黄石花学习汉乐，主习头弦、提胡。后来，他又不断与大埔汉乐提胡名家罗链、廖东雄等人进行交流切磋，不断增进技艺，并开始活跃在汉乐界和社会乐坛，在汉乐界享有一定知名度。

饶宝尤秉承了黄石花的传统技艺，在演奏实践中形成了发音清晰、厚实、稳准、柔韧、缠绵的提胡风格。其与乐队合奏时，融洽、和谐又颇显提胡特有的音色韵味，具有极强的表现力和感染力。其代表作有《将军令》《迎春曲》《红山茶》等，演奏得到了圈内人士的好评和肯定。

饶宝尤重视广东汉乐的研究与传承。他曾发表《重视非物质文化遗产保护、合理利用，弘扬发展广东汉乐》《试谈如何提高汉乐和奏效果》以及《浅谈广东汉乐韵味》等论文，又先后前往新加坡以及我国香港、龙岩、广州、深圳、韶关、汕头、惠州、河源等地进行广东汉乐交流。他还向汉乐爱好者传授提胡演奏技艺，培养出徒弟刘椿茂、张伟达等。

三、广东音乐传承人

汤凯旋

汤凯旋（1945—2014 年），男，广东省江门市人。一级演奏员，非物质文化遗产（广东音乐）项目国家级代表性传承人。

汤凯旋自幼随父亲学习秦琴；1960 年 9 月考入广州艺术学校音乐曲艺班，在叶孔昭老师的启蒙下，转学扬琴；1961 年作为扬琴手考入广东音乐曲艺团学院训练班；1962 年进入广东音乐曲艺青年团。1980年，汤凯旋作为新一代演奏员进入广东民间音乐团，并担纲主要演奏人员。1987年4月，广东民间音乐团撤销，汤凯旋随之被并入广东音乐曲艺团。从事扬琴演奏50余年的汤凯旋，曾先后担任过广东音乐曲艺团一团团长、广东音乐团团长和广东音乐曲艺团艺术指导。

汤凯旋的扬琴演奏造诣很深，技法娴熟和全面，对演奏各类不同题材风格的作品都能挥洒自如。他从曲子内容出发，通过大幅度的音色、节奏、速度和力度的强烈对比，塑造如泣如诉或愤恨呼号的不同意境，把扬琴的演奏技巧发挥得淋漓尽致。他还研创出"连续弹轮"新技法，被誉为"粤乐扬琴最优秀的代表人物之一"。

汤凯旋熟习广东音乐，整理和编配多首传统乐曲，并创作了多首广东音乐新作。他表演和创作的广东音乐曾多次在全国、省、市的大赛评比中获奖。其中，他创作的《云山春色》获全国第二届民族交响乐展演优秀奖。他在粤曲音乐、唱腔设计和配器方面亦有所突破，由他配器及担任音乐设计的粤曲《雏凤新声颂伟人》获文化部第七届文华新节目奖。

此外，汤凯旋还积极在理论高度上弘扬广东音乐，撰有《广东音乐扬琴的演奏技法和特点》一书，极具理论价值。

传承方面，汤凯旋一生坚持"千万不要让广东音乐在你手里埋葬掉"的理念，一方面，积极到星海音乐学院、广州大学、香港演艺学院等高校教学讲课，并担任中山大学民乐团、中山市青少年民乐团，以及东莞、恩平、新塘等乐社艺术顾问，较为系统地传授广东音乐知识；另一方面，为《音乐研究与创作》（后改为《广州音乐研究》）《粤剧曲艺月刊》等出版物撰稿，介绍广东音乐的历史、文化与现状，传播广东音乐文化。

刘英翘

刘英翘，男，1950年生，广东省台山市人。非物质文化遗产（广东音乐）项目广东省级代表性传承人。

刘英翘自幼跟随民间艺人学习民族乐器演奏，师从陈添寿、陈葆坤、刘天一、李灿祥、陈品豪、陈哲深等广东音乐名家，擅长竹笛吹奏。其竹笛吹奏既继承了广东音乐传统技法，又融合了北方竹笛吹奏技艺，形成独具一格的演奏风格。1974年，刘英翘被台山粤剧团派往广东人民艺术学院（现星海音乐学院）音乐培训班学习，加强了对广东音乐风格和特性的了解。

在40多年的从艺历程当中，刘英翘以台山当地民风、民情为题材创作了《川岛欢哥》《桑梓情深》和《喜盈门》等作品，并多次在江门市、台山市群众文艺作品评比中获奖。

近两年，刘英翘每年参加的演出活动达 30 多场次。他带领台山广东音乐小组到香港、澳门、深圳、广州等地进行交流演出，并多次接访来自美国、加拿大等地的音乐社团。

作为国家级非物质文化遗产项目广东音乐（台山）项目代表性传承人，培养广东音乐演奏后备人才也是刘英翘的重任之一。多年来，他致力于广东音乐的传承与保护，在台山广东音乐传承基地免费开班授课，为广东音乐传承做出了贡献；所带学生参加各类比赛获得多个奖项，其中彭星雨 2013 年 11 月参加第三届中国少儿小金钟音乐大赛获银奖，李美婷 2014 年 11 月参加第八届广东省青少年曲艺"明日之星"选拔赛获一等奖。

何克宁

何克宁，男，1950 年生，广东省佛山市人。二级演奏员，非物质文化遗产（广东音乐）项目广东省级代表性传承人，广东音乐高胡演奏家。

何克宁 13 岁起跟随老艺人李以六学艺；次年，考入广东音乐曲艺团，师从刘天一、朱海、苏文炳、屈庆等粤乐名家，学习广东音乐及粤曲伴奏，主攻高胡和打击乐。何克宁毕业后一直从事广东音乐的演出和音乐创作工作，曾担任广东音乐曲艺团的乐队首席，获全国广东音乐邀请赛"演奏一等奖"等奖项。1994 年，在广东音乐国际学术研讨会上，何克宁与广东音乐曲艺团的汤凯旋、黄鼎世、刘国强和叶建平组成"五架头"，演奏了《双声恨》等乐曲，技惊四座。他曾参与灌录了大量的粤乐、粤曲伴奏等音像制品，有《鸟投林》《雨打芭蕉》《垂三复》《孔雀开屏》《寡妇诉冤》《二泉映月》等。

何克宁演奏技巧娴熟，韵味浓郁，熟习粤曲板腔，常在黄少梅、白燕仔、李丹红、陈玲玉、梁玉嵘等粤曲名家演唱伴奏中担任"头架"（领奏）。他在高胡演奏时混合使用"压指""滚动"的揉弦技巧，音色透明亮丽，圆润秀美，感情投入，形成了自己的演奏风格。

何克宁很早就走出单纯表演的范畴，摸索广东音乐的探索与改良。他创作的广东音乐曾在广东省广东音乐新作评比中获得一、二等奖，并多次应邀赴港澳地区及海外演出。他积极关心年轻乐手的成长，传授演奏技巧，为广东音乐传承和保护做出了贡献。

陈哲深

陈哲深，男，1938年生，广东省台山市人。非物质文化遗产（广东音乐）项目国家级代表性传承人。

陈哲深从小受到台山浓厚的广东音乐氛围熏陶，对广东音乐产生了浓厚的兴趣。中学时，陈哲深受到台山知名的音乐家陈品豪启蒙指点，开始学习弹秦琴、吹横箫、拉高胡的基本技艺；离开学校后，仍拜台山市音乐界老前辈陈品豪、梁国柱为师，并向著名的高胡演奏家刘天一及著名音乐家李凌、李鹰航等请教，提高演奏技艺和创作水平。此外，他还受到曾任中国音乐学院院长、中国音乐家协会副主席的台山籍音乐家李凌的指导，其音乐作品获评"曲调流畅，具有鲜明的南国特色"。

陈哲深的音乐作品充满了乡土气息。1959年，陈哲深参加国庆十周年省文艺会演，演出广东音乐《丰收之歌》并获优秀演出奖。1968年，陈哲深结合台山本地民歌，吸收各个地方民歌的长处，创作了《水乡儿女绣春色》。此后的10多年间，他修改和完善了《水乡儿女绣春色》，并于1994年获第四届国家最高文艺奖——群星奖以及粤、港、澳首届广东音乐大赛演出奖和创作奖。此外，他出版了《陈哲深音乐作品选集》《台山民间歌曲集》等著作，还曾任台山广东音乐团艺术顾问，悉心指导团员演奏和创作。

四、佛山十番锣鼓传承人

何汉沛

何汉沛，男，1947年生，广东省佛山市人。非物质文化遗产（佛山十番）项目广东省级代表性传承人。

何汉沛的祖父和父亲都是早期十番队的组织者。他自小在父辈的指导下练习十番，熟练掌握佛山十番各种乐器的演奏技巧，擅长飞钹和高边锣，掌握多种古老曲牌及其表演技法。何汉沛带领的茶基十番队曾多次获奖并受邀到各地演出。他于1993年在第三届南海艺术节中获表演奖，2003年参加南海第二届老人文艺会演获优秀奖等。

作为保护和传承等方面的领军人物，每次受邀表演，他都特别注重新老队员的衔接，确保表演顺利成功；积极组织搜集、整理相关技艺、曲牌、活动照片等资料，丰富十番文献；呼吁社会大众关注、帮助和支持十番的发展，并筹集资金用于十番接班人的培养。2004年以来，何汉沛在佛山市南海区茶基村向几十名中小学生队员传授技艺。不到半年时间，他们均已能登台表演。2011年开始，他与叠滘小学建立长期的培训机制，定期对小学生进行培训演练，防止十番技艺失传。

何汉然

何汉然，男，1927年生，广东省佛山市人。非物质文化遗产（佛山十番）项目广东省级代表性传承人。

何汉然的父亲何云傍是茶基村"何广义堂"十番会主持人，何汉然7岁时即随父亲学习十番音乐。如今何汉然有70余年的丰富演奏经验，熟练掌握佛山十番每种乐器的演奏技巧，表演生动自然，铿锵有力，尤以独特的飞钹演奏最为出色。飞钹演奏中，动作难度极大、技巧要求极高的"左钹""阴钹""阳钹"和"过头钹"等表演花式，他均能运用自如。其代表性曲牌有《合鼓引》《耍金钱》《套金钱》和《长锣》。

何汉然参与的茶基十番曾多次获奖，并受邀到各地演出。其中，他1985年赴香港参加英皇银禧大典巡游，1993年在第三届南海艺术节上获表演奖，2003年参加南海第二届老人文艺会演获优秀奖。

20世纪六七十年代，他在村中挑选了一批青少年进行十番培训，为十番传承中的梯队建设打下了良好的基础。如今已年逾八旬，他仍热心培训活动，所教授的一批学员，已能随老一辈临场表演。

五、南塘吹打乐传承人

郑 宣

郑宣，男，1949年生，广东省汕尾市人。非物质文化遗产（南塘吹打乐）项目广东省级代表性传承人。

郑宣10岁即开始学习唢呐吹奏，16岁便能掌握所有曲牌、小调，有40多年演奏吹打乐的丰富经验；能吹打多种佛曲、道曲、套曲，吹唢呐善于自如控制气息，手指控制发音孔十分灵活，能用滑指或插指加花，形成不同的变奏音效。他尤其擅长头臂顶着瓷碗双吹唢呐的特技表演，并以此项近乎绝活的技艺，在第七届中国民间文化节暨全国吹歌展演中获特别优秀奖。

六、雷州音乐传承人

林　胜

林胜，男，1943年生，广东省湛江市人。非物质文化遗产（雷州音乐）项目广东省级代表性传承人。

林胜祖辈两代均从事雷歌的演唱，他从小便对雷歌有着浓厚的兴趣，10岁时学唱歌，13岁便能口头对唱。他曾唱过130本歌册。也因为熟能生巧，他写雷歌、编雷剧都能得心应手。26岁时，他将京剧《智取威虎山》移植为雷剧，深受群众好评，后被请到各公社的乡村演出。他曾拜陈法振、苏法妙、林道辉、黄妃荣等为师，其中跟随苏法妙学习雷州道教音乐唱腔，其后又随黄妃荣学习唢呐、锣鼓演奏以及散花，熟练掌握雷州音乐器乐演奏、音乐曲牌等。他还主演高功角色，并在当地各类庆典和民俗活动中担任主场。

林胜传承有《散花曲》《驭云龙》《登宝台》《瞻宝座》《散花林》《目莲舞曲》《五更叹》等代表曲目。另外，他还著有《林胜作品集》，这是他对多年来创作的雷州歌组歌、对联、诗词以及雷剧代表作等作品进行综合整理而成的作品集。此书题材广泛，体裁多样，内容丰富，笔力雄健。在长期实践过程中，他根据雷州方言特点改革雷州音乐唱腔和舞曲旋律等，受到大众的喜爱。多年来，林胜一直致力于雷州音乐的传承，通过口传身授将技艺传承给年轻人。

七、潮州音乐传承人

丁广颂

丁广颂，男，1954年生，广东省潮州市人。二级演奏员，非物质文化遗产（潮州音乐）项目广东省级代表性传承人。

丁广颂的父亲是潮州人，他从小就对潮州音乐耳濡目染。他1976年考进潮安文艺培训班，师承潮安县文艺宣传队头手丁合生先生，1978年被分配到潮州市潮剧团任二弦演奏员，其间还先后向谢源泉、黄壮茂等名家学艺。融诸家之所长，他很快成为潮剧界青年头手。他集8种技艺于一身，不仅擅长二弦、唢呐的演奏，也精通椰胡、二胡、中胡、扬琴、笛、提胡等乐器，甚至还能一人演奏出一首多种乐器弹奏的潮州大乐。

在将近30年的潮剧音乐舞台实践中，丁广颂取得了突出的艺术成果。他多次随团出访新加坡等地和香港、澳门地区。1998年、2004年和2006年，剧团参加广东省戏剧演戏大赛，他负责领奏的短戏《背妹上京》《林冲上山》《徐策救孤》《寇准闯殿》《末代皇后》评为金奖，《蓝关雪》和《李慧娘救斐生》被评为银奖。他担任领奏的剧目，有50盒以上由音像公司录制出版发行；领奏过由东南亚唱片公司、广东太平洋影音公司录制的潮州音乐专辑《迎春曲》《出水莲》和《海棠花》。

2014年退休后，他录制了一张潮乐专辑，作为对自己潮乐生涯的总结。其中，收录的《寒鸦戏水》所使用的8种潮州乐器，都是由他一个人演奏的。他先用扬琴演奏出《寒鸦戏水》的声乐部分，再跟着录音扬琴的节奏，用椰胡进行合奏，依次配上二胡、中胡、二弦、大提琴、低音提琴等的演奏，被形象地称为"一个人的乐队"。

成为潮州音乐传承人后，丁广颂肩负起培养下一代潮乐新秀的责任。如今，他不仅是湘桥区文化馆少儿潮乐队的辅导老师，也是枫溪区、古巷镇等多个民间潮乐社的辅导老师；他主动将自己钻研的潮乐技巧传授给下一代年轻人，让潮州音乐更好地传承下去。

余少莹

余少莹，女，1981年生，广东省潮州市人。非物质文化遗产（潮州音乐）项目广东省级代表性传承人。

余少莹自幼受锣鼓世家氛围熏陶，6岁起跟随父亲陈镇锡在潮州民间音乐团学习锣鼓和扬琴演奏；2000年考入星海音乐学院，师从陈天国等学习潮州大锣鼓和潮州音乐，毕业后在广东第二师范学院音乐系担任音乐教师。

从艺20多年来，她多次参加国内外重要演出，发表科研论文、艺术作品数十篇。

余少莹演奏深得父亲真传，注重神、气、韵、味，旋律优美，具有鲜明的艺术风格；特别是潮州锣鼓乐，司鼓娴熟，感情细腻，刚柔并济，充分发挥复杂多变的鼓套的表现作用。

任教以来，她系统讲授潮州音乐的专业知识，已培训学生、学员上千名，为潮州音乐的传承和发扬做出了贡献。

吴礼和

吴礼和，男，1940年生，广东省汕头市人。非物质文化遗产（潮州音乐）项目广东省级代表性传承人。

吴礼和1953年师从潮阳笛套音乐演奏家郑国瑞先生学习潮阳笛套音乐及主奏乐器大笛；1993年与潮阳民间艺人成立"雯禧苑乐社"（原名为"阳春园"）；1997年被聘任为潮阳东信文艺协会常务理事并担任该会青少年笛套音乐培训班指导老师，主要负责培训一批青少年笛套音乐大笛吹奏手。1996年，他在潮阳棉城开办了"华宝琴行"，一方面经营各种乐器；另一方面与潮阳乃至汕头、潮州、揭阳、广州等地音乐界人士接触交流，共同切磋技艺，互相学习，以提高演奏水平。

吴礼和在演奏中善于运用变奏的形式，所演奏的潮阳笛套音乐既有连贯性，又有高纯度的音质、有悠扬清丽之感，颇受行家们的好评。他认真研究探索潮阳笛套音乐的历史渊源及艺术特点，着力研究潮阳笛套主奏乐器大笛的传统特性及其吹奏技巧。在古代宫廷音乐"正宫调"演奏方法的基础上，把潮阳人说话语音重、丹田有力的特点巧妙地融进大笛吹奏的运气、控气、送气上，并结合运用"挑、拍、盖、抹"的传统吹奏指法，磨炼一次用气延长音为30秒的演奏技法，同时融入滑音、连音等多种技巧，使大笛的音色产生一波多韵的效果。

吴礼和除了积极参加区、市、省乃至中央各种潮阳笛套音乐的专题演奏、音像录制外，还积极参与市、区音乐家协会和东信文艺协会各种社会活动。2005年著名琵琶大师、中央音乐学院教授刘德海莅临潮阳音协考察笛套音乐，与姚志强双笛演奏了《礼佛赞》。2008年，吴礼和参与东信文艺协会接待新加坡客属总会华乐团莅潮艺术交流并同台联欢演出；2009年，汕头市音乐家协会举办"首届音乐周"，他单笛担任领奏，一曲笛套传统曲目《四大景》，深得上级领导和行家们的赞赏。

此外，吴礼和也一直在培养青少年新一代的笛套音乐接班人。1993年至今，通过口传心授的传承方式，培养了30多名年轻乐手，现每个学员已经能够独立演奏10多首笛套音乐，还先后随团赴新加坡演出、赴上海参加第八届中国上海国际艺术节、参加广东省民营企业文艺会演与汕头市民营企业文化文艺会演，均获得好评。

吴贤奇

吴贤奇，男，1938年生，广东省揭阳市人。非物质文化遗产（潮州音乐）项目广东省级代表性传承人。

吴贤奇自幼喜爱音乐，12岁拜潮剧鼓王林炳和为师学习司鼓，14岁参加业余剧团、潮乐社。1975年，他加入炮台业余潮剧团担任司鼓。1986年，他被选调到原揭阳县潮剧团当团长，后成为潮州市潮剧团团长。1995年借改革开放的契机，他创办了潮剧界第一个自负盈亏、自主经营、演员合同制的文艺团体——市潮剧二团并任团长。1998年退休后，吴贤奇还连续9年被聘任为市青年实验潮剧团团长。经其

司鼓演奏的潮剧有《千秋家国恨》等20多台大戏、《李队长筹粮》等30多台小戏。

从艺数十年，吴贤奇孜孜以求、锲而不舍的精神，成就了他不凡的技艺。其司鼓伴奏介头明晰，落点准确，灵活配合演员表演，具有良好的演出效果。他表演潮州大锣鼓，具有优雅的舞台风度，神态姿势自如，鼓点准确，鼓花优美，感情投入。

吴贤奇还经常参加各种演出，曾赴广州、佛山、潮汕等地巡回演出。其代表作有《十五贯》《红灯记》《海霞》以及小戏《李队长筹粮》等剧目。1998年，其父子三人合奏曲目《庆升平》，被揭阳市政府授予"音乐之家"称号。迄今为止，他培养的徒弟蔡锭炎等30多人都已成才。

陈桂洲

陈桂洲，男，1958年生，广东省汕头市人。非物质文化遗产（潮州音乐）项目广东省级代表性传承人。

陈桂洲自幼酷爱潮州音乐，特别是潮阳笛套音乐。2004年，他创办东信文艺协会，成立了潮阳笛套音乐演奏团。为此，他向名师学习潮乐知识及器乐演奏技巧，力求精益求精，并通过广交熟悉潮阳笛套音乐的老艺人，经常交流切磋，从中了解潮阳笛套音乐的历史渊源、演化过程及艺术特点。

陈桂洲坚持以创业的精神，积极为传承、保护潮阳笛套音乐创造学习实践的平台。陈桂洲2005年组织带领协会和潮阳笛套音乐演奏团参加广东省首届民营企业文艺会演，以总分第一荣获金奖；2006年11月，带队参加中国上海第八届国际艺术节会演，深受好评。近年来，他投入资金约500万元，完善协会活动的配套设备，购置所需的各种乐器，专辟约1000平方米的活动场地；同时成立潮阳笛套音乐研究培训中心，聘请潮乐界知名老艺人为协会顾问和艺术指导，大量收集、整理濒临失传的《冲天歌》《间欢》《灯楼》等传统曲谱20多首，并经常组织专场排练演奏，力使潮阳笛套音乐薪火相传。目前，他

入汕头市正顺潮剧团（主奏大笛），2001年向广东省民族乐团谢庭锋老师学习笙的吹奏技法及制作技艺。他经常参加民俗笛套音乐演奏活动（会演）。退休后，他专心致力于潮阳笛套古乐研究工作，发表了《潮阳笛套音乐的调式及主奏乐器的演奏风格和特点》《浅谈潮阳笛套音乐的"龙头凤尾"吹奏法》《保护是传承和发展的前提》等文章。

在长期学习笛套音乐和实践演奏中，林良丰掌握了笛、管、笙、箫四种乐器的性能及技艺。他运气饱满，出字自如，通过气颤音、滑音、涟音等装饰技巧，"挑""拍""盖""抹"等吹奏指法，表演出不同乐器的特点及韵味，突出潮阳笛套音乐的特色及地方语言特色。其演奏富有表现力，低音浑厚饱满、中音明亮悠扬、高音昂亢激越，保留着古朴、典雅、庄重的传统音乐风味。

林良丰还积极推广和传承潮阳笛套古乐。他于1959年以大笛主奏潮阳笛套锣鼓《渔港丰收》参加汕头市文艺会演；1961年以笙主奏为中央人民广播电台录制笛套锣鼓《大破金光阵》、笛套音乐《柳摇金》《满天星》；2003年以笙主奏笛套音乐《登楼》《雁儿落》参加第二届汕头国际民间音乐花会荣获特别金奖。2011年，他开办笛套音乐培训班，出资购买学员所用的大笛、笙、箫乐器，并长期借给学员使用，积极为潮阳笛套音乐做好传承工作。

黄义孝

黄义孝，男，1935年生，广东省潮州市人。非物质文化遗产（潮州音乐）项目国家级代表性传承人。

1947年，黄义孝随潮州大锣鼓名师丘猴尚学习大锣鼓技艺；后又向许裕兴、陈松、林顺泉等各门派的潮州大锣鼓名师学习《三休樊梨花》《大战牛头山》《反朝歌》《复中兴》等传统牌子。

通过向各派别前辈学习，黄义孝掌握了潮州大锣鼓所有的传统牌子，还对各名家的演奏技艺进行学习吸收，推陈出新，形成了自己的演奏风格和特点。黄义孝大锣鼓演奏风格自然淳朴、刚健激昂，艺术表现丰富多彩、精湛卓越。其执鼓主奏的《关公过五关》《海上渔歌》等曲目获广东省民间音乐艺术节表演一等奖。其执鼓主奏的由中央人民广播电台录音出版发行的大锣鼓曲目有《庆丰收》《海上渔歌》《掷钗》《双咬鹅》《关公过五关》《薛刚突围》《伏波曲》《樊梨花破阵》等。

1960年起，黄义孝开始单独或联合创作潮州大锣鼓曲目。其中，由其独自创作的《钢水奔流》《强渡乌江》等达到较高的艺术水平。其中，大鼓独奏《强渡乌江》

集中了潮州大锣鼓三大流派的鼓法特点，充分运用力度对比、速度对比和音色对比的手法，栩栩如生地表现了音乐形象。其演奏中的转手鼓、翻手鼓、四鼓轮奏等为前人所未有。

黄义孝担任汕头市民间音乐曲艺团青少年鼓乐队的辅导教师，培养了不少青少年鼓手，知名的有后来任汕头市民间音乐曲艺团司鼓的蔡琦、黄玉鹏等；他还传授、指导过黄唯奇和陈佐辉两名知名打击乐演奏家的大锣鼓技艺。此外，他还长年在潮汕城乡以及东南亚各地传授潮州大锣鼓技艺，培养大锣鼓鼓手超过200人。

辜纯生

辜纯生，男，1956年生，广东省汕头市人。二级演奏员，非物质文化遗产（潮州音乐）项目广东省级代表性传承人。

辜纯生自幼师承潮乐名家杨应强、许友、陈丹、李先烈先生。他博采众家之长，能演奏潮州提胡、二胡、板胡等乐器，尤以潮州提胡见长。他充分吸收小提琴等西洋乐器技法，使二胡演奏气息饱满、音色甜润、细腻传神，富有感染力。广东潮剧院一团特邀其参与《东吴郡主》一剧的伴奏。该剧荣获2007年中共广东省委宣传部第六届精神文明建设"五个一工程"优秀作品奖、2010年第十三届中国文化艺术政府奖——文华优秀剧目奖等奖项。

几十年来，他被多所学校聘为指导教师，培养了大量的潮州音乐艺术人才。此外，还发表了多篇潮州音乐的专业论文，为传承和普及潮州音乐做出了贡献。

蔡衍生

蔡衍生，男，1940年生，广东省汕头市人。非物质文化遗产（潮州音乐）项目广东省级代表性传承人。

蔡衍生于1953年拜郑国瑞先生为师，学习笛套音乐；1955年秋参加潮阳民间音乐研究组；1958年秋考入汕头专区文艺工作团；1963年转入潮阳剧团；1965年转入县艺宣队；1971年后转入棉城中学、职业技术中学任教；2000年退休，移居美国波士顿，但经常返回潮阳参与有关笛套音乐的研究、整理、对外交流与活动，协助林立言创办潮声丝竹社，并担任艺术指导顾问；2005年6月被聘为汕头市潮阳民间艺术学会顾问。

蔡衍生主要掌握前辈艺人传下的吹奏"龙笛"的气、韵味、拔法三要素，保留笛套古乐的演奏特色及风格。初学笛时，他按先生的要求，改右握笛为左握笛，配合先生的右握笛磨合笛套音乐的另一种排场形式——"龙凤双笛"；后与姚志强师弟常以龙凤双笛演奏，演奏时宛如只有一支笛子的声音，排场及气势极佳。

在带徒授艺方面，蔡衍生1985年把龙笛吹奏要领传给黄增城、杨守谨；2007年在潮声丝竹社为棉北后溪学员讲课、示范演奏；2010—2011年乐社在平和东学校开办两期培训班，并协助林良丰先生培训笛子演奏员。

从艺至今，蔡衍生为弘扬潮阳笛套音乐做出了一定的贡献。他1984年与姚传扬、林立言联合创作《莲花峰赞》《红棉吐艳》，并在当年汕头举办的"岛之夏"音乐会演中获二、三等奖；2002年在林立言先生配合下，重新整理了新中国成立后从未演奏过的笛套古乐《雁儿落》，并在2003年第二届汕头国际民间音乐会荣获特别金奖；2012年8月参加广东民间潮乐大赛总决赛荣获银奖。在出版方面，他于1985年为《潮阳笛套音乐》一书的出版撰写了《"龙头凤尾指"——潮阳笛套音乐的"笛子"吹奏特点》一文；2004年为《潮阳笛套古乐》一书的出版撰写了《潮阳笛套音乐浅说》一文，并为该书提供有关宝贵资料；2009年4月，为潮阳笛套古乐十大套录制光盘撰写前言及负责音乐指导及排练工作，为历史保存着一笔宝贵的文化遗产。

蔡锐辉

蔡锐辉，男，1962年9月生，广东省揭阳市人。著名唢呐演奏家，非物质文化遗产（潮州音乐）项目广东省级代表性传承人。

蔡锐辉出生在揭阳炮台的一个农民家庭，自幼受家乡的潮州音乐氛围熏陶，喜欢潮州音乐，师承当地老艺人蔡若辉学习唢呐。吹唢呐要过三道关，即输气、含咬、指法，一般人不能轻易掌握。但是，通过刻苦勤奋，他终把唢呐吹奏得出神入化，成为双唢呐演奏名家。2003年第二届汕头国际民间音乐会上，他担任唢呐领奏，荣获潮州锣鼓乐、潮州大锣鼓比赛金奖；2006年，他参与演奏的潮乐《六国封相》荣获第七届中国民间文艺山花奖、民间艺术表演奖；2008年，他荣获第一届广东省曲艺大赛音乐奖一等奖。

在整台潮乐中，蔡锐辉的双唢呐演奏常常起画龙点睛的作用，潮味十足，十分美妙。他不但在潮汕潮乐界，更在泰国、马来西亚、新加坡等东南亚国家和地区享誉。

他不满足于演奏传统曲目，自编了《双飞燕》《风流事》等曲目，在演奏中也乐于吸收其他乐种的优点，不拘泥成法，尝试引进西洋管乐的一些技巧，融会贯通，不仅增加了时代气息，也大大丰富了唢呐演奏的技艺，使演奏效果更加突出。

第三节
宗教音乐传承人

林信专

林信专,名碧卿,女,1928年生,广东省陆丰市人。非物质文化遗产(紫竹观道教音乐)项目广东省级代表性传承人。

紫竹观原是林信专的姑婆陈宗贤于1897年所建的。1930年,林碧卿的姨母陈诚枝在观中任住持,母亲陈信贞也入观拜师常住。林信专由陈诚枝带到观中当道童,并开始向师伯陈诚逍学经文,7岁时已能上主殿诵经;12岁又拜观中林诚祥为师,参与观中早晚主殿功课。1950年紫竹观道人被遣散时,林信专随母往汕尾修善堂,一年半后又被遣散,遂在汕尾靠裁缝为生。25岁时,她申请到香港结婚,以工艺维持生活。56岁时,其姨母和母亲回到紫竹观,先后在观中住持。林信专常往返于香港和紫竹观之间,协助处理一些观务。1988年陆丰县政府批准紫竹观修建复观后,因母亲年迈和观务的需要,林信专于1993年从香港回观常住,主持观中财务工作。现任海陆丰道教紫竹观住持。

林信专熟悉道教经文和科仪,目前仍是观中唯一的司鼓手。一直以来,她坚持原汁原味演奏、传授紫竹观道教乐曲,除了能操作多种传统道教法器,还熟悉掌握了传统道经曲的潮汕道韵地方风格色彩与装饰方法。不少已被遗忘的道经曲调,经她的回忆,并与音乐工作者一道整理成乐谱。她所演唱的紫竹观传统道经曲《弥罗宝诰》以及和陈信义共同演唱的三官经曲《香花水赞》(又名《仙家乐白鹤飞》)被录入《中国民族民间器乐曲集成·广东卷》。两首经曲均是潮汕道韵,旋律调式为轻三重六调式。

林信专与道教结缘后,执意为紫竹观服务终生,工作勤恳,为发掘海陆丰的道教音乐做出了贡献。

第五章
广东省民间舞蹈传承人

一、广东龙舞传承人

邓胜洪

邓胜洪，男，1949年生，广东省中山市人。非物质文化遗产（六坊云龙舞）项目广东省级代表性传承人。

邓胜洪自幼生活在中山市六坊村，长期受到当地云龙舞传统风俗熏陶。"文革"结束后，六坊村恢复云龙舞传统习俗，邓胜洪也正式跟随村中长辈学习舞龙技艺。20世纪80年代，他开始负责六坊云龙舞领队工作，多次带领村民参加民俗演出活动。

长期以来，邓胜洪不断研究云龙舞传统艺术，在细节表演和舞蹈步法上有深入的研究。近年来，邓胜洪整理并设计了一系列云龙舞蹈动作，包括双珠出龙、拜四门、走"之"字、双飞蝴蝶、云跳龙脊、团龙、走龙云、寻龙珠、舔龙柱、鲤鱼跳龙门、走梅花阵、双团龙、舔龙脊、穿龙肚、再拜四门等十几个动作。邓胜洪长年对云龙舞蹈动作进行观察和整理，使六坊云龙舞舞动时栩栩如生，增强了六坊云龙舞的可观性。

亲身参与演出之余，邓胜洪也积极开展云龙舞的传承活动。他在村中开班授徒，言传身教地向村中年青一代传授六坊云龙舞蹈动作，为传承云龙舞做贡献。

陈水禄

陈水禄，男，1933年生，广东省湛江市人。非物质文化遗产（文章湾村簕古龙）项目广东省级代表性传承人。

16岁时，陈水禄在家务农，曾担任村中布龙队队长，是村中喜庆活动的骨干，对舞龙和制作舞龙道具兴趣甚浓。被推选为村中族头后，他师从村中族老陈振美学习掌握簕古龙的制作技巧和舞龙要领，成为村中簕古龙的制作者和舞簕古龙的教头。

技艺上，陈水禄指挥簕古龙表演时，舞步稳健又不失气势，舞姿变化多样、形神兼

备。在其引导下，簕古龙表演队队员踏着不同的锣鼓节奏，通过手的甩、摆、举、翻、扭和脚的踩、顿、进、退、旋，充分展现龙的神态和动作。陈水禄还摸索出龙出海、龙翻浪、龙穿云、龙腾飞、龙漫游、龙戏珠、龙欢呼、龙施德、龙奋威等特色动作，增加了簕古龙的观赏性。此外，他还熟练地掌握了簕古龙的制作技艺，制作的簕古龙原始质朴又活灵活现，尽显龙的勇猛和活力。

陈水禄为文章湾村簕古龙的传承尽心尽力，曾在"文革"后多方收集有关资料，苦心研究，发动村民通力合作，使得一度失传的簕古龙再现英姿。同时，他还精心培养陈飞成为村中公认的新一代簕古龙传承人。

张世钻

张世钻，男，1938年生，广东省梅州市人。非物质文化遗产（丰顺埔寨火龙）项目广东省级代表性传承人。

在埔寨镇土生土长的张世钻从小喜欢看烧火龙。随着对火龙感情的与日俱增，22岁时，张世钻开始向村里的长者学习火龙制作技艺。20世纪60年代，张世钻带领埔寨火龙队走南闯北，参加艺术节等活动，让更多人认识这项传统文化。

张世钻熟练掌握传统丰顺埔寨舞火龙的全套制作技艺，特别擅长高难度的"老鼠游梁"等特技性制作，所制的火龙造型气势雄伟，蔚为壮观。张世钻曾多次参加和组织重要场合的火龙表演，还经常指导年青一代制作火龙，让埔寨火龙的制作工艺一代一代传承下去。

张自进

张自进，男，1957年生，广东省梅州市人。非物质文化遗产（丰顺埔寨火龙）项目广东省级代表性传承人。

张自进1978年开始跟随父亲和张世钻老人制作埔寨火龙。他经过刻苦学习，掌握了传统火龙的整体制作技艺；经过自学和实践，制作了装有新型烟花、火箭的火龙。这种火龙能够表演张嘴、吐珠、躬身、摇尾、喷火等动作，工艺精湛、栩栩如生。

每年元宵之夜，张自进都会参加火龙表演活动，并多次参加各种比赛，屡获奖项。埔寨镇火龙协会每年选定一批中青年为传承人，由他耐心地传授制作技艺，培养接班人。

苏求应

苏求应，男，1961年生，广东省佛山市人。非物质文化遗产（人龙舞）项目广东省级代表性传承人。

苏求应1984年在中国人民解放军海军南海舰队复员回乡后拜林普宣为师，学习人龙舞和南派武术，并于1995年成为光华人龙舞第四代传承人。他长期负责整个舞蹈的指挥，在舞中担任舞龙珠者，武术功底扎实，人龙舞基本功深厚，技巧纯熟，且善于把握人龙舞的神韵。

苏求应注重对人龙舞演员基本功的训练，不断改进人龙舞舞龙技巧。他强调人龙舞必须要舞得生动，不但要"形似"，更要舞出龙的精神。因此，他努力改进伴奏的锣鼓，增加和改进舞段转换的鼓点节奏；将龙头由5人表演改为3人，使之更加灵活；加强基本功训练，增加龙珠表演并担任指挥，使人龙舞表演得更气势宏大、整齐生动、变化灵活。

苏求应积极与学校配合，利用课余和晚上时间教授小学生学习人龙舞，在光华村培养出一批少年儿童表演队伍，并有计划地培育下一代人龙舞的继承人。林乾发、吴华邦等青年骨干也迅速成长起来，独当一面，成为得力助手。

李柏良

李柏良，男，1946年生，广东省江门市人。非物质文化遗产（荷塘纱龙）项目广东省级代表性传承人。

李柏良从小师从荷塘纱龙老艺人李汉尧、李永权学习舞龙。1971年，李柏良加入当地龙会，正式参与荷塘纱龙表演。1993年，他开始担任荷塘纱龙总会会长，兼任龙会总教练。

李柏良熟悉荷塘纱龙表演的全套流程，熟练掌握表演中的走"之"字、双扣连环、团龙等平面造型以及双龙门、戏珠、跳龙、莲花桩、龙门鲤鱼等高难度立体造型。表演时，其步法敏捷轻盈、花式纷呈，却能保证纱龙体内的蜡烛经久不灭，令人称奇。除了舞龙以外，李柏良还熟悉纱龙制作的工艺。近年来，他曾尝试用不锈钢制作龙身骨架，进一步减轻了纱龙的重量，使其舞动起来更加灵活。

李柏良积极推动荷塘纱龙的传承，在江门市荷塘镇篁湾村的两所中小学中广泛开展荷塘纱龙培训。目前，他已培养出李家旋、李湘林、李作谦、李锦秋、李友信、李超伦等徒弟。

林建南

林建南，男，1947年生，广东省揭阳市人。非物质文化遗产（乔林烟花火龙）项目广东省级代表性传承人。

林建南出身于乔南村一个农民家庭，其爷爷、父亲都是烟花火龙的参与者和组织者，在长辈的影响下，林建南自幼就喜欢上舞龙活动。

青年时期，他学习制龙的整套技艺，慢慢地熟悉制龙、舞龙、烧龙的整个流程。改革开放后，乔林乡的舞龙、烧龙习俗再度兴起，掌握制龙舞龙技艺又热心公益的林建南，成了当时乔林乡烟花火龙活动的重要组织者、制作者和策划人。他不仅热心参与，而且善于组织协调，因此逐步成了整个乔林乡（包括乔东、乔西和乔南）烟花火龙民俗活动的总导演和总指挥。1999年，林建南被推选为乔林公益协会会长，全面负责协调烟花火龙等一切公益活动，一直担任至今。在他的全力推动下，烟花火龙的技艺博采众长，在传承的基础上改良创新，渐渐走向成熟。

林建南注重并不断追寻乔林烟花火龙的传承与创新。在他多年的探索和创新中，乔林烟花火龙形成了盘龙柱、串龙灯、龙起舞、龙翻滚、龙门阵、双龙出海、双龙抢珠等10多个漂亮的动作，将整齐的形态变化和瞬间静止的造型变换融合于一体，充分体现勇猛粗犷、热烈奔放、气势磅礴的特点。

1994—1996年，林建南连续3年应邀到揭西棉湖传授火龙制作、游龙烧龙的技艺，获得了良好的效果，受到当地党政部门和群众的好评，使烟花火龙这一习俗文化活动在周边地区得以传承发扬。林建南积极培养青少年，把火龙制作、舞蹈、燃烧全过程传授给下一代传人。目前，他已培养了100多名青壮年后备力量，使烟花火龙这一传统文化习俗后继有人。

林普宣

林普宣（1930—2014年），男，广东省佛山市人。非物质文化遗产（人龙舞）项目广东省级代表性传承人。

林普宣生长在练武之家，祖父林升辉、父亲林球都是南派武术的教头。他5岁便跟随父亲习武练拳，练就一身好武艺和强健的体魄，并由父亲教授人龙舞技艺。数十年来，他既是组织者又是表演者，在人龙舞表演中一直担任最艰苦、最重要的龙头。

林普宣精心研究人龙舞的造型结构和艺术特点，不断促进人与舞的完美结合，使人龙舞这一古老而独特的民间舞蹈得以继承和发展，并不断提高人龙舞的艺术性和欣赏性。在林普宣的努力和带领下，当地人龙舞参与各地大型庆典活动，所到之处，好评如潮。2005年，他参加广东国际旅游文化节暨岭南民间艺术会演获得金奖。

舞人龙需要有强健的体魄和力量，为此，林普宣将传授人龙舞与习武结合起来，既教拳术、刀、枪、棍、棒，又传授人龙舞技艺，先后培训多批年轻的人龙舞的骨干，使传统的人龙舞得到传承和发展。20世纪90年代初，他挑选了从中国人民解放军海军南海舰队转业回乡的青年苏求应作为光华人龙舞新一代的接班人，悉心传授技艺，使苏求应迅速掌握了人龙舞的精妙所在，担起了教练的重任。

林勤日

林勤日，男，1936年生，广东省揭阳市人。非物质文化遗产（乔林烟花火龙）项目广东省级代表性传承人。

林勤日自幼随祖辈及堂兄学习龙灯制作，12岁即参加当地游龙、烧龙活动，全面掌握龙灯制作、游龙过程、舞龙技巧、烧龙特技和烟花燃放的方法，长期负责组织、领导当地制龙、游龙、舞龙、烧龙活动，多次带队参加各种演出，获广泛好评。

林勤日现已将各种技艺传授给年轻人，使乔林烟花火龙后继有人。

黄车炳

黄车炳，男，1939年生，广东省湛江市人。非物质文化遗产（调顺网龙）项目广东省级代表性传承人。

黄车炳自幼生活在调顺村，1952—1976年师从老艺人黄兰芬学习调顺网龙的设计、制作、编制和舞蹈技巧，但由于社会原因，并未有实践机会。2000年，黄车炳参加老艺人黄利生组织的

中青年业余舞龙队，凭借此前的学习经验迅速上手，并从2004年开始接手担任舞龙队的领队。2005年，他受调顺村村委的委托，重新恢复调顺网龙艺术。

技艺方面，黄车炳掌握传统调顺网龙的制作技艺，并对材料进行改良，运用现代材料扎制调顺网龙。在表演上，他继承传统的三点头、双穿龙尾、首尾穿身、双龙绞

尾、游龙、卧龙、龙脱衣等动作，借鉴吸收其他龙舞的 8 字绕身、骑肩、平盘、斜盘等动作，同时还创造出双龙盘柱、四龙盘柱、大龙舟、多龙穿身、双龙绞身、四龙绞尾和在龙舟上舞龙、浅海半潜式舞龙等特色套路动作。

2005 年开始，黄车炳开始传徒授艺，至今已先后培养队员 250 余人。

黄锐胜

黄锐胜，男，1943 年生，广东省汕尾市人。非物质文化遗产（汕尾滚地金龙）项目国家级代表性传承人。

黄瑞生 18 岁开始参加武术训练，后成为滚地金龙传统舞蹈中舞龙头的艺人，有 40 多年的丰富表演经验。黄瑞生十分熟悉滚地金龙舞的动作、舞段和套路，而且舞技高超，尤其善于表现滚地金龙舞的传统特点，在丰富和完善滚地金龙舞的表现形态上发挥了重要作用。

黄瑞生一直广收弟子，认真传授汕尾滚地金龙的龙舞技艺，让这项传统舞蹈后继有人。

黄焯根

黄焯根，男，1929 年生，广东省中山市人。非物质文化遗产（醉龙）项目国家级代表性传承人。

黄焯根是长洲醉龙舞第五代传承人，有五六十年的丰富表演经验，善于融南拳、醉拳、杂耍等于醉龙舞的套路和动作之中，技艺全面，造诣甚高。黄焯根出身于以医治跌打损伤为业的中医世家，8 岁起即随祖父黄万英、父亲黄干南学习龙狮武术，后随父深入研习龙狮技艺。1947 年，他在父亲主持重建的长洲西堡龙狮武术团习武，并担任父亲的助理，与队员研习龙狮技艺，主理村中的文娱艺术事务。1977 年，黄焯根出任长洲龙狮团团长；2005 年，他出任长洲醉龙醒狮队醉龙舞教练。黄焯根基本功扎实，又长于灵活变通，因而其传承的醉龙舞独具特色、形神兼备，成为中山民间文化的瑰宝。

黄焯根热心于醉龙舞的保护和传承。特殊历史时期，他冒着危险将村中的明代木龙从垃圾堆中捡回家珍藏，使长洲醉龙得以保存。醉龙舞恢复后，他将技艺悉心传授给儿子黄金渐、孙子黄杜全以及村中爱好醉龙舞的中青年人，使醉龙舞不断发展，人才辈出。

傅敬贵

傅敬贵，男，1949年生，广东省韶关市人。非物质文化遗产（香火龙）项目广东省级代表性传承人。

傅敬贵12岁师从曾田养学艺，是舞香火龙的第四代传人。他完整地掌握了香火龙的扎制方法和各种舞法套路，如火龙拜门、双龙出海、双龙戏珠、龙尾对舞、跳跃龙门、云游四海等表演套路。傅敬贵在舞龙队里主要是舞龙头，他的舞龙技术熟练老到，能胜任香火龙各种表演技术。

傅敬贵长期担任舞龙队的教头和舞龙头的角色，曾数次带队参加省、市、县的民间艺术庆典活动，受到社会各界的广泛好评。例如，傅敬贵带队于1986年参加了南雄市元宵民间艺术节表演；1988年参加广东省第二届民间艺术欢乐节表演；1988年参加韶关市文化节表演；2005年参加广东国际旅游文化节暨岭南民间艺术会演，获岭南民间艺术表演银奖，并得到了专家的肯定。

近几年，傅敬贵带出了一批年轻的表演人员，对香火龙的传承、发展做出了重要的贡献。

曾宪林

曾宪林，男，1962年生，广东省韶关市人。非物质文化遗产（香火龙）项目广东省级代表性传承人。

曾宪林自1978年起拜村中的舞龙老师傅为师学习舞香火龙，从事舞龙活动，至今已有40多年，掌握了一整套舞龙技艺，在舞龙队担任舞龙头角色和教头。他不但娴熟掌握舞香火龙的各种表演套路，还掌握了香火龙的扎制技术。他的舞蹈动作干净利落、节奏感强，特别注意对四肢的控制，给人以轻巧灵敏的美感。曾宪林善于运用各种步法，变化地舞出各种表演套路，使舞蹈显得轻快干脆，别具一格。其表演动作洒脱大方，飘逸流畅，把香火龙舞得上下翻飞、形态逼真、迅捷异常。

曾宪林多次带香火龙队参加各种表演和比赛，并获得荣誉。自20世纪80年代以来，曾宪林协助傅敬贵在当地积极授徒传艺，目前已有弟子100余人。

谭妃伍

谭妃伍，男，1967年生，广东省湛江市人。非物质文化遗产（沈塘人龙舞）项目广东省级代表性传承人。

谭妃伍从小对人龙舞产生浓厚的兴趣。1983年，谭妃伍主动加入沈塘人龙舞艺术团，起初在团里担任"龙脚"，负责肩托小孩，后来因身材高大、力量大而被推选担当团里的"龙头"。为此，他还向村中的老艺人虚心请教，思考、探索龙头的舞动特色和技艺要领。他和他的队伍于2007年应邀赴香港参加庆祝香港回归10周年大型巡游活动，2009年参加香港庆祝祖国60周年华诞大型巡演活动。

表演时，谭妃伍主要担任"龙头"，负责整条人龙的指挥、引领和协调。他能合理把握舞动的节奏，巧妙配合鼓点和配乐，起伏弯伸，迂回穿插，急走缓行，充分展现龙逶迤、灵动的身姿，造型变化多样，备受观众欢迎。此外，他还在传统人龙舞套路的基础上创造了蛟龙出海、浪步斜进、盘龙高塔等新套路。

表演之余，谭妃伍还担任沈塘人龙舞艺术团的培训老师，负责团队的日常训练；同时，他开设人龙舞学习培训班，至今培训学员达百余人。

蔡沾权

蔡沾权（1934—2013年），男，广东省中山市人。非物质文化遗产（六坊云龙舞）项目国家级代表性传承人。

蔡沾权从小受云龙传统风俗熏陶，14岁开始接触云龙，对舞云龙产生浓厚的兴趣。蔡沾权坚持遵照传统习俗，每年参与春节云龙传统巡游活动。蔡沾权1948年曾参与六坊云龙赴澳门会演的后勤工作，1959年为庆祝新中国成立10周年曾随队到中山的仁山公园做精彩表演，1960年参加小榄大型菊花展览会六坊云龙舞表演，1987年参加江门外海大桥通车典礼的六坊云龙舞演出，1988年参加中山市慈善万人行的六坊云龙舞的表演，1991年参加广州世界女足开幕式的六坊云龙舞演出，1992年参加中山市慈善万人行的六坊云龙舞的表演，1999年、2003年、2007年分别参加古镇灯饰博览会六坊云龙舞演出，2008年参加广东国际旅游文化艺术节暨泛珠三角旅游推介大会闭幕式大型文艺表演《彩舞南天》的六坊云龙舞演出，2009—2011年多次参加中山市慈善万人行

《与爱同行》大型文艺表演及古镇镇慈善万人行巡游活动。数十年来，蔡沾权一直负责六坊云龙巡游与演出的后勤、管理及联系工作。其间，蔡沾权还跟随老前辈学习舞龙技巧与云龙龙身扎制技能，一直兼顾六坊云龙各样物品的收藏保管工作。

蔡沾权十分熟悉六坊云龙的历史，对云龙舞各种道具的制作和使用也十分了解，他一直致力于六坊云龙舞的资料和道具的收集、整理、修复等工作。他经常组织小学生、中学生及社会青年学习六坊云龙舞，并常年举办龙舞舞蹈传承培训班。他还组织开展大型展演活动，通过活动对年轻接班人进行实操训练；向年青一代传授舞龙技巧和云龙扎制技术，尤其是对云龙舞道具制作技巧进行重点传授，为六坊云龙舞的传承和发展做出了重要贡献。

二、广东狮舞传承人

邓国良

邓国良，男，1956年生，广东省韶关市人。非物质文化遗产（青蛙狮）项目广东省级代表性传承人。

邓国良1962年开始跟师傅邓机贵和邓合祥学青蛙狮表演。他在继承前人表演技艺的基础上，将青蛙狮演绎得活灵活现。1979年起，他在本村组织青蛙狮下乡演出，饰演主要角色，历有近20年的时间。

2007年，邓国良在镇文化站组织成立了青蛙狮爱好者团队，在节假日里教成员们表演技艺和唱狮子歌，带领他们走村串户上门献艺，使青蛙舞表演艺术后继有人。

文琰森

文琰森，男，1938年生，广东省深圳市人。非物质文化遗产（松岗七星狮舞）项目国家级代表性传承人。

文琰森9岁开始师从焦贤学习并完整掌握了七星狮舞各种套路和舞蹈动作。文琰森还掌握了七星狮舞特色的"逗蛇"套路。为了掌握这项绝技，他从抓蛇开始，了解蛇的习性。演出时，他先将活蛇倒扣于木盆当中，掀开木盆后，一脚轻踩蛇头，另一脚压住蛇尾，俯身钳住蛇头，抬头将蛇耍弄若干回合后，将活蛇抛开，令人叹为观止。

文琰森积极开展七星狮舞的传承教学工作。2006年，他成立"山门文琰醒狮训练社"，专授七星狮舞。他还在松岗本地的文体中心、小学开班授徒，至今已有门徒数千人。此外，他还参与到七星狮舞的资料整理工作当中，协助完成了《松岗七星狮舞教材》的整理工作。

邓锦平

邓锦平，男，1945年生，广东省深圳市人。非物质文化遗产（福永醒狮）项目广东省级代表性传承人。

邓锦平14岁开始跟随师傅邱建国学习醒狮技艺，善于把握福永醒狮的表演特色并加以发扬，尤其注重提升狮舞动作的难度，在表演技巧上有新的突破。

邓锦平从1980年开始担任塘尾醒狮队教练，直到2009年才退休，目前为塘尾醒狮队的顾问。其所指导的狮舞曾获马来西亚美里国际狮王争霸赛季军，广东省第一届全民健身运动会传统龙狮赛8个一等奖，广东省第一届体育大会龙狮比赛男子桩狮第三名。他还积极挖掘和整理传统醒狮的资料，以促进福永醒狮的传承发展。

冯昆杰

冯昆杰，男，1937年生，广东省江门市人。非物质文化遗产（狮艺）项目广东省级代表性传承人。

冯昆杰9岁时师从冯泽春进行鹤山狮艺的启蒙学习。1961年，24岁的冯昆杰正式拜鹤山狮艺第三代传人冯仍的入室弟子冯祯为师，系统学习鹤山狮艺。

在技艺上，冯昆杰全面继承了冯庚长狮形猫步的狮艺风格，所舞的狮子生动威猛、形神兼备，传神地刻画了狮子的八种情态（即喜、怒、哀、乐、疑、醉、睡、醒）。冯昆杰还推陈出新，在传统鹤山狮艺的基础上创作了狮子出洞、狮子滚绣球等多个新套路。

1978年，冯昆杰便开始传授鹤山狮艺。起初，他以协助师傅授徒为主，主要负责具体动作示范。师傅去世后，冯昆杰开始独立授徒，先后在鹤山、顺德等地教授醒狮团队达30个。

刘银波

刘银波，女，1954年生，广东省清远市人。非物质文化遗产（舞被狮）项目广东省级代表性传承人。

刘银波是广东省清远佛冈县汤塘镇围镇村村民，1987年开始担任该村妇女主任，负责组织村民开展每年的舞被狮活动。刘银波熟悉舞被狮的套路动作，了解传统舞被狮民俗活动的全套流程和仪式。

在刘银波的精心组织下，舞被狮活动在当地得以推广、传承。2011年，中央电视台《欢乐中国行》栏目对当地舞被狮活动进行了报道。

孙淑强

孙淑强，男，1974年生，广东省揭阳市人。非物质文化遗产（青狮）项目广东省级代表性传承人。

孙淑强出身于武术世家，是著名武术家孙振高之子，师承全国著名武术家、少林高僧释德虔师傅，是少林寺第三十二代皈依弟子。孙淑强将武术技艺融入青狮表演当中，演出内容丰富、构思巧妙、风格别致，表达了谷、溪、桥、洞等环境因素，展现了狮子喜、怒、醉、睡、醒、动、静、怕、寻、探、望、戏和翻、滚、卧、闪、腾、扑、跃、跳等各种表情和动作，表现了狮子勇猛剽悍、顽皮好动的生动形象，融武术、杂技、舞蹈于一体，配合潮汕特色的大锣鼓，使狮子昂首腾跃、威风凛凛的形象得到了淋漓尽致的体现。

孙淑强在传承家学的基础上，与父亲孙振高共同创办了揭阳市孙淑强狮艺武术馆舞狮队。一方面，他积极挖掘和整理青狮文化资料，保存着16头传统青狮白目眉狮头，为传承提供珍贵的实物资料；另一方面，他通过言传身教，将武术和青狮技艺代代相传，使青狮技艺习练者日众。2010年，孙淑强代表广东省参加了上海世界博览会广东活动周表演，赢得了海内外嘉宾的一致赞叹。

关润雄

关润雄，男，1959年生，广东省佛山市人。非物质文化遗产（广东醒狮）项目广东省级代表性传承人。

关润雄7岁开始随父亲关养暖学习洪拳，后于佛山拜师彭南门下学咏春拳，随马齐练龙形拳，擅长南派传统拳械、南狮、舞龙和龙舟等，且颇有建树。关润雄于1984—1997年，任中国南海龙舟队、醒狮、武术团总教练，顺德、东莞、北京、天津以及广西、江西等地龙狮团教练与顾问，是国际龙狮教练、裁判。

李国英

李国英，又名李选标，男，1972年生，广东省揭阳市人。非物质文化遗产（青狮）项目广东省级代表性传承人。

李国英自幼拜青狮一代名师孙振高为师，学习青狮技艺。在推广舞狮运动上，他不遗余力、言传身教、精益求精。李国英致力于青狮技法的发掘和整理工作。在继承和发展了传统狮艺中狮子戏绣球、盘凳青、高青等高难度的传统舞狮技法的基础上，更是独创出一套高梯采青的新技法，使现代和传统有机地结合在一起，使舞狮越来越成为深受群众欢迎与喜闻乐见的一项活动。同时，这也使青狮表演队逐步发展成为粤东规模最大、影响最广、技艺精湛的专业性舞狮队。

2010年7月，李国英带领青狮表演队参加上海世界博览会广东活动周展演；2010年11月，李国英带队参加了亚运圣火揭阳站表演；2012年6月，李国英创建了榕城青狮文化保护中心，每年培训青狮学员300人，使青狮文化得以保护和传承。

李荣仔

李荣仔，男，1965年生，广东省湛江市人。非物质文化遗产（南派醒狮）项目国家级代表性传承人。

李荣仔自幼受父亲影响，对舞狮产生浓厚的兴趣，师从龙湾"遂狮"第二代传承人梁汝义学习传统醒狮和武术，扎实掌握传统醒狮的"起、踏、探、跃"等基本功。李荣仔留意观察和学习节庆时进行交流的化州、遂溪、廉江和湛江等各地醒狮队伍，从中吸取他们的舞法特点；后来到佛山南海黄飞鸿馆专攻高桩舞狮技艺，同时还专门到佛山、广州等地学习狮具制作，是集教练、舞狮、狮具制作以及狮舞比赛裁判于一身的民间狮艺全才。

李荣仔在继承传统的基础上，也注重醒狮技艺的实践与创新，创新了高桩飞狮断桩、醒狮攀高杆等广东醒狮表演技艺，还把民间传统醒狮的口诀科学地转换成国际龙狮运动总会规范的技术术语，如"天狗追日"转换为"凌空推进"、"犀牛望月"转换为"转体180度回身上腿"等,为民间传统醒狮走向国际化做出了贡献。

李荣仔有着10余年的舞狮经验,武术、狮艺功底深厚,在南派醒狮领域创造了多项纪录:他所率领的龙湾醒狮队是第一支参加全国大型文体活动(2001年第九届全运会闭幕式)的湛江醒狮队伍。他和他的队伍在2005年竞技体育醒狮国际赛、世界华人狮王争霸赛以及广东省农运会等赛事中屡获殊荣。其队伍曾获邀参加2007年于马来西亚举办的世界狮王争霸赛。

舞狮之余,李荣仔更是致力于舞狮技艺的推广以及参与狮具的制作。他多次应邀到深圳、湖南、广西传授狮艺,在遂溪当地已传授学员500多人,辅导醒狮团数十个。同时,有着近30年的狮具制作经验的李荣仔所制的狮具远销国内外,为南派醒狮的推广与传播做出了贡献。

杨永武

杨永武,男,1971年生,广东省揭阳市人。非物质文化遗产(揭阳狮舞)项目广东省级代表性传承人,龙狮二级裁判员。

杨永武自幼深受家族的熏陶,随父练武习医,学习揭阳狮舞技艺。他虚心向其他地方的武术界、龙狮界人士请教,上门拜访,博采各地狮舞文化,充实提高自身技艺水平。杨永武还将高桩南狮率先引入揭阳狮舞当中,为传统武术和狮舞增添新的元素,并将现代的科学训练融入其中,把揭阳狮舞打造成具有本土特色底蕴的文化景观。

杨永武自身技艺精湛,同时关注揭阳狮舞的发展。他创立杨永武龙狮武术馆,亲自开班授徒,并带队参加全国、广东省等各级武术龙狮比赛。他和他的队伍于2009年在广东省传统南狮锦标赛上获两项二等奖,2013年获马来西亚国际南狮锦标赛优秀奖,2014年获广东省龙狮大赛南狮高桩第一名。与此同时,他还培养了一批德才兼备的狮舞运动员、教练员和裁判员,助力揭阳狮舞的发展。

周镇隆

周镇隆,男,1944年生,广东省广州市人。非物质文化遗产(广东醒狮)项目广东省级代表性传承人。

周镇隆自幼随南海周扳如、周汝仁等老师傅学艺,继承了南海龙狮竞技的传统和南狮洪拳派的特点,在广东醒狮表演技艺上有很高造诣。他担任广州市番禺区沙坑村龙狮团团长和总教练,所培养的第一批弟子曾参加法国巴黎国际雄狮争霸赛。他还是中国龙狮运动协会国际级、国家级教练和裁判,广东省龙狮运动协会副会长。

周镇隆在原有南派醒狮技艺的基础上，吸收和融入了北派舞狮的技艺，将高桩醒狮、民间武术"梅花桩"与南派醒狮的套路巧妙地糅合在一起。他通过舞狮的轻、重、缓、急以及狮子的表情变化和动态，再配合重新加以整理的鼓、锣、钹的明快节奏，在桩阵上表现出狮子的喜、怒、哀、乐、动、静、惊、疑等各种姿态，更汇入腾、挪、闪、扑、回旋、飞跃等高难度动作，刚柔相济，使得醒狮融合了武术、舞蹈、杂技、力学、美学等多项艺术的精妙。

周镇隆还致力于醒狮的传承，于1997年成立龙狮团，接收村中子弟，第一批学徒有10余人。在传艺过程中，周镇隆不断刻苦钻研、大胆创新。至今，他培养了四批学徒共300余人。

施 勇

施勇，男，1949年生，广东省汕尾市人。非物质文化遗产（碣石五色狮）项目广东省级代表性传承人。

施勇1965年起师从沈永锡、谢麟祖等老艺人学习五色狮，熟练掌握碣石五色狮的各种舞蹈步法、动作技巧，并能够完成五色狮的朗埔结、一条龙、麻花辫、走圈等舞蹈套路和开观、退观礼仪程式，是少有的能全面掌握碣石五色狮传统舞蹈的老艺人。

多年来，施勇参加省、市、县各级组织的文艺演出，受到社会各界的一致好评。同时，他也积极组织当地青年学习五色狮，言传身教，使这一民间舞蹈薪火相传，为传承和弘扬碣石五色狮做出了巨大的贡献。

赵永富

赵永富，男，1935年生，湖南省蓝山县人。非物质文化遗产（瑶族布袋木狮舞）项目广东省级代表性传承人。

赵永富自幼师从其爷爷赵进明学习瑶族布袋木狮舞。在爷爷的悉心指导下，赵永富完整掌握了瑶族布袋木狮舞的舞法，将木狮舞归纳为6个套路72象，分别包括喜、悲、护、想、报、形、反七类内容，木狮形象生动，充满生活的气息。学成后，他常在节日时进行布袋木狮舞表演，受到当地群众的欢迎。

赵永富积极传承布袋木狮舞，将其技艺传给儿子赵文辉和赵根长，又在当地成立布袋木狮舞舞蹈队，并以此为基地，培养下一代布袋木狮舞的传人。

赵继红

赵继红（1948—2016年），男，广东省广州市人。非物质文化遗产（广东醒狮）项目广东省级代表性传承人。

赵继红7岁跟随叔父和父亲学舞狮。他功底扎实，舞狮技艺自成一派，将南狮三大传统动作的高狮、平狮、抛狮的套路练得炉火纯青，讲究马步稳健、敏捷，弹跳轻巧，举动有力。他在南狮传统服饰和技法上进行改革，改变原来的狮头结构，狮尾缩短和加宽两侧，造型和动作糅合北狮的跳跃、翻滚、跌扑、夹腰、踏膝等动作，使南狮外形变得更为美观，套路更为完美。他改进了高狮、平狮、抛狮（即高星、三星、七星）三

大基本动作和鼓点，把凌乱不一的动作协调统一，使得在大型表演场合中迎宾狮或8头以上的群狮表演颇具规模，震撼人心；还配合时代发展要求，根据南狮特点，创新了一批既具观赏性，又具娱乐性的特色套路，如狮子跃龙门、步步高、莲花青、花篮献瑞、双狮采青、桥底青、群狮会楼台、飞越险峰等等。

赵继红于20世纪70年代初牵头成立女子醒狮舞龙队，1984年成立广州第一支青少年醒狮队。1985年，他领头成立了广州市工人醒狮协会。自该协会成立以来，赵继红多次组团参加重大喜庆活动表演，到海南、湖北、广西等地表演并传授技艺；参加广州市烈军属、革命伤残军人、残疾人慰问演出，参加华东、粤北地区赈灾等义演活动。赵继红还率团参加了多届国际醒狮大赛，远赴泰国、马来西亚、荷兰等进行文化交流，积极推动南狮艺术的发展。

涂叠登

涂叠登，男，1940年生，广东省梅州市人。非物质文化遗产（青溪仔狮灯）项目广东省级代表性传承人。

1951年开始，涂叠登师从涂禄安学习仔狮舞道具制作和仔狮灯表演，并吸收与借鉴当地各种民间艺术元素，对传统仔狮灯道具制作、舞蹈套路和传统配乐进行改良。其设计、表演的雄狮出山、画眉跳架、

卧地滚球、流星赶月等舞蹈表演套路，增强了青溪仔狮灯的艺术感染力。

从艺50多年来，涂叠登始终致力于青溪仔狮灯的传承，培养了一大批仔狮灯后继人才，为青溪仔狮灯的传承和发展做出了巨大的贡献。

黄兴良

黄兴良，男，1953年生，广东省深圳市人。非物质文化遗产（上川黄连胜醒狮舞）项目广东省级代表性传承人。

1974年开始，黄兴良师从上川醒狮舞第二代传人黄连胜学习醒狮舞。黄连胜去世后，黄兴良自1986年起接管上川"黄连胜"醒狮团，传习醒狮及拳术至今。

在技艺方面，黄兴良在习练醒狮舞的同时，还专门习练洪拳，这使得其舞狮姿态勇猛、步法灵活，张弛有度，颇具观赏性。此外，黄兴良不仅熟练掌握传统醒狮舞的套路，还熟悉传统伴奏鼓点——三星、五星、七星鼓点的灵活运用。他根据现代社会的发展需要，对传统狮舞套路进行重新编排，动作大气、狂野，使平地和高台表演有机结合，进一步提高了传统狮舞的艺术效果。

黄兴良1986年利用醒狮团开班授徒，每周他都会安排2～3天的时间组织醒狮团进行训练，目前已授徒达千人。他还适时地对传统狮舞做出创新和变革，获得了社会和同行的认可。他带领其队员参加省、市等各级醒狮比赛，获2009年广东省传统龙狮锦标赛二等奖、2013年广东省首届南狮新增传统竞赛项目银奖等佳绩。

黄志英

黄志英，又名黄梅英，男，1950年生，广东省汕尾市人。非物质文化遗产（五福狮舞）项目广东省级代表性传承人。

1963年，黄志英开始跟随父亲黄覃金学习五福狮舞基本功，并跟随五福狮馆外出表演。1981—1983年，黄志英在汕尾市后门镇组织少年五福狮舞队。1983年，他正式接班，代替父亲管理五福狮馆至今。

在技艺方面，黄志英基本功扎实，拥有足够的体力和臂力，舞狮时能在1米高的台面上前滚翻腾空后落地。他所表演的五福狮，能做到鬃须频摇、动作活泼威猛。在精通狮舞的同时，黄志英也能熟练地饰演五福狮舞表演的其余4个角色，做到惟妙惟肖、诙谐风趣。

1986年起，黄志英每年都会组织五福狮舞队到村中和县上各镇进行展演。他也积极进行传徒授艺，先后在后门镇、梅陇镇等地授徒达 150 多人。

黄钦添

黄钦添，男，1965 年生，广东省佛山市人。非物质文化遗产（广东醒狮）项目广东省级代表性传承人，龙狮裁判员、教练员。

黄钦添是南海醒狮（广东醒狮）黄飞鸿派系的第七代传人，自小跟随村中洪拳师傅彭宝林学习传统醒狮，后拜广州洪家拳师傅吴仲权为师，承传南派醒狮各种采青套路和洪拳武术等。其醒狮表演以佛桩狮为主，掌握传统佛桩狮步形、步法，并熟知醒狮套路变化，时而静如老松，时而高起低落，表现出醒狮喜、怒、醉、乐、惊、疑、动、静、猛的形态特点和威武雄壮、刚毅强悍、无所畏惧、勇往直前的精神。

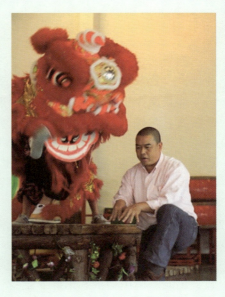

出于对醒狮的热爱，黄钦添对一帮青少年进行醒狮培训。1998 年，得到李有泉的大力支持，黄钦添建立南海黄飞鸿中联电缆武术龙狮协会和训练基地，并于 2000 年组建了南海第一支职业醒狮队。经过数年的努力，他于 2006 年重新兴建龙狮训练新基地，占地面积约 25 亩（1 亩 ≈ 666.667 平方米），被国家体育总局社会体育中心指定为中国龙狮运动南海训练基地。

释宝华

释宝华，俗名池宝华，男，1960 年生，广东省梅州市人。非物质文化遗产（席狮舞）项目广东省级代表性传承人。

释宝华 18 岁师从父辈释彰龙学习席狮舞和"香花佛事"各个程序，1979 年满师后，在梅州城郊碧峰寺做"香花佛事"至今，兼舞席狮。从业 39 年，释宝华的席狮表演形似神似，神态威猛，翻滚自如，生动传神。舞中扮演的沙僧朴实自然、诙谐风趣，把人狮和谐共处表演得流畅

精彩、细腻有致。此外，释宝华在保留席狮舞过去原生态形式的基础上，对其进行加工和再创作，使席狮舞逐步形成了动作与舞蹈相结合的新的艺术形式。2008 年，释

宝华曾受邀赴美国斯坦福大学做席狮舞和打莲池等专项技艺表演。

释宝华积极推动席狮舞的传承与推广工作，在完整保留和传授原生态形式的席狮舞的同时，通过与学校等社会机构的合作进一步传播席狮舞文化。

谢景文

谢景文，男，1951年生，广东省茂名市人。非物质文化遗产（高脚狮）项目广东省级代表性传承人。

谢景文少年师从谢洪南学习高脚狮子舞，经过多年勤学苦练，掌握了高脚狮整套动作套路。谢景文的高脚狮舞达到了人狮共舞的境界，二者融为一体，产生一种独特的表演风格，既表现出传统南狮的喜、怒、哀、乐、动、静、惊、疑八种形态，又有高脚狮跌扑、翻滚、跳跃的独特神韵。其舞蹈动作千姿百态，栩栩如生，极具艺术性和观赏性。谢景文表演的动作，以南狮的马步、三角步、跳扑和翻身等动作组成，舞蹈时灵活机动、刚柔并济、粗犷含蓄，四只狮脚活动自如、活灵活现，特别是扑球、醉睡、出洞、巡山会狮和窜肚、翻身等表演，具有人狮共舞的独特韵味。

多年来，谢景文在村中积极开展高脚狮子舞等民间文艺活动传承，定期举办高脚狮的培训和排练，并带领当地村民多次参加省、市各级部门组织的民间文艺比赛和交流活动，为推动高脚狮的传承与发展起了重要作用。

释彰龙

释彰龙（1927—2015年），俗名池彰龙，男，广东省梅州市人。非物质文化遗产（席狮舞）项目广东省级代表性传承人。

释彰龙席狮舞功底深厚，经验丰富。年轻时就在出狮、入狮、抢青、跃涧等舞蹈环节中融入武术动作，把席狮表演得威风凛凛，既生猛又灵巧，至今仍为梅州城中的老者所称道。

三、五马巡城舞传承人

陈立帮

陈立帮，男，1936 年生，广东省肇庆市人。非物质文化遗产（五马巡城）项目广东省级代表性传承人。

陈立帮少年时随父学艺，1958 年正式成为五马巡城舞队的舞蹈成员。1961 年，他开始组织本村青年学习技艺。

1987 年起，为使濒临失传的五马巡城舞得以保存和延续，陈立帮努力培养年青一代传承人，发动群众自制道具和演出服饰，为五马巡城舞的恢复做出了宝贵贡献。他所在的大洲镇被文化部命名为"中国民间艺术之乡"，由他组织的《五马巡城舞》在岭南民间艺术展演中获优秀表演奖。

四、舞火狗传承人

谭松娣

谭松娣，女，1933 年生，广东省惠州市人。非物质文化遗产（舞火狗）项目广东省级代表性传承人。

谭松娣 13 岁开始参加舞火狗活动。她熟练掌握舞火狗的基本套路和动作以及装扮"火狗"的方法。同时，她也了解舞火狗活动的仪式和流程。由她组织的舞火狗活动具有庄重严肃、虔诚稳重的特点，场面热闹壮观、动作古朴简单，体现出当地纯朴、浓郁的民族风格特色。

谭松娣积极开展舞火狗的传承工作。自 19 岁嫁入当地杨屋村，她便开始在杨屋村培养后继人才，传承、培养了 1000 多人。此外，她还曾协助编写《龙门蓝田瑶族调查》的舞火狗相关章节以及《中国民族民间舞蹈集成·广东卷》的舞火狗相关内容，为舞火狗的发展和保护做出了贡献。

五、凤舞传承人

邓　钦

邓钦，男，1951年生，广东省清远市人。非物质文化遗产（凤舞）项目广东省级代表性传承人。

邓钦全面继承家传的凤舞技艺，熟悉凤舞动作、器乐伴奏及道具制作，了解凤舞表演全套仪式和流程。邓钦具有20多年凤舞表演的经验，其表演舞姿典雅，动作优美，神态生动传神，自然流畅，有浓郁的乡土风情。

邓钦热心凤舞的传播与推广，常组织表演队到周边地区演出，曾参加广东省首届民间艺术欢乐节迎宾表演。此外，邓钦还动员当地的年轻人学习凤舞，并耐心给予指导，为凤舞的传承做出了贡献。

六、平远船灯舞传承人

凌双匡

凌双匡，男，1939年生，广东省梅州市人。非物质文化遗产（平远船灯）项目广东省级代表性传承人。

平远船灯第五代传人凌双匡创编并导演《花王出巡》，将传统的单船表演改革为双船表演。1986年，凌双匡再次创编由三船表演的《船灯情》，使船灯脚本、音乐、道具、服装、舞美等方面都达到较高的艺术境界，深受广大人民群众喜爱。

1969年，凌双匡创作的小演唱《风雨之夜》，参加省、市文艺会演。其文艺作品《船长情》进北京上演并赴马来西亚等国演出，均获高度赞誉，获得梅州市最高文艺奖"梅花奖"与梅州市最高的组织奖"百花奖"。

凌双匡在文艺、民俗方面的探索对平远船灯的改编革新均有很大帮助，并培养了谢奎岳等一批优秀的传承人，对平远船灯的保护和传承做出了积极的贡献。

谢奎岳

谢奎岳，男，1949年生，广东省梅州市人。非物质文化遗产（平远船灯）项目广东省级代表性传承人。

谢奎岳师从著名船灯艺人凌双匡，学习制船、操船、角色表演和剧本创作等。他在不断的表演过程中积累经验、改良技艺。为了适应上山下乡和外出表演，谢奎岳与同事们对船灯结构进行改革，使其既轻便又可拆装入箱，在保留传统船灯尺寸、圣旨牌、夜明珠、对联等特色的前提下吐故纳新；现在的平远船灯轻巧灵便，艳丽无比，参加2006年梅州客家山歌节表演、深圳龙岗彩云体育馆表演时深得中外观众的喜爱。

此外，谢奎岳还长期致力于挖掘、整理船灯舞的历史资料，掌握传统船灯舞的表演动作和程式，熟悉船灯道具的制作，在由传统单船表演发展到多船表演上做出了重要贡献，且能编、能导、能演，并培养了一大批平远船灯的后继人才。他自己创作剧本，2000年的两条小船《划着船儿游平城》、2004年的两条小船《仁居脐橙丰收啦》配16人的表演唱歌、2005年的五船《平远脐橙香飘天下》均获平远县文艺会演第一名，双船8人表演的《姐妹结伴回娘家》荣获2004年中国梅州国际山歌节二等奖，2006年的六船加配120支落地金钱棒、5副大锣鼓、8支唢呐共160人共同表演的《百年船灯舞　殷殷平远情》获梅州客家山歌节银奖。

作为平远船灯代表性传承人，谢奎岳在挖掘、革新当地民间艺术的同时，把传承平远船灯作为主要内容，培养了一批船灯爱好者和表演者，其中不乏年幼的小学生。谢奎岳不遗余力地将表演基本功和经验传授给他们。在山歌文化节客家山歌擂台赛决赛中，他们表演的《少儿船灯》赢得了一片赞誉之声。

七、龙鱼舞传承人

石家中

石家中，男，1967年生，广东省肇庆市人。非物质文化遗产（龙鱼舞）项目广东省级代表性传承人。

石家中16岁参加当地龙凤积善堂龙鱼队，师从村中前辈石永映、石永檀学习龙鱼舞表演艺术，熟悉舞蹈中多种道具的舞法，尤其能出色地担负起主要道具龙珠、龙头的舞蹈，表演生动传神、优美刚劲，是龙鱼舞队的骨干。

在龙鱼舞表演队列中，可分为龙珠、龙头、鱼、虾、蛙、日月等10多个角色。石家中由易入难，从最初担任虾、蛙等角色起，凭着勤奋和艺术资质，最终担负起舞龙珠、龙头等"挑大梁"的角色。多年来，为把握好龙鱼舞的神韵，石家

中刻苦磨炼，努力参透，在融会贯通前辈技艺的基础上再加以创新，在表演时紧扣龙鱼舞以抓举道具为表演载体表达情感的特征，以优美和刚劲的舞姿、生动传神的演绎，使古老的龙鱼舞光彩焕发。其精湛的表演技艺以及做事认真负责的态度，赢得了队友们的尊重，成为龙鱼舞队队长。

除表演外，石家中还指导舞蹈的编排，并积极把自己丰富的表演经验和舞蹈技艺传授给年青一代。

八、禾楼舞传承人

傅志坤

傅志坤，男，1947年生，广东省云浮市人。非物质文化遗产（禾楼舞）项目广东省级代表性传承人。

傅志坤自小喜爱禾楼舞，常跟随母亲看村里老艺人跳禾楼舞。退休前，他是郁南县第二人民医院的医生，但最大的爱好是研究郁南县连滩镇的民间艺术。他热心禾楼舞的创作、编导、发掘和整理。1996年始，历时两年，傅志坤寻访曾参与禾楼舞表演的曾植祥、胡泉、邱老九、杨植南等老艺人，向他们请教禾楼舞的舞蹈动作、音韵节奏和唱词。通过舞者们的记忆、口述以及史书记载和复现的零碎舞蹈动作等，傅志坤逐渐恢复了禾楼舞的大致模样，并在同年的第五届连滩民间艺术节上进行演出，轰动一时，为禾楼舞的延续传承发挥了关键作用。

为了更好地传承禾楼舞，傅志坤向县里的文化部门提议，开设民间艺术培训班，专门教学生跳禾楼舞，吸引了很多学生前来学习。目前，年龄最小的禾楼舞学员是一群还在读幼儿园的孩子。

九、竹马舞传承人

罗爱青

罗爱青，女，1961年生，广东省梅州市人。非物质文化遗产（竹马舞）项目广东省级代表性传承人。

罗爱青自幼喜欢文艺，初中时被竹马舞艺人诙谐生动的表演吸引，师从多位民间艺人，跟随李宗强老艺人学习制作技艺和表演技巧；19岁时由谢本蒙和卓小六两位老师教授竹马舞的舞蹈表演精髓，同时掌握了竹马的完整制作技艺，逐渐成为五华县竹马舞的中流砥柱。

罗爱青在几十年的竹马舞生涯中积累了丰富的表演经验，她不拘泥于单纯的舞技表演，在表演内容、表演形式以及表演道具上不断开拓创新。她于1994年尝试竹马舞的编导工作，一改竹马舞故事性不强的弱点，将客家妹子回娘家这一生活化、戏剧化的元素融入舞蹈表演中，以"正月开桃花，妹子回娘家"的客家传统风俗为主题，通过"过去回娘家，手拿竹箩，头戴竹笠麻""前年回娘家，身上挂个拉链袋，手里拿把折骨遮""去年回娘家，一身着等花衫裤，两脚踩辆凤凰车""今年回娘家，左手戴上金戒指，双脚骑辆摩托车""明年还要回娘家，手提电话腰间挂，开辆宝马小汽车"等诙谐幽默的情节，表现客家人"生活一年一年好，锦上添花花串花"这一日新月异的场面。罗爱青还大胆革新舞蹈表演形式和规模，让乡间舞蹈舞上大雅之堂。她将竹马舞的竹马扩至两条到多条，舞蹈演员增加到十几人或者二十几人，甚至更大规模。2004年2月，由8条竹马、160多人组成的竹马队伍表演的《客家妹子回娘家》荣获山歌节表演金奖和创作一等奖，以及广东省旅游文化节暨岭南民间艺术大赛银奖。其改良的竹马舞将客家的风土人情广泛地传播了出去。此外，罗爱青对道具的改良也颇有心得。她将以前一节一节拼接而成的竹马更新为整体编织，原来死板的竹马变得灵活生动，还根据表演者的身躯量身定做适合的竹马造型，人性化的同时也能让演员表演时保持最佳的状态。罗爱青的这些改革措施让竹马舞更贴近群众生活，也更具观赏性。

罗爱青对竹马舞的挖掘和改革发挥了巨大的影响力。此外，她为了传承这门古老的手艺积极举办培训班，将舞蹈表演和制作技艺带到了五华镇各文化站，把薪火传递到新一代竹马舞爱好者手中。据统计，近年来，罗爱青共举办培训班近40次，培养了100多名弟子。

十、沙头角鱼灯舞传承人

吴天其

吴天其，男，1958年生，广东省深圳市人。非物质文化遗产（沙头角鱼灯舞）项目广东省级代表性传承人。

吴天其熟练掌握鱼灯舞表演技艺，动作功架扎实，表演生动传神。吴天其1999年开始任沙栏吓村村长，尤其热心传承工作，积极搜集鱼灯舞历史资料，弘扬本村的民间艺术；2001年提出挖掘原生态鱼灯舞传统艺术，同年开始收集、整理鱼灯艺术的历史资料，着手传统鱼灯的制作；2002年组织村内老艺人和年轻村民进行鱼灯舞的挖掘和排练工作。2015年8—11月，

吴天其参加深圳市第十二届鹏城金秋文化艺术节、广东省第三届岭南民俗文化节比赛均获金奖。吴天其为发展传承鱼灯舞做出了不可磨灭的贡献。

吴观球

吴观球，男，1942年出生，广东省深圳市人。非物质文化遗产（沙头角鱼灯舞）项目国家级代表性传承人。

吴观球14岁开始学跳鱼灯舞，有50余年的舞蹈经验，熟练掌握鱼灯舞的表演技艺和表演程序，对配乐谱调、道具制作等也十分精通。1958—1959年，他曾作为本村鱼灯舞队成员之一，赴深圳、惠阳、佛山、广州等地参加民间艺术会演表演鱼灯舞；2001年至今，他担任沙栏吓村鱼灯舞总教练，负责指导村内年青一代练习鱼灯舞，传授鱼灯艺术。2015年8—11月，他参加深圳市第十届鹏城金秋文化艺术节、广东省岭南民间艺术节比赛均获金奖。

十一、杯花舞传承人

林惠文

林惠文，男，1950年生，广东省梅州市人。非物质文化遗产（杯花舞）项目广东省级代表性传承人。

林惠文于1979年调入兴宁文化馆，潜心挖掘、整理客家民间舞蹈素材，特别是对清代在兴宁民间流行的道教法事舞蹈认真研究，吸收杯花舞传承人的表演技艺，针对其特点，不断推陈出新，加工提高，成为兴宁杯花舞第三代传承人。在杯花舞表演和传授过程中，他巧妙地运用击杯和舞蹈艺术，以摇杯、滚杯、甩杯、磨杯、转杯、杯花出手等击杯技巧和云步、横步、跪步、下板腰等舞蹈动作，不断提高杯花舞的表现力，使敲击的瓷杯发出多变的节奏和清脆悦耳的声音，使舞蹈呈现出热烈欢快、优雅动人的艺术美感。

他还积极探索，推陈出新，在编排杯花舞方面取得显著成绩。他编创的杯花舞《明月照山乡》在1983年获广东省群众舞蹈作品评选二等奖，《杯花声声》在2005

年获广东国际旅游文化节暨岭南民间艺术会演金奖和广东省第三届群众音乐舞蹈花会金奖。1997 年,他编写的节目《杯花》获评国家艺术科研重点项目、《中国民间舞蹈集成·广东卷》编纂成果三等奖,编写的《杯花舞》于 2007 年编入《中华舞蹈志·广东卷》。

自 1979 年以来,他为挖掘、整理、加工、提高、推广和普及杯花舞做了大量工作,推动兴宁市杯花舞活动的广泛开展。此外,他热衷于杯花舞的培训传承工作;在学校、社区以及各镇(街道)设点培训,举办多期培训班,亲自传授表演技巧,不断扩大杯花舞的表演队伍,并组织这些队伍参加梅州市的大型文艺表演,为兴宁被评为中国民间艺术杯花舞之乡、杯花舞被列入广东省非物质文化遗产保护名录做出了卓越的贡献。

十二、英歌舞传承人

杨 卫

杨卫,男,1932 年生,广东省汕头市人。非物质文化遗产(潮阳英歌)项目国家级代表性传承人。

杨卫 9 岁即拜师习武学英歌,17 岁时跟着开武馆的陈宣师傅学了 5 年武术。凭借着优秀的武术功底,杨卫 18 岁已成为潮阳英歌舞左手头槌和教头,19 岁任潮阳虎师头主角,有 60 多年跳英歌的丰富经验。

杨卫的潮阳英歌舞属潮阳(中、快)板英歌突出代表之一,其英歌舞表现技艺有着自己独特的心得体会与创新。例如,他的英歌舞表演技艺中有对打、三面打、平槌猛进等动作;鼓点节奏明快,轻重层次分明,高低起伏有序,图形变化快捷,伸展招式多变;双槌左右上下动作变化威猛雄浑,声势浩荡,有双龙出水、天逻朝圣、七星拱月、六合回春、满天星、双圈互逆、四海欢腾等。

杨卫在七槌套路上形成了个人的独特风格,曾担任后溪英歌队总教练等。

杨卫组织排练有 108 人之多的英歌表演,表现出很强的编排指导能力。其所带领的英歌舞队赴京参加第四届 CCTV 电视舞蹈大赛,获优秀表演奖和"网上人气最旺"的殊荣,还曾获岭南民间艺术节金奖。

陈 汉

陈汉，男，1935年生，广东省陆丰市人。非物质文化遗产（甲子英歌）项目广东省级代表性传承人。

陈汉自幼喜好武术，尤其钟爱英歌舞表演技艺；12岁开始参加英歌舞训练，师承甲子英歌第十八代传承人余荣；20岁起连续6年扮演时迁、李逵等主要角色，全面掌握了英歌舞削槌、伏槌、搀槌等动作和基本套路，并熟悉英歌化妆、服装、道具的风格特点。

多年来，他积极培养青少年英歌舞队伍，使甲子英歌传承后继有人，并多次组织英歌舞队参加省、市、县的民间艺术巡游等庆典表演，受到各地群众的广泛欢迎，为弘扬甲子英歌做出了卓越的贡献。

陈来发

陈来发，男，1957年生，广东省普宁市人。非物质文化遗产（英歌舞）项目国家级代表性传承人。

陈来发19岁即开始担任英歌头槌，先后担任当地英歌队教练、队长至今。其跳英歌运棒灵活、动作快速、气势逼人，形成独特的快捷威猛风格。

陈来发在传统的8人英歌队的基础上，不断增加人数，直至24人、36人、72人，队形图案也不断得到丰富。陈来发的主要表演动作扣槌、揽槌、藏剑、拔刀、勾脚、挥拳等，融舞蹈与武术为一体，其特点是运吹灵活、动作快速、威猛剽悍、英气逼人。陈来发对英歌舞队形图案的编排也比较灵活，在人数众多的群体舞蹈中，常穿插4人、6人或8人的舞蹈，造成整体对比的变化，使场面更为多姿多彩。

陈来发所编导主演的《英歌雄风》参加第二届中国天津国际友好城市艺术节暨"南开杯"民间广场艺术邀请赛，获文化部颁发的"优秀组织奖""优秀编导奖""优秀表演奖"；《南山英歌》获广东国际旅游文化节暨岭南民间艺术会演金奖，还被选派率英歌队参加了2008年北京奥运会天安门广场表演。

张伯琪

张伯琪，男，1945年生，广东省普宁市人。非物质文化遗产（普宁英歌）项目广东省级代表性传承人。

张伯琪8岁时开始学习英歌舞，9岁正式加入泥沟英歌舞队开始表演，1989年任泥沟英歌队教练兼头槌。

张伯琪所传承和改编的泥沟英歌舞独树一帜。其特点是：扣槌在下，从下而上，双提臂，单踢腿，幅步大；双槌起落，叩击对舞，手腕转动打活槌，产生漂亮的槌花——上身和头部自然左右晃动，极有舞蹈感。其套路有观音坐莲、单锁链、钩脚、飞鹰等，槌法有推槌、背槌、合槌、搓槌、钊槌等，阵法有"8字"双金线、双龙摆尾、八卦螺旋、李逵下山、内外重围、洗街、五星闪光、落地梅花、披星戴月等。其舞动时粗犷豪爽，气势磅礴，刚柔相济，变化多端；环套环、圈套圈、层层交织、队队相应，有如猛虎下山、万马奔腾之势。在发展传统英歌技艺的同时，张伯琪更能博取百家之长，新创适合广场、舞台也适合老年人、妇女、少儿练习与表演的英歌舞。

张伯琪对于普宁英歌舞的发展时刻关心，经常创新改编英歌舞的表演形式，丰富英歌舞的表演内容。他带领英歌队伍走出普宁、面向全国，为弘扬英歌舞这一极有地方特色的优秀民族民间艺术倾尽全力，使之发扬光大。

陈宋琪

陈宋琪，男，1968年生，广东省汕头市人。非物质文化遗产（英歌舞）项目广东省级代表性传承人。

陈宋琪1992年加入溪西英歌队，拜西岐英歌教练洪乌仁为师。陈宋琪对英歌舞艺术执着追求，将英歌舞与武术结合，以南山槌法为宗，配以南拳马步，形成了双龙出海、蝴蝶采花、双金钱、阴阳八卦、四门攻城、佛光四射等槌法及图形变化的表演风格。其阵容变化无穷，套路齐整，分有单打、双打、四人混合对打；套式分上八套和下八套，并融入古典的艺术造型，如玉人照镜、山中擒虎、燕子翻身、魁星踢斗等。

由于两年一度的家乡民俗活动都以英歌舞作为主打节目，经多年打磨，陈宋琪积累了丰富的经验，并在原有基础上坚持对英歌舞研究创新。多年来，陈宋琪曾先后应邀到中山市南头中学、和平草潮乡、峡山石尾岐乡、铜盂新桥乡、铜盂仙住乡、谷饶上堡乡、谷

饶大坑乡等地当英歌舞教练。所到之处，他均能在尊重传统的基础上根据各地实际创新或改良动作或套路。

林忠诚

林忠诚，别名林松，男，1946年生，广东省汕头市人。非物质文化遗产（潮阳英歌）项目广东省级代表性传承人。

林忠诚1955年便跟随大人学英歌舞，并组建少年英歌舞队，自娱自乐。1961年正式参加英歌队，师从杨卫、林其浩等老一辈艺人学习英歌舞；1991年，与潘摩登等9人重新组建了潮阳棉北后溪英歌队，聘请杨卫出任总教练。在英歌老师郭跃贤的帮助下，林忠诚把后溪原中板英歌与快板英歌结合，融入了南拳北腿武术，在原"老七槌"的基础上演变出新槌法、马步以及多种套式，分期分批传授给全体英歌队员，使之成为传承发展潮阳英歌舞的一支生力军。

林忠诚所带领的后溪英歌队多次参加重大表演和比赛活动，屡获荣誉。2005年起，他在寒暑假期间举办英歌舞培训班，为传承和发展英歌舞培养后继人才。

林炳光

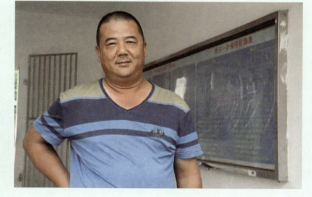

林炳光，男，1968年生，广东省陆丰市人。非物质文化遗产（甲子英歌）项目广东省级代表性传承人。

林炳光19岁即参加本地区英歌舞学艺演出，有20余年的表演经验，熟练掌握传统英歌舞的规范动作，擅长扮演甲子英歌舞中担当头槌的李逵一角。

林炳光在艺术上坚持改进并在改进中赋予新的含义：将英歌队的前24人代表八卦里的24纯阴，后12人代表八卦里的12纯阳，讲究阴阳互生，刚柔相济；舞蹈中队列、造型更有变化，还加上了太极八卦图阵，使其具有传统哲学的意味；在技艺上坚持座谈研究和定期训练。他每年选定在农历八月进行整月的业务技艺训练，教练各种手势、脚步、动作、武打等，每逢重要节日都组队出棚参加活动。

林炳光还坚持不断吸收和培训新学员，负责业务、指导、培训等工作。甲子英歌每年都要在当地在读中学生中选出15人作为英歌队员，然后指导、培训他们。

洪飞英

洪飞英，别名洪乌仁，男，1948年生，广东省汕头市人。非物质文化遗产（潮南英歌）项目广东省级代表性传承人。

洪飞英出身于南拳世家，幼年随其父洪泽铭（潮南英歌舞主要艺人）学习骨伤科医术、拳术、英歌舞，与伙伴舞起英歌舞，成为"小教头"。1966年，洪飞英组建捷英英歌队（现为"西岐英歌队"），并担任总教练至今。

在40多年的研究、表演生涯中，洪飞英虚心学习、潜心钻研，继承和保留了传统英歌的风格特点，进一步发展了蝴蝶、梅花等10个表演图案，又创作了外腕外转棍"梅花旋棍"为基本槌法。他对英歌队原有的打法进行了创新，编排和创作了西岐英歌队独有的套路和阵型，至今已积累了80多个套式。洪飞英的英歌动作套路，以南拳短打技击动作中的滚、点、挫、批、戳等打法，加上弓步、马步、虚步、麒麟步、莲步等步法，形成了上、中、下三盘式，又有机地融入南拳的徒手、拍刀、拍槌、踢刀、拍鞭等武术技艺和戏剧表演中的某些手法，创造出通天滚手、玉人照镜、燕子翻身、魁星踢斗、雄狮开口等打法。他重新设计单打、对打、三人打、四人打，编成了上八套和下八套。他编排的舞蹈阵型有两翼伏兵、梅花点打、巧巩重围、八卦旗打、三角奇图等阵型。他的英歌属于快板对打套式，英歌动作勇猛刚劲、舞姿丰富多彩、阵势变化无穷。

为了弘扬传统民间艺术，让潮南英歌永远流传下去，洪飞英还组织了少年、幼儿英歌队，先后在潮南区、潮阳区等地传徒授艺。

洪少华

洪少华，男，1974年生，广东省汕头市人。非物质文化遗产（潮南英歌）项目广东省级代表性传承人。

洪少华出身于西岐村英歌舞世家，在幼年时期就随其父洪飞英学习骨伤科医术、拳术、英歌舞，深得父亲真传，洪少华勤学善思，能够融会贯通、学研结合。1987年，洪少华和父亲洪飞英一起重新组建了西岐英歌队，并担任教练至今。

在洪少华的英歌舞生涯中，他继承了传统英歌舞的表演特点，创作了外腕外转棍、梅花旋棍为基本槌法，又创作了蝴蝶、梅花等10多个舞蹈阵型。他对英歌队原有的队形和打法进行了修改和补充，编排创作了西岐英歌舞独特的套路动作、阵型，积累至今已有80多套式。洪少华所创作的英歌动作套路有弓步、马步、虚步、麒麟步、朴步等步法，形成了上、中、下三盘式，以南拳中短打技击动作中的滚、点、挫、戳等打法，融入南拳中徒手、拍刀、拍槌、踢刀、拍鞭等武术技艺和戏剧表演中某些手法，创作了通天滚手、玉人照镜、老树盘根、山中擒虎、燕子翻身、魁星踢斗、雄狮开口等打法。他重新设计了对打、三人打、四人打和五人多种混合对打方式，所编排舞蹈阵型有两翼伏兵、梅花点打、巧巩重围等阵型。

30多年来，洪少华和他的英歌队参加全国、省、市举行的各种大型文艺活动达80多次，取得了累累硕果，饮誉海内外。

十三、闹花灯舞传承人

黄振模

黄振模（1933—2010年），男，广东省清远市人。非物质文化遗产（闹花灯）项目广东省级代表性传承人。

黄振模成年后跟随当地艺人学习传统舞蹈闹花灯，每年都参与当地在元宵节期间举行的表演，有几十年的表演经验，对闹花灯的舞蹈动作及唱词十分熟练。

多年来，黄振模经常带队参与各项民间民俗活动的表演，曾参加全国第二届民间音乐舞蹈会演大会，并应邀到广州等地演出。

黄振模一直热心地向当地的年轻人传授舞蹈技艺，使清溪闹花灯得以传承。

十四、春牛舞传承人

马建邺

马建邺，男，1947年生，广东省肇庆市人。非物质文化遗产（春牛舞）项目广东省级代表性传承人。

马建邺在前辈的指导下，开始学习春牛舞的基本功，后跟随老艺人学习春牛舞的台步和基本唱腔。马建邺一般在春牛舞中扮演农夫的角色，和着锣鼓的节拍，表演牵牛走路、田间耕作、歇息、捕鱼摸虾等诙谐的动作。表演过程中，其道白和山歌悦耳动听，生动地表现了乐于耕作的农夫形象，感染力强。此外，马建邺还擅长编排春牛舞内容以及制作春牛舞道具。

马建邺积极推广春牛舞，常参加各地艺术会演与比赛，屡获佳绩。1983年，他在怀集县民间艺术会演中获一等奖。1995年，他参加广东省第一届少数民族传统体育运动会，获表演项目二等奖。

张周孝

张周孝，男，1945年生，广东省韶关市人。非物质文化遗产（舞春牛）项目广东省级代表性传承人。

张周孝自幼参与当地的舞春牛活动，从小培养了对舞春牛的浓厚兴趣，并开始跟随当地老艺人侯孔生等排演舞春牛节目。1957年，他组织带领村中10多个少年排演舞春牛，并到周边村镇进行表演，受到了附近村民的好评。1993年，张周孝从韶关发电厂内退，组建民间舞春牛演出队伍，参加各种演出活动。2005年，他又组织成立犁市业余艺术团，担任团长兼舞春牛演出队队长，到各地进行舞春牛表演。

张周孝对舞春牛进行了深度的挖掘和研究，所表演的舞春牛保留了最原始的元素。张周孝将舞春牛分为三大段剧情，分别配以12个月的花歌、长工歌以及拜年歌，共36首主题曲以及6首副歌，以此揭露旧社会统治阶层与下层人民之间的剥削与被剥削关系，反映农民苦中作乐的心情，同时还传授原始的耕作技术，深受观众欢迎。

近年来，张周孝积极在韶关市花坪镇、马坝区、武江区、乳源县、乐昌市等地传授舞春牛技艺，已培养出20多位基本掌握舞春牛全套演出流程的徒弟。

十五、香花佛事舞传承人

释常宽

释常宽，男，1975年生，广东省梅州市人。非物质文化遗产（铙钹花）项目广东省级代表性传承人。

释常宽自幼喜爱观看铙钹花表演，主动追随香花僧人学艺。1992年，他正式师从释宝华系统学习香花佛事，重点学习铙钹花技艺。2008年，受梅州市政府委托，释常宽作为客家民间文化交流使者，随释宝华前往美国斯坦福大学，为各国研究客家文化的专家学者和侨胞现场展示铙钹花技艺。2010—2011年，释常宽随文艺团体多次参加省、市、区各级文艺晚会演出及送戏下乡演出。

释常宽的铙钹花技艺精湛，基本功扎实，能娴熟地完成铙钹花全套演出。表演时，他手中的铜钹上下快速旋转、快速翻飞，以钹生"花"。其表演舞步以蹲、跨、跃、翻快速交替为主，共有108个舞蹈动作，主要有单转钹、双转钹、高空抛钹、黄龙缠身、猛虎跳墙、秕谷斗鸡、乌鸦卸翼、罗汉翻身、独脚莲花、枫树脱叶、猴子挑水、画眉跳架、蜻蜓点水、盏上层灯、赖地割草、金鸡独立等数十种高难度技巧动作，整套动作富有技巧性、观赏性和趣味性。

2006年开始，释常宽积极培养人才，放开门户偏见，在碧峰寺内外授徒传艺，坚持长期基础训练、分级指导、亲身示范，并以师带徒在民间民俗活动中展示为传承教学方式，让徒弟充分得到提高和锻炼。目前，已有3个徒弟能熟练掌握铙钹花的基本动作要领和中级技巧。

十六、徐闻屯兵舞传承人

赖洪鄂

赖洪鄂，男，1954年生，广东省湛江市人。非物质文化遗产（徐闻屯兵舞）项目广东省级代表性传承人。

1969年，赖洪鄂师从民间职业屯兵舞主持道士、父亲赖大美学习屯兵舞的主持技巧。1988年，他开始独立主持屯兵舞的法事仪典至今。

赖洪鄂完整掌握徐闻屯兵舞的全套套路，包括建坛、启师、请神、涂符、入罡、请水、施令、屯兵、辞神、拜谢等部分。他熟练掌握了手推牛角瑯刀、指耍角刀花、握剑点水、真武插剑、足跳金鸡啄谷、鲤鱼摆尾、观音坐莲、托鸡跑跳等一系列特色舞蹈动作，展现其舞蹈正道扶桑、颁符屯兵、施粮散响、操练兵马、治妖驱邪、求村族

和顺、纳福安康的舞蹈寓意。此外，他还掌握了舞蹈过程中的唱、吟、道、白，能配以吹奏乐和打击乐伴奏进行表演。

为传承徐闻屯兵舞，赖洪鄂将家族代代相传的正一颁符屯兵舞的科本经文、活动程式和父亲演示的屯兵舞录像带等资料汇编整理，设班授徒，培养了邓忠荣、冯贤、戴俊栋等一批屯兵舞徒弟。

十七、湛江傩舞传承人

彭英芳

彭英芳，男，1923年生，广东省湛江市人。非物质文化遗产（湛江傩舞）项目国家级代表性传承人。

彭英芳是彭氏第二十五代传人傩舞"考兵"的掌门传人，自6岁起随祖父、父亲学习跳傩舞，经验丰富，对傩舞的基本动作和表演要求十分熟悉，对傩舞面具、表演服装和道具的制作与使用了如指掌。彭英芳尤其擅长傩舞中的"考兵"，常以车、麦、李、刘、洪五位"部将"以手执斧、锏、大刀、索链和令旗等进行"练兵"，表演时嘴里附念口诀，同时飞快奔跑，外加以各种奇妙的动作。他在傩舞上进行创新，并组织两个傩舞队，分开来跳傩舞，分别是每年正月十五的年例和出外表演时各用一套。其中，在外演出部分经过改动和创新，比较适合舞台化的表演。

彭英芳经常参与并组织、带领傩舞队到当地许多乡村进行跳傩舞活动，且参加各种艺术节、民俗文化节等展演活动。2005年，彭英芳传授、指导的傩舞（"考兵"）项目参加湛江红土艺术节表演，荣获银奖；2006年，他参与的旧县的傩舞（"考兵"）参加湛江市举办的民间艺术会演，受到好评；2008年4月，他创新的傩舞（"考兵"）被邀请参加第四届广州民俗文化节暨黄埔"波罗诞"千年庙会活动。

为了传承发扬傩舞，彭英芳打破家族式传承，将傩舞口诀和动作教授给年轻人，并长期坚持培训学员。现时，他已有两批弟子，为傩舞的传承储备了足够的人才，使傩舞得以传承延续。

彭秋生

彭秋生，男，1956年生，广东省湛江市人。非物质文化遗产（湛江傩舞）项目广东省级代表性传承人。

1966年起，彭秋生跟随父亲彭英芳学习傩舞。经过父亲的言传身教及自身的刻苦钻研，他完整地掌握了傩舞的基本手法、步法及香火诀。每年年例期间，他都与父亲一起组织民间艺人参加当地各村的傩舞表演。

彭秋生所跳的傩舞，采用传统的香火诀手法，表演动作粗犷，具有原生态舞蹈的古朴特征与神秘感。其表演形神兼备、声情并茂，徐徐而进，脚步上下踏跳，不时地发出"呼"的声响，气氛热烈而壮观。此外，彭秋生还始终坚持使用传统的面具、服饰和道具，体现了独特的艺术特色。

近年来，彭秋生利用旧县村的傩舞传习所和傩舞艺术团为依托，积极开展授徒传艺活动，至今已有学徒150余人，促进了湛江傩舞的传承与发展。

彭爱文

彭爱文，男，1954年生，广东省湛江市人。非物质文化遗产（湛江傩舞）项目广东省级代表性传承人。

彭爱文从小学习傩舞，师从傩舞老艺人彭英芳，从事跳傩舞及研究傩舞30余年，现为湛江市麻章区傩舞队的领队兼教练。目前，彭爱文已全面掌握了傩舞的表演套路、动作要领和表演流程，并对表演傩舞所用到的面具、服装与道具的制作方法和使用方法运用自如。

彭爱文每年都参与当地正月十五的傩舞表演，是当地傩舞活动的组织者和管理者；他多次带队参加国际以及国家、省、市级的艺术节与民俗文化节等大型活动进行傩舞展演，热心传承湛江傩舞，培养了多批傩舞表演人员。

十八、蜈蚣舞传承人

邝有文

邝有文，男，1952年生，广东省湛江市人。非物质文化遗产（雷州乌石蜈蚣舞）项目广东省级代表性传承人。

邝有文1980年开始师从老艺人杨老来学习乌石蜈蚣舞。每年的农历八月十五、十六之夜，他都会与陈六等人一起举行传统的乌石蜈蚣舞活动，受到当地群众的欢迎。

邝有文及其队伍的表演继承了乌石蜈蚣舞的传统特点。表演时，整个队伍一线贯穿，首尾呼应，以蹲弓步爬行舞动，生动形象地突出蜈蚣各节肢体的逆向、转腾、穿插。

2006年，邝有文当选为雷州市乌石群众理事会副会长，与陈六等人共同传承乌石蜈蚣舞。他先后随队参加湛江市首届红土文化节、中国雷祖文化节、雷州市元宵文化大巡游等活动，是蜈蚣舞队的主要组织者之一。

陈 六

陈六，男，1947年生，广东省湛江市人。非物质文化遗产（雷州乌石蜈蚣舞）项目广东省级代表性传承人。

陈六自幼生活在雷州市乌石港，从小接触颇具地方特色的雷州乌石蜈蚣舞。1976年，陈六开始师从乌石蜈蚣舞老艺人杨老来，学习蜈蚣舞的舞式形态、表演姿势；学成后，参与到传统的乌石蜈蚣舞活动当中。

技艺方面，陈六对蜈蚣舞表演动作进行了精心的分析与演练，演出时，蜈蚣舞队伍一线贯穿、首尾呼应，采用蹲弓步爬行舞动，突出蜈蚣每节身体的逆向、转腾、穿插，塑造的蜈蚣形象在写实的基础上适度夸张、生动逼真。

陈六积极传承乌石蜈蚣舞，不仅坚持每年组织村中的传统乌石蜈蚣舞活动，还多次带领队伍参加各项演出，屡获殊荣。他组织队伍于2005年9月参加湛江市首届红土文化节荣获二等奖，2007年10月参加中国雷祖文化节暨雷州国际美食节荣获一等奖和贡献奖，2008年2月参加"雷州市2008年元宵民俗文化大巡游"活动荣获金奖和组织奖。

陈喜顺

陈喜顺，男，1952年生，广东省汕头市人。非物质文化遗产（蜈蚣舞）项目国家级代表性传承人。

陈喜顺自小受父亲影响，在农余时随父辈参与乡间蜈蚣舞的表演，通过不断实践成为蜈蚣舞队的领队，积累了丰富的舞蹈经验。蜈蚣舞在"文革"期间一度遭禁。1985年，陈喜顺主动组建表演队伍，恢复演出。他在模仿蜈蚣神态和习性的同时，进行艺术的取舍和提炼，通过舞蹈将百足之虫转化为吉祥威武的动物，赋予其别具一格的艺术美感。他大胆革新蜈蚣道具外形彩绘和体内透光系统，将火烛改为蓄电池照明；舞蹈动作继承借鉴中国龙舞的传统套式，将挺举改为蹲式，特别是舞步技巧在发挥南派武功步伐范式的同时增加了一些高难度表演动作，突出刚中带柔的特点，大大提高了蜈蚣舞的欣赏价值。他改编的这一舞蹈于2000年获得全国第十届群星奖（舞蹈）铜奖，并被收录进《中国民族民间舞蹈集成·广东卷》一书中。

20多年来，陈喜顺积极培养新演员，多次带队在本地、广州、澳门地区以及新加坡等地演出，并获得较高声誉。陈喜顺1987年赴广州参加广东省首届民间艺术欢乐节连演27场，1998年元宵参加中央电视台"中国彩虹奖"颁奖大会暨国际频道元宵晚会演出，2000年参加新加坡第二十八届妆艺大游行。

十九、跳花棚传承人

张振谦

张振谦，男，1939年生，广东省梅州市人。非物质文化遗产（跳花棚）项目广东省级代表性传承人。

张振谦常年从事与音乐舞蹈相关的群众文化工作，从20世纪70年代开始投身到化州民间艺术跳花棚的调查、整理、传承的工作中。他在深入跳花棚盛行的长尾公村、卷塘尾村的过程中，记录了各村跳花棚的历史渊源、传承谱系、活动典故、音乐唱腔、舞步与舞台调度、面具、道具、服饰式样与制作等全过程，对其全舞演唱进行录音，将面具、道具、服饰等进行绘图采样，并学会了该舞精华之9个动作36种跳法，使得这门古老的艺术得以存世发展。

1986年，张振谦在跳花棚原来的风格基础上对其进行浓缩提炼，并将之搬上舞台，形成新的跳花棚，分别在2005年的广东国际旅游文化节暨岭南民间艺术会演和2013年的广东省非物质文化遗产传统舞蹈大会演中荣获金奖，得到各方好评。其创新内容有四：一是创新表演主题。将广场舞表演改编为舞台演出，按"理顺浓缩，增减变通"的原则，取第三科"开棚门科"、第五科"道叔科"（道叔科是跳花棚中内容最丰富、动作最多的一个表演环节）和第十科"锄田科"等主要内容组成全舞，将生产和丰收的主题融入进去。二是创新音乐唱腔。在保留跳花棚喃唱调的基础上，将现代音乐技法融入进去，如从"锄田科"发展而来

的锄头舞，粗狂古老的吟诵声混合电声、吹奏乐、打击乐等，使舞蹈音乐的感染力提高。三是创新道具服饰。不刻意追求楠木面具，改换原生态的纸制面具；"道叔科"中保留沙刀、钺斧、锄头、镰刀、牛角等农事生产工具，用黑白格的"水腰布"代替了表演时的红绸带，突出质朴风格。四是创新表演方法。剔除相关迷信色彩的科本内容包括接神、安座、监棚、独脚和尚等及其相关唱词与舞步，取道叔科"七鬼仔"舞步为基调编排舞蹈；取消道叔、道士等迷信角色，用长老来代替，由张振谦来扮演。此外，张振谦还在浓缩内容、缩短表演时间、增加演员数量、变通舞台表演等方面对花棚舞做出了顺应时代发展和要求的改编。

为更好地从理论角度传承跳花棚，张振谦主编整理的图文资料被收进《中国民族民间舞蹈集成·广东卷》《中华舞蹈志·广东卷》《广东民俗大观》中，对研究保护这门古老的舞蹈做出了理论贡献。除文字著述外，张振谦还不遗余力地推动跳花棚的数字化保护工作，配合中央电视台和省内多家媒体对跳花棚的摄制和报道，力图将完整的跳花棚呈现给世人。

姚茂泰

姚茂泰，男，1919年生，广东省化州市人。非物质文化遗产（跳花棚）项目广东省级代表性传承人。

姚茂泰10余岁开始参加跳花棚的演出活动，传承了传统原始的跳花棚。这套动作主要以"道叔科"为主，姚茂泰是"七个鬼仔"的主要表演者之一，熟练掌握跪斗、斩手、揽角、指月、磨谷、磨刀、踢球等13个动作，表演经验丰富，动作娴熟自如，1952年参加湛江地区民间艺术会演获演员奖。

为将跳花棚发扬光大，姚茂泰积极收集、整理

与之相关的资料，将跳花棚表演的精髓18科科本（台本）提供给研究单位进行研究，且多次示范教学，为传承这门古老的民间艺术做出了重要贡献。

翁 燕

翁燕，女，1962年生，广东省化州市人。非物质文化遗产（跳花棚）项目广东省级代表性传承人。

翁燕对研究和发掘跳花棚舞蹈做出了积极贡献。20世纪70年代后期，她多次走访化州市官桥镇长尾公村，对当时健在的8位老艺人进行走访，收集整理原生态跳花棚十八科的基本内容，并对跳花棚的伴奏、伴唱音乐进行录音，绘制跳花棚的面具、道具和服装的制作图。她按照"理顺浓缩、增减变通、借鉴融合"的民间艺术整理三原则，以原"道叔科"中7个"鬼仔"的36种跳法为主，编成舞台艺术舞蹈，参加1986年茂名市首届民间民俗文艺会演，获得唯一的一等奖；后来在1988年广东省第二届民间艺术欢乐节和1991年广东大学生运动会闭幕式中演出共30多场。1997年，翁燕被聘为特约作者，负责《中国民族民间舞蹈集成·广东卷》中的"跳花棚"条目编纂，荣获广东省编纂成果三等奖。2005年，经过翁燕等人的努力，化州市文化广电新闻出版局组织排练的花棚舞参加广东国际旅游文化节暨岭南民间艺术会演并获得金奖。

二十、锣花舞传承人

黄永红

黄永红，男，1971年生，广东省梅州市人。非物质文化遗产（锣花舞）项目广东省级代表性传承人。

黄永红1987年开始背诵锣花舞的符诀，经过不断深入的接触，慢慢对锣花舞产生了浓厚的兴趣。1992年，他正式拜师学艺，师从锣花舞传人邹杏香学习锣花舞基本功。出师后，他随师前往各地进行表演。

在技艺方面，黄永红全面掌握了锣花舞的精、气、型的技巧精髓，熟悉锣花舞的招、提、绕、舞、唱、念、打等套路。虽然表演时清唱，但其曲调能充分调动观众的情绪，营造出神秘、肃穆的氛围。

黄永红积极传承锣花舞，完整保存了各时期的牛角号、唢呐及服装等表演道具，并参与梅州市民俗风情展演、广东省第五届群众音乐舞蹈花会等活动，进行锣花舞的宣传及展演。

目前，黄永玉的主要徒弟为其儿子黄焕军。

二十一、瑶族长鼓舞传承人

房介沙三公

房介沙三公，男，瑶族，1937年生，广东省清远市人。非物质文化遗产（瑶族长鼓舞）项目广东省级代表性传承人。

房介沙三公12岁即开始学习长鼓舞，13岁跟随艺人房道和二公学习跳长鼓舞，有40多年的长鼓舞表演经验，且有组织排练长鼓舞的能力。他经常代表当地参加各项大型耍歌堂活动和歌舞比赛，曾多次带领本村的长鼓队到县城和其他村寨表演。他于2000年和2001年先后参加"粤桂湘南岭地区瑶族盘王节·耍歌堂"和连南瑶族自治县耍歌堂表演长鼓舞，2005年参加县首届民族民间文艺会演表演《欢乐长鼓》，2006年参加县瑶族耍歌堂暨千人长鼓舞演出活动。

房介沙三公擅于长鼓舞中的团圆鼓。他表演的长鼓舞动作优美稳健，风格特浓，双腿蹲得很低，双膝一伸一屈有节律地带动上身上下起伏，有如装上了弹簧，有些动作技巧性和难度很高。多年来，他培训了一大批青年人学习跳长鼓舞，积极开展传承工作，已传授的长鼓舞学徒达60多人。

赵新花

赵新花，女，1963年生，广东省清远市人。非物质文化遗产（瑶族小长鼓舞）项目广东省级代表性传承人。

赵新花自幼师从老艺人赵成见学习瑶族高台小长鼓舞的套路，熟练掌握高台小长鼓舞的舞法。赵新花所传承的小长鼓舞，表演时需两人同在1米见方的八仙桌面上进行。两人转换位置时，需侧身而过，贴身而舞。其小长鼓舞以七言句记录小长鼓动作，共6折36句，每套动作按逆时针方向行进，四角各打一次为一套。

全套表演动作朴实真切、技艺高超，内容前后衔接，具有较高的艺术欣赏价值。

近年来，赵新花在当地教授了多位学徒，并参加了村中的瑶族高台小长鼓舞队的表演及指导工作，为瑶族小长鼓舞的传承和发展做出了贡献。

赵朝雄

赵朝雄，男，1976年生，广东省清远市人。非物质文化遗产（瑶族小长鼓舞）项目广东省级代表性传承人。

赵朝雄1992年开始跟随父亲赵文贵完整学习瑶族小长鼓舞的传统套路。2002年，赵朝雄参加连山壮族瑶族自治县成立40周年庆典；2008年，他参与中国第十届瑶族盘王节，并作为瑶族代表在开幕式上展示瑶族小长鼓舞。

在技艺方面，赵朝雄完整、熟练掌握传统瑶族小长鼓舞的传统套路，舞蹈动作具有独特的表现力。其表演的"盖新屋"套路舞蹈动作形象逼真，并且创出鼓松腰、金鸡过笼门、画眉跳龙门等动作，形成了独特的个人表演特色。此外，他还掌握了瑶族小长鼓的制作技艺，能独立制作舞蹈使用的小长鼓。

赵朝雄始终秉承其父亲的遗志，为瑶族小长鼓舞的传承做出贡献。2007年，他为民族歌舞剧团的演员传授瑶族小长鼓舞"盖新屋"传统套路；2008年，第十届瑶族盘王节期间，他为参演的村民传授舞蹈技巧。2010年开始，他先后在村中及县城中小学向年轻人以及中小学教师传授舞蹈技巧。

唐桥辛二

唐桥辛二，男，瑶族，1941年生，广东省清远市人。非物质文化遗产（瑶族长鼓舞）项目广东省级代表性传承人。

唐桥辛二6岁时就热衷于长鼓舞，得到艺人丁桥大头二公亲自教授，21岁得到老艺人唐考专五公倾囊相传。因鼓艺出众，他12岁正式演出，23岁参加"全国少数民族文艺会演"，被誉为"鼓王"。多年来，唐桥辛二参与编排、指导的长鼓舞节目，曾获广东省首届少数民族运动会表演项目一等奖、第五届全国少数民族传统体育运动会表演项目二等奖、广东省首届民间艺术表演大赛二等奖等。另外，他于1996年应邀在新加坡表演，实现了长鼓舞对外文化交流零的突破。

唐桥辛二的长鼓舞功底扎实、动作娴熟自如，表演的长鼓舞既粗犷奔放又稳健有力，柔中有刚，刚柔结合，粗犷有力，朴实无华。舞长鼓时，他将长鼓背在身上，右手以五指或掌心拍打鼓头发出"咚"的一声，左手持竹片弹击鼓尾发出"啪"的一声，双手同时拍击鼓面，发出近似"广"的一声。唐桥辛二边敲打边跳，先是抬左脚，再抬右脚，转圈，不断地变化动作跳着打。

1976年至今，唐桥辛二在自家办起长鼓舞培训班，累计免费授徒不下600人，每年应邀到学校、县文化馆授课。他将原本36套72节动作创造性地编成8套新舞（起鼓、起堂、大围、交替、靠背、穿插、四方、围鼓），用于传授和推广，还打破过去女子不得跳舞的习俗，自创一套"鸳鸯长鼓"，将瑶族长鼓舞这一民间舞蹈传承发扬下去。

盘连州贵

盘连州贵，男，瑶族，1967年生，广东省清远市人。非物质文化遗产（瑶族长鼓舞）项目广东省级代表性传承人。

盘连州贵9岁起开始学习跳长鼓舞，10岁正式拜艺人房占比中老公为师，其传承方式包含了家族与师徒传承，在八排瑶寨长鼓舞技艺中自成一派。他12岁开始参加本村、镇、县各种民俗文化表演活动，具有丰富的舞台演出经验；2006年组建县南岗长鼓舞队，担任队长，多次代表省、市、县到广州、深圳、香港、澳门表演长鼓舞；2007—2013年先后参加县里2届瑶族长鼓舞大赛、5届瑶族文化艺术节，获得多项大奖和优秀演员称号。

盘连州贵舞技精湛，动作刚劲流畅，粗犷豪迈，半蹲翘首如猛虎下山，勾脚跳跃如雄鹰展翅，空中旋转如行云流水一气呵成。他熟练地掌握了瑶族长鼓舞行、跑、跳、跃、蹲、转、翻、腾、越以及砍树削枝等36套动作。

盘连州贵一直传承与发扬瑶族长鼓舞，将长鼓舞带进校园，发展为学校的第二课堂，累计培训学生超过300人。2005年，他参与组建县南岗民族传统文化学习班，负责瑶族长鼓舞培训工作，培训学员达150多人。2006年，他被邀请到香港特别行政区演艺学院为学院传授瑶族长鼓舞，宣传瑶族长鼓舞这一传统民间舞蹈。

二十二、潮州饶平布马舞传承人

李 蔚

李蔚,男,1930年生,广东省潮州市人。非物质文化遗产(潮州饶平布马舞)项目广东省级代表性传承人。

李蔚采集、整理、研究传统布马舞资料和活态表现40多年,细致掌握了布马舞的起源、分布、动作、舞段和队形变化等,曾为《中国民族民间舞蹈集成·广东卷》编写了饶平布马舞的详尽文字资料,尤其是在把作为小型民间舞蹈的布马舞发展为大型广场舞蹈而又保持其传统特色的方面做出了重要贡献。

黄耀好

黄耀好,女,1945年生,广东省潮州市人。非物质文化遗产(潮州饶平布马舞)项目广东省级代表性传承人。

黄耀好于1959年在饶平县潮剧团开始跟班布马舞。1965—1971年在饶平县文艺轻骑队工作期间,她多次作为布马舞队员参加新丰、九村一带的布马舞演出。1987年以来,她协助丈夫余构清编导饶平布马舞,对布马舞的传统技艺予以创新,把民间舞蹈、民间音乐、民间工艺三者融为一体,既保持了民间舞蹈的传统特点及表演程式,又注入了新的时代气息,形成了自己独特的艺术风格。丈夫逝世后,黄耀好接任饶平布马舞编导,每逢重要节假日组织潮州饶平布马舞队在县城及各乡镇进行表演。黄耀好经常深入社区、学校、家庭及工厂选拔新演员,每年授徒传艺100人以上,20多年授徒传艺达2000多人。

二十三、鲤鱼舞传承人

杨良胜

杨良胜,男,1956年生,广东省梅州市人。非物质文化遗产(大埔鲤鱼灯)项目广东省级代表性传承人。

杨良胜从1963年开始跟随父亲杨承昌习练武术,1973年高中毕业后随父亲学习鲤鱼灯制作技艺、鲤鱼灯舞编导和表演技艺。

杨良胜所表演的鲤鱼灯舞,以广东汉乐为伴奏,利用肩、肘、胯的多端变化,表现抒情、优美之舞蹈情态和意境，细致刻画人和鱼的和谐共处，反映一种超脱、古朴、高雅的审美境界。

1995年开始，杨良胜将其掌握的鲤鱼灯舞技艺传承给儿子杨耀斌及女儿杨伟玲。1997年，他开始面向社会授徒传艺，并长期与当地的中小学合作，从校园挑选学生学习鲤鱼舞表演套路以及鲤鱼灯扎制工艺，培训学员达数百人。

施 策

施策，男，1937年生，广东省潮州市人。非物质文化遗产（潮州鲤鱼舞）项目广东省级代表性传承人。

施策50多年前得到当时潮州鲤鱼舞唯一传承人翁得荣的传授，全面掌握了该舞的表演技艺；随后搜集整理了鲤鱼舞的各种翔实资料，并请人记录乐谱、绘制舞图，编写了包括历史渊源、演变过程、动作场记说明及造型、服装、道具等的舞蹈台本，使鲤鱼舞在民间更为广泛地传承。施策曾为《中国民族民间舞蹈集成·广东卷》专章编写了"鲤鱼舞"的详细资料。

二十四、鹤舞传承人

苏应利

苏应利，男，1937年生，广东省揭阳市人。非物质文化遗产（鹤舞）项目广东省级代表性传承人。

年少时，苏应利对鹤舞产生了浓厚的兴趣。青年时代，他参与鹤舞道具制作和演出活动，钻研、领悟鹤舞的动作套路和技巧等，使得其制鹤、舞鹤在当地独树一帜。

苏应利的瑞鹤造型独特、色彩明快，动作豪放洒脱，形象栩栩如生，通过舞蹈展示瑞鹤兆丰年的情节，给观众以出神入化的视觉感受和强烈的视觉冲击。多年来，他积极组织队伍参加本地区节日庆典和文艺演出活动，得到社会群众的肯定。如今，他虽年事已高，但仍坚持主动组织、传授道具和鹤舞表演等，促进了鹤舞在民间的传承与延续。

陈福炎

陈福炎，男，1933年生，广东省珠海市人。非物质文化遗产（鹤舞）项目国家级代表性传承人。

陈福炎16岁开始拜师学习鹤舞。日常，陈福炎注意观察白鹤的动作习性和神态，将所得所感融入鹤舞表演当中。他所表演的白鹤体态轻盈、神清气闲，形成了一套完整的表演模式。陈福炎有60余年舞鹤的丰富经验，能编能导，是三灶鹤舞主要带头人，被当地人称为"鹤王"。

为传承鹤舞，他对鹤歌鹤舞进行了系统总结、整理，用笔记下了鹤歌鹤舞的发展历史、鹤衣的制作、鹤舞的表演程序，并在每个环节都附上图片加以说明。此外，他还在三灶镇海澄小学、海华小学开设鹤舞培训班，累计教授当地学生达700余人。

陈福炎多次带领鹤舞队参加省内外大型民间艺术活动。他所带领的鹤舞队获第二届国际广东小曲王争霸赛广州赛区决赛"最具民间特色奖"，海华小学的舞蹈《鹤娃》获广东省少儿艺术花会舞蹈金奖。他还曾带领鹤舞队参与上海世界博览会广东活动周展演活动。

徐钜兴

徐钜兴，男，1928年生，广东省珠海市人。非物质文化遗产（鹤舞）项目广东省级代表性传承人。

徐钜兴16岁开始学唱鹤歌，后来与另一位鹤舞传承人陈福炎搭档进行演出，至今有60余年为三灶鹤舞伴唱的丰富经验。徐钜兴具有较强的鹤歌创作能力，所唱的鹤歌均为自己填词，曾自创自编了150多首伴唱鹤歌。

徐钜兴是三灶鹤舞的重要带头人，曾多次参与带领鹤舞队参加省内外大型民间艺术活动，还在三灶海澄小学开班教学白鹤歌，积极开展传承活动。

梁冠波

梁冠波，男，1953年生，广东省中山市人。非物质文化遗产（鹤舞）项目广东省级代表性传承人。

梁冠波自幼拜村中鹤舞传承人杨华灿等前辈为师学习鹤舞的技巧，从事鹤舞表演已有30余年。他所跳的鹤舞秉承了先辈的舞蹈风格，以当地自然生态环境中生长的白鹤为原型，同时取当地所崇尚的义学中"学"与"鹤"的谐音，为鹤舞增添了丰富的文化内涵。梁冠波所跳的鹤舞动作模仿白鹤日常生活及飞翔等状态，栩栩如生。在坚持自身传承鹤舞的基础上，梁冠波还在沙溪镇隆都中学和沙溪中心小学设点进行鹤舞教学，将鹤舞的技艺传授给下一代。

梁冠波在实践中不断丰富鹤舞的艺术内涵，其舞蹈作品《鱼蚌相嬉》以鹤与蚌鱼为主体，展现了鹤舞丰富的舞蹈形式。同时，为了推广鹤舞，梁冠波到港澳地区及韩国等地进行表演，先后于1999年和2003年分别参与庆祝澳门回归表演及在韩国举行的第三届国际民族鸟类假面舞大会民间艺术表演，获广泛好评。

二十五、舞鹰雄传承人

黄刚文

黄刚文，男，1932年生，广东省湛江市人。非物质文化遗产（舞鹰雄）项目广东省级代表性传承人。

黄刚文有60年的舞鹰雄经验，熟练掌握舞鹰雄的各种套路、动作和技巧，尤其对于舞蹈动作的处理非常细腻，使舞鹰雄显得更为威武刚劲。几十年来，他热心广收门徒，传授舞蹈技艺，使舞鹰雄得到不断传承。

梁宝琛

梁宝琛（1942—2014年），男，广东省湛江市人。非物质文化遗产（舞鹰雄）项目广东省级代表性传承人。

梁宝琛自幼随父学习舞鹰雄，18岁即学会舞鹰雄的套路、动作和技巧，曾把舞鹰雄的采青阵法编辑整理成册，并将家传洪拳器械对打套路融入舞蹈之中，提升了舞鹰雄的高难动作和技巧。改革开放时期，梁宝琛对舞鹰雄进行了改革，在吸收当地民间舞鹰雄的传统特点的基础上，去粗取精，融武术和舞蹈于一体，既有武术刚柔相济的特点，又有舞蹈跳跃、飞舞的旋律，气势雄浑。在梁宝琛的

带领下，舞鹰雄曾获得广东省首届民间表演艺术（动物舞蹈）大赛综合舞金奖。梁宝琛生前长期担任当地舞鹰雄表演团体的教练，带徒授艺，积极进行传承活动。

二十六、舞貔貅传承人

张文亮

张文亮，男，1952年生，广东省广州市人。非物质文化遗产（舞貔貅）项目广东省级代表性传承人。

由于当地舞貔貅活动兴盛以及家族世代习武，张文亮从小耳濡目染，对武术和貔貅舞产生了浓厚的兴趣。张文亮从12岁开始跟随父亲习武，后来又随父学习貔貅舞技艺，并逐渐成为表演的主要力量。从20世纪70年代末起，他先后到东莞市大岭山以及增城派潭镇围园村新湖社、围园村寺山社、汉湖村布格社和双合寮村授艺，使增城貔貅舞这种传统的客家民间艺术得以传承和保留。

张永木

张永木，男，1952年生，广东省广州市人。非物质文化遗产（舞貔貅）项目广东省级代表性传承人。

张永木11岁开始师从父亲学艺，在父亲10余年的悉心教导下，武艺水平日益提高，完整地学习和传承了整套舞貔貅艺术，熟悉各种表演套路、程式和技巧。为了更好地展现貔貅采青这个舞貔貅的高潮片段，张永木日常会对猫的动作尤其是猫抓老鼠的动作进行认真细致的观察和揣摩。

在传承传统舞貔貅的程式和动作的基础上，张永木主动适应新时代的要求，缩短单次表演的时间，在动作的编排、情节的选择上进行了再创作，把舞貔貅的精华浓缩为20分钟左右的表演。

张永木自1973年开始，先后在增城佳松岭村、从化锦洞村及永和等地授徒。2007年，张永木与堂兄张文亮合作，重新打造增城派潭镇佳松岭村"翠英堂貔貅队"并延续至今。2009年，派潭文化站为传承和发展貔貅艺术，在派潭中学建立貔貅培训中心（这是广州市唯一的貔貅艺术培训中心），张永木担任艺术指导。

为了高品质地传承舞貔貅技艺，张永木对徒弟要求严格，真正达到其理想标准的"徒弟"只有张叔应等10余人，其余的只能称之为"学员"。

郑文贤

郑文贤，男，1936年生，广东省湛江市人。非物质文化遗产（吴川梅菉貔貅舞）项目广东省级代表性传承人。

郑文贤16岁跟随梅菉舞貔貅第二代传人张家余学习貔貅舞，练习武术基本功，后来担任貔貅舞的主教。

郑文贤自幼喜爱民间艺术，尤其爱舞貔貅，聪颖好学，刻苦钻研，擅长舞貔貅头。他把貔貅演得威猛刚武、活泼可爱、活灵活现，深受群众赞赏。20世纪80年代后期，他与梅菉头貔貅舞的新老艺人一起研究与实践，创造了貔貅上牌山的新表现形式。他在舞貔貅中加入武功套路，表演得时而威武凶猛，时而愚蠢滑稽，引人百看不厌。

在从事貔貅舞艺术的同时，郑文贤也积极吸收粤剧艺术的精华，通过参与粤剧活动，练就了良好的舞台表演功底，还将其与貔貅舞演出融会贯通，使得自己所舞的貔貅表情更为细腻、动作更加逼真传神。

郑文贤与梅菉舞貔貅团队一起，多次参加各类表演和比赛活动，获得较高的社会声誉。一直以来，他都致力于貔貅舞的传承和保护工作，使之后继有人。

二十七、鳌鱼舞传承人

余合深

余合深，男，1940年生，广东省汕头市人。非物质文化遗产（鳌鱼舞）项目广东省级代表性传承人。

余合深长期务农，农闲时参加乡间民俗活动动物舞蹈表演。他从小参与乡间动物舞蹈表演，在鳌鱼舞传人的言传身教中，通过长期的艺术实践，不断总结经验，特别是在音乐节奏和舞蹈动作及艺术意境方面的协调，做了较大程度的改革和调整，完成整个舞蹈的总体协调组合，以刚柔相济的运动方式，烘托了场景气氛，增强了现场的艺术效果。

为了更好地传承、发展鳌鱼舞，余合深积极参与设计编排舞蹈动作，对传统技艺进行了创新，常年参与乡间演出活动，传播表演技艺、培养新生力量，使得鳌鱼舞的传承后继有人。

1978年鳌鱼舞表演恢复以来，余合深多次参与各地的演出活动。余合深于1987年参加澄海县迎春联欢节演出，1988年参加广东省第二届民间艺术欢乐节演出，1994年参与澄海撤县设市庆典演出，2007年赴香港参加回归十周年文艺游行和表演，2009年赴澳门参加"双庆"文艺大巡游和广场表演。

二十八、藤牌功班舞传承人

郑庆荣

郑庆荣，男，1948年生，广东省湛江市人。非物质文化遗产（藤牌功班舞）项目广东省级代表性传承人。

郑庆荣13岁随村内武师钟林保学习蛇、龙、豹、虎、鹤五大行头及单刀、双刀、手戟、阵旗、环龙、八卦等武术；15岁参加藤牌功班，历经30多年演练，60岁时被推选接任功班令旗，执掌帅印，指挥全阵。他能熟练表演藤牌功班舞陈式套路，以快捷有力著称。每年春节期间，他都带队在迈陈镇各村庄进行表演。多年来，他沿袭旧例，注重锻炼新人，培养人才，负责本村藤牌功班舞保护传承基地创作工作。每年秋收以后，他授徒传艺，指导功班舞操演。

二十九、麒麟舞传承人

刘东良

刘东良，男，1939年生，广东省东莞市人。非物质文化遗产（麒麟引凤）项目广东省级代表性传承人。

刘东良于20世纪60年代师从当地老教练陈耀佳学习麒麟舞技艺，掌握了麒麟引凤套路和莫家拳、双刀棍法、枪法等拳法以及器械武术。学成出师后，刘东良带领本村麒麟引凤队，逢年过节到各镇、村演出，曾多次到东莞市工会、道滘镇工会做专场表演。如今，刘东良所带领的麒麟引凤队伍是道滘镇较有名气和广受群众欢迎的麒麟引凤表演队。

刘东良致力于麒麟引凤技艺的传承工作。退休后，他将技艺传授给队伍中的刘耀江。2005年以来，刘东良在村中开办麒麟引凤技艺培训班，广泛招收附近学员30多名，主要传授舞麒麟、舞凤的套路及莫家拳、双刀、棍、枪等器械套路。

刘永富

刘永富，男，1927年生，广东省深圳市人。非物质文化遗产（麒麟舞）项目广东省级代表性传承人。

刘永富自1948年开始学习麒麟舞，新中国成立初即成为当地麒麟舞的重要骨干，有60年表演麒麟舞的丰富经验。其麒麟舞融音乐、舞蹈、武术为一体，具有独特的表演艺术风格，在客家民间艺术中独具一格。1968年至今，他一直在当地负责传授麒麟舞的表演技艺。

20世纪70年代以来，他常带领麒麟队伍外出表演。例如，他于1970年带领麒麟队20多人赴惠东表演，1972年带领弟子到东莞表演，2003年参加龙岗区第七届"温馨在龙岗"麒麟大赛并获得第二名的好成绩。每年正月初二，他都组织队伍赴盐田沙头角等地拜年表演。他先后带出了刘石养、刘建明等一批传承人。

吴义芳

吴义芳，男，1949年生，广东省中山市人。非物质文化遗产（三角麒麟舞）项目广东省级代表性传承人。

吴义芳8岁开始跟随父亲及祖父习武、学习麒麟舞。1968年，吴义芳师从广州咏春拳门派及少林拳门派学习拳法，并且将其融汇到自己的拳路之中。后来，通过不断琢磨、钻研和学习，加上勤奋和悟性，吴义芳不断地吸收各种风格和技艺，很快掌握了整套麒麟舞和凤舞的套路及相关的知识。

吴义芳所掌握的三角麒麟舞以深厚的中国传统武术为基础，融洪家拳、蔡家掌和莫家腿之所长，是中华传统武术与民间祭祀舞蹈的融合体。其采青的形式包括栋头青、井头青（盆青）、蟹青、蜈蚣青等，舞蹈动作充满朝气动感、栩栩如生，充分反映当地生活和劳动环境，具有浓厚的珠江三角洲水乡特色。

在保留传统技艺的基础上，吴义芳还力求创新，将凤舞融入麒麟舞之中，以"麒麟"与"凤"祥降人间寻宝为故事穿插在麒麟舞中，所形成的"麒麟引凤"的表演形式在岭南地区的麒麟舞中独树一帜。

表演之余，吴义芳致力于传承与推广三角麒麟舞。他自掏腰包，用作训练器材购置、学员伙食及日常的开销，在三角镇中心小学开设青少年麒麟队，专门向青少年传授麒麟舞技艺。吴义芳所带领的麒麟队训练有素，出色地完成了多项表演和比赛。其队伍分别于2003—2007年参加三角镇当地的麒麟舞展演及喜庆节日表演，于2008年参加中山市慈善万人行大型民间艺术表演及三角镇闹元宵晚会表演，于2009年参加中山市"全国龙狮精英赛"开幕式，均受到了群众与社会的广泛好评。

陈训杰

陈训杰，男，1949年生，广东省汕尾市人。非物质文化遗产（海丰麒麟舞）项目国家级代表性传承人。

1954年，陈训杰开始跟随堂兄陈训兼学习基本功"三进拳"；1963—1982年，陈训杰开始学习麒麟舞的表演技艺以及武术套路，并跟随麒麟舞队外出表演。其后，陈训杰担任圆山村新兴馆的麒麟舞及武术教练至今。

陈训杰自幼习武，武术功底扎实。他的麒麟舞套路稳中带猛，动静分明，表演得惟妙惟肖，并将南派少林的动作予以创新，提高了观赏性。

陈训杰多次参加各种演出和比赛。2008年，他组织参加广东省第二届"麒麟舞"大赛，并获"最佳表演奖"和银奖。多年来，陈训杰致力于海丰麒麟舞的传承和发扬，使其薪火相传、后继有人。

李永潮

李永潮，男，1954年生，广东省广州市人。非物质文化遗产（黄阁麒麟舞）项目广东省级代表性传承人。

李永潮9岁起跟随父亲学习武术，15岁学习麒麟舞。自1987年起，李永潮在大塘村"和乐社"武术馆担任副社长及总教练，1999年起担任该村麒麟队教练，现为国家龙狮麒麟三级教练、裁判员。

李永潮的麒麟舞表演在继承传统的基础上加以创新，套路编排紧密，穿梭畅顺，离合有序，融入了南派武术，马步稳健，动作轻松自如，展现的麒麟姿态生动活泼。

李永潮曾带领大塘村麒麟队获得2000年全国首届民间广场歌舞大赛中国民间文艺"山花奖"等多项荣誉。从艺几十年来，李永潮授徒无数，不仅在本村传授麒麟舞技艺，而且经常受到外地团队的邀请担任教练，还连续多年担任黄阁镇青少年夏令营的麒麟舞教练，为麒麟舞的传承和发扬做出了贡献。

张纪森

张纪森，男，1928年生，广东省深圳市人。非物质文化遗产（麒麟舞）项目广东省级代表性传承人。

张纪森，1948年师承张红开始学习麒麟舞。其麒麟舞造诣深厚，所演绎的麒麟舞套路明确，富有节奏感，动作刚猛有力，麒麟神态栩栩如生。其套路分为前后二套，表现麒麟一天的生活习性，从起床（洗脸——舔鳞舔脚）至游玩、找青、吃青等，在表演过程中，结合喜、怒、哀、乐、惊、疑、醉、睡等各种动作、神态，把动物的情态表演得活灵活现，让人领略到客家麒麟舞所表现出来的深刻的文化内涵。

在60余年表演生涯里，每逢有重大节日或者祭祀庆典活动，张纪森都会带领麒麟队进行演出，为节庆增添喜庆气氛，为广大群众送上美好祝福，在每年的大年三十至年十五都会给群众"掺家门"（麒麟为各家各户送上祝福），至今共为8万多的乡亲邻里众送福"上门"。他曾在龙岗、布吉、南山、盐田、东莞、香港等地表演过400多场。

张纪森热心带徒授艺，已培养出100多名麒麟舞者。

张志明

张志明,男,1959 年生,广东省深圳市人。非物质文化遗产(麒麟舞)项目广东省级代表性传承人。

张志明 11 岁入行,师从张福安、张新华学习麒麟舞和武术,全面掌握永胜堂麒麟舞和武术的全部套路。因其武术功底较好,动作干净利落,他所表演的麒麟动作到位,形态惟妙惟肖。此外,他还学到了师傅的绝活,即用嘴咬住麒麟头的下颌,手抓麒麟背,单腿独立,与麒麟尾配合表演麒麟摆首的动作。

1998 年,张志明担任永胜堂麒麟队的总负责人,为永胜堂麒麟队购置器材、道具,并支付日常联系及比赛、演出的费用。2002 年,张志明任麒麟队堂主,教授新队员。2008 年、2009 年张志明带领永胜堂麒麟队参加省级比赛,分别获得 5 个一等奖。如今,麒麟队在张志明的带领下,已发展成拥有 38 人的民间文艺团队。

张炽垣

张炽垣,男,1948 年生,广东省广州市人。非物质文化遗产(黄阁麒麟舞)项目广东省级代表性传承人。

张炽垣 8 岁开始随父亲学艺,掌握传统麒麟舞的各种动作、套路、击乐及唢呐技艺,以及洪家拳、莫家拳等南拳流派刀、枪、棍、棒等武术,其功底深厚、马步稳健,动作刚劲有力、变化自如,表演神态生动、技艺高超。

自 2001 年任大井麒麟队教练至今,张炽垣专注于黄阁麒麟舞的传承与弘扬,并以传统麒麟动作为根基,融入现代舞姿、武术及粤剧鼓乐等元素,开创了麒麟舞新套路。他曾多次带队参加国家、省内大型比赛,屡获殊荣,为弘扬黄阁麒麟舞艺术做出了卓越的贡献。

麦鉴新

麦鉴新,男,1963 年生,广东省肇庆市人。非物质文化遗产(麒麟白马舞)项目广东省级代表性传承人。

麦鉴新于 1987 年参加"麒麟白马队"学艺,1998 年接手"麒麟白马队"。他大胆创新,不断改进麒麟白马舞,对落后的以及意义不深的唱曲进行改良,并增加了"麒麟灯饰舞""茶篮灯饰舞蹈曲""山歌二友调",从而使整个麒麟白马舞表演生动活跃、内容丰富。

近年来，麦鉴新率领着舞队到肇庆、云浮和广西梧州、贺州等地演出，并在每年春节、庙会和"莫宣卿状元诞"期间应邀组织表演队到各村镇演出，深受欢迎。麒麟白马舞队曾多次参加省、市、县的民间艺术大游行和各种大型民间艺术表演活动。在目前外出打工的人员较多、后继乏人的情况下，麦鉴新仍坚持开班授艺，现有学徒 60 多人，使麒麟白马舞这项优秀的民间舞蹈得以传承。

陈耀平

陈耀平，男，1936 年生，广东省汕尾市人。非物质文化遗产（海丰麒麟舞）项目广东省级代表性传承人。

1950 年起，陈耀平跟随父亲陈佛传练习麒麟舞和武术基本功。12 岁起，他在圆山麒麟队担任麒麟舞表演角色，并于 1963 年起陆续在梅陇镇、红草镇、公平镇和城东镇多个村落担任麒麟舞武术教练。自 1986 年至今，陈耀平任圆山村新顺馆教练。

陈耀平基本功深厚，舞麒麟动作灵活，能与音乐节奏有机结合。自 1986 年担任圆山村新顺馆教练以来，他带领麒麟舞队到各乡展演联谊，并多次带队参加各种演出和比赛。此外，陈耀平也长期致力于麒麟舞和武术的传承工作，累计授徒 300 余人。

黄汉光

黄汉光，男，1947 年生，广东省东莞市人。非物质文化遗产（塘厦舞麒麟）项目广东省级代表性传承人。

黄汉光从小师从老一代麒麟艺人黄成发学习麒麟舞，并利用业余时间习练麒麟舞。1983 年，黄汉光参加塘厦镇石潭埔麒麟队。2002 年，黄汉光组织石潭埔社区村民恢复麒麟队，并对村民进行集训。之后，每逢春节，他都会带领麒麟队到镇上各村表演。

技艺方面，黄汉光的麒麟舞套路共分

为上下两套。上套主要是麒麟玩耍，包括舔脚、舔身、耍尾等动作，即兴发挥，风趣幽默，谐趣横生；下套主要以麒麟寻青、惊青、闻青、试青、采青、找青、逗青、吃青、吐青、降福人间的过程来展开的，动作刚劲，威风凛凛。整个舞蹈中，麒麟会表现出兴奋、紧张、沮丧、欢欣的丰富变化，表现出一种原生态的舞蹈特征。

近年来，黄汉光带领麒麟队参加省、市多项比赛，屡获殊荣。他和他的队伍在2011年参加广东省第四届麒麟大赛，荣获创新组金奖第一名；2012年参加广东省首届非物质文化遗产麒麟大赛，荣获创新组金奖。

此外，黄汉光还积极传徒授艺，成立麒麟队训练基地，培养了一批新生代的麒麟队员。

黄鹤林

黄鹤林，男，1963年生，广东省东莞市人。非物质文化遗产（清溪麒麟舞）项目广东省级代表性传承人。

黄鹤林7岁随父亲黄庆强学习麒麟武术，10岁开始学习麒麟头表演技艺并全面继承了家族传统的麒麟舞武术和技艺，15岁跟随父亲出外舞麒麟，17岁出师独自进行麒麟舞表演。他集麒麟舞表演、制作、编排和经纪人于一身。他舞出的麒麟动作生猛飘逸、形态生动，所扎的麒麟色彩亮

丽、形象逼真。1992年，黄鹤林组建鹤林麒麟队，现为清溪民间艺术协会会长和清溪麒麟队总教练。

黄鹤林经常带领麒麟队参加喜庆活动及各级比赛，多次获奖。近20年来，经他传授的麒麟武术队遍及惠阳、深圳、东莞等地，培养徒弟上千名，为清溪麒麟舞的传承做出了贡献。

黄耀华

黄耀华，男，1958年生，广东省深圳市人。非物质文化遗产（坪山麒麟舞）项目广东省级代表性传承人。

黄耀华13岁便开始学习舞麒麟，1984年开始从事坪山麒麟舞的相关工作；1993年从医院离职，重新开设了堂口，边治疗跌打损伤，边义务教有兴趣的人舞麒麟；2011年至今担任深圳市坪

山新区坪山办事麒麟协会总教练；2012年成立深圳市坪山新区坪山办事处和平社区光武堂麒麟协会，并担任会长。

黄耀华掌握麒麟的七种舞步，舞麒麟头、尾的动作干净有力、步步到位，展现了坪山麒麟内柔外刚、阴阳八卦步法的特点，将麒麟的喜怒哀乐表现得活灵活现；武术方面，掌握了其所传承的"江西竹林寺真传螳螂拳"的拳术套路八式，包括第一式佛手、单桩，第二式双桩，第三式三剪摇桥，第四式三剪摇手，第五式四拳门，第六式活步拳，第七式八门拳，第八式梅花拳。其拳术以吞、吐、浮、沉、惊、弹、搓为运力用力法门，以短距离发劲为特征，强身健体，攻击性极强；兵器方面，棍、刀、剑、枪等均掌握。此外，他还熟悉了解坪山麒麟舞的七种伴奏乐调。

自担任麒麟队总负责人以来，他自掏腰包帮助麒麟队发展。如今，在他的带领下，组建了19支麒麟队，队伍分布于深圳各地和香港，培养的学生人数达到1000多人，最大的年龄40多岁，最小的年龄5岁。2010年，他带领坪山麒麟队参加省级比赛，获得金奖。近年来，他还带领及组织麒麟队参加各类演出活动达100多场次，如元宵麒麟巡游、深圳非遗日表演、深圳市非物质文化遗产进社区、校园演出，参加文化产业博览交易会，等等。

谢玉球

谢玉球，男，1963年生，广东省深圳市人。非物质文化遗产（大船坑麒麟舞）项目广东省级代表性传承人。

谢玉球12岁时师承谢国珠、谢天送学习麒麟舞；1976年加入大船坑麒麟队，负责麒麟尾的表演，后来担当麒麟头，学习锣鼓，并带徒授艺；1995年起，谢玉球担任大船坑麒麟队队长。

在技艺方面，谢玉球全面、完整地继承了大船坑麒麟舞的套路和表演技法。其武术表演功力深厚，技艺精湛，表现力极强，能使用各种乐器，以司鼓、唢呐吹奏见长。

谢玉球经常带领麒麟队参加政府、企业等举办的演出及比赛，并多次获奖。目前，他已经授徒70余人，并积极组织"麒麟进校园"活动，为麒麟舞的传承培养后备人才。

曾燕青

曾燕青，男，1969年生，广东省惠州市人。非物质文化遗产（小金口麒麟舞）项目广东省级代表性传承人。

曾燕青1981年师从曾庆东，开始练习麒麟基本功；1986年跟随曾庆林学习锣、鼓等乐器。多年来，曾燕青潜心钻研麒麟舞的技法和套路，最终成为悉数掌握麒麟舞动作要领和完整套路的麒麟舞传承人。2010年，他通过考核被认定为广东省传统龙狮、麒麟、传统武术（套路）教练员与裁判员。

曾燕青的麒麟舞表演极具生活气息，诙谐幽默，在继承传统的基础上发掘和创新出新的动作，有着较强的娱乐性和观赏性。他多次带队参加各级演出活动及比赛，并取得优异成绩，如2005年参加"泛珠三角9+2民间艺术大赛"获得银奖。为更好地保护、传承与弘扬麒麟舞，曾燕青积极开展授徒活动，至今授徒近百人。

蔡玉财

蔡玉财，男，1962年生，广东省东莞市人。非物质文化遗产（麒麟舞）项目广东省级代表性传承人。

蔡玉财出身于麒麟世家，8岁即拜师学艺，直到22岁才出师"走江湖"。蔡玉财不仅舞麒麟虎虎生威，棍术十分了得，还精通李家拳、蔡家棍及全套麒麟舞的技法和锣鼓音乐，是当地远近闻名的"麒麟王"。他还对传统的麒麟身进行了改造，把麒麟身长缩成了2米多，使麒麟舞动起来更灵活。

谭锦堂

谭锦堂，男，1942年出生，广东省中山市人。非物质文化遗产（黄圃麒麟舞）项目广东省级代表性传承人。

谭锦堂16岁开始师从黄圃麒麟舞传人谭景棠学习洪家拳等麒麟舞基本技巧。20世纪50年代，谭锦堂参与组建共有300多人的中横国技队、中横国技团，在本村及周边地区表演麒麟舞近50年。谭锦堂现任中横国技队队长，深受村民尊敬。

在技艺上，谭锦堂熟练掌握含青、吐青、洗面、伸腰、擦身、闭目养神、取青等舞蹈动作及蟹青、蛇青、蜈蚣青、七星伴月青等各式采青方式。此外，谭锦堂所掌握的"桅杆青"表演形式，是根据当地居民在水上捕

鱼和运输的生活劳动环境创作的一种独特表演形式,具有强烈的珠江三角洲水乡特色。

为了传承和拓展麒麟舞,谭锦堂对黄圃麒麟舞进行了普查,整理和收集黄圃麒麟的有关资料。2003年,他还牵头成立了麒麟运动协会,供麒麟爱好者切磋和提高技艺。此外,他还将自己掌握的黄圃麒麟舞技巧传授给谭日强,使黄圃麒麟舞得以后继有人。

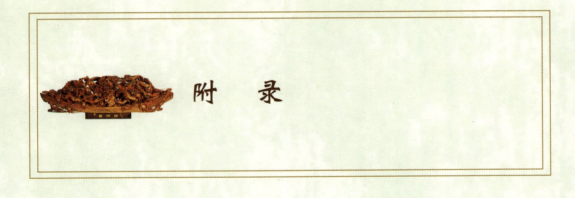

附　录

附录一 《广东省民间艺术传承人志》入志标准

一、民间工艺美术传承人入志标准

《广东省民间艺术传承人志》分别对应各民间工艺美术项目，详尽地整理和归纳广东省民间工艺美术传承人的生存现状以及其传承、传播活动情况等。现对入志民间工艺美术传承人的要求和标准进行说明：

（一）爱国敬业，遵纪守法，德艺双馨；

（二）连续10年（含10年）以上从事传统工艺美术设计并制作；

（三）有丰富的创作经验和深厚的传统文化艺术修养，技艺全面而精湛，创作出色且自成风格，艺术成就为业内所公认，在国内外享有盛誉；

（四）在传统工艺美术的传承、发掘、保护、发展、人才培养等方面有突出贡献；

（五）已获得省级人民政府或省级行业主管部门认定的工艺美术大师称号，或具有省级人力资源社会保障部门按照国家统一规定评定的高级工艺美术师职称；

（六）掌握独特技艺或濒临失传的技艺；

（七）掌握少数民族地区的独特技艺；

（八）具备优秀的传承、传播能力；

（九）具备优秀的创新能力，形成独特的技艺风格或自成流派；

（十）被认定为广东省级或以上级别的非物质文化遗产项目代表性传承人；

（十一）以上要求和标准必须同时符合（一）至（四）条，其余条件至少符合三条才予以收录入志；

（十二）已去世的，如符合以上要求，也予以收录入志。

二、民间戏曲传承人入志标准

《广东省民间艺术传承人志》分别对应各民间戏曲类艺术，详尽地整理和归纳广东省民间戏曲类艺术传承人的生存现状以及其传承、传播活动情况等。现对入志民间戏曲类艺术传承人的要求和标准进行说明：

（一）爱国敬业，遵纪守法，德艺双馨；

（二）具有丰富的艺术实践经验，熟练掌握完整表演、音乐、曲目知识并能演出；

（三）具有指导、教授所对应的民间戏曲进行展演的传承、传播能力；

（四）在展演艺术上贡献显著，具备一定的创新能力，能形成自己独特的表演风格或流派；

（五）熟练掌握完整的戏曲表演流程，包括演员的唱、念、做、打等基本功，以及舞美、音乐等背景知识；

（六）了解相关表演细节、音乐、服装、道具、曲目；

（七）具有省级人力资源社会保障部门按照国家统一规定评定的一级演员职称；

（八）教授的徒弟能独立承担民间戏曲展演；

（九）被认定为广东省级或以上级别的非物质文化遗产的代表性传承人，包括已去世的具有极高表演技艺的传承人；

（十）对特殊时期、特定区域的艺术文化有特殊贡献影响；

（十一）以上要求和标准必须符合（一）至（三）条，其余条件至少符合两条才予以收录入志；

（十二）已去世的，如符合以上要求，也予以收录入志。

三、民间曲艺传承人入志标准

《广东省民间艺术传承人志》分别对应各民间曲艺类艺术，详尽地整理和归纳广东省民间曲艺类艺术传承人的生存现状以及其传承、传播活动情况等。现对入志民间曲艺类艺术传承人的要求和标准进行说明：

（一）爱国敬业，遵纪守法，德艺双馨；

（二）有连续10年（含10年）以上表演经历；

（三）具有较强的表演功力和深厚的曲艺底蕴；

（四）具有丰富的艺术实践经验，熟练掌握该曲种的艺术技巧，包括声音、造型、传神表情、手势、基本步法、基本动作、套式等；

（五）在展演艺术上贡献显著，有代表性作品；

（六）对该曲种的传承、保护、发展、人才培养等方面有突出贡献；

（七）具备优秀的创新能力，形成独特的表演风格或自成流派；

（八）具备优秀的传承、传播能力；

（九）具有省级人力资源社会保障部门按照国家统一规定评定的一级演员职称；

（十）在所处地级市有一定知名度和影响力；

（十一）被认定为广东省级或以上级别的非物质文化遗产项目代表性传承人；

（十二）以上要求和标准必须同时符合（一）至（四）条，其余条件至少符合三条才予以收录入志；

（十三）已去世的，如符合以上要求，也予以收录入志。

四、民间音乐传承人入志标准

《广东省民间艺术传承人志》分别对应各民间音乐类艺术，详尽地整理和归纳广东省民间音乐类艺术传承人的生存现状以及其传承、传播活动情况等。现对入志民间音乐类艺术传承人的要求和标准进行说明：

（一）爱国敬业，遵纪守法，德艺双馨；

（二）连续10年（含10年）以上从事民间音乐演唱或演奏经历；

（三）具有丰富的艺术实践经验，熟练地掌握音乐演唱或演奏技巧，艺术成就为

业内所公认,在国内外享有盛誉;

(四)具备优秀的传承、传播能力;

(五)具备优秀的创新能力,形成独特的艺术风格或自成流派;

(六)掌握独特的技艺或濒临失传的技艺;

(七)具有省级人力资源社会保障部门按照国家统一规定评定的一级演员职称;

(八)被认定为广东省级或以上级别的非物质文化遗产项目代表性传承人;

(九)对特殊时期、特定区域的艺术文化有特殊的贡献与影响;

(十)以上要求和标准必须同时符合(一)至(三)条,其余条件至少符合两条才予以收录入志;

(十一)已去世的,如符合以上要求,也予以收录入志。

五、民间舞蹈传承人入志标准

《广东省民间艺术传承人志》分别对应各民间舞蹈类艺术,详尽地整理和归纳广东省民间舞蹈类艺术传承人的生存现状以及其传承、传播活动情况等。现对入志民间舞蹈类艺术传承人的要求和标准进行说明:

(一)爱国敬业,遵纪守法,德艺双馨;

(二)连续10年(含10年)以上从事民间舞蹈表演;

(三)具有丰富的艺术实践经验,艺术成就为业内所公认,在国内外享有盛誉;

(四)熟练地掌握完整的动作说明,包括道具的使用方法与手势、基本步法、基本动作、套式等;

(五)熟练地掌握完整的场记说明,包括表演者位置、走向、动作、队形等;

(六)具备优秀的传承、传播能力;

(七)具备优秀的创新能力,形成独特的技艺风格或自成流派;

(八)掌握独特的技艺或濒临失传的技艺;

(九)具有省级人力资源社会保障部门按照国家统一规定评定的一级演员职称;

(十)被认定为广东省级或以上级别的非物质文化遗产项目代表性传承人;

(十一)对特殊时期、特定区域的艺术文化有特殊的贡献与影响;

(十二)以上要求和标准同时必须符合(一)至(五)条,其余条件至少符合两条才予以收录入志;

(十三)已去世的,如符合以上要求,也予以收录入志。

附录二 其他民间艺术传承人

表1 符合入志标准的民间艺术传承人

序号	所属地	项目	传承人
1	潮州	潮州木雕	郭燕胜
2	东莞	龙舞（东莞龙舞）	叶伍槐
3	东莞	龙舞（东莞龙舞）	叶旭筹
4		狮舞（东莞醒狮）	王裕坤
5	江门	葵艺	余荣基
6	江门	龙舞（荷塘纱龙）	李衍源
7		龙舞（荷塘纱龙）	李赞均
8	惠州	舞火狗	林何娣
9	揭阳	惠来九鳄舞	郑俊河
10	揭阳	龙舞（乔林烟花火龙）	林益昌
11		木偶戏（揭阳铁枝木偶戏）	陈俊龙
12	湛江	湛江人龙舞	陈 二
13	湛江	龙舞（湛江人龙舞）	吴爱平
14		狮舞	杨 敖
15	梅州	龙舞（花环龙）	饶武昌
16	清远	盆景	何伦镇
17	韶关	春牛舞	汤永伟
18	云浮	禾楼舞	全 炯
19		禾楼舞	全雄武
20	佛山	石湾陶塑	梁润枝

注：表1中的传承人符合本志入志标准，但由于资料较少，故以简表列出。

表2 各地市民间艺术传承人

序号	类别	所属地	项目	传承人
1	民间工艺	广州	广式硬木家具	杨耀辉
2			广式硬木家具	刘柏浩
3			粤绣（广绣）	梁秀玲
4		深圳	凉帽、围裙带编织	罗桂芳
5			凉帽、围裙带编织	邓英莲
6			甘坑客家凉帽	张航燕
7			香云纱染整	欧阳小战
8		佛山	红釉彩瓷（满堂红）烧制	刘权辉
9			灯彩	林润深
10			灯彩	唐洁容
11			灯彩	辛丽贤
12			灯彩	杨小燕
13			灯彩	陈荣昌
14			灯彩	林燕华
15			灯彩	黄宏宇
16			香云纱染整	陈伟明
17			石湾龙窑营造与烧制	苏乃灌
18			石湾龙窑营造与烧制	陈钊
19			佛山饼印	杨海成
20			民间竹编	曹健荣
21			西樵传统缫丝	黎雪芬
22			藤编	何日成
23		韶关	瑶族刺绣	赵晓芳
24			仁化土法造纸	刘和生
25			乳源瑶族服饰	赵浅妹
26		江门	新会古典家具	李炳琪
27			新会古典家具	林伟华
28			小冈香	戴华进

续表2

序号	类别	所属地	项目	传承人
29	民间工艺	中山	起湾金龙	杨国明
30	民间工艺	清远	瑶族银饰	唐大打十斤
31	民间工艺	梅州	光德陶瓷	黄福传
32	民间工艺	河源	墩头蓝纺织	曾凡度
33	民间工艺	河源	打席手工	黄锦秀
34	民间美术	广州	象牙雕刻	李景波
35	民间美术	广州	象牙雕刻	李斌成
36	民间美术	广州	象牙雕刻	欧阳可朗
37	民间美术	广州	象牙雕刻	李景坤
38	民间美术	广州	象牙雕刻	冯惠盈
39	民间美术	广州	核雕	曾宪鹏
40	民间美术	广州	核雕	伍鸿章
41	民间美术	广州	广彩	张兆棠
42	民间美术	广州	广彩	赵艺明
43	民间美术	广州	广彩	欧兆祺
44	民间美术	广州	广州珐琅	刘成滔
45	民间美术	广州	盆景	崔文锐
46	民间美术	深圳	棉塑（肖氏）	罗晓琳
47	民间美术	深圳	剪纸艺术（田氏）	田 星
48	民间美术	深圳	潮彩	詹培明
49	民间美术	汕头	潮阳民间剪纸	陈秀明
50	民间美术	佛山	剪纸（广东剪纸）	吴子洲
51	民间美术	佛山	剪纸（广东剪纸）	邓春红
52	民间美术	佛山	剪纸（广东剪纸）	茹新梅
53	民间美术	佛山	剪纸（广东剪纸）	赵丽达
54	民间美术	佛山	南海灰塑	关劲莊

续表2

序号	类别	所属地	项目	传承人
55	民间美术	佛山	粤绣（广绣）	招惠珠
56			石湾陶塑	梅晓山
57				刘雪玲
58		肇庆	玉雕	黄学鸿
59		江门	茶坑石雕	郑丽莲
60		清远	曹氏木雕	曹宪中
61		梅州	梅县区客家门神画	侯文发
62			兴宁花灯	陈佛光
63		河源	忠信花灯	赖志稳
64		茂名	高州木刻画	李祥基
65			核雕（缅茄核雕）	张俊雄
66	民间音乐	广州	广东音乐	潘千芊
67				何滋浦
68			广州咸水歌	彭艳好
69		深圳	客家山歌	房运良
70			盐田山歌	吴 标
71			龙岗皆歌	罗盘颂
72		珠海	白蕉客家竹板山歌	吴宗名
73			斗门锣鼓柜	邝庆发
74				陈 瓦
75		汕头	潮州音乐	陈维明
76		佛山	十番音乐（佛山十番锣鼓）	何汉耀
77				何汉镐
78				何庆良
79				马达明
80			锣鼓艺术（八音锣鼓）	麦牛冠
81				周途科
82		韶关	龙船歌	黄永源

续表2

序号	类别	所属地	项目	传承人
83	民间音乐	湛江	雷州音乐	吴立香
84			安铺八音	李康权
85				戚水清
86			粤西白戏	黄广槐
87			坡头涩塘山歌	万秀英
88				陈元有
89		中山	中山咸水歌	梁三妹
90			鹤歌	杨中光
91			东乡民歌	高耀晃
92		惠州	惠东渔歌	李富妹
93				李十七
94				李帝蔡
95		清远	壮族八音	杨万凯
96		梅州	梅州客家山歌	赵文有
97				饶建玲
98			广东汉乐	张高徊
99	民间舞蹈	广州	广东醒狮（广州）	周锐东
100				周伟强
101				曾桂森
102			麒麟舞（广州）	李滚元
103				张梓康
104				殷跃松
105			鳌鱼舞	江炳贤
106				幸泽良
107			舞火狗	刘显武
108			舞貔貅	吴金城
109			舞春牛	王木森
110				郭玉芳

续表2

序号	类别	所属地	项目	传承人
111	民间舞蹈	广州	从化猫头狮	温金能
112				李水木
113		深圳	龙岗舞龙	邱荣青
114				罗海青
115			福永醒狮	邓锦平
116			平湖纸龙舞	刘旦华
117			舞草龙	李容根
118		珠海	斗门莲洲舞龙	周裕光
119				罗万享
120		汕头	潮阳英歌	杨汉泉
121		佛山	狮舞（广东醒狮）	黄桂平
122				黎念忠
123				张志华
124				吴向荣
125				陈幼民
126				夏志成
127				易孝安
128				何狄强
129				梁伟永
130				陈汝安
131				刘汉庭
132				梁黎豪
133		湛江	调顺网龙	黄毅帆
134			雷州南门高跷龙舞	郭广庆
135		中山	凤舞	杜冯富
136			鲤鱼舞	曾　钦

续表 2

序号	类别	所属地	项目	传承人
137	民间舞蹈	中山	吉隆舞龙	成火顺
138	民间舞蹈	清远	闹花灯	徐月花
139	民间舞蹈	梅州	打莲池	刘秀平
140	民间舞蹈	梅州	马灯舞	罗耀华
141	民间舞蹈	梅州	五鬼弄金狮	杨良胜
142	民间舞蹈	梅州	蕉岭广福船灯	张祥丰
143	民间舞蹈	河源	上莞新轮追龙	陈瑞新
144	民间舞蹈	河源	船灯	杨水萍
145	民间舞蹈	河源	春牛舞	甘达民
146	民间舞蹈	河源	鹤舞	苏华煜
147	民间舞蹈	揭阳	惠来九鳄舞	翁春亮
148	民间舞蹈	揭阳	惠来九鳄舞	郑钦武
149	民间舞蹈	揭阳	英歌舞	许详彬
150	民间舞蹈	揭阳	英歌舞	林超明
151	民间舞蹈	揭阳	龙舞（乔林烟花火龙）	林玉新
152	民间舞蹈	揭阳	龙舞（乔林烟花火龙）	林庆喜
153	民间舞蹈	揭阳	龙舞（乔林烟花火龙）	林兴泉
154	民间戏曲	广州	粤剧	黎向阳
155	民间戏曲	广州	粤剧	崔玉梅
156	民间戏曲	广州	粤剧	黄　健
157	民间戏曲	广州	粤剧	张　平
158	民间戏曲	广州	粤剧	罗巧华
159	民间戏曲	广州	广东木偶戏	李　强
160	民间戏曲	广州	广东木偶戏	吕敬贤
161	民间戏曲	深圳	潮俗皮影戏	蔡劲笋
162	民间戏曲	深圳	万丰粤剧	潘强恩
163	民间戏曲	汕头	潮剧	黄瑞英

续表2

序号	类别	所属地	项目	传承人
164	民间戏曲	汕头	潮剧	叶清发
165	民间戏曲	佛山	粤剧	梁智理
166	民间戏曲	湛江	湛江木偶戏	郑 毫
167	民间戏曲	梅州	采茶戏	陈翠媚
168	民间戏曲	梅州	广东汉剧	黄锦星
169	民间戏曲	梅州	广东汉剧	陈小平
170	民间戏曲	河源	木偶戏	骆志鸿
171	民间戏曲	河源	花朝戏	黄丽华
172	民间戏曲	河源	花朝戏	池永泉
173	民间戏曲	河源	山歌剧	陈寿光
174	民间戏曲	揭阳	木偶戏（揭阳铁枝木偶戏）	陈俊龙
175	民间戏曲	揭阳	潮剧	黄武光
176	民间戏曲	揭阳	木偶戏	罗煜伦
177	民间戏曲	茂名	茂南单人木偶戏	李广群
178	民间戏曲	茂名	茂南单人木偶戏	张亚金
179	民间曲艺	广州	粤语讲古	彭嘉志
180	民间曲艺	佛山	龙舟说唱	梁桂芬
181	民间曲艺	韶关	乐昌渔鼓	邓显根
182	民间曲艺	梅州	竹板歌（蕉岭竹板歌）	周秀珍
183	民间曲艺	梅州	梅江区五句板	陈昭典
184	民间曲艺	东莞	粤曲	黄日辉

附录三 广东省民间歌王名单

序号	申报地市	姓名	性别	年龄	民族	出生地
1	云浮市郁南县文联	傅志坤	男	61岁	汉	云浮市郁南县连滩镇
2	中山市民协	梁三妹	女	66岁	汉	中山市坦洲镇同胜社区
3	中山市民协	林 莉	女	56岁	汉	中山市
4	阳江市文联	陈昌庆	男	65岁	汉	阳东县东平镇
5	惠州市民协	李福泰	男	66岁	汉	惠东平海
6	汕尾市民协	苏少琴	女	68岁	汉	汕尾市
7	清远市民协	唐买社大不公	男	64岁	瑶	连南三排镇
8	韶关市文联	赵云天	男	44岁	瑶	乳源瑶族自治县高山瑶寨
9	梅州市民协	钟伟华	男	52岁	汉	梅州市

注：此名单于2008年由广东省民间文艺家协会评选。

附录四　广东省民间文化杰出传承人名单

第一批

序号	姓名	籍贯	出生年月	项目
1	冯炳棠	佛山	1936.11	木版年画
2	张金培	东莞	1920.11	千角灯彩
3	秦宪生	普宁	1954.06	木雕
4	何汉林	普宁	1959.09	木雕
5	符海燕	雷州	1973.01	雷州姑娘歌
6	彭 忠	陆丰	1936.11	传统制皮工艺
7	彭凯瑜	陆丰	1971.10	传统制皮工艺
8	蔡锦镇	陆丰	1964.06	皮影表演
9	周仲富	汕尾	1944.11	泥塑
10	吴顺喜	汕头	1970.02	潮州大锣鼓
11	陈茂辉	揭阳	1959.01	陶塑
12	陈春淮	陆丰	1929.07	正字戏
13	林木燕	陆丰	1943.06	正字戏
14	吴佩锦	海丰	1972.10	白字戏
15	吕维平	海丰	1966.06	西秦戏

　　注：此名单于2007年2月8日由广东省民间文艺家协会评选公布。其中，冯炳棠、张金培、秦宪生、何汉林、符海燕、彭忠、彭凯瑜、蔡锦镇等八人入选为首批中国民间文化杰出传承人，2007年6月3日于北京人民大会堂公布。

第二批

序号	姓名	籍贯	出生年月	项目
1	刘演良	肇庆	1934.09	端砚
2	黎铿	肇庆	1945.09	端砚
3	谭来长	肇庆	1956.04	醒狮、武术
4	赖乙宁	汕头	1953.04	瓶内画
5	黄斯毅	汕头	1933.04	香稿塑
6	陈建全	汕头	1965.03	微刻
7	袁六昌	汕头	1947.02	石雕
8	林何娣	惠州	1960.05	舞火狗
9	严景山	惠州	1945.12	醒狮、武术
10	李子兴	惠州	1966.01	麒麟、武术
11	陈一峰	江门	1927.07	说书
12	崔仲兴	广州	1952.04	飘色
13	许永威	广州	1945.07	飘色
14	梁镇洪	广州	1944.07	木雕（龙船头）
15	许冠祺	广州	1931.07	乞巧
16	李定宁	广州	1932.09	牙雕
17	许炽光	广州	1937.11	广绣
18	吴国亮	陆丰	1959.07	正字戏
19	彭美英	陆丰	1944.10	正字戏
20	余荣	陆丰	1945.10	竹雕刻

注：此名单于2008年1月25日于由广东省民间文艺家协会评选公布。

第三批

编号	姓名	地区	出生年月	项目
1	张庆明	肇庆	1958.02	端砚
2	李志强	肇庆	1958.05	端砚
3	翁耀祥	广州	1958.03	牙雕
4	何世良	广州	1970.02	砖雕
5	詹益盛	汕头	1959.05	石雕
6	陈康庆	湛江	1942	木偶制作
7	梁汝兴	阳江	1943.11	阳江风筝
8	陈映能	揭阳	1957.04	金漆画
9	谢奕锋	揭阳	1958.05	剪纸
10	魏惠君	汕头	1969.12	剪纸
11	黎汉明	广州	1946.09	飘色
12	刘天一	茂名	1962.07	飘色
13	黄鹤林	东莞	1965.02	麒麟舞
14	江月贤	惠州	1963.08	麒麟舞
15	叶扦养	惠州	1958.03	麒麟舞
16	陈喜顺	汕头	1952.10	蜈蚣舞
17	梁宝琛	湛江	1942.09	舞鹰雄
18	曾伟强	中山	1970.02	舞狮
19	林玉明	惠州	1950.04	龙形舞
20	林炳权	惠州	1952.07	龙形拳
21	秦 钦	汕尾	1944.09	正字戏
22	曾 玲	汕尾	1968.07	正字戏
23	陈小燕	汕尾	1973.11	白字戏
24	黄土展	湛江	1948.07	白戏
25	卓木宇	汕尾	1967.11	皮影戏
26	宁汉高	肇庆	1941.09	说书
27	苏少琴	汕尾	1941.02	渔歌
28	张哲源	汕头	1944.04	灯谜

注：此名单于 2009 年 1 月 9 日由广东省民间文艺家协会评选公布。

后　记

　　"盛世修史，明时修志"，史志编修是社会熙盛和政治昌明的标志。地方志的编纂在我国有着悠久的历史与优良的传统，它是传承中华文明和保存发掘历史智慧的重要渠道。

　　《广东省民间艺术志》《广东省民间艺术传承人志》（以下简称"两志"）是 2012 年 8 月广东省人民政府文史研究馆以"抢救民间艺术，建设文化强省"为宗旨，向省政府申请立项获批后组织编纂的专业志书。从 2013 年开始，"两志"编纂工作由广东省人民政府文史研究馆民间艺术院负责执行。该院组建项目组委会和工作团队，开展"两志"的编纂工作。

　　民间艺术是地方文化的重要组成部分，历来都是方志编纂的重要内容。但是，民间艺术独立编纂成志，在国内并不多见，在广东省也属首次。"两志"的立项，无疑是广东省人民政府一项具有远见卓识的新举措。广东省民间艺术源远流长，根植于岭南大地，独具特色，深受民众喜爱，是岭南文化极其珍贵的内容和载体。20 世纪中叶以来，由于各种历史原因，民间艺术的传承一度受到了干扰和阻遏，但她一直以顽强的生命力活跃在民间，并且不断创新和发展。改革开放以来，在党和政府的大力扶持下，民间艺术迎来灿烂的春天，受到各阶层的重视。从"两志"立项以来，广东省人民政府文史研究馆多次组织召开"两志"编纂工作的专家学者咨询会，制订具体方案和工作手册，详列项目清单，确定"两志"内容，其中包括民间工艺美术、民间戏曲、民间曲艺、民间音乐、民间舞蹈等五大章，审定了书稿样章、图片范例；在 2015 年召开的专家咨询会上，确定了"两志"入志标准、编写体例，讨论研究了有关争议问题；在 2016 年召开的两次专家审稿会上，对"两志"书稿进行了全面的审订与修改。"两志"完善后，交付中山大学出版社出版。

　　"两志"项目得以顺利完成，是在广东省人民政府文史研究馆前后两届领导的直接领导下，全体参与本项目工作的广东省人民政府文史研究馆馆员及各位专家、学者、编辑人员以严谨求实的态度，殚精竭虑、倾心尽